目 录

绪论 新媒介时代：演进与发展 ……………………………… (1)
 第一节 新媒介发展简史 ………………………………………… (1)
  一 媒介与新媒介概念界定 …………………………………… (1)
  二 新媒介时代内涵及划分 …………………………………… (3)
  三 新媒介时代划分 …………………………………………… (4)
  四 新媒介时代传播特征 ……………………………………… (6)
 第二节 新媒介时代：传播转型与共同体进化 ………………… (7)
  一 新媒介时代：传播转型 …………………………………… (7)
  二 新媒介时代与共同体进化 ………………………………… (11)
  三 新媒介时代：共同体的失落与重建 ……………………… (13)
  四 新媒介时代：共同体建构特点及方式 …………………… (16)

第一章 新媒介时代：传播转型与多元共同体建构 …………… (20)
 第一节 新媒介时代：主流核心价值传播模式的变革与国家共同体
    建构
    ——以第十三届精神文明建设"五个一工程"为例 ……… (20)
  一 新媒介时代："五个一工程"在传播"主流核心价值"中的
    作用 ………………………………………………………… (20)
  二 新媒介时代："主流核心价值"传播模式面临的变革 …… (23)
  三 新媒介时代："主流核心价值"传播模式的发展方向 …… (25)
 第二节 新媒介时代：网络空间传播与共同体建构
    ——网络汉服春晚的传播意义与价值 ………………… (28)
  一 "新媒介赋权"与"汉服春晚"的兴起 ………………… (28)
  二 汉服春晚与礼乐文化的传播 ……………………………… (30)
  三 汉服春晚与记忆认同的建构 ……………………………… (32)

第三节　新媒介时代：个人认同的转向与趣缘共同体的建构
　　　　　——以"福建汉服天下"为例……………………………(37)
　　一　新媒介时代与汉服趣缘共同体的形成………………………(37)
　　二　汉服趣缘共同体的构成要素…………………………………(39)
　　三　汉服趣缘共同体的互动模式…………………………………(41)
　　四　汉服趣缘共同体的社会功能…………………………………(45)
第四节　新媒介时代：传统文化的传播创新与认同建构……………(48)
　　一　新媒介时代下传统文化传播的困境…………………………(48)
　　二　新媒介时代下传统文化传播创新策略………………………(51)
　　三　传统文化在当今的认同建构与传播意义……………………(52)

第二章　新媒介时代：经典文化的再传播与共同体建构……………(56)
　第一节　经典名著的影像传播与礼乐共同体的建构
　　　　　——解读新版电视剧《红楼梦》………………………(56)
　　一　新版电视剧《红楼梦》中的礼制文化传播…………………(57)
　　二　新版电视剧《红楼梦》中的礼乐文化传播…………………(64)
　　三　新版电视剧《红楼梦》中的情礼文化传播…………………(72)
　　四　新版电视剧《红楼梦》中礼文化的价值与反思……………(75)
　第二节　民族精神的再诠释与共同体建构
　　　　　——解读电视剧《精忠岳飞》……………………………(76)
　　一　岳飞故事传播与民族精神建构………………………………(76)
　　二　电视剧《精忠岳飞》与民族精神的再诠释…………………(82)
　　三　电视剧《精忠岳飞》的当代价值与认同建构………………(92)
　第三节　"美德伦理"的再传播与道德共同体的建构
　　　　　——解读电视剧《赵氏孤儿案》…………………………(103)
　　一　忠义之举的悲剧体现…………………………………………(104)
　　二　仁义之举的精神内核…………………………………………(106)
　　三　正义之举的主题回归…………………………………………(108)
　　四　对民族精神的传承与传播……………………………………(110)
　第四节　中国历史文化的影像叙事与共同体建构
　　　　　——解读电视剧《琅琊榜》………………………………(111)
　　一　"为国以礼"，以礼治国的传播理念…………………………(113)

二　"为政以德"的仁政思想 …………………………………… （116）
　三　"情深而文明"的礼乐文化 ………………………………… （118）

第三章　新媒介时代：历史文化再叙事与共同体建构 …………… （123）
第一节　中国玉石历史的呈现与文化共同体建构
　　　　　——解读纪录片《玉石传奇》 ……………………………… （123）
　一　《玉石传奇》传播中国玉文化价值 ………………………… （123）
　二　器以藏礼：玉器的叙事与玉礼文化 ………………………… （128）
　三　玉礼的价值传播与文化认同建构 …………………………… （131）
第二节　中国汉画像石的历史叙事与文化共同体建构
　　　　　——解读纪录片《我从汉朝来》 …………………………… （134）
　一　《我从汉朝来》的影像叙事特色 …………………………… （136）
　二　"礼仪美术"的文化传播价值 ……………………………… （140）
　三　历史文化的认知价值与认同建构 …………………………… （141）
　四　现实的反思与启示 …………………………………………… （143）
第三节　中国国宝的言说叙事与共同体建构
　　　　　——解读微纪录片《如果国宝会说话》 …………………… （145）
　一　从器物言说到影像叙事 ……………………………………… （145）
　二　从器物媒介到器物文明 ……………………………………… （149）
　三　从器以藏礼到器以载道 ……………………………………… （151）
　四　从文化记忆到文化认同 ……………………………………… （153）
第四节　中国汉字文明的历史叙事与共同体建构
　　　　　——解读纪录片《汉字五千年》 …………………………… （155）
　一　汉字文明中民族文化精神的当代解读 ……………………… （156）
　二　《汉字五千年》的影像叙事与传播 ………………………… （158）
　三　汉字文明与共同体建构 ……………………………………… （164）

第四章　新媒介时代：记忆重塑与共同体建构 …………………… （167）
第一节　历史记忆中的孔庙祭祀礼制及其认同建构 ……………… （167）
　一　作为历史记忆的"释奠礼"礼制 …………………………… （167）
　二　作为"记忆之场"的孔庙 …………………………………… （169）
　三　作为文化记忆的仪式传播 …………………………………… （174）

  四　孔庙祭祀的记忆文化传播功能 …………………………（176）
第二节　乡土文化的记忆传播与共同体建构
    ——解读大型纪录片《记住乡愁》…………………（183）
  一　《记住乡愁》中礼文化的记忆传播 ……………………（184）
  二　乡土中国的文化记忆与文化传承 ………………………（188）
  三　乡土中国的文化记忆与价值传播 ………………………（191）
  四　文化记忆的价值与共同体建构 …………………………（201）

第三节　创伤记忆的影像传播与共同体建构
    ——解读微纪录片《城殇》…………………………（203）
  一　新媒体时代：创伤记忆的唤醒与共同体建构 …………（204）
  二　新媒介时代：微纪录片的内容创新 ……………………（207）
  三　新媒介时代：微纪录片艺术表达的创新 ………………（208）

第四节　全球化背景下文化记忆的重塑与共同体建构
    ——以2017年"全球网上祭孔"为例 ……………（212）
  一　新媒介时代"祭孔大典"文化记忆的重塑 ……………（212）
  二　"祭孔大典"的文化记忆符号解读 ……………………（216）
  三　仪式传播建构文化记忆 …………………………………（217）
  四　激活文化记忆，提升文化软实力 ………………………（219）

第五章　新媒介时代：情感传播与共同体建构 ………………（223）
第一节　电视公益节目的情感传播与共同体价值建构
    ——解读大型电视公益节目《等着我》……………（223）
  一　社会转型中的情感建设 …………………………………（223）
  二　关怀伦理与情感互动 ……………………………………（225）
  三　情感传播与共同体价值建构 ……………………………（230）

第二节　视觉文化中的情感传播与共同体建构
    ——解读动漫剧《那年那兔那些事》………………（237）
  一　视觉文化的转向及传播 …………………………………（238）
  二　新媒介时代：视觉文化传播特征 ………………………（239）
  三　《那兔》的视觉传播与情感建构 ………………………（240）
  四　致敬历史、情感动员与国家认同建构 …………………（243）

第三节　中国雅文化的情感传播与共同体建构
　　——解读电视文化节目《中国诗词大会》……（245）
- 一　中国诗词类节目的雅文化传播……（245）
- 二　中国诗教传统与雅文化建构……（251）
- 三　中国雅文化的和合精神与共同体建构……（253）

第四节　电视文化类节目的情感传播与共同体建构
　　——解读电视节目《朗读者》……（254）
- 一　文化情感的传播与建构……（255）
- 二　电视传播的融合与创新……（257）
- 三　艺术之美的传播与表达……（261）
- 四　文化传播与共同体建构……（262）

第六章　新媒介时代：仪式传播与共同体建构……（265）

第一节　国家公祭日仪式传播与共同体建构
　　——解读"南京大屠杀国家公祭仪式"……（265）
- 一　国家公祭日仪式的确立及发展流变……（265）
- 二　国家公祭日仪式传播的特征……（267）
- 三　国家公祭日的仪式传播与共同体建构……（277）

第二节　中国孝礼文化的仪式传播与共同体建构
　　——解读央视2016年《最美孝心少年》……（283）
- 一　中国孝礼文化的起源与发展……（284）
- 二　"最美孝心少年"体现的孝文化……（284）
- 三　"最美孝心少年"的仪式传播元素……（287）
- 四　"最美孝心少年"中孝文化的传播价值……（288）

第三节　央视"春晚"的仪式传播与共同体建构
　　——解读2017年央视春晚……（289）
- 一　"神人以和"普天同庆……（291）
- 二　"家国一体"天下大同……（292）
- 三　"乐以观政""情深而文明"……（294）

第四节　中华文明的仪式传播与共同体建构
　　——解读大型电视文博节目《国家宝藏》……（298）
- 一　激活历史文物，凸显文明特色……（299）

二　讲述中国记忆，传承历史文脉 …………………………（302）
　　三　凝聚情感共识，促进认同建构 …………………………（304）

结语 ……………………………………………………………（309）

参考文献 ………………………………………………………（312）

后记 ……………………………………………………………（314）

绪论　新媒介时代：演进与发展

第一节　新媒介发展简史

一　媒介与新媒介概念界定

媒介的发展历史是人类社会文明发展史上的灿烂篇章。它的发展带动了人类科学技术和意识形态的发展，也拓展了人类的思维和眼界。人类通过运用、变革和创造媒介，使信息得以传播；经济得以增长；思想情感得以沟通；历史文化得以延续。

什么是"媒介"，媒介这个词语运用范围非常广泛，有广义和狭义之分。

诸多学者对广义的"媒介"概念进行论述。马歇尔·麦克卢汉提出"媒介即信息"，所谓"媒介即信息只不过是说：任何媒介（即人的任何延伸）对个人和社会的任何影响，都是由于新的尺度产生的；我们的任何一种延伸（或曰任何一种新的技术），都要在我们的事务中引进一种新的尺度"[1]。麦克卢汉所说的"新的尺度"包含我们生活的各个方面，例如文字、语言、铁路、光电源、机械技术等。这种"尺度"是连接双方（人或事物）的一切可能。

狭义的"媒介"是在传播的范畴之内，法国媒介学家雷吉斯·德布雷认为"媒介"是一个具体的概念。它适用于四种词义："人们使用的自然语言（英语或拉丁语）、用来播发和感知的身体器官（发音的嗓子、比画的手、识别文本的眼睛）、符号的物质载体（纸或者屏幕）、输入和复

---

[1] ［加］马歇尔·麦克卢汉：《理解媒介：论人的延伸》，何道宽译，译林出版社2011年版，第20页。

制的技术手段（印刷、电子）。"① 在这里"媒介"是指信息传播过程中，发出者和接收者双发之间的中介物，是负载并传递信息的载体。

我们在麦克卢汉媒介即信息的理论中看不到从事能动的社会实践的人，正如美国学者切斯特罗姆指出的："他的技术自然强调媒介是人的生物性延伸，而不是人的社会性延伸。虽然他想通过传播媒介来追踪人类文化的发展，他的历史学却难以置信的缺乏真正的人民。"②

互动式数字媒介或"新媒介"时代是指1946年世界上第一台数字计算机问世之后至今，而1969年伴随着Internet（互联网）的正式使用，标志着人类社会跨入了数字化生活。互联网的诞生无疑成为人类传播媒介发展过程中的又一次革命，被人们称为新媒介、第四媒介。我们今天所见到的"新的新媒介"，正不停地做着这样的跨越。

什么是新媒介？从基本的言语逻辑看，"新媒介"显然是与"旧媒介"相对，新的出现带有某种现代性主义的自豪感与优越感。以麦克卢汉在1975年所做出的媒介定律来看，其对新旧媒介的关系已经有了明确的认识：一，每种媒介都提升人的某种功能；二，使已有的某种媒介或技术过时；三，再现以前的旧媒介，推进新的程度；四，逆转为一种补足形式（形成新的媒介阶段及样式）③ 按照上述逻辑，加拿大学者罗伯特·洛根对手用工具、机械技术、蒸汽动力、电力技术、数字媒介几个媒介阶段进行了解读。

波尔特和格鲁森用补救的概念给新媒介下定义："我们将一种媒介在另一种媒介里的在现称为补救，我们认为，补救是新数字媒介的界定性特征。"今天，"新媒介"一词用来指这样一类媒介：它们是数字化的、互动式的，它们介入的信息很容易处理、储存、转换、检索、超级链接，最鲜明的特征是容易搜索与获取。④ 新媒介不同于旧媒介，旧媒介是被动型的大众媒介，新媒介是个人使用的互动媒介，但主要区别不是内容，而是

---

① [法]雷吉斯·德布雷：《普通媒介学教程》，陈卫星、王杨译，清华大学出版社2014年版，第8页。

② [美]D. J. 切斯特罗姆：《传播媒介与美国人的思想》，曹静生、黄艾禾、左宁译，中央广播电视出版社1991年版，第195页。

③ [加]罗伯特·洛根：《理解新媒介——延伸麦克卢汉》，何道宽译，复旦大学出版社2012年版，第33页。

④ 同上书，第5页。

我们思维方法的强化。我们所见的互动媒介比如互联网不仅是创新的结果，而且本身就是一个创新机制与过程，它使所有人同览和分享。

除此之外，罗伯特·洛根认为有14条新媒介特征，包括"双向传播、信息易得、利于继续学习、组合与整合、社群的创建、跨越时空、媒介融合、互动操作、内容聚合、多样化与选择性、生产与消费弥合、社会行为与赛博空间里的合作、数字化促成再混合文化、从产品到服务的转变"。[①]

新媒介的概念本身就是颇为笼统。由于媒介形态及功能的不断变化，新媒介的特质和内涵都处于持续演化流动之中。从时间层面上来看，新媒介最稳定的特质只是不断表现为由新媒介或其新功能、形态取代传统内容的过程。从空间层面上来讲，新媒介最突出的功能是辅助人类实现对空间的掌控和超越，这与马歇尔·麦克卢汉提出的"地球村"有异曲同工之处，同时又超出了把不同地域不同人群有机联系的层面。

二 新媒介时代内涵及划分

新媒体的出现和发展，意味着信息技术的进步、传播语境的改变、传统话语权的解构和内容生产方式的改变，新媒介时代的传播者和接收者在信息技术的发展前提下，保持各自的特性进行了一定的融合发展，并逐渐向数字化方向转化。[②]

新媒体是一个相对的概念，它是相对于传统媒体而言的。新媒体这一概念是在1967年由美国哥伦比亚广播电视网技术研究所所长P.戈尔德马克率先提出的。许多国内外的专家学者试图从新媒体的产生背景、传播特性、技术手段等多个角度对新媒体这一概念进行界定，但到目前为止还没有一个较为标准权威的定义。

从技术角度来看，新媒体是一种在计算机信息处理技术的支持下，以互联网、卫星网络、移动通信等作为运作平台的媒体形态，是信息社会的产物。在这些先进技术的支持下，新媒体可以实现以声音、文字、图形、图像等多媒体形式进行跨媒体、跨时空的信息传播，具有传统媒体无法比

---

① [加] 罗伯特·洛根：《理解新媒介——延伸麦克卢汉》，何道宽译，复旦大学出版社2012年版，第42—43页。

② 卢俊雅：《浅析新媒体时代传播特征及发展趋势》，《中国报业》2015年第8期。

拟的优势。所以新媒体在技术上的数字化是它的重要特性。

从传播角度来看，传统媒体使用两分法把世界划分为传播者和受众两大阵营，不是作者就是读者，不是广播者就是观看者，不是表演者就是欣赏者。新媒体与此相反，它使每个人不仅有听的机会，而且有说的条件。①新媒体的出现逐渐模糊了传者与受者的界限，并赋予了受众一定的话语权，使受众不再处于一个被动的地位，他们每个人都拥有自己的麦克风，都可以自由地发出自己的声音，表达自己的观点。因此，传播的互动性是新媒体区别于以往任何媒体的重要特性，也是界定新媒体为何物的重要核心之一。

所以我们可以将新媒体定义为：新媒体是一种相对于传统媒体而言的，建立在计算机信息处理技术基础上的，通过互联网、无线通信网、有线网络、卫星等渠道以及电脑、手机、数字电视机等终端，以多媒体的形式向用户及时交互地传播信息的传播形态和媒体形态。

三 新媒介时代划分

媒介的发展迄今为止经历五次大的飞跃，每一次媒介形态的变化都引起人类文明的进步。

伊尼斯和麦克卢汉都从媒介形态的角度提出人类文明的划分标准。

伊尼斯提出九个时期：（1）埃及文明（莎草纸和圣书文字）；（2）希腊—罗马文明（拼音字母）；（3）中世纪时期（羊皮纸和抄本）；（4）中国纸笔时期；（5）印刷术初期；（6）启蒙时期（报纸的诞生）；（7）机器印刷时期（印刷机、铸字机、铅版、机制纸等）；（8）电影时期；（9）广播时期。麦克卢汉依据各个时代的主导传播媒介将人类历史划分为三个时代：（1）口语传播时代；（2）书面传播时代；（3）电力传播时代。

伊尼斯和麦克卢汉的时代划分，具有两个局限性。首先，他们忽略了远古文明的媒介。远古文明的媒介可以归纳为两种。一种是人体非语言化的媒介，例如人的面部表情、肢体动作、舞蹈。另一种是非语言化的实物载体，例如火光、鼓、镜子、石头、骨骸、结绳记事等。其次，他们两人的研究都在个人电脑和互联网问世之前。他们只是预见到网络媒介的发

---

① 匡文波：《到底什么是新媒体?》，《新闻与写作》2012年第7期。

生,并没有经历电脑和网络普及的时代。

罗伯特·洛根在伊尼斯和麦克卢汉的划分基础之上补充了两个时代。他认为分为五个传播时代。(1)非言语的模拟式传播时代(远古智人的特征);(2)口语传播时代;(3)书面传播时代;(4)大众电力传播时代;(5)互动式数字媒介或"新媒介"时代。

本书以罗伯特·洛根的五个传播时代为基础,细化各个传播时代的历史分期。

(1)非语言的模拟式传播时代是指人类没有发明语言之前的时期。这时人类便能利用人体和实物传递信息、表达意义。但是这个时期留下的可供后世考证的资料太少了,目前没有足够的证据去描绘出早期人类的传播图景。

(2)口语传播时代是指从人类发明语言到文字的出现这段时期。"从现有的文字资料来看,苏美尔人的语言可回溯至公元前4000至公元前3500年左右,巴比伦人及亚述人约在公元前3000年,中国人则约在公元前2000年前后使用语言。"[①] 人类学会使用语言之后,为了进一步加强记录、记忆和沟通,人类开始渐渐使用象征物和符号承载信息和传达意义。这些象征物和符号成为了文字的先驱。

(3)书面传播时代是指文字的出现到电报的开发这段时期。在世界各地,不同的文明孕育出不同的文字和书写材料。古巴比伦地区的苏美尔人使用刻在软泥版上的楔形文字;埃及人使用写在莎草纸上的象形文字;中国人使用刻在龟甲上的甲骨文。之后,文字的发展经历了一个漫长的阶段,从形意文字到意音文字再到字母文字,最终形成了沿用至今的两大文字系统:字母文字系统和字符文字系统。

(4)大众电力传播时代是指电报的开发到世界上第一台计算机问世的这段时期。1836年塞缪尔·摩尔斯研究出莫尔斯电码(Morse code),第二年他研制出世界第一台以时通时断的信号代码传递信息的机器——电报机。最早的莫尔斯电码其实是"·"和"-",这些"点"和"划"经过编码来表达不同的英文字母、数字和标点符号。英文字母再组合成为单词,连词成句之后便可表达更多的信息。电报成为当时风靡一时的通信工具。在这个时期,传真、电话、摄影、电影、电视都逐渐出现在人们的生

---

① 熊澄宇:《媒介史纲》,清华大学出版社2011年版,第16页。

活之中，为人们提供新闻资讯和休闲娱乐方式。

（5）互动式数字媒介或"新媒介"时代是指1946年世界上第一台数字计算机问世之后至今。通信技术、数字技术和多媒体技术得到充分的发展，个人电脑、手机、多功能打印机逐渐走入寻常百姓家。Web1.0完成了向web3.0的跨越，各大门户网站延展到人类生活中的各个方面。保罗·罗文森他认为"新媒介是在20世纪90年代中期兴起的。这个特征是：一旦上传到互联网上，人们就可以使用、欣赏，并从中获益，而且是按照使用者方便的时间去使用，而不是按照媒介确定的时间表去使用。"[①] 例如电子邮件、搜索引擎。同时，罗文森还提出了"新新媒介"这个概念。"新新媒介"是指互联网上的第二代媒介，起源于20世纪末，兴盛于21世纪。这类媒介有以下特征（1）每个消费者都是生产者；（2）你能免费获取信息；（3）竞争和互相催化；（4）不限于搜索引擎和电子邮件的功能；（5）新新媒介最终将超越用户的控制。[②] 无论是新媒介还是新新媒介，它们都是基于网络技术、数字技术和多媒体技术，只是新新媒介更加先进、灵活。例如Facebook、YouTube、Twitter、微博、微信、QQ。我们统一将新媒介和新新媒介划分在互动式数字媒介或"新媒介"时代。

四 新媒介时代传播特征

在过去传统媒体占统治地位的时期，社会信息的传播是单向的、逐层的、大众化的，在这个漫长的传播过程之中，不仅浪费了大量的时间和金钱，而且传播效果也没有想象中的那么好，可以说传统的传播是出力不讨好的，事倍功半。而新媒体出现后，逐渐改变了在一传播局面，由于新媒体的自身特性和传播方式的不同，是信息的传播方式也慢慢改变了。

1. 新媒介传播的交互性

交互性毋庸置疑是信息在传播方式上重大变革，也是新媒体区别于传统媒体的重要特征之一。新媒体的信息传播不同于传统媒体在传播方式上的我说你听，它的交互性给社会大众参与社会时事的讨论提供了交流的平台，人们及时反馈自己的感受、表达自己的观点、提出自己的需求。如今我们只需轻轻点击鼠标、触摸手机就可以充分了解国内外的重大新闻时

[①] [美] 保罗·罗文森：《新新媒介》，何道宽译，复旦大学出版社2014年版，第7页。

[②] 同上。

事，这无疑改变了我们的生活方式。

2. 新媒介传播的及时性

媒介技术的发展，从表面上看可能只是传播媒介的变化，但其实质是改变了信息传播的时效性。从口语传播、文字传播、印刷传播到如今的电子传播，媒介技术的发展无疑在一步步加快着信息传播的时效。如今一个新闻想被全世界都知道，不再需要一百年、一年、一天，只要一分钟甚至一秒就可以被全世界的人们接收到，这无疑大大提高了人们的生活效率，满足了人们的生活需求。

3. 新媒介传播的分众性

在新媒体出现之前，由于技术和社会发展的限制，分众传播并没得到太多媒体的重视，许多媒体依旧以自我为中心，把自己当作信息的把关人，主观地选择一些他们认为重要的新闻，通过报刊、广播、电视传播给受众，使受众完全处于被动接受的境地。而新媒体是一种完全以用户为中心的媒介，它需要知道用户的需求，给用户提供他们需要的信息，更多情况下他们是信息的收集者和传递者，而不是把关者。

从基本的言语逻辑看，"新媒介"显然是与"旧媒介"相对，似乎在"新"面前，"旧"即使不是即刻消亡，也终将日落西山。因此新媒介和旧媒介时常被人们视为对立的双方，但是二者的界限从来不如此分明，也不曾实现新旧媒介的彻底决裂。更多时候"新媒介"意味着转化、融合，混合着人类所完成的媒介演变的功绩，呈现出鲜明的开放性、多面性。融合性。

第二节　新媒介时代：传播转型与共同体进化

一　新媒介时代：传播转型

自从"新媒介"这一事物的出现，传播的各个要素展现出与传统媒介环境下极大的差异性，传播转型体现在传播过程的方方面面。有关传播的要素和传播过程，国内外的学者都有所论著。首先是"直线传播过程"。美国学者 H. 拉斯韦尔于 1948 年在《传播在社会中的结构与功能》论文中首次提出了构成传播过程的五种基本要素：Who（谁）、Says What（说了什么）、In Which Channel（通过什么渠道）、To Whom（向谁说）、

With What Effect（有什么效果），形成了"五 W 模式"或"拉斯韦尔程式"。大概与拉斯韦尔的理论同一时期，C. 香农和 W. 韦弗从电子通信的角度提出传播的要素包括信源、信息、发射器、信号、噪声、接收器、信宿，这称为"香农—韦弗模式"。然后是循环和互动传播模式。1954 年，施拉姆在 C. E. 奥斯古德的观点基础上提出了编码者、释码者、译码者、信息之间的循环模式。随后又提出了大众传播过程模式，这个模式可体现出大众传播的特点。除了施拉姆之外，美国传播学家德弗勒，在"香农—韦弗模式"基础上，对应传播的各个环节增加了反馈的过程。

最初的"直线传播过程"存在明显的缺陷，随后的"循环和互动传播模式"相对弥补了这些问题。第一，传播者与受众的关系不再是一成不变的。第二，细化了传播要素，使得传播过程更加完整。第三，反馈环节的加入，体现了人类传播的互动性。那么整合前人学者的研究来看，传播的要素可以归纳为以下五个。第一，传播者，又可以称为信源，指的是信息的发出者、传播行为的发起者。第二，传播受众，又称信宿，指的是信息的接受者、传播行为的反应者。第三，传播内容，内容包含的方面很多，总体来说它要能够表达完整且具有特定意义的信息。第四，传播媒介，又称传播信道，它是信息传播的平台和渠道。第五，反馈，指的是传播受众针对传播内容借助传播媒介与传播者的交流互动。

那么基于以上五种传播要素以及它们之间的相互关系，我们将展开传播转型的具体研究。

说到新媒介时代的转播转型，那么要谈起的就是媒介转型。新媒介的出现是对传统媒介的变革、延伸和融合。

首先，新媒介的出现淘汰了原来功能单一、传递信息有限的传播媒介。电报机、打字机、传呼机这些媒介被更佳高效的传真机、计算机、手机等代替。

其次，新媒介是旧媒介的延伸。它拓展了原有媒介的功能，升级了原有媒介的性能。例如网络电视，这是在传统媒介电视的基础之上使电视机连入网络，拓展网络功能。用户不仅可以使用电视台发送的视频信号，还可以海量享受网络上的视频资源。

再次，新媒介时代的一个重要特征就是媒介融合。新媒介将不同的传统媒介组合进一种新的设备。iPhone、三星等智能手机就是典型的例子，它融合了照相机、录像机、mp3 和 mp4 播放器、传呼机等传统媒介，具有通信、记录、娱乐、学习等功能。无论是淘汰不符合时代发展的旧媒介，还是拓展旧媒介的功能使之跟上时代的步伐，最终的结果就是媒介变得越来越容易操作。这就为传播者和受众的使用提供了便捷性，带动起来传播者和受众的转型。

在新媒介时代，传播者由专业的传媒业工作者转向了非专业的大众人群，使得人人可以成为传播者。在传统媒介时代，传播者无论是个人还是群体，都隶属于各大媒体组织之中，具备相对的媒介素养和媒介技能。传播者几乎全部都是报纸、广播、电视台、电影等的工作人员。然而在新媒介时代，博客、微博、微信、Twitter、Facebook 的用户多种多样，他们的职业、学历、年龄各不相同。这些用户可以在这些平台上发布信息称为传播者。我们最容易想到的就是新浪、腾讯微博的用户。这些用户经过个人注册之后，拥有微博账户就可以发布信息。在这些用户之中，粉丝众多，具有意见领袖作用的用户，被称为微博"大 V"。

"大 V"有企业名人，例如马云、李开复等；也有著名学者，例如于丹、王立群等；还有众多娱乐明星，例如姚晨、谢娜等。当然还有很多草根阶层，通过自身新颖的内容、幽默的语言博得众多粉丝，一跃成为网络红人。无论是普通的微博用户也好，还是"微博大 V"、网络红人也好，他们本身都不是专业的传媒业工作者。但是借助于微博的平台，他们摇身一变成为了传播者，能够积极利用媒介进行内容生产和传播实践，可以起到传递信息、引导舆论的功能。

在这个传播环境之下，传播者与受众的关系不再是固化，而是一个动态的相互转换的过程。受众从相对被动的信息接收者转变为更加主动的信息选择者和使用者。网页或者应用程序提供信息，但是阅读的主动权在受众手中，他们可以根据自己的工作需要、兴趣爱好建立有效的阅读模式。这说明，新媒介环境下的受众的地位在不断地提高，传播越来越讲究具有分众化。根据不同受众的不同职业、学历、收入、地域等进行有的放矢的推送，为每一位受众提供"量身定做"的信息。例如腾讯 QQ 会根据地域推送当地新闻，微博和微信会根据浏览偏好和个人信息推送广告。受众不仅仅是主动的信息选择者和使用者，还使信息二次传播的发出者。受众接受一个信息，他会出于某种目的再次转发，借助于微信、微博等媒体分享到自己的社交网络圈。在这个传播过程中受众会对信息进行编辑和扩散，内容和方式都是由受众决定，他就担当了传播者的角色。

传播者和受众之间的重要关系纽带在于反馈。在传统媒介时代，受众反馈的基本就是写信、热线电话、现场回访的方式。在新媒介时代，受众的反馈具有形式多样性、即时性、互动性的特点。例如弹幕，这就是边看视频边发表评论的形式，在线观看视频的网友发表自己的看法，同时可以看到其他人发表的评论。这种形式充分体现了受众反馈的即时性和互动性。再例如视频直播中受众不仅可以发文字评论，还可以在直播平台花钱购买虚拟的花、车、游艇等礼品送给视频主播。当然在微信、微博等平台中还有比较常见的点赞、评论、带图评论等形式，综合来看新媒介时代的反馈方式要远远多于传统媒介时代。但是，这也滋生出很多问题。反馈渠道变多、受众可发表言论的平台就多，那么就难以避免会有人歪曲事实、宣泄情绪，借助新媒介制造舆论或者发表不合法的言论。在视频直播中同样出现了很多问题。受众花费超出自己经济承受力的钱去打赏主播，这为他们的生活埋下了隐患。特别是青少年，他们没有赚钱的能力，只能偷骗父母的辛苦钱来打赏自己喜欢的主播，这对他们的成长有着极其不利的影响。

媒介的升级，传播者和受众角色转型都会带来传播内容的变化。在内容生产过程中，新媒介与传统媒介表现出"俗"与"雅"两种不同的内容取向。传统媒介时代，电视行业以无可比拟的优势牢牢占据着王者地位。传统媒体的节目、电视剧制作费用昂贵，追求节目内容、画面质量。大型历史古装电视剧《芈月传》拍摄经费高达2亿元，其剧情、表演、服装、配饰、道具、妆容都很考究。相比电视综艺节目和电视剧，网络自制节目和自制剧成本小，制作简单。同样是古装剧《太子妃升职记》虽然也赚足了噱头，但是剧情、场景设置、服装造型等方面与《芈月传》《甄嬛传》《琅琊榜》等电视剧的制作精良相差甚远。新媒介时代的传播内容当然也有积极的一面。传播内容更加贴近生活、关注细节、涉猎新领域。特别是新媒介技术的发展，拓展了传播的内容。例如无人机、GoPro在突发新闻事件报道中的运用，这无疑增加了新闻报道的真实性和客观性，拓展了拍摄空间和拍摄内容。

人类文明的解读可以从媒介、共同体结合的视角出发。家庭、民族、宗教等都可以理解为是以共同体的形式出现的。纵观人类历史上的不同阶段，共同体的形式和性质都是不一样的。人类社会的发展就是共同体的发展，在这个发展过程中，媒介技术为共同体提供了想象的技术手段。不同的媒介时代有不同的特征,那么它对共同的想象、建构方式也就不同。媒介为共同体存在和发展提供可能,共同体的真实与虚构、认识与理解都通过中介得以实现。人类借助媒介追求共同体这样一个理想社会,在传统与现代、文明与冲突、情感与理智之间寻求平衡,以觊觎在一个"众声喧哗"、价值多元的社会中建构认同。

二　新媒介时代与共同体进化

"共同体"是一个具有广泛含义的词语。社会学家把它理解为"社群、社区",显然这个理解过于狭隘。在《共同体》一书中,鲍曼所说的共同体是指社会中存在的、基于观念、遭遇、情感等主观因素,或种族、任务、身份等客观因素的共同特征或相似性,而组成的各种层次的团体、组织。这种团体或者组织既包括小规模的社区自发组织,也包括高层次的政治组织,甚至包括国家和民族这一最高层次的总体;既包括有形的共同体,也包括无形的共同体。

从媒介发展与共同的进化视角展开研究,这一课题的理论基础在于共同体和媒介都使人维系在一定的关系之内。斐迪南·滕尼斯在《共同体与社会》一书的开篇写道:"人的意志在很多方面都处于相互关系之中;任何这种关系都是一种相互的作用,只要这种作用是由一方面所为或者所给的,而另一方面是遭受到或感觉到的。但是,这些作用情况是这样的,它们或者倾向于保持另一种意志或另一个身体,或者破坏另一种意志或另一个身体:肯定的作用或者否定的作用。这个理论仅仅是把研究相互肯定的关系作为它的研究的课题。任何这种关系都是多数中的统一,或者统一中的多数。它是由促进、方便和成效组成的,它们相互间有来有往,被视为意志及其力量的表现。通过这种积极的关系而形成族群只要被理解为统一地对内和对外发挥作用的人或物,它就是叫作是一种结合。关系本身即结合,或者被理解为思想的和机械的形态——这就是共同体的本质。"①

这段话重点说明了,"关系"的存在带来了积极的或者消极的相互作用、相互影响。"共同体"本身就是一种结合的形式,积极地去理解,它是一种具有动态思想的形态;消极地去理解,它是一种固态机械的形态。共同体可以建构、维持某种关系,共同体成员之间休戚与共,同甘共苦。

---

① [德] 斐迪南·滕尼斯:《共同体与社会》,林荣远译,商务印书馆1999年版,第52页。

共同体的这一功能和媒介的功能异曲同工。媒介的重要功能就是承载信息、传播信息，以"中介"的角色有效的维持传播者与受众之间的传播关系。

除此之外，更重要的理论基础在于安德森提出了"共同体的想象形式——语言、书写文字、小说与报纸"。安德森主张对民族做以下的界定："它是一种想象的政治共同体——并且，它是被想象为本质上有限的（limited），同时也享有主权的共同体。"①

首先，有了语言和文字，人们才能交流沟通，达成共同的思想。正如米拉波所说"人脑最伟大的两种发明是文字与货币——它们是思想的共同语言和自身利益的共同语言"②。语言媒介具有灵活性，但同时也具有短暂性。文字媒介恰好弥补了语言媒介的短暂性，成为了延长人类记忆力的一种办法。最初的文字，只是一些特殊的标记或者符号，就像是结绳、刀刻符号、岩画文字等。这种特殊的符号代表了一个家庭或者一个部落的共同经验，成为了家庭、家族共同体的基础。这种简单符号表达的含义也都是生活化的内容，重要的是对气候、生育、农耕、狩猎等的纪录。有了这些家族的成员可以更好地繁衍生息。如此看来，家族共同体围绕着共同的血缘、共同的经验、共同的命运而建构。

文字的演变也伴随着共同体变化，世界上古老的共同体都有自己民族的文字，正如安德森所说"所有伟大而具有古典传统的共同体，都借助某种和超越尘世的权利秩序相联结的神圣语言为中介，把自己设想为位居宇宙的中心"③。文字记录法律条文、宗教教义、风俗习惯、军事战略。通过明确的文字强调不同国家不同民族的差异性。想象的共同体得以形成，是语言、文字、造纸术与印刷术的相互作用，为"想象"提供场域。

随后，印刷技术的发明和推广，开辟了人类传播的新纪元。各种图书、报纸、杂志开始大量出现。安德森明确指出，小说与报纸是为"民族"这个"想象的共同体"提供了技术手段，也就是说安德森认为"想

---

① ［美］本尼迪克特·安德森：《想象的共同体》，吴叡人译，上海人民出版社2016年版，第6页。

② ［加］哈罗德·伊尼斯：《传播的偏向》，何道宽译，中国传媒大学出版社2013年版，第42页。

③ ［美］本尼迪克特·安德森：《想象的共同体》，吴叡人译，上海人民出版社2016年版，第12页。

象"主要是通过文字（阅读）来实现的。

这种想象得以实现，首先是因为小说和报纸具有强大的渗透力，成为了培养共同认识、共同情感的有利因素，尤其成为了各个阶级中传播信息、制造舆论的重要载体。印刷媒介使大量的复制和生产成为可能，从而大大促进了共同体的"想象"。

其次是因为对时间理解的一致性。"一个社会学的有机体遵循时间规定的节奏，穿越同质而空洞的时间的想法，恰恰是民族这一理念的准确类比，因为民族也是被设想成一个在历史中稳定地向下（或向上）运动的坚实的共同体。"① 这是借用沃尔特·本雅明所说的"同质的、空洞的时间"来描述共同体对时间的理解。

那么旧式小说的典型结构也具有这样的特点。"它是一种以'同质的、空洞的时间'来表现同时性的设计，或者说是对'其时'这两个字的一种复杂注解。"② 来自不同文化的小说都会存在从小说的"内部"时间向读者的日常生活的"外部"时间的因果推移，想象也从小说的"内部"角色、情节、因果延伸到现实生活中。

"报纸上方的日期，也就是它唯一最重要的表记，提供了一种最根本的联结——即同质的、空洞的时间随着时钟滴答作响地稳定前进。"报纸记录了一天的事件，次日即宣告作废，它的时效性虽然很短却在大众媒介时代创造了一种非同寻常的阅读仪式。参与者在整个历时中以固定的间隔不断地重复，当参与者看到地铁中、商店中或者邻居、路人进行同样的阅读。他们就更加确信，借由文字想象的共同体根植于日常生活中，并且清晰可见。

三 新媒介时代：共同体的失落与重建

从苦闷漫长的中世纪解放以来，人们逐渐将科学理性奉为存在的法则，经历了工业技术的革新后，人们的生产和生活都取得巨大的进步。越来越多的人走出故土成为异乡的流浪客，走入工厂成为机械的一部分，走进城市成为新世界的建造者。正是由于这种生存关系的变化，曾经起源于

---

① ［美］本尼迪克特·安德森：《想象的共同体》，吴叡人译，上海人民出版社2016年版，第24页。

② 同上书，第23页。

家庭而形成的"血缘共同体",以及进而发展出的"居住在一起"的"地缘共同体",不断分离和弱化,共同体中的人变成了离散的个体,而无数离散的个体组成了现代社会。①

"共同体是旧的,社会是新的。"滕尼斯在《共同体与社会》中这样写道,他认为人类社会是"相互独立的个人的一种纯粹的并存",是一种"机械的聚合和人工制品";而共同体则意味着一种"统一地对内和对外发挥作用的人或物"所形成的结合关系,是"生机勃勃的有机体"。② 以此观之,共同体可以被视为社会的"前状态",它所强调的情感与社会所强调的物质相对,并在社会蓬勃发展的过程中失落。鲍曼更是慨叹共同体是安全、信任,温暖、关怀、彼此依赖的地方,是人们将热切希望栖息、希望重新拥有的世界,但共同体早已成了"失落的天堂"。③

共同体所有的消解和失落,势必会在原子式的社会生活中,撕裂出一道道伤口:信任危机、拜金主义、个人主义、信仰丧失导致的虚无感……越来越多的人只关心私人领域,而不再关注公共生活,共同体收缩回个人的身体之内。在现代家庭中,传统的开放型生活被隐私和独立取代,子女向父母讨要自由和平等,紧闭的房门和对话的代沟成了界限,亲子关系也重新被搬上新闻议题。在模拟乡村生活的城市社区中,许多居民足不出户,在线聊天、网购、外卖成了社会交往的新方式,人们逐渐失去邻里意识,共同体的生命也奄奄一息了。

在新媒介时代,网络技术制造出的虚拟空间,加重了认同的危机,更是让共同体无处扎根。虚拟空间虽然带来了快速的传播和便捷的互动,但它难以为人们提供实在的地方感,具有强烈的流动性。这种流动性不仅体现在虚拟空间营造出的信息环境中,网络内容更新频率高、社会议题冷却速度快、信息质量参差不齐;流动性还体现在虚拟空间中充满不确定性的网民,尽管我国已加快推进网络实名制,但是匿名的面纱在虚拟空间的交往中,依旧挥之不去。过去常常被提及的"在网络上,没人知道你是一只小狗"的情形,似乎越来越少见,然而匿名的网民在社交媒体中,经常把道德规范搁置一旁,互相争辩、对骂或掐架的现象越来越多。

---

① [德]斐迪南·滕尼斯:《共同体与社会》,林容远译,商务印书馆1999年版,第65页。
② 同上书,第52—54页。
③ [英]齐格蒙特·鲍曼:《共同体》,欧阳景根译,江苏人民出版社2003年版,第4页。

由于虚拟空间的流动性，"个体一方面因特定的兴趣喜好、身份特征、时事热点和利益诉求而迅速、简便地形成共同体，另一方面亦可轻易弃之"①。虚拟空间中的网民可以在论坛、贴吧、微博或微信等社交媒体中，相互交流和连接，但是这些临时群聚的成员，可以随时进入又随时离开，群体归属非常脆弱，情感依赖同样很不稳定，这些共同体的生命周期都相对短暂，"认同"的层面也较为狭隘，难以进入公共领域，进而为社会生活的改善做出贡献。

同时，虚拟空间还为人们带来了自主性。通过搜索引擎，人们可以随时随地获取想要的信息，而不需要依赖传统的意见领袖和固定的信息渠道。信息成了"自动贩卖机"中早已陈列好的商品，意义也失去了权威的界定，而进入自主阐释的领域。这种自主性是个人主义的后果，也成为个人主义的条件，两者互相建构，虚拟空间也和社会现实互相影响，整个现代社会仿佛进入了另一种"自然状态"：在霍布斯笔下，它曾是所有人对所有人的战争，在当前，它是所有人对所有人的拒斥，或者自己对自己的崇拜。

在传统时代，个体进入共同体后，接受了统一的精神理念和规范要求，用自我的"消失"换取安全与依赖。而在现代社会，共同体的消亡、个人主义的出现，促成了对自我身份的追求和认同。然而，"身份认同"意味着引人注目：它是与众不同的，并通过那一与众不同而成为独一无二的，因而追求身份认同将造成分离与脱离。②过分的关注自我，带来了自我崇拜和自恋文化，让人们失去了彼此聆听和平等对话的机会，更失去了对国家、民族、文化共同体等的广泛认同。

认同需要想象，虚拟空间的自主性却为想象"祛魅"。文字、报纸、广播或电视提供的"想象"成分逐渐被清除，"我们"的称谓也逐渐被复数的"我"所替代。网络技术体现的是科学和理性精神，最初的价值追求是去中心化，然而，共同体所需要的"想象"却是集中化的，强调信仰和感性认知。因此，"想象"在虚拟空间中难以生长，更多形成的是机械的社会聚合体，而充满情感和归属的共同体则难以孕育，广泛的认同反而成了遭人嘲讽的一种"想象"。

---

① 胡百精：《互联网与共同体的进化》，《新闻大学》2016 年第 1 期。
② ［英］齐格蒙特·鲍曼：《共同体》，欧阳景根译，江苏人民出版社 2003 年版，第 14 页。

正是在这样的嘲讽中，重要的问题被遮蔽了：现代社会的种种危机，侵蚀着共同体的生命，而人们却不企图去反思和重构，只熟视无睹地在虚无中追求自我。学者胡百精认为，重构共同体的方案可被归为三种取向：重返前现代共同体、构建"小共同体"或多元共同体、寻求自由与确定性的平衡。他认为第一个不切实际，第二个属于一种折中取向，而第三个的困境在于如何平衡两者关系。① 的确，共同体的凋零已经成为事实，重返前现代只能看作是对过去的缅怀和乡愁，真正需要追回的并非"共同体"这一称谓，而是其内在情感、记忆和价值。

那么在新媒介时代，如何实现共同体的建构呢？换言之，如何追回共同体所包含的情感纽带和精神价值呢？雷蒙·威廉姆斯曾写道，"关于传播的任何真实理论都是关于共同体的理论"，"大众传播的技术，只要我们判定它们缺乏共同体的条件，或者以不完整的共同体为条件，那么这些技术就与真正的传播理论互不相干"。② 这一论断可以理解为新媒介、传播和共同体是相互关联的。新媒介技术只有在共同体的环境中，才能产生出理想的传播效果，借助新媒介技术的传播，只有重视人与人的联结，才能为共同体的建构和生长提供丰厚的精神养料。

四　新媒介时代：共同体建构特点及方式

新媒介时代下，虚拟空间充满着流动性和自主性，这并不利于共同体的形成。不过，前文的论调也许夸张，但绝非悲观，虚拟空间也为共同体的重构留有生机。若无外部强力干预，借助新媒介技术，人们跨越地域、种族、语言、性别和地位等沟沟壑壑，可以实现有史以来最为伟大的联结，而这种联结也从虚拟空间向现实生活中蔓延。不管是传播一个突发事件，筹集一笔慈善捐款，还是动员一场游行活动，新媒介都发挥着之前媒介难以实现的作用。在共同体重构中，新媒介同样产生着显著的影响，这不仅改变了共同体的建构特点，还改变了共同体的建构方式。

新媒介时代下，共同体的建构呈现出以下三大特点：

一是虚拟现实。这里的虚拟现实并非技术意义上的"Virtual Reality"，

---

① 胡百精：《互联网与共同体的进化》，《新闻大学》2016 年第 1 期。
② ［英］雷蒙·威廉姆斯：《文化与社会：1780—1950》，高晓玲译，吉林人民出版社 2011 年版，第 327 页。

而是一种人文意义上，虚拟空间和社会现实相互建构出来的感知情境。新媒介技术制造的虚拟空间不是社会现实的镜像投射，而有其自身规则和逻辑，这最先体现在"虚拟空间"这个词语本身。由于新媒介技术，时间被压缩到实时直播状态，空间则被无限放大。从语言学的角度来看，人们往往借助时空隐喻来建构认知[1]，"虚拟空间"这个词语凸显了空间，而隐藏了时间。然而，虚拟空间和社会现实也并非割裂式的二元对立，社会规范会对虚拟空间施加限制，社会事件也会进入虚拟空间，成为共同的议题。同时，虚拟空间也会对社会现实产生影响，两者的界限已经模糊交融，新媒介时代下，共同体就建构在这片虚拟现实的场域之上。

二是多元互动。新媒介时代下，共同体的建构主体不再是同质化的成员，而是多元化的个体。他们追求自我、标新立异，也许在日常生活里沉默低调，但在虚拟空间中粉丝过万，影响力巨大。然而，传统共同体所需的"共同"的基础，在新媒介技术连接的这些多元个体中，是否存在吗？回答这一问题，除了考量共同体建构的内部性，还要将外部性纳入视野。社会文化环境会对个体产生潜在的影响，甚至很难被察觉，个体的言谈举止无不受到隐形规范的约束，共享着基本的价值观。多元个体实则有着共同的文化基因，在共同的虚拟现实环境内互动。个体的多元互动也成为了社会文化的再生力量，借助新媒介技术，共同体建构从统一向多元、灌输向互动转化。

三是自由平等。自由平等是现代社会的基本理念，也是共同体在新媒介技术下重构的共同精神特征。利奥塔尔在《后现代状态》中认为许多社会学者将共同体问题简单化，把失落的共同体描绘成了一个"乐园"[2]。的确，共同体有其优点，但它绝非一个必须重返的"黄金时代"，学者们往往忽视了它的痼疾和弊病：共同体成员机械地固定着，而没那么自由；成员有其等级秩序，权威掩盖了平等。新媒介技术打破了这些禁锢，人们获得了自由和平等，这对共同体的重构有进化意义。然而，学者胡百精也指出在新媒介时代下，共同体建构源于斯，其困境也在于斯，如何平衡自

---

[1] [美] 乔治·莱考夫、马克·约翰逊：《我们赖以生存的隐喻》，何文忠译，浙江大学出版社2015年版。

[2] [法] 让-弗朗索瓦·利奥塔尔：《后现代状态》，车槿山译，南京大学出版社2011年版，第60—61页。

由和不确定性的关系,成为了不得不去面对和解决的疑题。①

美国政治学家弗朗西斯·福山指出:"并不是一群人在一起相互交往就可以形成共同体。"② 这句话点明了一个事实:共同体并不因人群的聚集交往而形成,而是依托在心理或精神层面。新媒介技术可以推动心理或精神层面的交往,也为共同体带来了更多可能的建构方式。

1. 延伸情感

麦克卢汉有言:媒介即人的延伸。印刷媒介是视觉的延伸,广播是听觉的延伸,电视则是视听的延伸。新媒介更是让这种延伸综合化,不仅是视听言说的延伸,更是个人情感的延伸。借助新媒介手段,人们可以表达较为简单的情感:赞、踩、点蜡等表示赞扬、抗议、惋惜等情感,还可以表达较为复杂的情感:评论、弹幕、表情包等为情感表达提供出口。以国家公祭网为例,"点蜡""献花""植树""敲钟"等在线祭祀方式,帮助人们表达对同胞死难者的哀悼之情。

情感在社会生活中占据重要的位置,"人类的独特特征之一就是在形成社会纽带和建构复杂社会结构时对情感的依赖","情感在所有的层面,从面对面的人际交往到构成现代社会的大规模的组织系统,都是推动社会现实的关键力量"。③ 新媒介对情感的延伸,是建构共同体的重要方式。通过延伸情感,人们可以感知彼此,获得共鸣,这是一种既虚拟又真实的体验,也是一种面向大众的公共体验。

2. 共享记忆

记忆起初是个体头脑中留存和理解的往事,这种视角本质上是将记忆从个体中抽离,是记忆的社会化和体外化。在旧时,集体记忆的传承一般依靠石料、金属、建筑等,它们是空间偏向的媒介,不易挪动,持久耐用。在新媒介时代,集体记忆的传承形式则更加多样化和普遍化,"已经成功地转化为一些可移动的、便携带的、可以个别接触和处置并且是'可复制'的形式。新记忆的有形体是书籍、影视产品和纪录片,可以用

---

① 胡百精:《互联网与共同体的进化》,《新闻大学》2016 年第 1 期。
② 转引自[英]保罗·霍普《个人主义时代之共同体重建》,沈毅译,浙江大学出版社 2009 年版,第 73 页。
③ [美]乔纳森·特纳、简·斯戴兹:《情感社会学》,孙俊才、文军译,上海人民出版社 2007 年版,第 1 页。

光盘或者其他方式储藏，也可以从互联网上获得"[1]。

在新媒介时代，记忆更难被权力书写而是由大众讲述，"人人皆可发言"本身就是一种记忆共享的表征，而一个个社会议题的关注和讨论，都为记忆共享提供了丰富的内容。"集体记忆是族群认同的基本依据，是共同体合法性的重要来源。"[2] 新媒介技术可以使记忆的传承形式多样化，也可以使记忆的共享更加普遍化。共享的记忆是认同的依据，是共同体建构的基础。

3. 传播价值

共同体重构的一个重要方式是传播共同体价值，重彰价值理性。现代社会中，工具理性过度膨胀，追求科技进步、效率优先、财富增长、社会繁荣和功利至上。然而，一味强调物质利益却让道德、审美、信仰等精神价值边缘化，引发了一系列社会问题。其中最广为人知的便是"老人摔倒扶不扶"的问题。这个问题下，相关社会新闻不断出现，也引发了热烈了社会讨论。一边是个人利益，另一边是道德追求，如何平衡和选择成了大多数人的难题。这种选择困难的背后，体现的即是价值理性的危机。

"共同体的衰落不过是现代性危机和价值理性危机的同病别发"，因此许多学者提出了不同的解决方案，哈贝马斯就认为"对话"有利于重塑情感、伦理、审美等信念，推动多元主体靠近真理之路。[3] 新媒介时代下，各种虚拟的公共空间不断涌现，它们奉行平等对话、多元协商的技术逻辑，为重振人际交往、生活世界、公共领域提供了渠道、平台和氛围。尽管在虚拟现实之中，充满了离散的多元个体，但情感延伸、记忆共享和价值传播都为共同体构建提供了新方式。

---

[1]　徐贲：《人以什么理由来记忆》，中央编译出版社2016年版，第13—14页。
[2]　胡百精：《互联网与集体记忆构建》，《中国高校社会科学》2014年第3期。
[3]　胡百精：《互联网与共同体的进化》，《新闻大学》2016年第1期。

第一章　新媒介时代：传播转型与多元共同体建构

在新媒介时代，传播媒介、传播者、受众、反馈、传播内容的转型最终会直观的体现在不同层面具体的传播过程。在国家层面，最主要体现在主流核心价值的传播模式的变革。在社会层面，体现在"新媒介"为社会群体、社会组织提供了另外一种空间，并形成一种新的参与与表达方式。在个人层面，体现在个体借助新媒体形成共同体，从而建构身份认同。生活的各个方面自上而下、从大到小都体现出传播转型带来的变化和影响，一场变革带来的不仅是传媒界的新气象，更是带来了文化、教育、经济多方面的创新和突破。

第一节　新媒介时代：主流核心价值传播模式的变革与国家共同体建构
——以第十三届精神文明建设"五个一工程"为例

新媒介时代下，电视等传统媒体在传播"主流核心价值"方面具有举足轻重的地位和巨大的影响力。但是在新媒体环境下，"主流核心价值"的传播模式，正面临着新的变革与挑战。本书以"五个一工程"为代表的"主流核心价值"的生产与传播模式为对象，探讨如何在新媒介环境下，创建新的传播模式，增进和扩大"主流核心价值"的传播力与影响力。

一　新媒介时代："五个一工程"在传播"主流核心价值"中的作用

精神文明建设"五个一工程"评选活动从 1991 年开始到 2014 年已举办 13 届。作为由党中央倡导、中宣部组织实施的旨在弘扬主旋律、推动优秀精神文化产品创作生产的示范工程、导向工程,"五个一工程"实施以来已经成为了我国精神文明建设的精品工程,成为了具有巨大影响力的国家文化品牌。(图1-1)是2014年的第十三届精神文明建设"五个一工程"奖颁奖晚会剧照,在这届"五个一工程"中共186部作品获得"优秀作品奖",其中电影27部、电视剧30部、戏剧33部、动画片6部、电视纪录片9部、广播剧22部、歌曲31首、图书28部。这些获奖作品广泛涉及各个行业领域及不同地域风土人情。既有歌颂领袖的无私奉献,也有赞美平凡人的闪光事迹等。同时电影、电视剧、戏剧、歌曲各个门类均有佳作。从内容上看,有表现中国不同职业的劳动人民在自己的岗位上不断奋斗的电视剧《索道医生》《警察日记》《张丽莉老师的故事》;有表现领袖人物鞠躬尽瘁精神的电视剧《毛泽东》《历史转折中的邓小平》;还有以点滴小事关注普通人生活的电视剧《温州一家人》《老有所依》和电影《洋妞到我家》;更有表现祖国大好河山壮丽风景的电视剧《西藏的秘密》、纪录片《走进和田》《海之南》《大黄山》等。这些作品都充分反映了"主流核心价值",并以浓郁的生活气息,出色的艺术表现给人们以巨大的精神感染力。

图1-1 "五个一工程"奖剧照

从获奖作品的题材上看,既有重大革命历史题材佳作,如纪录片《伟大的抗美援朝》《东北抗联》,也有具有现实意义、展现"中国梦·青年梦"时代主题的《中国合伙人》。还有反映普通人生活、爱情、奋斗的,如电视剧《父母爱情》《有你才幸福》等。电影《永远的焦裕禄》、电视剧《焦裕禄》从不同角度表现人民的好书记——焦裕禄为人民服务的一生。电影《一八九四·甲午大海战》以磅礴的气势，描绘了中华民族为赢得战争胜利而浴血奋战的英雄业绩。由这些作品组成的艺术长廊，形象展示了中国波澜壮阔的历史，成为振兴中华的强大精神力量。

从艺术创作手法上看，既有像电影《一代宗师》那样，用传奇手法表现一代宗师叶问的传奇一生，从而展现了中国武术的博大精深和中国文化的深厚内涵；也有像电影《全民目击》那样，以情节的新颖性和戏剧的曲折性为观众讲述一个"父爱如山"的故事。其他如电影《听风者》的惊险、悬疑；军旅题材电视剧《火蓝刀锋》的时尚、先锋；电视剧《青果巷》的朴素、真诚等。总的来看，和以往相比，获得本届"五个一工程"殊荣的作品，积极进行艺术创新，艺术风貌多姿多彩，开拓了艺术的新境界。电视剧《历史转折中的邓小平》、电影《周恩来的四个昼夜》《毛泽东与齐白石》《雷锋在1959》等作品，紧紧把握当代观众审美需求，在演员选择、人物塑造、影像风格等方面大胆创新，实现了重大题材和清新风格、主流价值观和时尚元素、真实历史和虚构情节比较完美的融合。

艺术贵在推陈出新，许多作品借鉴多种表现手段，给艺术注入新的活力，使人有耳目一新之感。如诸多获奖戏剧作品，充分发挥自身优势，深入开掘思想内涵，拓展了艺术表现空间。音乐剧《妈妈再爱我一次》，以歌声动人、以故事感人。歌舞剧《情暖天山》结合歌曲和舞蹈，营造出动人的艺术氛围。

话剧《红旗渠》的主创是21世纪的中国艺术家，他们站在今天的制高点上，将表现与再现、写实与写意有机结合，在忠实地描画那个时代的同时，更重要的是思辨那个时代，使得作品成为真正的艺术精品。可以说，作为精神文明建设一项重大战略工程的"五个一工程"，以社会主义核心价值观为引领，以弘扬中国梦为己任，在推进和谐社会建设、推动文化进一步繁荣发展中发挥了积极的重要作用。"五个一工程"不仅仅是一次文艺作品评选活动，更是传播"主流核心价值"的载体和"标杆"。

主流核心价值"是一个社会中居统治地位、起支配作用的核心理念，反映着社会发展的内在要求，代表了统治阶级的根本利益，是一个社会必须长期普遍遵循的基本价值准则，对这个社会起着规范行为、稳定秩序、提供精神动力的作用,具有相对稳定的特点"①。在当代中国,"主流核心价值"就是社会主义核心价值观的另一种表述。"当代中国的核心价值体系是社会主义核心价值体系,社会主义核心价值体系是社会主义制度的内在精神之魂,是社会主义意识形态大厦的基石,是社会主义文化建设的根本。"②

"五个一工程"组织实施十余年来,把"主流核心价值"融汇在艺术创作、艺术情感,艺术形式的创造中,生产并传播了许多观众喜闻乐见和充满正能量的文艺作品,充分发挥了精神文明建设"五个一工程"的导向和示范作用,表现出艺术精品创作的强大吸引力和感召力。

二 新媒介时代:"主流核心价值"传播模式面临的变革

可以说,长期以来,"五个一工程"是"主流核心价值"打造的主要传播模式,它在鼓舞人、感染人,发挥正能量方面起到了积极作用。但毋庸讳言,在新媒体的冲击下也存在"叫好不叫座"问题,传播的影响力和传播力存在不足,因此传播模式必然面临转型及变革。

美国学者尼古拉斯·尼葛洛庞帝曾经说过:"网络媒介是传统媒介的掘墓人。"③的确,如今网络媒体伴随着数字、网络、通信技术的不断发展而迅速兴起。数字传播技术催生出的融媒体时代,极大地改变了人们使用媒体,接受信息的方式。"作为重要的信息载体,网络媒体越来越成为社会主流意识形态、社会主流价值观传播的重要工具和主要阵地。"④

因此,在新媒体环境下,传播思维上要有所转变。如今"互联网+"成为了业界和学界追捧的热词。当我们频繁提及"互联网+"的时候,互联网思维也在潜移默化地影响着我们生活的方方面面。"互联网+"就像电能一样,把一种新的能力、一种新的思维注入各行各业去,使各行各业

---

① 戴木才、田海舰:《论社会主义核心价值体系与核心价值观》,《中国党政干部论坛》2007年第2期。
② 唐励:《论主流媒体在倡导社会主义核心价值体系中的使命》,《新闻界》2009年第2期。
③ [美]尼古拉斯·尼葛洛庞帝:《数字化生存》,胡泳、范海燕译,海南出版社1997年版,第3页。
④ 郑洁:《网络媒体传播社会主义核心价值观研究》,中国社会科学出版社2012年版,第239页。

在新的环境下展现出新的面貌,焕发出新的活力。"互联网、无缝连接、连接一切、跨界融合、协同创新,这些原来看起来不搭界的字眼,现在组合起来让每个人都可以生发出联想。"① 互联网的去中心化,降低了发布、获取信息的门槛,重新解构了过去的组织解构、社会结构和关系结构,为新的"主流核心价值"传播模式提供可能。

在第十三届精神文明建设"五个一工程"传播过程中,组织者已经开始有意识地运用到互联网。"互联网是通过计算机的连接,部分地实现了人的连接、人和信息的连接;'互联网+'融合云计算、大数据、物联网等,实现人与人、人与物、人与服务、人与场景、人与未来的连接。"② 这一有意义的思维转变,无疑将观众与文艺工作者连接在一起,观众与活动信息联系在一起。一改以往主流媒体"上对下"的传播模式,使得观众可以自主、自由地参与到精神文明建设"五个一工程"中去。把原有的资源驱动转化为创新驱动,这既是思想的转换,又有机制、体制的变革。这将为传播模式的变化、融合、创新继续提供支撑。

新媒体环境下,要充分发挥网络媒体的优势。网络媒体和报纸、广播、电视等传统媒体一样,"它既是重要的信息传播工具,要不断满足人们的信息需求,又是一种重要的政治表达工具,也是各种意识形态较量的主要阵地,担负着传播社会主义核心价值观的重要责任。"③ 那么,这就必然要求网络媒体在生产、传播信息的过程中,具有公信力和权威性。"对于一个精神共同体来说,最初,主流意识形态的政治权威是必须的,因为它是建立和维持思想文化秩序的必要手段。"④ 基于这种公信力和权威性,网络媒体在信息传播过程中才有影响力和引导力,才能够成为主流核心价值传播取得成效的有力保障。

此次第十三届精神文明建设"五个一工程",除了运用到报纸、电视等传统媒体,也开始运用新媒体进行宣传。中央电视台官方网站,央视微博、央视博客等对第十三届精神文明建设"五个一工程"都有一定程度

---

① 马化腾等:《互联网+国家战略行动路线图》,中信出版社 2015 年版,第 9 页。
② 同上。
③ 郑洁:《网络媒体传播社会主义核心价值观研究》,社会科学出版社 2012 年版,第 244 页。
④ 刘明君:《多元文化冲突与主流意识形态建构》,中国社会科学出版社 2008 年版,第 6 页。

的报道，对弘扬主流核心价值也起到了一定推动作用。但是，我们也要看到，虽然本届获奖作品在媒体融合环境下，传播"主流核心价值"的模式较往年有所变革，可还是存在对新媒体重视不够、观念陈旧、受众互动不足、传播效果弱等问题。因此，针对以上问题，我们提出以下对策。

三 新媒介时代："主流核心价值"传播模式的发展方向

（一）转换观念，加强"互联网思维"

在第十三届精神文明建设"五个一工程"传播过程中，我们可以看到，传统媒体的公信力与权威性依然在人们的心中占据着重要地位。但是，如何增强主流核心价值传播的有效性及影响力？是摆在主流媒体的迫切问题。在新媒体环境下，网络媒体以其传播载体的多元性，传播速度的时效性，传播方式的便捷性，传播手段的交互性，在一定程度上填补传统媒体传播与反馈之间的不足。这一优势使得网络媒体在传播主流核心价值的过程中，对及时了解受众，加强沟通互动，增强主流核心价值传播的实效性和影响力起着重要的作用。

纵观人类传播史，在经历了口语传播、文字传播、印刷传播到电子传播后，进入18世纪60年代，蒸汽机的出现和广泛使用造就了第一次工业革命，机器创造了巨大生产力，社会面貌发生翻天覆地的变化，有人认为工业革命的标志性成果之一是创造了"在车轮子上奔驰的人类"，而进入19世纪70年代以来，由于电力和电子的发明和应用，人类历史又进入了"信息革命"社会，它的标志之一是创造了"在新媒介上腾飞的人类"。"现在的互联网很像带来第二次产业革命的电能。互联网不仅仅是一种工具，更是一种能力，一种新的DNA（脱氧核糖核酸），与各行各业结合之后，能够赋予后者以新的力量和再生的能力。"[①] 的确，"媒介即信息"，媒介也是新的塑造力量，它创造新的社会模式、文化模式和传播模式。有学者指出互联网最重要的五个特点有："1. 双向传播；2. 新媒介使信息容易获取和传播；3. 新媒介有利于继续学习；4. 组合与整合；5. 社群的创建。"[②]

可以说，加强互联网思维，积极运用互联网这个工具，拓宽微博、微

[①] 马化腾等：《互联网+国家战略行动路线图》，中信出版社2015年版，第2页。
[②] ［加］罗伯特·洛根：《理解新媒介》，何道宽译，复旦大学出版社2012年版，第42页。

信、网站的传播领域，改变传统媒体传播模式的低效点已成为大家的共识。因此，在媒体融合背景下，中央电视台、央视网等主流媒体应该转换观念，以中央电视台为依托，设置电视节目专区，提供节目线索，进行节目互动。并突破中央电视台传统媒体只联合央视网新媒体的台网联动的运营模式，开放更多的平台，提供更多的资源，充分利用网络媒体的灵活性、互动性等特点，将两者紧密结合，实现优势互补，以提升"五个一工程"的传播效果。

（二）积极运用新媒体，强化传播效果

美国著名传播学者丹尼尔·戴扬指出，"媒介事件"即在于"唤起和重申社会的基本价值并提供共同的关注焦点"，为人们提供一种"民族的、有时是世界的事件感，使得某些核心价值感和集体记忆醒目起来"[1]。"五个一工程"作为年度"媒介事件"，在价值观传播中的角色体现在两个层面：其一是以影视作品为素材表达、传播文化正能量及其价值观，即"价值符号的展示"；其二是整合、建构主流核心价值体系，嵌入公众生活世界。但是，各大媒体对于评选活动只是做到了宣传，却不重视传播效果。观众往往只是听说过"五个一工程"，却不知道"五个一工程"具体是指什么方面，抑或者不知道"五个一工程"的评选获奖作品有哪些。这就表现为一种传播力度的不足。

就拿第十三届精神文明建设"五个一工程"获奖作品颁奖晚会来说，在优酷、搜狐等视频网站内，搜索不到《为梦想放歌》该档专题节目的完整视频资料。在博客和微博方面，也表现出重视程度不足。打开央视网，受众点击导航栏中的"博客"，搜索关键词：第十三届精神文明建设"五个一工程奖"或者"为梦想放歌"，可以看到的相关微博仅有3条。

毋庸置疑，中央电视台，央视网拥有雄厚的资料储备，对于中央电视台的播出资源更是拥有第一手的资料。因此，央视网在自身播出的基础上应充分开展网络分享业务，同时加强管理，谋求视频播出的自由最大化。例如第十三届精神文明建设"五个一工程"获奖作品颁奖晚会节目的设置上可以形成自己的视频播放单，列表模式和图文模式相结合。不但要有完整的视频合集，还可以将节目之中的不同单元切分开，形成节目合集。

---

[1] ［美］丹尼尔·戴扬、伊莱休·卡茨：《媒介事件》，麻争旗译，北京广播学院出版社2000年版，第3页。

视频的命名要简单易懂，方便受众根据自己的喜好选择不同的视频片段。中央电视台官方网站可以在解决版权与盈利问题的基础之上，建立于其他商业网站的合作与共享，积极谋求市场化运作，形成资源共享的多网站合作平台，争取达到传播的最大化效果。

此外，"五个一工程"除了运用央视微博，还应该利用新浪微博、腾讯微博等来进行宣传。在微博中可以与获奖影视作品的制作团队、明星等进行互动。如可利用影视演员黄渤的知名度推广《时间都去哪了》的获奖信息，也可用佟大为、黄晓明等影星推送电影《中国合伙人》获奖的知名度。同时，还可以利用微信，建立"五个一工程"的微信公众号，把评选过程中的各个环节以推送消息的形式发送到受众的微信中去。公众号的内容可以多种多样，如作品介绍，网友评论，评委介绍等内容都可以设立。

（三）注重观众的参与性和互动性，强化共享性和分享性

可以说，传播的本质在于共享和分享。麦克卢汉说过"媒介是人体的延伸"。现代媒介理论认为，媒介还是思想的延伸、情感的延伸、心灵的延伸。第十三届精神文明建设"五个一工程"在央视博客和微博中的传播范围并不是很广泛。博客文章、微博文章数量有限、内容单一，并没有调动起广大受众的参与积极性，无法充分实现新媒体与受众之间的互动。"五个一工程"由中共中央宣传部主办，作品经由省、自治区、直辖市和中央部分部委，以及解放军总政治部等单位组织生产、推荐申报。评委是来自文艺界的专家和名人。推送作品、组织评选等过程，都缺少来自群众的"声音"。

中国网络技术的发展日新月异，加之我国又有庞大的网民群体。只有充分调动观众的参与热情和积极性，传播效果才会更广泛、更深刻。

正如上文所述，"五个一工程"应该充分利用新媒体，充分调动观众的参与性，与观众积极的互动。"五个一工程"的网站、微博、微信公众号的建立，可以作为传播社会主义核心价值观的又一新兴载体。

具体来说，首先在前期宣传环节，官方网站、微博、微信对各个组织单位推荐申报的作品，进行推广和宣传，让观众了解本届参与"五个一工程"奖的作品都有哪些。网站可以以视频、文字的形式详细的介绍。微博可以用图片配以简单介绍的形式介绍，同时可以附有官方网站的网址链接，引导观众进入官方网站了解详细信息。微信则可以利用公众号，将

参与的作品简介整理多篇文章,然后向观众推送消息。官方网站还应该有评论栏,让观众的建议和意见有的放矢。微博上有一个自由、开放的平台,让观众各抒己见。通过观众的评论,主办方可以了解观众的喜好、倾听观众的声音。在交流与互动中,形成主办方与观众的双向反馈机制。

其次在投票评选的环节,官方网站、微博、微信可以设立公众投票的导航栏,让观众可以利用新媒体进行投票。主办方将观众投票与专家评选专业性意见相结合,评选出更多"叫好又叫座"的作品。广泛地听取观众的意见,调动起观众的参与性,建立"五个一工程"与观众的良好互动机制,不仅仅能够及时得到反馈,更是对主流核心价值观的一种无形而有效的传播。

最后,在宣布完获奖作品后,应该在各个电视台及主要网站进行展播。因为在信息泛滥成灾的今天,适当的重复是必要的,这既是"涵化效果"的最佳体现,也是媒体"议程设置"的题中之意。

"读一本好书,在阅读中对话高尚。听一首好歌,在旋律中品味人生。"这正是文艺作品带给我们的精神价值。作为国家文化品牌的"五个一工程",将继续引领并激励广大文艺工作者,把个人情感体验和国家民族的共同利益结合起来,以强烈的艺术感染力和独特的审美追求去表现中国人、中国梦的精神内涵,以不同的想象方式、生动的语言艺术、真挚的情感讲好"中国故事",鼓舞并激励人们去追求自己的梦想,从而实现中华民族伟大的复兴。与此同时,在新媒体环境下,传统媒体(如电视)在保持自身优势和特色的同时,也要积极运用新媒介更有效、更快速、更便捷的传播"主流核心价值",从而走出自己的创新和发展之路,实现新的"凤凰涅槃"。

第二节　新媒介时代:网络空间传播与共同体建构
——网络汉服春晚的传播意义与价值

一 "新媒介赋权"与"汉服春晚"的兴起

新媒介的兴起正迅速解构与建构着中国社会,成为社会生活领域中最重要的权力来源。这也就是学者指出的"新媒介赋权"。它指的是"媒介成为权力实现的重要源泉与力量。它通过个体、群体、组织等获取信息、表达思想，从而为其采取行动，带来改变提供了可能"①。的确，"新媒介赋权"为我们提供了另外一种空间，并形成一种新的社会动员与治理方式，它改变了人与人之间的中心化、组织化连接方式，而带之以向情感、价值观等身份认同方式转变。

这突出表现在近几年兴起的网络春晚与汉服春晚。尤其是"汉服春晚"，它是"汉服春节联欢晚会"的简称，于2010年首创，至今已举办8届。汉服春晚的节目从制作者、参与者到观看者都是网民，或者更准确地说是纯粹的民间的汉服爱好者，或曰"汉文化复兴者"，它的合作伙伴是来自全国各地的汉服社团。汉服爱好者依托于网络，借助新媒体的力量，将自制创造好的节目编排组成晚会，在优酷网、搜狐、酷6等网站上传，形成视频网站联盟，这种自发、自觉、自编、自导的"汉服春晚"形式，和"央视春晚"及"网络春晚"形成了有益的补充。

由于汉服春晚主要凸显汉舞、礼仪、雅乐、国画、诗词、茶艺、刀剑、汉字、戏曲等传统文化，因此"汉服春晚"不但成为一台"汉文化"的视觉盛宴，更在唤醒文化记忆，提供文化认同，向国人普及礼乐文化精髓方面起到了积极推动作用，体现出强烈的文化自觉和文化自信。（见图1-2）

图1-2 汉服春晚

---

① 师曾志、胡泳：《新媒介赋权及意义互联网的兴起》，社会科学文献出版社2014年版，第3页。

2018年8月20日，中国互联网络信息中心（CNNIC）在京发布第42次《中国互联网络发展状况统计报告》。截至2018年6月30日，我国网民规模达8.02亿，互联网普及率为57.7%。[①] 我国有庞大的网民群体，又有资本和技术的支持，网络自然而然地成为了新媒介环境下，传统礼乐文化实现自身权力与价值的重要源泉与力量。网络通过个体——汉服爱好者、群体——汉服社团、组织——礼乐小组等获取信息、表达思想，从而为传播中华民族传统礼乐文化采取行动，进而提升我们中华民族的文化认同和文化自信。汉服春晚以新媒介作为传播载体，无疑十分有利于礼乐文化的记忆认同和建构。新媒介超文本的语言符号可以将礼乐文化的影响范围迅速延展。使观众在观看汉服春晚的过程中，自然地进入到欣赏汉服、乐舞、礼仪之美的状态中去，进而自发的沉浸在汉服春晚所表征的各种意义符号之中。观众在观看汉服春晚时，在头脑中获得礼乐文化的文化记忆，在心理上认同礼乐文化的文化记忆。汉服之美丽，乐舞之绚烂，演变成具体的画面诉诸既有的文化记忆和认同情感中。

汉服春晚选择网络作为传播媒介具有其创新性和前瞻性。互联网将全世界的计算机和网络连接起来，从而形成了一个海量的信息数据库，网络上的信息可以全球共享。网络信息的呈现方式多种多样，往往以声音、文字、图形、影像等复合形式。新媒介在技术、运营、产品、服务等商业模式上具有创新性，观众接收网络信息通常不受时间、空间的制约。在未来几年内，视频行业会朝着多屏幕、一体化的方向发展，PC、手机、PAD、电视等多屏幕协同发展，视频网站也会继续向内容制作和硬件设备上渗透。视频行业的不断前进，无疑会推动汉服春晚在网络上的传播，有利于建构中国礼乐文化记忆，有利于更多的人认同中国礼乐的文化记忆。

二 汉服春晚与礼乐文化的传播

网络汉服春晚作为一场文艺演出，集中展示了汉服的美轮美奂，礼乐文化的博大精深。网络汉服春晚在发扬礼乐文化，建构文化记忆，提升民族认同感起到了良好作用。

"汉服"是指为华夏——汉族的传统服饰或民族服饰，具有独特的汉文化风格特点，明显区别于其他民族的传统服饰或民族服饰……在这个定

---

① 第42次中国互联网络发展状况统计报告。

义里，潜含着对于汉族服饰文化之"纯粹性"的追求，它和汉民族人民实际的"服装生活"并不完全重合。汉服是汉民族服饰生活里那些被认为能够代表汉文化特征，并且具备了得以和其他民族相互区分之特征的服饰。① 汉服的种类繁多，经过不同朝代的发展演变形制多有不同。总体上，汉服是以交领右衽、无扣结缨为主要特征。主要有"衣裳"制，即上衣下裳。"深衣"制，即把上衣下裳缝连起来。"通裁"制，即身衣贯通的袍服，腰间无缝连等类型。

《左传正义·定公十年》疏："中国有礼仪之大，故称夏；有章服之美，谓之华。"《尚书正义》注："冕服华章曰华，大国曰夏。"汉服作为民族服饰，承载了太多民族文化和文化记忆。但是现在汉服的"缺失"状态，要源于清代初期统治者的高压强制同化手段。汉服以一种历史悲情主义色彩，成为了华夏民族礼乐文化记忆的载体。汉服春晚并非只为了汉服，更是因为在汉服上承载了太多的礼乐文化记忆。汉服成为复兴民族，传承文化的重要标志。华夏民族素有"礼仪之邦"的美誉，是一种独特的礼乐文明社会。汉族服饰则是这一精神内涵的重要体现。中国文化重视衣冠、重视服制、重视礼仪，汉服和礼乐文化之间有着密切的关联。

"在儒家的礼仪文化体系中，礼与乐相辅相成，两者的关系形同天地，《礼记·乐记》说：'乐由天作，礼以地制。'礼乐结合就是天地万物秩序的体现，'乐者，天地之和也；礼者，天地之序也。和故百物皆化；序故群物皆别。'礼与乐密不可分，以至可以说：没有乐的礼不是礼，没有礼的乐不是乐。"②

"礼与乐是中国古代社会中极其重要的两件事，是华夏民族古代文明的根本标志。礼乐既是社会政治制度，又是道德规范，还是教育的重要科目。但无论政治实践、道德行为、教育方式都包含艺术这一审美因素，都要充分利用美感形式。礼乐相济，虽已别为二物，却仍然密不可分地结为一体：礼是审美化了的乐，乐是仪式化了的礼。礼是根本的，起支配作用。乐要服务于礼，附丽于礼，纯粹供个体情感宣泄和官能享受的乐并不为正人君子所承认。乐借助于礼，变得神圣、庄严，礼借助于乐而产生守

---

① 周星：《本质主义的汉服言说和建构主义的文化实践——汉服运动的诉求、收货及瓶颈》，《民俗研究》2014年第3期。

② 彭林：《中国古代礼仪文明》，中华书局2004年版，第47页。

礼的快乐，养成守礼的习惯。"① 礼乐因为儒家的阐释和传道，演变成为一种文化流传千古。从礼乐文化的研究视角出发，为我们解释汉服春晚的特殊意义提供了一种路径。

礼乐文化所包含的社会政治制度、道德规范、教育教化是中华民族这一特定社会群体之成员共享往事的过程和结果。礼乐文化是中华民族通过各种仪式塑造的有关"礼"与"乐"的共同记忆。礼乐文化记忆并不仅是每一个群体成员的私人记忆相加的产物，而是以文化体系为主体的记忆范畴，这一体系不只停留在语言与文本中，还存在于各种文化载体当中，比如服饰、音乐、舞蹈、礼仪等。通过这些文化载体，一个国家、一种文化会拥有一种凝聚的力量。

汉服之"美"在于古典端庄、雅致飘逸、清新脱俗。礼乐文化之"美"在于神圣庄严、涵养德性、知行合一。汉服春晚的意义就是以一种仪式膜拜方式，演绎汉服之"美"，礼仪之大。汉服的古典端庄、雅致飘逸、清新脱俗借助音乐、舞蹈、仪式、庆典等活动张扬汉服之美。但这绝不仅是简单的张扬，而是为建构礼乐文化的集体记忆谋求更多的话语权和存在感，"表演"与"认知"相得益彰，"欣赏"和"认同"相辅相成。

三 汉服春晚与记忆认同的建构

"文化记忆是德国学者阿斯曼（Jan Assmann）在总结西方现代哲学、历史学、宗教学、文化学等对于集体的记忆文化和历史意识的研究成果的基础上，于 20 世纪 90 年代提出的一个综合性文化理论。"② "阿斯曼认为，每个文化体系中都存在着一种'凝聚性结构'，它包括两个层面：一在时间层面上，它把过去和现在连接在一起，其方式便是把过去的重要事件和对它们的回忆以某一形式固定和保存下来并不断使其重现以获得现实意义；二在社会层面上，它包含了共同的价值体系和行为准则，而这些对所有成员都具有约束力的东西又是从对共同的过去的记忆和回忆中剥离出来的。这种凝聚性结构是一个文化体系中最基本的结构之一，它的产生和

---

① 聂振斌:《礼乐文化与儒学艺术精神》,《江海学刊》2005 年第 3 期。
② 王霄冰:《文化记忆与文化传承》,《励耘学刊》2008 年第 1 期。

维护,便是'文化记忆'的职责所在。"①

以阿斯曼的"文化记忆"理论为基石,理解中国的礼乐文化。首先,在时间层面上,礼乐文化记忆随着社会的发展,连接过去和现在乃至未来,在不断地使文化显现其生生不息力量并获得现实意义。其次,在社会层面上,礼乐文化记忆包含了礼仪、礼乐文明、礼乐制度等内涵,礼乐文化具有道德规范、教育教化等社会功能,是中国博大精神内涵的重要体现。同时又使社会成员从礼乐文化记忆中获得共同的价值体系和行为准则等具有约束力的东西。

(一) 汉服中的文化记忆

哈布瓦赫曾说:"我们保存着对自己生活的各个时期的记忆,这些记忆不停地再现;通过它们,就像是通过一种连续的关系,我们的认同感得以终生长存。"汉服春晚中对汉服饰的执着追求,唤醒了我们对于不同朝代的汉服记忆。汉、唐、宋、明等历代汉民族服饰的"表演",观众对于礼乐文化记忆的认同感不断升华得以终生长存。

服饰是汉服春晚中的重要元素,主持人的服饰变化尽展汉服之风采。女主持人的服装有:半臂襦裙、高腰襦裙、曲裾、褙子、袄裙等。男主持人的服装有:朱子深衣、道袍、圆领袍等。每个节目的演员都身着不同形制的汉服。抑或在乐舞中展示汉服之美,例如2018年汉服春晚中的歌曲MV《蘭夜》,2017年汉服春晚节目《逍遥游》、2016年汉服春晚节目《桃夭》。抑或是一场震撼的汉服表演,例如2012年汉服春晚节目汉服展示《雅韵华章》。有的节目更是别出新意将汉服的展示与剑术、武术、弓箭联系在一起。在演员们的一系列舞剑、出拳、踢腿的动作中,展示汉服的风采。例如2011年的节目《长刀所向》,2012年的节目《明制射礼》、2014年的节目《守仁射道》。还有的节目将汉服与绘画、茶道结合在一起。例如2011年《牡丹》就是将现场绘画和古琴演奏相结合,一起演绎汉服之美。2017年的节目《宣和茶事》,将知识讲解和茶艺示范相结合,汉服之美自然而然地融入沏茶、品茶之中。

汉服春晚对汉服之美的重新挖掘和反复建构,一定程度上也是朝向中国传统审美意识的全面回归。汉服作为一种文化符号,既承载了礼乐的文

---

① [法]莫里斯·哈布瓦赫:《论集体记忆》,毕然、郭金华译,上海人民出版社2002年版,第111页。

化记忆，也包含了对"美"这一含义的建构与认同。音乐和舞蹈作为传统的艺术元素，有它悠久的发展历史。历代的汉服都有古典、雅致、端庄等特点。汉服与乐舞相结合，是展示汉服之美的最佳途径。女子身着汉服，方可彰显阴柔之美，婉约之美。正如欧阳修《贺明朝》："忆昔花间初识面，红袖半遮妆脸。轻转石榴裙带，故将纤纤玉指，偷捻双凤金线……"女子因汉服显得更有内涵和韵味，汉服也因为女子而增添许多灵气。男子身穿汉服，方可彰显豪迈气概，风流儒雅。刘过在《沁园春·张路分秋阅》中写道："羽扇从容裘带轻。"男子因为汉服显得更加风流倜傥、文质彬彬，汉服也因为男子而增添许多英气。

汉服运动的爱好者、实践者，他们喜欢自称或者互称为"同袍"，寓意"岂曰无衣，与子同袍"。汉服运动当然不仅仅是为了服装，而是将汉服作为一种文化符号、一种文化载体。"同袍们"将汉服与华夏民族的传统文化紧密地联系起来。中国文明重视穿衣戴冠，重视服饰制度，讲究礼仪。几千年来，以身份等级为核心的礼制以服饰作为一种象征，服饰也就成为礼制集中的表象和最为醒目的载体。汉服的展示并不是一场"秀"，而是要在传统节日、民族活动、人生重大时刻中可以一展汉服风采，彰显汉服的端庄之美、大气之美。展示与认知相结合，热爱和认同相并生，从热爱汉服，复兴汉民族文化重建"礼仪之邦"。

(二) 乐舞中的文化记忆

如果说服饰只能算是礼乐文化记忆的一种外在表象，那么乐舞应该算得上是礼乐文化记忆的内涵。中华民族自古非常喜好音乐和舞蹈。在《礼记·乐记》中有记载："德者，性之端也；乐者，德之华也；金石丝竹，乐之器也。诗，言其志也；歌，咏其声也；舞，动其容也。三者本于心，然后乐器从之。是故情深而文明，气盛而化神，和顺积中而英华发外，唯乐不可以为伪。"[1]《礼记·乐记》还写道："故歌之为言也，长言之也。说之，故言之；言之不足，故长言之；长言之不足，故嗟叹之；嗟叹之不足，故不知手之舞之，足之蹈之也。"[2] 由此可见，音乐和舞蹈自然而然就成为了礼乐文化集体记忆载体的一个重要元素。

---

[1] 杨天宇：《礼记译注》（下），上海古籍出版社2004年版，第487页。

[2] 同上书，第508页。

在汉服春晚中，有关音乐和舞蹈的节目可所谓琳琅满目，精彩纷呈。《重回汉唐》是一首由汉服运动爱好者作词作曲的歌曲。此歌曲作为汉服运动的主题歌，在"同袍"中广为传唱。2011—2012年汉服春晚都将这首歌纳入到晚会之中，因为歌词唱出了广大"同袍"的心声："我愿重回汉唐，再奏角徵宫商。著我汉家衣裳，兴我礼仪之邦。我愿重回汉唐，再谱盛世华章。何惧道阻且长，看我华夏儿郎。"这首歌曲承载的文化内涵，并不是字面意思的回到那个时代，而是以汉服为载体，弘扬中华文明，继承礼乐文化的精神内涵，继承中华民族的优良传统和物质文明。

除了《重回汉唐》之外，还有2011年汉服春晚的开场舞《扇舞苍穹》，2012年汉服春晚的开场舞《舞龙舞狮》，都是舞蹈作为开场，既能展示汉服之美，又能展示汉舞之美。再如2013年汉服春晚开场节目《鹿鸣》，也是根据《清高宗诗经乐谱》编成曲，演奏乐器包括古筝、箫、骨、编钟、歌曲宛转悠扬，不绝于耳。2014汉服春晚开场节目《卫风·淇奥》，也是根据《钦定诗经乐谱全书》谱曲，演奏乐器包括鼓、笙、瑟，乐声犹如鸾吟凤唱般清耳悦心。有关歌曲与舞蹈的节目，都在汉服春晚中担当开场节目之重任，可以看出音乐、舞蹈在礼乐文化内涵中的重要地位。

汉服爱好者以安九创作的《礼仪之邦》为歌曲拍摄典雅浓郁的古风音乐MV。以歌词配合乐舞、画面，演绎夫妇之礼、女子笄礼、拜师之礼、迎宾之礼、揖礼、射礼、饮酒之礼。"子曰礼尚往来，举案齐眉至鬓白，吾老人幼皆亲爱，扫径迎客蓬门开，看我泱泱礼仪大国，君子有为德远播，江山错落人间星火，吐纳着千年壮阔"，为观众描绘一幅波澜壮阔的中华图景。

同时，汉服春晚还吸引到了哈辉、方文山等名人的关注。2012年汉服春晚播出了哈辉的新雅乐歌曲《子衿》MV。哈辉创演与倡导的"新雅乐"是以中国古典音乐为基础，把古典艺术元素或符号巧妙的融入现代音乐之中、歌曲讲究以古代"诗，词，曲，赋"为文本，以"诗，乐，吟，舞"为艺术表现形式。新雅乐追求"德礼"为价值准绳，是"古雅、中正、庄重、和谐"之乐。除此之外，哈辉的新雅乐代表作还有：《礼》《孔子曰》《蝶恋花》《关雎》《上邪》等。方文山曾多次参与汉服春晚的视频录制。他创作的《汉服青史》，都将中国传统元素充分的融入到音乐中去，从音乐美学的角度基础，将中国传统礼乐文化加以重新认证、传承、组建与创新。

(三) 传统元素的充分挖掘与运用

中华文化博大精深，不仅汉民族的服饰、民乐、舞蹈经历沧海桑田的历史演变，很多传统元素都跟随历朝历代的变化而变化。汉服春晚在展示汉服、演绎乐舞之时，同样在展示中华民族悠久的传统文化。汉服春晚中涉及的传统元素有：茶道、香道、弓道、花道、中药、传统游戏等元素。

例如2012年的节目《闻兮悟宇》就是演绎中国传统香道。2011年的节目《汉服茶道》《且坐吃茶》都与中华民族悠久的茶文化相关。中国是东方传统插花艺术的发源地之一，华夏民族传统花卉文化可以追溯到战国时期。插花艺术在宋明时期发展成熟。2014年的节目《时间的印记》以古琴曲为伴奏，详细展示了插花艺术。节目下方配有字幕，介绍插花艺术的发展历史和人文精神。观众不但可以听歌曲，看节目，还可以增长知识。2014年还有一个独树一帜的节目《盈虚纳音》讲的中药制香。节目中将中药制香的过程展示给观众，兼有中国书法、印章的展示，其内涵丰富。

以中国传统元素作为创意语言是汉服春晚一大特色。茶道、香道、弓道、花道、中药这些传统元素，凝结着中华民族传统文化精神，并体现国家尊严和民族利益的形象、符号或风俗习惯。不管在什么背景下，"中国传统元素"都始终保持其严肃性、庄重性和象征性。世界文明离不开中国文化，中国文化历史悠久是人类不可或缺的重要组成部分。孕育着中国文化精神的"中国传统元素"将会为中国走向世界奠定自信，它会承担起融入世界、影响世界的时代使命。

虽然汉服春晚目前不能与央视春晚和网络春晚相媲美，存在着发布渠道不正规；宣传力度不够；节目内容缺乏创新等不足。但是汉服春晚的播出嫣然成为一种文化思潮。随着网络在中国社会的迅速普及化，多元文化并行在网络空间中。汉文化运用到了微电影、MV、水影动画等形式，借助网络载体得到广泛的传播，找到了前所未有的活动平台与空间。在新媒介的环境下，这种广泛传播的意义是深刻的，"人们开始意识到意义是多元的、动态的、瞬息万变的"[1]。在这种传播过程中，汉服春晚使同袍们

---

[1] 师曾志、胡泳：《新媒介赋权及意义互联网的兴起》，社会科学文献出版社2014年版，第142页。

借助新媒介成为了一个更加紧密而团结的共同体。我们这里所说的团结，更多的是指一种心理上的情感，"意味着人们彼此之间的接受和认同，以及人们对共同体的感同身受"①。在这个共同体之中"人与人之间的交流障碍被网络技术所打破，社群不再受地域和人口流动的限制，基于共同兴趣的跨地域社区得以建立起来"②。

第三节 新媒介时代：个人认同的转向与趣缘共同体的建构
——以"福建汉服天下"为例

一 新媒介时代与汉服趣缘共同体的形成

在高速发展的信息时代，新媒体成为了整合传媒体系乃至社会体系创新因素的重要平台，它也为汉服运动的发展提供了新的空间。"目前，中国大陆媒体和一般公众容易理解并倾向于接受的'汉服'定义，是指它为华夏——汉族的传统服装或民族服装，具有独特的汉文化风格特点，明显区别于其他民族的传统服装或民族服装。就在 2002—2004 年间，唐装或曰'新唐装'的流行热潮方兴未艾之际，中国社会却以新兴的'网络虚拟社区'（网站）为基本活动空间，以都市青年'网友'（早期称"汉友"，现在称"同袍"）为主体，兴起了又一轮与国民服饰生活有重大关系的新话题，亦即汉服和汉服运动。"③

"从技术层面上，'新媒体事件'的传播形态不再是卫星电视，而是新兴的网络媒体，包括互联网及手机网络。'新媒体事件'比传统媒体事件所涉及的传播主体在数量上更多，在种类上更杂。直接介入者包括使用新型网络媒体手段的草根民众、公民记者、商业机构、政府组织。"④ 汉服运动最早兴起于论坛、贴吧、网站，逐渐发展到微博、微信等新媒体中

---

① 师曾志、胡泳：《新媒介赋权及意义互联网的兴起》，社会科学文献出版社 2014 年版，第 177 页。
② 同上。
③ 周星：《本质主义的汉服言说和建构主义的文化实践——汉服运动的诉求、收获及瓶颈》，《民俗研究》2014 年第 3 期。
④ 邱林川、陈韬文：《媒体事件研究》，中国人民大学出版社 2011 年版，第 5—9 页。

图 1-3　福建汉服天下论坛截图

去，传播主体包括都市青年"网友"（早期称"汉友"，现在称"同袍"），媒体记者，汉服商业机构，政府文化部门等。因此，从这个层面理解汉服运动属于新媒体事件的一种。

人类社会从原始社会发展到现代的信息社会，随着新媒体的诞生和不断发展，人类生活不再受到时空的限制，而是身处于更多元化的共同体之中。滕尼斯认为"人的意志在很多方面都处于相互关系之中；任何这种关系都是一种相互的作用。通过这种积极的关系而形成族群，只要被理解为统一地对内和对外发挥作用的人或物，它就叫作是一种结合。关系本身即结合，或者被理解为现实的和有机的生命——这就是共同体的本质"①。人类从血缘共同体，分离为地缘共同体，进而发展成为业缘共同体，现在又向着更为多元化的共同体发展。

在新媒体语境下，"汉服趣缘共同体"就是多元化共同体的一种新兴形式。新媒体是一个平等自由的网络平台，同袍之间的沟通交流、接受或者发布信息不受身份、年龄、空间等的限制。"一群对某一特定的人、事或者物有持续过度兴趣爱好的人，主要借由网络进行信息交流、情感分享和身份认同

---

① ［德］斐迪南·滕尼斯：《共同体与社会》，林荣远译，北京大学出版社 2010 年版，第 43 页。

而构建的'趣缘'共同体。"① 由此看来,我们将"汉服趣缘共同体"定义为:以汉服、汉文化为趣缘核心,借由新媒体进行信息互换、共情交流、文化拓展和认同建构,并且在现实生活中积极展开文化实践的群体。

二 汉服趣缘共同体的构成要素

(一) 趣缘

相较于血缘、地缘、业缘这些传统的共同体等而言,汉服趣缘共同体是较为新颖的共同体形式。兴趣是人生的领航方向,是不同人选择不同生活的关键因素。兴趣的形成可能来自社会文化的熏陶,也可能来自师长家人的引导,内心的情感动力激发兴趣的形成。有了兴趣的指引,使得不同身份、不同职业的人,以论坛、微信、微博等新媒体应用为工具,以共同的兴趣爱好为枢纽,进行新媒体线上和现实生活中线下的互动,建构起多元文化聚合、多种方式传播的趣缘共同体。

最初的汉服趣缘共同体受到时间和空间限制,只是自发组织而形成的社团。然而,随着互联网技术的发展和普及,现实社会中零散而不起眼的汉服趣缘共同体开始在网络空间中蓬勃生长。"福建汉服天下"就是在汉服趣缘共同体中发展较快、较全面的一个。福建汉服天下创立于2005年,是由一群热爱汉服的年轻人组成的团体。

趣缘共同体必然是一种兴趣爱好为核心。不同的志趣是不同人内心意识和情感选择的结果。兴趣可以一定程度的展现一个人的性格和特质。伴随着全球化发展,人们接触到世界各地的信息和文化,多元化的价值观念和精神文化逐渐形成。人们的志趣和喜好也因此得以扩展和延伸,这就为以趣缘为核心的文化的茁壮成长提供了肥沃的土壤。"汉服"以其华美、优雅,让越来越多的人对它感兴趣。很多同袍开始接触汉服只是好奇,在逐渐地接触之中,对汉服的兴趣日益浓厚,开始爱上汉服的美,爱上汉服的文化。

(二) 个人审美情趣的张扬

日韩风格、欧美风格的服饰推动着时尚潮流,同时唐装、旗袍、中山装等遍布于商场与街头,也颇受人们喜爱。这种现象无不展现出消费个体

---

① 罗自文:《新型网络部落的崛起:网络趣缘群体的跨学科研究》,新华出版社2014年版,第8页。

之审美自由。在全球化背景下，国际时装风向对不同国家、不同民族的服装都会存在着一定程度的影响。

在 2015 年 6 月第三届福建汉服天下汉服文化节的活动中，我们深切地感受到，一大部分同袍在复兴汉服的社会活动中所致力于从事的绝大部分实践性行为，一定意义上都是对汉服之美的再发现、重新建构，是对中国传统审美意识的全面回归。共同的审美目标、审美体验，是一个汉服趣缘共同体不可或缺的重要元素。

汉服之美，首先在于华服之美。汉服的主要特色是交领、右衽、袖宽且长、以绳带系结取代扣子。汉服形制多样、衣裙飘逸、色彩艳丽。汉服之美，其次在于美人之美。身穿汉服凸显女士清新脱俗、含蓄内敛、娇柔温婉的品质；彰显男士文质彬彬、谦和有礼、端庄稳重的气度。汉服之美，还在于礼仪之美。中国自古以来就有"礼仪之邦"的美誉，重视衣冠、重视服制。汉服运动在不断探索不同节日仪式场合穿着汉服的适当性。欣赏汉服之美，体验穿着汉服之美，感悟汉文化之美。可以说在这样一种审美活动中，共同体成员同在一起进行审美体验会有思维、情感的碰撞，但是"美"是具体可感的、是共通的，依附于汉服之美很容易在共同体成员之间产生共鸣。人们以不同的方式参与其中，以自己的亲身经历去体验审美带来的吸引力、去感知共同体带来的凝聚力。

（三）文化审美的认同

汉服与礼乐文化、诗词鉴赏、书法绘画等方面都有密切联系。它所包含的厚重的文化底蕴是汉服趣缘共同体的精神支柱。汉服趣缘共同体成员之间是以新媒体为媒介进行"身体不在场"的交流，通过相同的行为方式、话语模式来共享文化经验。"更为重要的是，共同的兴趣和文化偏好将不同个体的意见、思想、情感体验汇聚在一起，由此建构的趣缘群体既契合了个体的独特文化取向，也以共同体的力量弥补了个体的孤独。总而言之，网络虚拟社区中趣缘群体的兴起，是在社会分化的语境中出现的文化意义上的社会重聚，在本质上是新时代'共同体'的重建。"①

以福建汉服天下为代表的汉服趣缘群体就在努力建构这样一个"文化部落"，使汉服趣缘共同体不仅仅是一种普遍的社群聚合现象，其更深刻的意义在于通过以人的主体性为基础的趣缘关系，发展具有鲜活生机的

---

① 蔡骐：《网络虚拟社区中的趣缘文化传播》，《新闻与传播研究》2014 年第 9 期。

趣缘文化。从中国传统文化全面复兴的发展脉络来看，汉服文化的复兴是与国学复兴、传统礼仪复兴等齐头并进的。从国际社会和全球化背景中去理解中国的复兴之路，汉服文化的复兴又具有民族意义，它力图建构并凸显中国文化符号，以强化符号认同，追寻并试图保持中国传统文化之纯粹性。汉服趣缘文化的传播将进一步拓展并改变人们的生活，发展成为新媒体时代的又一特色，对当下趣缘共同体的发展将产生深刻的影响。

三　汉服趣缘共同体的互动模式

(一) 新媒体中的线上互动

1. 论坛

论坛的主题包括社会、地区、生活、教育、娱乐明星、游戏、体育、企业等方方面面，它为人们提供一个沟通交流、情感表达的自由社交空间。志同道合的人在论坛中相聚，展示自我风采，结交知音，搭建别具特色的"兴趣主题"互动平台。

福建汉服天下论坛的内容板块包括：论坛图片、最新帖子、最新回复、本周热门、交流区、活动区、传统文化交流区、事业区、休闲区、站务区。论坛图片、最新帖子、最新回复，显示论坛中的最近活动状态。"本周热门"板块显示浏览次数或者回复较多的帖子。在"交流区"，会员可以自由的设置主题发起帖子，其他会员可以阅读、评论、相互交流。"活动区"主要为活动公告和活动记录，起到活动宣传与纪念的意义。"传统文化交流区"又分为：华夏思想、煮酒论史、宗教玄易、文学创作、余音绕梁、名胜古迹、国术杂谈、梨园乐府几个主题。"事业区"是为汉服及相关产品的创业者提供的平台。"休闲区"则以"灌水聊天，五花八门，相容并绪，沟通感情"为主题，提供充分自由的沟通空间。

福建汉服天下论坛作为一个固定的网络空间，通过"发帖—回复"的互动模式形成和维持趣缘群体。论坛中不同的区域主题，为汉服趣缘共同体互动的不同需求提供了多种选择。这种互动更加自由、方便、快捷、深入，因此互动也更加频繁，共同体的紧密度也更高。

2. 微信：群聊、朋友圈、公众号

微信是腾讯公司于2011年初推出的一款可以发送语音、文字和照片，支持语音对讲、语音聊天、视频聊天等功能的手机聊天软件。目前还有微信网页版、微信电脑客户端等平台。

在第三届福建汉服天下汉服文化节期间，同袍们自发组建微信群，群成员不断壮大，群里的互动模式也更加多元。成员以文字、图片、照片、视频的形式分享经验，交流情感，推广自己的汉服产品等。同时，参与到汉服文化节的同袍们，将自己拍摄的照片、视频分享到朋友圈。朋友圈成了现实社交在新媒体中的延伸，也是个人获取信息的重要渠道。同袍们在"朋友圈"上晒晒自己在汉服文化节的见闻，分享生活的感悟，传播汉服知识，推广汉服文化。

从社交关系的强弱来看，微信群、微信朋友圈的联系人更倾向于社交强关系。朋友、同学、亲人、同事出现在联系人名单中的比例都在70%以上。社交关系较强，彼此之间有现实感情维系，信任度高、影响深，然而美中不足的是传播范围小。

微信公众号则可以在传播范围方面有所扩大。公众号以一种新的方式为微信使用人群提供消息、传播知识和文化，创建与用户之间互动性、时效性更强的交流与分享模式，只要用户关注公众号，公众号可以将活动通知、活动情况等消息推送到用户的微信。在公众号中，点击"汉服天下"可以了解福建汉服天下的社团简介、社团联系方式。点击"活动欣赏"可以了解传统节日、同袍雅集等内容。点击"公告通知"可以了解汉服知识。

3. 微博

"微博在中国的发展已有五年历史，微博已经成为人们重要的信息来源之一，同时也是社会重要的信息传播渠道，政府、企业、公众人物都使用微博来进行营销或舆论引导。随着其他社交应用的发展，微博成功将自己转型为社会化媒体，充分发挥自己的社交媒体优势。"[①]

"福建汉服天下"的微博（如图1-4）内容包括，活动公告、活动的展示、回顾，汉服知识、汉服摄影的分享，汉服相关产业的推广与宣传等内容。微博用户可以发微博、文章、建立微话题吸引粉丝，粉丝可以以评论、点赞、转发等形式参与其中。微博之中的互动，相比微信群、朋友圈、公众号更具开放性，传播范围更加广，更能引起社会的广泛关注。

---

① 中国互联网络信息中心：《2014年中国社交类应用用户行为研究报告》。

图 1-4　福建汉服天下微博截图

(二) 现实生活中的线下互动

1. 文化活动

"任何组织之所以能够保持自身的内稳性，是由于它具有取得、使用、保持和传递信息的方法。"① 汉服趣缘共同体之间的互动，不仅利用社交媒体进行线上互动，还在现实生活中有线下互动。以线上和线下的结合方式，取得、使用、保持和传递信息，以维持共同体的内稳性。线下的互动是以线上的互动为基础的，在论坛、微博、微信中发布活动公告、参与方式等，来自不同地方的"同袍"都可以参与其中。

福建汉服天下自成立以来，在每年传统节日和传统节气，以福建省的历史文化古迹为依托，举办传统文化活动。旨在唤起社会对传统节日的重视，弘扬中华传统文化和礼仪。例如在端午节，举办龙舟下水仪式，刺五毒，点雄黄，制作香囊等活动。再如七夕节，在福州的三坊七巷，举办闽台两地独有的"七娘亭"祭拜，感受乞巧、祭星、祈福等传统七夕仪式。除此之外，福建汉服天下还与文化部门合作，举办成人礼、民俗文化节、祭孔典礼等。

---

① ［美］诺伯特·维纳：《控制论》，郝季仁译，科学出版社 1962 年版，第 160 页。

2. 汉服文化节

随着新媒介的不断发展，更多跨地域的、多元化的"汉服"社群在网络空间建立起来，为同袍之间学习交流、增强联系纽带、加强彼此了解提供机会。在汉服网站、汉服贴吧、汉服论坛等数字化社群，同袍们自发的寻找自己的兴趣和需要，并在参与过程中强化自己的认同感。

2013年福建汉服天下举办第一届汉服文化节。2015年在前两届汉服文化节的基础上，于6月5日—6月7日在福州市三坊七巷南后街展览馆举办第三届海峡汉服文化节。随后，2016—2017年举办"海上丝绸之路汉服文化节"。

活动前期，福建汉服天下在论坛、贴吧、微信、微博中发布活动公告、书画作品征集通知、论坛论文征集通知。活动期间，多种社交媒体全程记录活动流程。活动结束，通过社交媒体进行回顾、总结、致谢。线上和线下的互动并不是孤立的，而是相辅相成，彼此承接具有连贯性。此次活动包括"翰墨衣冠"汉服书画展汉服博览会，汉服与琉球传统服饰文化联合展示秀，T台服饰秀等活动。与以往不同的是，今年的汉服文化节，开设了"汉服与非物质文化遗产"主题论坛。在汉服博览会上，多家汉服社团、汉服设计和制作机构展示了最新的成果和作品，展现了华夏衣冠之美。同时与汉服相关的传统技艺也在此得到了展示，传统油纸伞的制作，传统纺织技术，刺绣、皮具制造等受到了全国各地汉服爱好者的喜爱。

3. 礼乐大会

礼乐大会是福建汉服天下举办的另一个全国性的汉服文化活动。2013年中华礼乐大会暨汉服文化艺术展在浙江横店秦王宫景区盛大举行，来自全国各地的汉服爱好者领略了横店的宫阙重楼。本届礼乐大会最大的亮点是在开幕仪式上进行的"入城仪式"。近千名身着华丽汉服礼服的与会嘉宾脚踩红地毯，穿过城门。以这样的方式，高调的展示汉服的美丽和庄重。千人同时同地穿着传统汉服的场景，让在场全体成员都感受到了华夏传统的美丽和魅力。

2014年的礼乐大会美丽的鹭岛厦门举行。来自全国各地上百家汉服社团和海外的数百名礼乐文化推广者参与大会。同袍们身着我国不同历史时期的汉服，在福建汉服天下社团的组织之下开展传统古典民族音乐、香道、茶道、插花表演以及弓箭射艺大赛等活动，丰富多彩地展现了华夏礼乐文化之美。本届礼乐大会的特色是集合当地文化举行"民族英雄郑成功祭祀典礼"。

2015年的礼乐大会在社交媒体中广泛宣传，活动公告主打"丝路汉风"的主题，活动围绕"丝路汉风集市""汉服巅峰论坛""汉服集体婚礼"展开活动。礼乐大会会盟天下礼乐文化的传播者，在每年一度的集会中，邀请全国各地的社团，汉服文化工作室，礼乐文化传播公司等机构，充分调动其参与性。在现实生活的互动中，传承中华民族悠久而深厚的文化。

2016年的礼乐大会来到孔子故里——曲阜。在古城圣庙溯源礼乐，传承儒家文明。活动以入城仪式为开端，"祭孔大典""雅乐音乐会""明制成人礼"、与商业活动"汉风集市"、学术活动"国际汉服文化论坛"、竞技活动"射艺大赛"相结合。为期三天的活动中同袍可以充分展现汉服风采，感受儒家礼乐文明。

2017年的礼乐大会再次来到浙江横店，相比2013年的礼乐大会增加了趣味性和竞技性，汉服集体婚礼、汉服长桌宴、汉舞大赛、传统礼仪擂台赛等一系列活动吸引了来自全国的汉服同袍和汉服商家。

2018年的礼乐大会在福建武夷上举办，前期进行了论文、吉祥物、舞蹈作品的征集活动。正式活动期间举办"礼敬先贤祭祀仪式""诗书吟诵""传统茶席文化展""传统甲胄文化展""汉舞大赛""红毯走秀"等充满汉风汉韵的活动。

四 汉服趣缘共同体的社会功能

(一) 推进公共精神的发展

"我们这里所谓的'公共精神'，是指人们参与共同体行动的一种意愿；即在考虑自己的个人利益之外，能够更多地融入共同体和社会的愿望。"① 人们出于个人的兴趣爱好，自由地加入到这些共同体之中。成员之间通过逐步的接触、沟通交流建立起相互信任、相互支持的和谐关系。成员与共同体、社会之间形成一种情感、一种意识，这种情感和意识支配行为，使得成员全身心地投入到共同体和社会中去。

---

① ［英］保罗·霍普：《个人主义时代之共同体重建》，沈毅译，浙江大学出版社2010年版，第81页。

公共精神催生出人们对于共同体的情感，同时也激发出人们建设共同体的意识，而且对社会资本的建立和发展也大有益处。在共同体的活动之中，通过社交媒体以及现实生活中的互动关系，在共同体成员之间可以形成一定程度的信任、合作和友谊。将这种信任、合作和友谊，看作是一种社会资本，那这种资本就会突破原有共同体人际关系的局限从而涌向社会。汉服趣缘共同体的成员将自己的兴趣爱好，通过社交媒体分享给那些并不了解汉服的人，启发、引导他们对中国传统服饰、中国传统文化有所了解。

汉服趣缘共同体促进公共精神的发展，还表现在汉服以及汉服文化所倡导的理念可以作为个人行为的准则，起到一定的教育和教化功能。"在过去曾经塑造了人们行为并为人们提供了普遍行为准则的许多制度和习俗，在后传统社会里业已受到严峻的挑战。"[1]那么，就需要汉服趣缘共同体在成员互动的模式基础上，带动全社会的互动，以公共精神抵御生活在这个个人主义时代的一些消极因素。可以在全球化背景下，突出民族特色；在个人主义时代，突出民族共同体、国家共同体团结的力量。

（二）增强文化记忆的认同

扬·阿斯曼提出了"文化记忆"这个概念，他在书中论述这一概念："我们可以简单地用一个技术术语来解释这个概念的含义：在社会交往出现了过渡膨胀的局面，随之要求产生这样一个外部范畴；它可以使需要被传达的、文化意义上的信息和资料转移到其中。伴随这个过程产生的还有转移（编码）、存储和重新调出（再次寻回）的一些形式。"[2]

以扬·阿斯曼的观点为理论基础，去理解汉服趣缘共同体。在社会交往的外部范畴，存在一个在新媒体中建构的汉服趣缘文化。它可以使需要被传达的、被记忆的信息和资料转移其中。汉服趣缘共同体的成员，在新媒体和现实空间中集聚在一起，自由发表对趣缘文化的见解，共同参与到趣缘主题的活动，逐步形成对汉服趣缘主题的身份认同，对文化记忆的

---

[1] ［英］保罗·霍普：《个人主义时代之共同体重建》，沈毅译，浙江大学出版社2010年版，第89页。

[2] ［德］扬·阿斯曼：《文化记忆》，金寿福、黄晓晨译，北京大学出版社2015年版，第13页。

认同。

汉服爱好者之所以愿意加入汉服趣缘共同体，一方面是因为在这样一个文化氛围中可以获得诸多消息，增长见识；另一方面就是因为可以获得交流和认同，进而实现自我价值。通过线上和线下的频繁互动，使得性情相通、志同道合的人彼此联系，并从共同体中获得共鸣、归属，汉服趣缘共同体的关系亲密度得以提升，更加促进了文化记忆的认同。

(三) 非物质文化的继承与发展

中华文化博大精深，形成了一批富有厚重文化底蕴和人文内涵的非物质文化遗产。和汉服相关的汉舞、汉乐、纺织、刺绣等传统的技艺承载着中华民族的血脉和思想精华。不仅汉民族的服饰、民乐、舞蹈经历沧海桑田的历史演变，很多传统元素都跟随历朝历代的变化而变化。汉服趣缘群体复兴汉服之时，同样在展示中华民族悠久的传统文化，例如礼仪教义、琴棋书画、弓道骑射、品茶论道、汉乐汉舞等元素。

正是因为汉服趣缘共同体对汉服以及传统文化的关注，使得越来越多的年轻人投身到非物质文化遗产的继承与发展。汉服文化作为中华传统文化的重要组成部分，更多地凝聚了我们民族的性格和特性，凝聚了我们的精神和情感。它不是陈旧幽暗的出土文物，不是玄妙高深的古籍典论，也不是藏之秘阁的古董文玩。它是生动的、活泼的文化载体。汉服趣缘共同体成员利用各类贴吧、网站、公共数据库等网络资源的进行收集资料和学习，并加以研究和探讨。他们把兴趣爱好付诸行动，身体力行成为了传统文化的继承和发扬者。汉服趣缘共同体在开展汉服活动中，有意识的引导和培养当代民众尤其是年轻的一代，在宣扬传统文化，培养群体成员欣赏和热爱传统文化方面发挥了重要的作用，体现了年轻一代人的文化自觉与文化自信，也成为新型民族主义形式之一，值得人们继续关注和探讨。

(四) 民族复兴的追求与文化自信的增进

汉文化的复兴体现了我们华夏民族的民族主义，借助新媒介建构礼乐文化的集体记忆是民族主义在互联网时代中的延伸和发展。"民族主义"内涵即为作为民族的对内同一性和对外独立性的要求，特别强调的是在经济全球化过程中为维护民族国家的根本利益，采取一系列的社会政治、文化思潮或行动，也是对自身传统民族文化的自觉传承或对本民族生存和发展所表现出来的焦虑,以及以民族文化传统为依托的民族理性认知和民族情绪。①

全球化背景下,中国传统文化受到外来文化的强烈冲击,然而传统的礼乐文化成为了维护国家和民族利益的巨大精神力量,从而保持和发展本民族国家的文化。让中华民族提高文化自觉,增加文化自信,注重文化自强,使世界多元文化交相辉映而丰富多彩。

第四节 新媒介时代:传统文化的传播创新与认同建构

2017年1月25日中共中央办公厅、国务院办公厅印发了《关于实施中华优秀传统文化传承发展工程的意见》,并发出通知,要求各地区各部门结合实际认真贯彻落实。这一科学意见指出了优秀传统文化对国家发展,社会进步的重要作用。在新时代下,媒介技术飞速发展,改变了受众以往的信息接收和传播方式,传统文化的释义与传播渠道也随之变化,因此媒体有责任承担起传统文化保护与传承的任务,如何利用自身优势加强传统文化的发展,传播创新与价值建构以促进国家发展具有重要意义。

一 新媒介时代下传统文化传播的困境

"传统"指任何从过去延传至今或相传至今的东西。包括人们对各种事物的信仰,关于人和事件的形象,也包括惯例和制度。② 那么中国的"传统文化"既指在中国由中华民族创造从古至今,经历了实践与时间的检验,保留下来并相传至今的文化。其中以儒家思想为指导,在春秋时期由孔子所创,其核心思想是"仁"的儒家文化为传统文化的代表。

传统文化虽然作为我国主流文化之一,但随着媒介融合以及新媒体时代的到来,在网络现代信息爆炸与西方文化的冲击下不可否认也对传统文化的传播带来一些传播困境。

---

① 卜建华:《中国网络民族主义思潮的功能与影响研究》,博士学位论文,兰州大学,2012年。

② [美]爱德华·希尔斯:《论传统》,傅铿、吕乐译,上海人民出版社2009年版,第12页。

图 1-5　端午正风华

第一，大众对传统文化内涵认识程度低。新媒体传播传统文化覆盖面广泛但是却无法解决传播传统文化深层内涵的问题，在接受义务教育的九年中，教材里涉及传统文化的部分不在少数，比如《论语》《孟子》的选节，但通常是填鸭式教学，强制学生背诵课文，但学生并不能完整掌握其内涵，高等教育中，各大高校除了中文相关专业，并未设置语文或涉及传统文化的课程，因此，在新媒体传播传统文化的熏陶中，大部分人对传统文化多少有了解，但是了解程度仅限于课本与碎片化的知识，并没有深入的了解，比如在南京夫子庙中悬挂的一块"金声玉振"的牌匾，拍照的人络绎不绝，但真正了解其含义的人却少之又少。

第二，传播传统文化的主体一般为专业群体，接受信息者也为专业群体。以儒家文化为例，在我国儒家文化传播主体主要为政府，儒家文化社会团体，儒家文化学者，高校教师，儒家文化以这四类机构或人群为中心进行传播，但是由于非专业人群的关注量少，其传播路线是圆圈式，并不是由中心点辐射四周的传播方式，那么传统文化无法过多流入非专业人士的知识系统并产生影响。结果为传播者和接收者是固定的同一群体，儒家文化只在"圈"内进行传播与接收循环，国内关于儒家文化和孔子的网站和微信公众号不在少数，如儒家网，中国孔子网，但是查看访问量和点击量可以看到人数十分少，并且在文章下面的评论也几乎都是专业评论，普通群众甚至没有渠道得知这些传播儒学的网站公众号。2017 年 9 月 28

日是孔子诞辰多地文庙举行祭孔大典，各大网络平台也有视频直播或网络回放，可以观察到，祭孔大典的视频播放量要远远高于评论量，从侧面说明了关注儒家文化的人群流动性也大。这样便造成儒家文化知识鸿沟扩大化发展。

第三，传统文化传播具有"外热内冷""上热下冷"的局限性。儒学一直是我国对内对外文化传播的重要符号，但提及孔子及儒家思想，许多中国人和外国人的了解程度一致，对于孔子学院建设的作用与意义国内群众知晓的更是少数，这正是说明了儒家文化对外宣传"热"对内宣传"冷"。在我国，"上"至政府一直以来作为宣传传播儒家文化的主力军，中到媒体也会响应政府号召传播以儒家文化为主的传统文化，但下至人民群众则由于我国历史文化源远流长，传统文化的种类十分复杂，而非南京、北京、山东主要儒学传播地域的人民群众也会因喜好、教育传统、时间、精力等问题不会过多主动地去了解儒家文化，造成"上热下冷"的局限。面对这种局面媒体应通过力所能及的方式整合传播渠道去挖掘潜在的文化受众，提高人们群众文化自觉性，对儒家文化传以实现保护和传承，充分利用技术带来的可能性，多利用媒介的资源互补，为丰富儒家文化传播内容提供可能性。

第四，影视剧商业化行为对传统文化传播的扭曲。一部分影视作品为了追求点击率、播放量等经济利益，逐渐沦为商业化市场的捞钱工具，忽略传统文化的正面传播。明为传播传统文化，暗则乱改历史，例如电影《孔子》在剧情"子见南子"中，为了迎合电影商业效果，导演把孔子主动与南子见面这件事过度渲染，有意引导观众情绪，使观众认为孔子与南子暧昧不清，这明显不符合历史史实。诸如此类错误改编历史的影视剧，通过新媒体大范围传播必定会误导观众，使观众对儒家文化产生错误的印象。

第五，新媒体传播传统文化产品体验性差。新媒体传播传统文化，往往受众只能通过网页、微博微信公众号、影视剧去了解，但是这些方式忽略了受众对于传统文化的体验性感受，并不能使受众亲身感受到从而把自己代入历史进行自我教育，例如与儒家文化相关的旅游产业，南京夫子庙中的旅游项目大多为参观大成殿，博物馆，历史资料等方式，礼乐表演只在特殊日子才会开放，甚至在南京夫子庙没有专职的解说人员，在国庆、春节等传统节日中如果参观人数过多，景区拥挤，更是无法细致了解夫子庙中所承载的传统儒家文化。如果所想要传播的文化信息只停留在表层记忆，便无法获得最佳传播效果。

二 新媒介时代下传统文化传播创新策略

当下可以利用新媒体对传统文化进行多层面传播，推动构建传统文化的认同。

第一，增加贴近性。要响应"互联网+"战略，联合传统媒体，发挥报纸杂志等传统纸媒的传播优势和利用传统媒体转型成果。在新媒体时代下，报业集团与杂志社也积极响应传播潮流创办报纸、杂志的网络电子版，版面与纸质相同但带给受众更便捷的体验。祭孔大典当天，《齐鲁晚报》以报道祭孔大典的举办情况为主，报纸版面所传播的信息就是在传播儒家文化及传统文化，受众在对祭孔大典通过报纸新闻信息的了解与接收，其实就是潜移默化的在接收儒家文化的过程，并且报刊对儒家文化信息的传播也能带来旅游业的发展。而杂志把受众划分得更为细致，专业性更强，使杂志的受众群稳定不流失，图文并茂更能发挥杂志对部分精英受众获得新知识的需求。《儒风大家》《走进孔子》等传播儒家文化的杂志将其文化的内涵传播，既实现了受众知识的积累，也使传统文化呈点面结合式传播。

第二，增加趣味性。利用影视剧、电视节目等形式的网络传播加强传播效果。视频弥补了文字与图片带来单一器官感受，可以让受众直观地感受到传统文化的演变与发展。媒介技术的发展使传统文化的传播与表现方式不再过分单一，动态画面所传播的信息也更具有视觉观赏性与趣味性，观众的思维空间也随着视觉媒体的更新而愈发宽广与敏捷。优秀的影视作品具有传达最纯正的传统文化的同时还能蕴含着丰富的情感，只有这种复合的方式才能增强人们对于传统文化的认同感，但网络原创节目很少有弘扬传统文化的题材，而电视剧、纪录片《孔子》、电视节目《百家讲坛》这些作品、节目的第一播出渠道都是电视，在新媒体环境下，电视受众有一定量的减少，但把这些优秀的作品同时通过网络渠道传播就扩大了传播范围，挖掘了潜在受众，大力推动了传统文化的传播。

第三，增加融合性。微博微信发挥自媒体网络传播优势，客户端拓展稳定受众群。新媒体衍生了微博、微信等微型媒介形态，微型媒介所传播的信息又是一种典型的"微文化"，例如微信公众号的"孔子学院""儒家网"等主要以线上"微文化"推文教育宣传积累关注度再开展线下活动的方式聚焦传统文化传播，潜移默化的用儒家文化熏陶受众，弘扬传统文化，增强文化自信。手机媒体推动了客户端产业发展，以各种文化和大众需求为依据开发手机客户端，使受众能快速通过客户端获取知识与信息，孔子网是一个专业传播儒家文化的 APP 客户端，其页面设计合理，划分为资讯、儒见、专栏、直播几个板块，使受众快速寻找到需要的信息与知识。

第四，增加互动性。利用新技术的发展传播传统文化，近两年内，直播、VR、AR 技术的发展势头迅猛，其中直播技术已经成熟，在 2017 年祭孔大典中各级媒体纷纷采用直播技术，并且注重用直播展现祭孔大典的细节部分。VR 技术在目前文化传播中运用较少，但如能通过 VR+直播的浸润式的展现祭孔大典，使不在场的观众也可身临其境的感受现场氛围，那必定大大增强传播力度。AR 技术则可以和游戏相结合。目前市场还没有一款利用 AR 技术传播传统文化的游戏，手机的使用却越来越低龄化，AR+游戏的组合势必会吸引一批青少年从而使传统文化寓教于乐。

最后，兼顾全球性。在全球范围内传播传统文化，使儒家文化符号化，在全球文化传播中占重要地位。在全球传播的背景下，政府、团体、个人间的跨国交流都愈加频繁，因此全球化文化传播所带来的海量文化信息对中国传统文化有不可避免的冲击，而儒家文化作为一种中国的符号对于构建中华民族的集体记忆与认同十分重要，利用新媒体传播儒家文化，不仅可以使其保持自身固有内涵又加入了时代所带来的新意义从而历久弥新。儒家文化经久不衰正是其与时代特点相结合的特质所决定的，因此各国文化竞相传播发挥国际影响力的环境下，儒家文化更应世界文化的主导地位，展现具有民族特色的精神文化。①

三 传统文化在当今的认同建构与传播意义

在党的十九大中习近平总书记指出："坚定文化自信，推动社会主义文化繁荣兴盛。文化兴国运兴，文化强民族强。没有高度的文化自信，没有文化的繁荣兴盛，就没有中华民族伟大复兴。中国特色社会主义文化，

---

① 吕丽：《媒体融合视域下儒家文化传播方式的转型策略》，《传媒观察》2015 年第 8 期。

源自于中华民族五千多年文明历史所孕育的中华优秀传统文化。"① 这一科学阐述指出中国传统文化与文化自信的紧密联系,文化自信更是与民族的价值建构不可分割。

(一) 构建集体记忆,增强民族凝聚力

集体记忆是族群认同的基本依据,是共同体合法性的重要来源,是一个族群对自身历史的共同认知和标准叙事,是族群存在和发展的证据、智慧和意义的重要来源。② 传统节日是文化记忆的重要形式,而文化记忆也是一个国家或民族的集体记忆。因此,我国的传统节日正是一种集体记忆的载体。但随着时代的发展,群众逐渐对传统节日的意识淡化,要改变这种局面,必须创新、传承与发展优秀的传统节日文化精髓。在2018年4月5日中央电视台综合频道《相聚中国节》推出清明特别节目《春天的思念》,由李红、舒冬、任鲁豫、敬一丹四位担任主持人,讲述感人故事,与全国观众共同追忆先辈。节目采用了演播室访谈、讲述先辈故事、告白献礼等形式。围绕中国人的亲情,凝聚了集体记忆并从先辈事迹中不断汲取前行的力量。节目一是追忆革命先辈。节目邀请了周恩来总理侄辈六人荧屏首聚,共同回忆伯父周恩来、伯母邓颖超的生平点滴,使观众深刻感受到周总理"国家的需要就是我的选择"的家国情怀。二是缅怀科学栋梁。展示了"两弹一星"元勋郭永怀、歼10之父宋文骢、"神剑之魂"王振华等科学家不畏艰难、一心科研的无畏精神。三是纪念文化传承人。生动展现了身为"敦煌学"奠基人的常书鸿坚守中华文化,研究保护民族传统文化的高尚情操。节目利用清明节有追忆已逝之人的节日习俗缅怀多位对国家对社会有贡献的领导人、科学家等展现其生平事迹,感人至深。从而由情感产生认同,进一步唤起文化、民族集体记忆,增强民族凝聚力。

(二) 建构文化认同,增进文化自信

文化认同的核心是认同该文化所包含的理想、信念和价值观,它可以使人们在价值取向、思维模式、行为模式等方面达成一致,形成一股强大

---

① 习近平:《决胜全面建成小康社会夺取新时代中国特色社会主义伟大胜利》,《人民日报》2017年10月28日。

② 胡百精:《互联网与集体记忆构建》,《中国高校社会科学》2014年第3期。

的凝聚力和向心力。① 一个民族的文化自信力在文化认同的基础上形成与不断提高，因此通过一些方式来建构文化认同，创新与传播传统文化非常有必要。在端午节期间，央视综合频道推出了多档端午特别节目，聚焦传统节日内涵，展现中华文化魅力及与时俱进的节日风采。《相聚中国节·端午正风华》把赛龙舟、包粽子、舞狮等节日习俗和手工艺尽情展示在观众眼前，更是用年轻一代人的视角解读与阐释了端午文化。同时《我有传家宝》节目在端午时节带领观众走进中国农业博物馆，以先秦、汉唐、明清三个时期端午节的食物为切入点，为观众介绍了古代农耕技术、农作物、事物的烹饪手法以及餐桌礼仪，展示出中华饮食变迁和优秀传统文化的传承历程。《生活圈》节目也播出端午节特别节目"'粽'情四海"，深入贵州贞丰、广西融安、海南儋州、浙江遂昌，记录拍摄了布依族的五彩粽、灰粽、粽王、龙粽等具有少数民族特色的粽子及其背后所蕴含的文化传统，也反映出了百姓丰富多彩的节日生活，也正体现了中国人勤、俭、巧的生活智慧与家风传承。而电视同时作为一种家庭媒介，当一家人齐聚电视前，共时性观看弘扬传统文化的节目时而产生的意见交流，情感凝聚更有利于构建文化认同，潜移默化增强文化自信。

（三）教化天下，重塑文明

中国一向被称作"礼乐文明"，这和中国传统重视教化、重视培养君子人格密切相关。因此中央电视台播出《经典咏流传》节目，是基于对传统文化的继承和传播，更是发展与创新，用"和诗以歌"的形式将传统诗词经典与现代流行相融合。（见图1-6）在注重节目时代化表达的同时，也将深度挖掘诗词背后的内涵，讲述文化知识、阐释人文价值、解读思想观念。为现代文明追本溯源，树立文化自信，使观众在轻松的氛围中学习到传统文化，达到寓教于乐的效果。芒果TV节目《中华文明之美》主要针对5—13岁的儿童，意在培养儿童学习传统文化的意识，采用课堂的形式串通古今的经典故事，通过演绎古装短剧的方式来讲解中华美德和传统文化如《扇枕温衾》《孔融让梨》《曾子杀猪》。生动有趣的使儿童形成正确的价值观，具有很好的教育意义。在现代，"仁、义、礼、智、信"的优秀传统价值观念仍是中华民族做人做事的基本准则，传统文化

---

① 罗迪：《文化认同视角下的大学生社会主义核心价值观教育》，《思想教育研究》2014年第2期。

不但有利于促进个人的全面发展，更有助于整个社会文明的提升和重塑。

图 1-6 经典咏流传海报

"传统是一个社会的文化遗产，是人类过去所创造的种种制度、信仰、价值观念和行为方式等构成的表意象征；它使代与代之间、一个历史阶段与另一个历史阶段之间保持了某种连续性和同一性，构成了一个社会创造再创造自己的文化密码，并且给人类生存带来了秩序和意义。"[1] 中华优秀传统文化是连接每一代中国人使之产生共同的记忆与情感最好的媒介，其中蕴含着丰富的道德理念和规范，如天下兴亡、匹夫有责的担当意识，精忠报国、振兴中华的爱国情怀，崇德向善、见贤思齐的社会风尚，孝悌忠信、礼义廉耻的荣辱观念等。传承发展中华优秀传统文化，对提高中华民族文化自信，建构文化政治共同体以及实现中华民族伟大复兴的中国梦起到重要的促进和推动作用。

---

[1] [美] 爱德华·希尔斯：《论传统》，傅铿、吕乐译，上海人民出版社 2009 年版，第 2 页。

第二章　新媒介时代：经典文化的再传播与共同体建构

第一节　经典名著的影像传播与礼乐共同体的建构
——解读新版电视剧《红楼梦》

《红楼梦》作为人们最为熟知的经典名著之一，其影视改编的作品一直不断。2010年由李少红导演的50集新版电视剧《红楼梦》（见图2-1）再次出现在大众视野内。新版《红楼梦》除了对名著原貌的还原演绎外，还大胆地加入了创新元素，不仅增加了话题性，同时也实现了对传统礼文化的影视剧传播。

图 2-1　新《红楼梦》海报

《红楼梦》的社会时代和背景决定了其中涵盖的礼文化，剧中各色人物的语言、行为都体现了礼貌、礼仪和礼俗，剧中的不同的场合与场面也体现了封建社会末期的礼制,比如在祭祀、省亲、婚礼、丧礼、家宴、走亲访友、游园、生日宴会等都表现了封建礼仪。新版《红楼梦》中所展现出的"礼"可以追溯到三礼,无论是《周礼》中记载的"五礼",还是《仪礼》中记载的冠、婚、朝聘、射乡、丧祭等,以及《礼记》中政治、道德、文艺、历史、地理、祭祀、日常生活等诸多方面内容,在新版电视剧《红楼梦》中都能品读出来,以下主要从新版《红楼梦》中的礼制、礼俗、礼仪、礼乐等几个方面探讨中国传统社会中的主要礼文化传播。

一 新版电视剧《红楼梦》中的礼制文化传播

在古代中国,封建君王通过礼教、礼治来实现人们的思想统一、借助礼制、礼教来治国安邦,实现国家长久治安的目的。除此之外,礼教也是中国所特有的一种教育模式,除了教育人们遵守的各种礼制、礼仪规范外,也倡导人们用"礼"完善人们的内在精神、追求道德品质。

而礼治,"从历史上看,礼治之'功'主要是指它对社会稳定与发展所起的积极作用,这也是礼治所具有的优越性的体现,具体表现为:其一,礼是一个既包含着政治关系又包含着道德意识的综合概念,它经纬着社会秩序,又统领着精神道德。君君、臣臣、父父、子子是由礼所规定的基本政治秩序,与此同时,对它的恪守又成了一种最基本的道德要求。'夫君不君则犯,臣不臣则诛,父不父则无道,子不子则不孝。此四行者,天下之大过也。'恪守着它,就具备了最基本的道德;违反了它,就是最大的不道德。礼不仅是最高的政治准则,也是最高的道德准则,这样,'以礼治国'实际上就是把政治的和精神的双重统治权威赋予君王,从而使全社会有了一个高度集中统一的运筹核心。"[①]

《红楼梦》虽然是一部模糊了地域、模糊了时代的作品,但总体说来,它表现的是封建社会官宦大家族中衣食住行、婚丧嫁娶、制度、审美、风俗等方方面面的历史文化。从电视剧的改编中可以看出贾府内遵循的各种规章制度,遵循当时那个时代的礼制、礼俗和礼仪。在《红楼梦》电视剧中虽然没有正面表现皇帝与大臣的君臣之礼,但是在电视剧第8集元妃省亲中,贾府中的人员作为皇亲国戚,便体现了臣民与贾元妃代表的

---

① 张自慧:《礼文化的人文精神与价值研究》,博士学位论文,郑州大学,2006年。

皇家的关系，在封建社会中君臣之礼在一定程度上压抑了亲情，除了礼制中最明显的君臣之礼外，礼制文化还体现在祭祀、丧葬、服饰等方面。

(一) 新版电视剧《红楼梦》中的祭祀之礼

祭祀之礼是吉礼中重要的部分，祭祀之礼有多种，有祭祖之礼、祭天之礼，等等，根据祭祀者不同的身份和地位，祭祀之礼也有不同的规模。俗话说"百善孝为先"，中国历来都是个注重孝道的国家，在古代，无论是皇帝还是臣民都十分注重祭祀，国家或者说皇帝注重祭祀主要是为了维护朝廷统治的合法性并不忘祖辈的恩泽，同时也为臣民做出孝敬祖辈的表率。中国有句老话说"不祭祖不过年"，从这句话也可以看出祭祖是过年时一件重要的事情。

新版电视剧《红楼梦》第 25 集，贾府除夕祭祖便是祭祀之礼的体现，从影像中我们可以看出贾府作为豪门望族祭祀时的排场和礼仪，庄严的影像画面中人物都默不作声，只做属于自己该做的那份事情，电视剧中用旁白介绍"已到了腊月二十九日了，各色齐备，两府中都换了门神、联对、挂牌，新油了桃符，焕然一新"。表现了贾府的节日气氛，并且在贾府除夕祭宗祠之前是先要去宫中朝贺，朝贺结束行礼领宴完毕，回来才又入宗祠祭祀。

在"迎祖驾"之前画面用对称构图表现了祠堂中的肃穆和庄严，镜头缓慢推进给观众营造出了祭祀场面的神圣，随后乐队奏乐，行三献礼，旁白中"只见贾府人分昭穆排班立定，贾敬主祭，贾赦陪祭，贾珍献爵，贾琏贾琮献帛，宝玉捧香，贾菖贾菱展拜毯，守焚池，青衣乐奏，三献爵，拜兴毕，焚帛奠酒"。在这之后，遂有读祝文、敬献贡品、叩拜列祖列宗，在敬献贡品这一仪式中，供品的传法也是相当讲究的，电视剧用旁白说明了供品的传送顺序"每一道菜传至仪门，贾荇贾芷接了，按次传至贾敬、贾蓉，贾蓉再传于他妻子、凤姐、尤氏诸人，然后传于王夫人，王夫人传于贾母，贾母方捧放在桌上，邢夫人在供桌之西，东向立，同贾母供放"。(见图 2-2) 供品摆放完毕，贾母拈香下拜，贾府一族之人纷纷下跪，叩拜列祖列宗，剧中对整个祭祀过程的表现，用了大量的旁白介绍，只是简单的配合了几个点香、奠酒、焚帛、传菜品、跪拜的镜头，并没有充分发挥影视的优势表现祭祀场面，没有很好地通过镜头语言来直接展现给观众祭祀的场面，只是通过大量旁白介绍表现贾府除夕祭祀宗祠的礼仪。从这个段落中整个气氛的营造、音乐运用、旁白的介绍说明，可以让观众感受到贾府祭祀宗祠时秩序井然，且祭祀之礼尤为隆重，一派庄严肃穆。

图 2-2　除夕祭祀敬献贡品

（二）新版电视剧《红楼梦》中的丧葬之礼

《礼记·曲礼下》中说："天子死而崩，诸侯曰卒，士曰不禄，庶人曰死。"从中可以看出在封建等级社会中，不同身份地位的人去世时的说法也是不同的。不同等级的人死亡时不同的名称在新版电视剧《红楼梦》中也有所体现，在第 28 集下人禀报贾敬去世的消息时说："老爷宾天了"，"宾天"可译为去天上做客去了，"宾天"一词不仅表现出下人对贾敬的尊重，也符合贾敬一心炼丹想成仙的想法。剧中另有元妃去世时的用词是"薨逝"，描述贾母死亡是"寿终归地府"，幼年的秦钟死亡是"夭逝"，黛玉的死亡是"魂归离恨天"，鸳鸯为贾母而死称作是"殉主登太虚"等，其中对不同身份地位的人的死亡称谓可谓各得其所。除了对等级、身份差异的人物死亡的称谓不同外，在当时丧礼的仪式也大有讲究。

新版《红楼梦》第 6 集中，导演用了重场戏来表现了秦可卿丧礼的场面，其规模之大、规格之高、花费巨大、时间之长是剧中别的丧礼不可比拟的。剧中在下人报丧之前，便先有秦可卿托梦给凤姐，嘱咐贾家后事两件，电视剧用了暗调且有些诡异的色彩来表现梦境，秦可卿与凤姐的对话可谓"幻中梦里语惊人"，紧接着便有下人来报丧，剧中详细的表现了秦可卿的丧礼。

一是"报丧",凤姐、宝玉的佣人报丧来说"东府的蓉大奶奶没了",宝玉听完这个消息,袭人赶快让人取来素服,这也是丧礼中的一种礼节,丧礼中不宜穿过于奢华和色彩鲜艳的服饰;二是"择日",第6集中用旁白来给观众讲解了"择日停灵七七四十九天";三是"拜大悲忏""解冤洗业醮",剧中也是用旁白表达"这四十九日,单请一百单八众禅僧,在大厅上拜大悲忏,超度前亡后化诸魂……打四十九日解冤洗业醮,然后停灵于会芳园中……";旁白之后有一个特写几个人抬着木板的画面,这就是下一步的"看板",就是选取棺木,选取棺木的好坏也代表人身份地位的高低;"看板"后就是"作七",设立灵座在灵前默诵接引诸咒;四是"送殡"也称作"发引""寄灵",在电视剧第7集中,这段"送殡"仪式中,吉时已到起轿时画面中可谓是宏大的场面,众人抬棺,旧时称抬棺材的人为"杠夫",也称"青衣",就是专门为丧家出殡抬杠的,镜头特写葬礼仪式上大大小小的细节,旁白解说道"一般六十四名青衣请灵,王宫贵族不可枚数,堂客算来亦有十来顶大轿,三四十小轿,连家下大小轿车辆不下百余十乘,连前面各色的执事、陈设、百耍,浩浩荡荡一带摆三四里远"。"据考证,清制高官或富豪出殡时最多是64杠,秦可卿之丧用64杠,棺木之重,棺材之大显然已达极至。"① 除此之外,还有多为郡王设下的路祭棚,路旁彩棚高搭,和音奏乐。如此规模之大的丧葬之礼体现了当时世家大族的真实风貌。

电视剧中除了秦可卿的丧礼外,贾母的丧礼也体现了当时旧社会的礼制,贾母寿终,贾府上下都为其服丧,子孙送终、穿衣、停床、搭孝棚、请丁忧、报丧等按部就班,显得井然有序。贾政在贾母去世后向礼部报"丁忧",这也是旧制。"古时,父母之丧称为'丁忧',官员必须谢绝一切社会活动,闭门谢客,辞归故里,守孝三年,期满后才可以'起复',重新为官做事。守制之人主要是指嫡长子和长房嫡长孙。《红楼梦》中,贾政并非长子,但由于贾赦出了远门,所以应由次子贾政代替嫡长子为母亲守孝。"②

(三)新版电视剧《红楼梦》中的服饰与礼

《礼记·坊记》中写道:"贵贱有等,衣服有别,朝廷有位,则民有

---

① 胡文彬:《红楼梦与中国文化论稿》,中国书店2005年版,第637页。
② 王国凤:《红楼梦与礼:社会语言学研究》,浙江大学出版社2011年版,第84页。

所让。"中国古代非常讲究礼制，但同时社会中的等级制度也明显的存在，礼制的规范不仅体现在皇帝制定的各种朝纲制度上，而且日常生活中的礼仪规范以及衣着打扮都有明确的规定，因此，通过服饰便可以在日常生活中时刻提醒人们贵贱有别。《红楼梦》中众多人物通过服饰体现出不同阶层、身份、地位，有着贵贱之分，表现出剧中人物之间的等级关系。新版电视剧《红楼梦》中，众多人物的服饰是融合了汉、唐、宋、明等众多朝代的服饰特点完成整部剧中人物的服饰。以下主要从吉礼、凶礼、嘉礼、宾礼四种礼仪来分析剧中服饰传达的礼文化。

1. 新版电视剧《红楼梦》中的服饰与吉礼

吉礼，主要指祭祀之礼。吉，古人训释为善、福。《周礼·春官·大宗伯》中写道，"以吉礼事邦国之鬼神示"。中国人崇敬祖先，以孝顺亲长为美德，祭祀之礼便是吉礼中非常重要的一部分。在电视剧《红楼梦》第25集中，宁国府除夕祭宗祠这一情节体现了祭祀之礼在当时社会各阶层人士心中的重要地位。在举行吉礼时人们要穿吉服，吉服有六种冕服：大裘冕、衮冕、鷩冕、毳冕、希冕、玄冕。根据穿戴场合的不同、穿戴者身份地位的高低，不同品级的礼服，其上衣下裳上面的图案纹样的数目便会有所不同。

在《红楼梦》中，宁国府除夕祭宗祠这一情节书中并没有详细的服饰描写，而是对祭祖的礼仪有比较详尽的描写，对于服饰的描写只有在《红楼梦》书中第53回写道："在贾氏宗祠，正堂居中悬着宁、荣二祖遗像，皆是披蟒腰玉。"蟒衣是明代一种特有的服饰制度，在明代获特赐的大臣可穿蟒袍，"腰玉"便是腰间系着镶了玉版的腰带，也象征着等级的权威。电视剧中宁、荣二祖的遗像以全景出现在画面中，衣着红色圆领官袍，并没有像书中记载的"披蟒腰玉"。电视剧中除了对二位先祖的服饰表现外，贾母的服装颜色以黑色为主，衣服上有金色的凤绣，几位夫人的着装大都以金色为主，只是表现出对祖先的缅怀与崇敬，而家中男人的着装大都还以日常着装为主。

2. 新版电视剧《红楼梦》中的服饰与凶礼

凶礼主要是指丧葬之礼。丧礼的服饰根据与死者的亲疏关系一般分为五个等级，即斩衰、齐衰、大功、小功、缌麻。此五个等级的丧服在本篇论文第一章第一节中已简要概述过。贾母寿终而去，子孙送终、穿衣、停床、搭孝棚、请丁忧、报丧等，家里家外都是白色，贾母儿孙的丧服便要穿戴斩衰。齐衰是五服中次于斩衰的丧服，因其缝边整齐，故称齐衰，秦可卿死后贾蓉为她守的便是此礼。

在《红楼梦》第14、第15回中写北静王设棚路祭秦可卿，与贾政等人见面这一情节中有对北静王的服饰描写"北静王水溶头上戴着洁白簪缨银翅王帽，穿着江牙海水五爪坐龙白蟒袍，系着碧玉红鞓带"。在这段描写中，簪缨、蟒袍、江牙海水、左龙、碧玉都体现了北静王达官显贵之势。北静王所戴的王帽"又称堂帽，金底，上铸金龙，缀金黄色绒珠，后边有两根朝天翅，两耳垂金黄丝穗，北静王戴的洁白王帽，是吊祭时的特定王帽"①。但是在红楼梦第7集中，北静王所着服装、戴的王帽与书中记载并不一致，北静王的服装以白色为主，突出对秦氏的悼念，而电视剧中北静王头戴的王帽也并非书中记载的王帽样式，第7集中着重表现了北静王与宝玉的对话，北静王大多以中近景出现，也没有完整的表现出北静王的着装。

3. 新版电视剧《红楼梦》中的服饰与嘉礼

"嘉礼是亲睦兄弟、男女、朋友、宾客和邦国万民的一套礼仪制度，包括饮食、婚冠、宾射、飨燕、脤膰、贺庆六大类。"②

元春省亲这一情节很好地体现了嘉礼，在电视剧第8集中，元春元宵节回荣国府省亲，荣国府内自贾母等有爵者，俱各按品服大妆迎接贵妃，贾母、王夫人、邢夫人都穿着朝服，头戴品级大冠站在门外迎接元春。在明代，诰命夫人是指受有封号的女人，多指朝廷官员的母亲、妻子，诰命夫人享有朝廷仪节上的待遇，所以用于重大场合穿戴的冠服便有严格的规定，因此贾母、王夫人、邢夫人这些诰命夫人在迎接元妃时必须严格遵守服饰制度，按照品级不同穿戴也有所区别。在明代朝服的穿戴通常是"头上戴山松形假髻，假髻花钿装饰，身上穿真红大袖衣，珍珠蹙金霞帔"③。由于《红楼梦》在写作时刻意隐去年代，所以在元妃省亲这一情节并没有详细的描写诰命夫人的服饰，在电视剧中也只是表现了贾母、王夫人、邢夫人这些命妇身着真红大袖衣，身披霞帔，头戴凤冠（见图2-3）。

---

① 季学源：《红楼梦服饰鉴赏》，浙江大学出版社2012年版，第108页。
② 杨志刚：《中国礼仪制度研究》，华东师范大学出版社2001年版，第353页。
③ 李小虎：《〈明史·舆服志〉中的服饰制度研究》，硕士学位论文，天津师范大学，2009年。

图 2-3　诰命夫人服饰

　　元春下轿后，衣着黄色贵妃服装，头戴凤冠，显现出朝廷贵妃之势，从电视剧中元妃的衣着看，便是明代皇后的服饰等级，皇后凤冠上是"金龙""翠凤"，皇后凤冠三博鬓左右共六扇，大衫是黄色，其霞帔绣龙。大衫霞帔自妃以下是礼服，而皇后大衫霞帔是常服，皇后礼服是翟衣，从这些明代皇后的服饰制度来看，元妃所穿戴的就是皇后的服饰级别。

　　贾赦、贾政、贾珍、贾蓉觐见贵妃时都身着朝服，并且都是隔着帘子给贵妃请安，体现出当时严格的等级制度。即便作为元春父亲的贾政在见到元春时也要先行君臣之礼，再有家礼。在电视剧中贾赦、贾政、贾珍、贾蓉所着服饰是洪武二十四年改制后的朝服，也是明代最具特色的区别官阶秩序的重要标志——补子。"补子的图案用以区分文武官员品级，具体说来就是文官袍服绣禽，武官袍服绣兽。文官一品排袍，绣鹤鹤；二品绊袍，绣锦鸡；三品绊袍，绣孔雀；四品绊袍，绣云雁；五品青袍，绣白鹇；六品青袍，绣鹭鸶；七品青袍，绣鸂鶒；八品绿袍，绣黄鹏；九品绿袍，绣鹌鹑。武将一品、二品绯袍，绘狮子；三品绯袍，绘老虎；四品绯袍，绘豹子；五品青袍，绘熊；六品、七品青袍，绘彪；八品绿袍，绘犀牛；九品绿袍，绘海马。不同的禽纹兽纹便于区分品级。"[①] 在第 8 集元

[①] 李小虎：《〈明史·舆服志〉中的服饰制度研究》，硕士学位论文，天津师范大学，2009 年。

春省亲这一情节中，元妃、诰命夫人、文武官员都是按照明代官服的等级制度着装，通过不同等级的服饰制度来限制人们的身份。

4. 新版电视剧《红楼梦》中的服饰与宾礼

"宾礼，待宾客之礼。涉及天子和诸侯之间、诸侯和诸侯之间、中央和地方之间、中国和外国之间以及人和人之间相互交往时必须遵循的各种规范和仪式。"①电视剧第 25 集中，贾母进宫朝贺，除夕辞岁，剧中用旁白说到"次日五鼓"，也就是元旦清晨，贾母等人进宫朝贺，即给皇上、皇后、元妃拜年，无论是除夕辞岁还是春节贺岁都属于国礼，只是剧中没有给出贾母等人去宫内朝贺的具体的镜头，但此时贾母等人朝贺的服装与迎接元妃省亲时所着服装相同，通过服饰表现朝贺的重要，除此之外，在电视剧第 38 集中，元妃染恙家中亲人去宫中探望，贾母、邢夫人、王夫人也皆按品妆穿着，只是家中的男性都在宫门外请安，不得入见，这都体现出当时严格的等级制度。

除了这些，《红楼梦》中还体现了一些士相见礼，最为突出的一幕就是在电视剧第 7 集中，贾赦、贾政、贾蓉和贾宝玉在秦可卿的丧礼上路遇北静王，于是贾珍、贾政、贾蓉三人迎来北静王，以国礼相见，北静王并赠给宝玉一串鹡鸰香念珠，作为敬贺之礼，除此之外，还有宝玉、贾琏、湘莲和薛蟠等见面时行礼的情景，贾雨村和冷子兴见面时行礼的情景。总之，宾礼主要是人与人交往时需要遵照的各类规范。

二 新版电视剧《红楼梦》中的礼乐文化传播

《礼记·乐记》中写道："治世之音安以乐，其政和；乱世之音怨以怒，其政乖；亡国之音哀以思，其民困。声音之道，与政通矣。"所以，乐是情感表达的语言。音乐在封建社会是需要为政治服务的，音乐和政治刚柔相济，统治者通过乐和来实现政治的稳定，政治的稳定是乐和的基础。音乐在其发展过程中，大致有四种作用：第一，配合仪式使用；第二，传播礼仪文化；第三，使人们达到精神上的和谐；第四，愉悦人心。

"乐的含义首先是'乐'（yue），是与礼相配合的乐，指以音乐为中

---

① 杨志刚：《中国礼仪制度研究》，华东师范大学出版社 2001 年版，第 384 页。

心的乐文化;另一层含义指（le）通'悦',指情感上的愉悦。"① 在封建社会现实中,既然有无所不在的礼,给人划分等级,规范人们行为,就有消解等级的行为,"乐"就是在社会现实中与相应的精神处境中产生的。新版电视剧《红楼梦》剧中的戏曲除了配合剧情需要外,也给观众展示了当时社会环境中的戏曲,而后期配乐大多是为了烘托情感而制作的,这种"乐"是最明显最直接表达的"乐",除此之外,"乐还作为观世的一种方式,是一种乐的艺术,同时也是道德的艺术,政治的艺术和宗教的情怀和人生的艺术"②。

（一）新版电视剧《红楼梦》中的礼与美

《红楼梦》中表现的是"诗礼簪缨之族"中一群有浓情雅趣的贵族青年男女的生活,新版《红楼梦》借助现代先进的影视制作技术创造了令人神驰的艺术意境以及通过音乐旋律表现人物命运,渲染影片气氛。

1. 意境美

"意境,是中国古典美学传统的一个重要范畴,是艺术中一种情景交融的境界,是情与景、意与境的统一。"③ 新版《红楼梦》中通过影视技术实现了红楼梦视觉上的审美,电视剧中营造出的意境美主要有诗画意境和梦幻意境,中国"礼"文化讲究含蓄,所以无论哪种意境,在《红楼梦》中都映射了当时"礼"文化对人的影响。

（1）诗画意境

电视剧中通过色彩、构图、场面调度等影视创作元素实现《红楼梦》中的诗画意境,剧中诗画意境的营造大多是用来抒发人物的真情实感,无论是剧中宝钗扑蝶、黛玉葬花、宝琴抱梅、晴雯补裘还是湘云醉眠芍药裀都是不同人物个性化的表现,是人物主观情感与客观景物的相互融合,像一幅幅传神的写意画,形成情意不尽的意境。

封建社会中贵族人家讲究琴棋书画,在第 23 集中（第 50 回）,通过宝琴抱梅这一情节营造出一幅传神的写意画,剧中用全景表现宝琴身披凫靥裘,手抱红梅站在山坡上遥等,画面中的环境纯净玉洁,而宝琴遥等的

---

① 龚建平:《意义的生成与实现——〈礼记〉哲学思想》,商务印书馆 2005 年版,第 396 页。
② 同上书,第 416 页。
③ 彭吉象:《艺术学概论》,北京大学出版社 2006 年版,第 337 页。

姿态以及丫鬟手中的红梅在白雪的映衬下显得画意十足，而梅、雪在诗人和画家眼中都是具有意象美，常常表达雅致情趣，宝琴立雪这一情节不仅折射古典文人的审美趣味，也营造了一种诗画意境之美，并且从贾母与众人的对话中可以看出贾母认为宝琴比仇十洲画中的人儿还要好，也从侧面表现了生活在贵族家庭中的人们对画的了解和熟知，通过这幅具有意境美的画面也突出了宝琴对雪中红梅的喜爱，其身上披的华贵的凫靥裘在雪中格外传神。

在电视剧第 12 集（第 27 回）中，薛宝钗虽然是封建道德标准的典型代表，但在滴水亭扑蝶这一场景，也表现了她外露少女原有的情感。在剧中导演用滴水亭做环境，全景俯拍宝钗用手中的团扇去追飘飘荡荡的蝴蝶，画面中有黄花作为前景，背后是一片绿草和山峦，宝钗就像在画中，这个知书达理，恭谨克制的大家闺秀终于在一片生机中露出了少女本真的面貌，抒发了浓重的诗情画意。

在电视剧第 24 集，晴雯病补雀金裘，画面中晴雯抱病坐起，披了衣服，咬牙用力织补，画面用多个特写镜头表现晴雯补雀金裘时手的动作以及面色苍白的神态，这些由动作构成的意境，饱含晴雯与宝玉之间真挚的情谊，剧中通过微弱的灯光、后期配乐以及晴雯补雀金裘的动作共同把夜深人静的意境勾勒出来，晴雯与宝玉情谊的真挚与情感的统一表现了他们身上同具有的对封建礼教叛逆的精神。

如果说晴雯补金裘营造的是一种动态画意境之美，那么湘云醉眠芍药裀营造的就是一种静态画的意境美。电视剧 28 集中，湘云吃完酒卧于山石僻处的石凳上，枕着芍药花瓣做成的枕头香梦沉酣，导演用一个流畅的摇镜头从湘云的手到脸，最后落到湘云微红的带着笑意的脸蛋上，整个画面把湘云爱芍药花与芍药花掩饰着湘云巧妙地融合在一起，给观众带来丰富怡美的意境，湘云身边的每一片芍药花都像是一句有韵味的抒情诗。

除此之外，电视剧第 11 集（第 23 回）中，宝玉、黛玉花下读《会真记》这一场景也可谓是具有诗情画意之美，宝玉坐在沁芳闸桥的桃花树下读《会真记》，画面中忽见一阵风吹过，把树上的桃花吹下来一大半，落得满身满树都是，恰巧宝玉正看到书中"落红成阵"，此时的宝玉读的是最美丽的书和书中最美丽的文辞，身边的情景也仿佛在书中，用树上和水中飘飘荡荡的花儿渲染着宝玉的心境，那既闲适又深情的态度和珍惜美好的感情轰然而出。随之，黛玉也肩担花锄，手拿花帚静静地来了，俩人你一言我一语言语之后就开始共读《会真记》，宝玉用所看书中的话语"我就是个多愁多病身""你就是那倾国倾城貌"给黛玉说笑。桃花树下一片生机，青春的憧憬和满园芬芳的气息交织在一起，把他们的心带进了书中，并在人文情感世界中飞翔起来，美的环境与美书、美人和美的心境融为一体，他俩既仿佛人是书中人，身边景也仿佛是书中景。他们谈笑风生、心神摇荡、情意微妙、话语缠绵、诗意盎然。

在古典艺术中常有"诗画一体"的传统，实现诗中有画、画中有诗的完美意境，《红楼梦》中诗画意境除了表现人物内心情感，展现礼制下人们的生活环境的美与生活方式的雅，在一定程度上也体现出对"礼"的消解，从诗画意境中展现礼制下人们的生活环境的美与生活方式的雅。

（2）梦幻意境

新版《红楼梦》意境营造的另一个方面体现在梦幻中，剧中通过人物的心迹、意念等心理倾向表现梦幻、梦境，从而揭露人物内心隐藏的情感，以及从侧面表现剧中人物对礼治的一种反抗与消解。在新版《红楼梦》第3集中，无论是在警示仙姑引导下表现的太虚幻境还是金陵十二钗册籍，导演都运用先进的影视制作技术把书中的内容制作成具有水墨意境美的画面，当宝玉打开金陵十二钗册籍，动态的水墨画卷一幅幅展开出现在观众眼前，营造出一种唯美的艺术意境。

在《红楼梦》中，梦境表现最详尽、内容最多、意义最大的一场梦当属第2集、第3集（第5回）中宝玉梦游太虚幻境这一情节，宝玉太虚幻境这一梦从入梦、梦中到出梦都表现的最完整。为了营造这个梦境，从入梦前季节的选择、环境的选择，剧中都给出了设计，剧中先表现了黛钗两位的美丽，有了黛钗的"兼美"为前提，才有梦中那位仙女的旁白介绍"其鲜艳妩媚，有似乎宝钗，风流袅娜，则又如黛玉"，整个梦中的场景云烟环绕，如同仙境一般，也寓意着太虚幻境即是理想之境，营造出一种环境美、意境美。贾宝玉睡在"神仙也可以住得"的屋子中，因情入梦，又因梦成文，透过梦境看到册籍、听到音乐，在这个梦幻中把小说中的重要人物身世、命运一一交代，在幻境中好似大观园中的事情一幕幕上演，看似"散漫无稽"的内容落在每一个人物身上，听起来"声韵凄婉"的歌声从他们心底唱出，最终，宝玉经历整个梦境，在警幻仙姑的训示下终不能使其有所"悟"。整个段落一虚一实，营造出一种梦幻意境之美。

在第17集中，宝钗来到宝玉房间，在睡着了的宝玉身旁秀鸳鸯，屋外伴随着鸟鸣,宝玉忽然在睡梦中大喊:"和尚道士的话如何信得?什么是金玉姻缘,我偏说是木石姻缘。"宝玉梦中呼喊的话语像一块石头击入平静的水面,从宝玉的梦境中表现了宝玉对封建礼教的抵抗,这里意境便显得奇突瑰丽,耐人寻味。

俗话说"梦中出真情",新版《红楼梦》中,通过变化多端、异彩纷呈的梦境幻境,既有利于揭示人物内心隐藏的情感,又给作品的意境增加了一层朦胧之美。同时,梦也"是宗法制度下礼制的一种消解剂。宁荣二府是诗礼之家,无论在礼的背后是如何丑恶和污秽,但表面上他们还是要维护礼的规范、礼的尊严"①。在礼制的束缚下,礼规范着每一个人的道德行为,但是,在梦中就会自由得多,人们可以在梦中实现现实生活中想追求但又追求不到的东西或者情感,所以梦境中是自由的,是无"礼"的,同样,电视剧中表现的梦境也是对苦闷的一种消解、对欲望的一种释放,让剧中人物在礼制的束缚下得到一种快慰。

2. 戏曲音乐美

戏曲风格是新版《红楼梦》中"乐"的主要特色,其中剧中的现场音乐都是戏曲,有的是为情节服务的,有的是导演的目的,希望通过剧中的戏曲再现明清时期戏剧的盛况。

在第 25 集贾府元宵赏戏中,贾府中挂着各色佳灯,贾母在大花厅摆上几席酒,定一班小戏,观看昆曲《西楼记》中的《楼会》一段,戏子们的精彩打诨和即兴发挥逗乐了贾母众人,贾母命人给戏子们赏果子、赏钱,这里表现了中国戏曲"互动性"和"剧场性"的特征,除此之外,剧中也再现了戏曲的舞台、戏子们的妆容、使用的道具、灯光等。剧中的现场戏曲除了以上的作用外,有些戏曲的表演还与红楼梦中的主题、人物、情感有着密切的联系,在电视剧第 11 集中,戏子出演汤显祖《牡丹亭》之《惊梦》一段,院内戏子吹打演唱与院外黛玉隔户倾听构成音画重叠与情感互动,观众在戏曲舞台氛围中感受红楼情韵。

总而言之,新版《红楼梦》再现了明清时期戏剧的盛况,在第 23 集中柳湘莲演出的昆曲,其造型、表演都很惊艳,而新版《红楼梦》第 13 集中《哼哼韵》也首次在电视荧屏上出现,电视剧在普及戏曲文化的同时,也给观众传播了与小说主旨相契合的氛围。

---

① 胡文彬:《红楼梦与中国文化论稿》,中国书店 2005 年版,第 281 页。

除了电视剧中的现场音乐外，后期音乐也对人物情感以及剧情情节的表现发挥了一定作用，在新版《红楼梦》中，后期配乐的情感基调以悲伤、凄凉为主，在整部电视剧中大量低音弦乐和如泣如诉的慢声细语常常把观众的情绪转移到电视剧中营造的艺术空间中。

新版《红楼梦》主题创作的音乐中，片头曲《开辟鸿蒙》和判词《可叹》具有明显的昆曲风格，其余创作也或多或少融汇具有昆曲色彩的咬字和唱腔。此外，剧中还大量选用近乎吟哦、呢喃、唯呀的昆腔衬音，以及蜿蜒流荡的昆曲新唱，与人物心境、故事情境相配合。

《可叹》在新版《红楼梦》中主要出现了5次，分别在太虚幻境钗黛二人部分（第3集）；宝琴抱梅（第23集）；宝钗接聘礼（第43集）；黛玉去世（第44集）；宝玉念黛玉和宝钗圆房（第47集）中，《可叹》通常在表现宝黛钗三人的感情时响起，唯有在第23集宝琴抱梅这一情节响起时与其他几处略有不同，宝琴来到大观园之后深受贾母喜欢，当宝琴在雪中抱梅出现时又得到了贾母的赞美，贾母又问薛姨妈宝琴的生辰年龄，薛姨妈和凤姐猜测贾母想要牵线宝琴与宝玉，所以在此段情节中，《可叹》的旋律响起，表现出宝黛爱情受到了宝琴的威胁，而"木石姻缘"的冲击者不再是宝钗，而是其宝琴，所以，《可叹》的旋律几乎都是在涉及宝黛爱情的情节处响起，将人物情感、结局定位贯穿于主旋律之中。

《可叹》在新版《红楼梦》全剧的后半部分出现颇为频繁，尤其在第44集"黛死钗嫁"情节前后数次响起，用以渲染宝黛钗三人爱情的悲剧主题。新版《红楼梦》对宝黛钗三人的婚恋悲剧通过"主旋律"渲染下的影像、画面多元展现，力求音乐风格与人物情节关系的统一。

就全剧的音乐创作来说，音乐形式多样化，不仅有同期的昆曲表演，后期配乐也有不同风格的呈现，有笛子、电子乐、具有戏曲风格的音乐等，通过音乐不仅表达剧中人物情感，烘托情绪，同时也表现了创作者的审美及个性，这都是较为可贵之处。

（二）新版电视剧《红楼梦》中的礼与诗

《诗》中体现着统治阶级的社会理想，对于调节统治者与被统治者之间的关系具有道德方面的积极意义。《礼记·孔子闲居》中记载"诗之所至，礼亦至焉"，大意是讴歌所至之处，礼也就随之而至了。"这里的'诗'，可以理解为《诗经》之'诗'，也可以理解为诗歌之诗（广泛意义上的文学艺术)。"① 诗和礼在古时候是相互依存的，中国作为礼仪之邦，其礼仪规范、制度、形式等贯穿于人们生活的方方面面，是一个庞大而又复杂的知识系统。《礼记·中庸》中写道："礼仪三百，威仪三千。"《礼记·礼器》又写道："礼经三百，曲礼三千。"从这些文字中可以看出诗与礼有着密切的关系，春秋时期的《诗》赋予了礼丰富的内涵，即礼以通诗。

"作为中国诗歌源头的《诗》，很多作品与西周以来的礼典仪式有着密切的联系，它们要么是礼典仪式的一部分，如当时把歌诗作为礼典活动的礼乐工具，或讽谏，或怨刺，或言语，或典礼，直接为礼乐服务；它们要么是以记载礼典仪式为主要内容，把祭祀的原因、经过、乐舞、欢欣、颂祝等都极为翔实地表现出来，这种歌诗作为礼典活动的一部分，它们往往把当时的礼典活动写的极为细致、详尽。"②

孔子曰"不学诗无以言"，中国是一个擅于作诗的国家，从诗经、楚辞、汉赋、唐诗、宋词到元曲，都体现了中国丰富的文化和文学内涵，中国历代文人通过诗歌来描摹世态、表达思想、抒发情感，同时也通过诗歌进行政治教化，体现了礼的秩序。以下主要从诗社与灯谜中的诗词来分析新版《红楼梦》中的礼与诗。

1. 诗社与礼

在《红楼梦》中，通过结社吟诗等活动来消解"礼"的束缚，剧中写饮宴、作诗的场面有很多，在第19集（第40回）中，刘姥姥来到贾府，在宴会上自己嘟囔着"老刘，老刘，食量大似牛，吃一个老母猪不抬头"，随后刘姥姥吃鸽蛋的情节滑稽搞笑，在这场戏中，没有主客、没有礼的拘谨，都是真实情绪的流露。

《红楼梦》第17集中给观众展现了当时社会生活中人们以斗诗为乐的场景，这也是《红楼梦》中的第一次诗社活动，"诗社"在当时也叫作"诗坛""诗林"，就像今天我们所说的诗词"沙龙"，有着相同的意思。

新版《红楼梦》中第一次诗社活动是在秋天，咏诗比赛的题目是"咏白海棠"，限门、盆、魂、痕、昏四韵，七言律诗。当林黛玉做完诗

---

① 刘金波：《礼以节情　乐以发和——〈礼记〉关键词研究》，博士学位论文，武汉大学，2009年。

② 同上。

给众人看时，大家都道此首诗为上，作为社长的李纨为了平衡，说道"若论风流别致，自是这首；若论含蓄浑厚，终让蘅稿"。可谓各有千秋，难分伯仲了。湘云后来"依韵"和了"两首"，诗成之后众人看一句，惊讶一句，都赞美不已，在诗社的活动中大观园的兄弟姐妹们都可以兴致勃勃、随心表达自己的想法，也是他们最为开心的时刻。

在当时社会中，"诗社是为志同道合者的相聚之所。这是一种特殊的群体活动，斗诗逞才，满足个人的'表现欲'倒还在其次，更重要的是在这种特殊的环境中，人人平等，自由自在，尽情地抒发个人内心世界的情感——不论是悲戚、妩媚，还是豪放、雄壮，都是真实的自我。曹雪芹将起诗社这种传统形式引进小说，引进世族之家的荣宁二府，固然表现了他对中国古代诗性文化的领略，但绝非仅仅是为表现他的诗词才华。我们透过诗社活动，看到这种'家族文化'正在消解封建礼教对人，特别是对女性的束缚，使人性得到张扬，回归到'乐'的天地之中"[①]。这里就是通过诗社作诗表现对当时礼制的一种反抗。

2. 灯谜与礼

在《红楼梦》中，除了结社作诗以外，还通过猜灯谜活动来消解礼的束缚。电视剧第10集（第22回）中写猜灯谜，先是贾母出了一谜"猴子轻身站树梢"，打一果名。此时贾政已知是荔枝，可仍然存心乱猜，被罚了许多东西，最后才猜到，得了贾母的东西。随后，贾政也念了一个给贾母猜，"身自端方，体自坚硬，虽不能言，有言必应"，打一用物。说完便偷偷告诉了宝玉，宝玉又偷偷告诉贾母，贾母想了想便说"是砚台"……这一段落的演绎，表现了荣府内其乐融融，贾母、贾政、宝玉三代人之间在特殊场合里少去了平日里的那种严肃，自然地流露出母子、父子之间的亲情。

中国是一个诗的国度，从《诗经》到楚辞、汉赋、唐诗、宋词、元曲，都曾创造过一代辉煌，成为中华民族文化宝库中的璀璨明珠。不学诗，无以言。在数千年的历史长河中，诗词曲赋所具有的丰富的文化意蕴，不仅为中国文人表达自己思想、抒发情感、描摹世态、写物状貌找到一种新奇别致的文学体裁，使他们以能吟诗唱曲写赋为乐事，以工诗擅词能曲为荣耀，而且诗词曲赋中的语言形式、意境思维、艺术情趣对绘画、

---

① 胡文彬：《红楼梦与中国文化论稿》，中国书店2005年版，第30页。

小说等艺术门类都曾产生过极为深远的影响。《红楼梦》电视剧中无论是诗社起诗、元宵节猜灯谜，还是剧中人物作诗、诗词曲赋的数量比其他电视剧中的诗词曲赋都要多很多，这也是新版《红楼梦》中的一个突出特点。

三　新版电视剧《红楼梦》中的情礼文化传播

在中国传统社会中礼与情长期冲撞，何为情？《礼记·礼运》中记载，"何谓人情，喜、怒、哀、惧、爱、恶、欲，七者弗学而能"。喜、怒、哀、惧、爱、恶这六种状态可以说是情的表现形式，而欲是情的实质，有欲就有求，而在封建社会中，君王为了限制人欲之争就制定出社会礼制、礼仪规范以约束人们的行为。

在礼与情的关系上，一方面礼是情的表达方式，通过"礼"可以使人与人之间、人与天地、神灵之间有一种沟通和表达的方式，例如古人在祭祀中，就是找到一种独特的方式实现与神灵的沟通和交流，古代人民备粮报答上苍，这样的一种行为也是"来而不往非礼也"的表现，通过一种"礼仪"来完成古人对天地、神灵的交流。另一方面，礼作为一种规范，社会中的礼制也会对人们的情感有所限制，压抑人性、人情。

1. 情中之礼

儒家对于礼与情的看法就是"发乎情，止乎礼"，提倡要以礼节情，要对感情适当的限制。荀子在《礼论》中说："人生而有欲，欲而不得，则不能无求；求而无度量分界，则不能不争。争则乱，乱则劣。先王恶其乱也，故制礼义以分之。"对情欲来讲，有一个"度量分界"，还是必需的。儒家提倡礼的前提是承认"情"的存在，只是在承认"情"的同时，要以礼节情。

新版《红楼梦》可谓是一部礼与情相互交织又相互矛盾的一部电视剧。在古代，人们为人处世多数是以"理""法"省时度事，在红楼梦中王夫人、贾政便是做好的佐证，但是贾宝玉在剧中便是一个以"情"为准则的人物，他的人生观核心就是一个"情"字。在电视剧第8集中，宝玉无意间发现万儿和茗烟私通，开始宝玉骂茗烟："青天白日，这是怎么说，珍大爷知道，你是死是活？"这完全是历来的以礼处事的观点。这件事要是贾珍发现，确实是一件"了不得"的事。但宝玉马上就提醒吓得"抖衣而颤"的万儿"还不快跑",接着又追出去告诉他:"你别怕,我是不告诉人的。"随后又琢磨"祀儿"这个名字,暗中祝福她"将来有些造化"。短短的一瞬间就谱成了以情处事的"三部曲"。这就是以理处事与以情处事的天渊之别。第2集宝玉见到黛玉,得知黛玉没有玉石便狠狠地将自己的宝玉摔了出去,还说到"家里姐姐妹妹都没有,单我有,我说没趣,如今来了这么一个神仙似的妹妹也没有,可知这不是好东西"。宝玉的这些反应都表现了他是一位极其重情之人,他认为自己要与姊妹们平等,视兄弟姐妹皆出一意。

但是,在当时社会中,以情度势的价值观必定会与传统以礼度势的价值观发生冲突。虽然宝玉的种种行为是反传统的价值观,但是从根本上他又没能脱离现实,不能越出封建纲常的限制。虽然宝玉在背地里做了不少违反贾政、王夫人要求的事情,但是在贾政面前依然是乖乖顺从,大气不出,内心虽然重情,但是行为上还是守礼的,即使贾政不在家,宝玉经过父亲的书房,也会自觉下马,表示尊重和敬意。在电视剧第35集中,王夫人把晴雯、四儿、芳官赶出了贾府,宝玉虽然内心极为不满,但是看在王夫人盛怒之下也不敢多说一句话,按照当时的情礼还是把王夫人送到了沁芳亭。王夫人下令抄检大观园,宝玉不敢说一个"不"字眼睁睁地看到自己的"女儿国"被邪恶势力所摧残。所以,在《红楼梦》中,情的理想世界是与封建礼法世界有矛盾的,情对礼的反抗力量是微薄的,从贾宝玉身上,让观众看到了他是一位重情之人,同时也遵守着"三不违"的礼教,即某些圣训不能违;父母之命不敢违;伦常观念不愿违。"贾宝玉身体力行为之奋斗一生,企图开拓出一条情的新路来,但这条路是在封建土地上盘桓,所以是一条没有出路的路。"[1]

2. 礼中之情

《周礼·春官·大祝》:"作六辞以通上下亲疏远近,一曰祠,二曰命,三曰诰,四曰会,五曰祷,六曰诔。"诔文属于中国传统文化中祭悼死者的特殊文体,主要是通过叙述死者生前的行为事迹及德行,以供作谥之用,相当于今天的悼词。诔的特色是只能用作上对下、尊对卑,所以《红楼梦》中宝玉作为尊者,对丫头晴雯是不必做诔的,但出于情感的需要,就在尊重文章礼仪框架的习俗中表达了突破框架的情感。

---

[1] 汪道伦:《中国传统文化中的情学与红楼梦》,《红楼梦学刊》1990年第1辑。

在电视剧第37集中（第78回）展现了宝玉为晴雯撰写的诔文，表达了宝玉对晴雯的悼念之情。在第37集的开头导演用了空镜头莲花灯以示祭奠之意，画面多以暗调为主，伴随宝玉读诔文的声音画面切换的是宝玉脑海中对晴雯的一幕幕回忆，"维太平不易之元……其为质则金玉不足喻其贵，其为神则星日不足喻其精，其为性则冰雪不足喻其洁"。反映出晴雯出类拔萃之高洁，美好与被摧残之委屈、凋零。"眉黛烟青，昨犹我画，指环玉冷，今倩谁温？"表达出宝玉对晴雯含恨而死的惋惜与怀念。"红绡帐里，公子情深，始信黄土垄中，女儿命薄……"写的直率而真情，表现对晴雯的哀悼。（见图2-4）

图2-4 宝玉悼念晴雯

从宝玉写给晴雯的诔文中可以看出宝玉对晴雯最深挚亲密的感情和无比的怀念，宝玉之所以因人而诔，不只是因为晴雯眉眼像黛玉，长相出奇好，更主要的原因是晴雯鲜活泼辣，冰雪聪明，照顾宝玉的起居生活五年多，与宝玉结下了深厚的情谊，晴雯不像袭人那样婆婆妈妈，与封建家长如出一辙地劝宝玉走仕途之路，而是像黛玉一样关心宝玉内心的喜怒哀乐，一幅天真率性的品格，其中"撕扇子作千金一笑"就是十分经典的个性故事。

此外，诔文中表现出鲜明的爱憎态度，对这个"心比天高，身为下贱，风流灵巧招人怨"的边缘人没有丝毫的轻视，而是满腔赞颂，把她奉为神灵和尊者，歌颂其美貌聪明，肯定其价值意义，使人性的温暖在奴婢身上复苏，使神性的光辉在底层人群显现，在平等、公平的人性期待中给予了一代代人超前的思维启迪和惊心的生命力量。另外，也对封建家长主持下的恶势力表达了强烈的不满与憎恶，对诗书礼仪之家的伪饰与残忍表达了痛恨。

电视剧中宝玉悼念晴雯的诔文没有按照文本中的诔文一句一字的展现，导演只是截取了诔文中的一部分配合画面营造出一种悲凉的气氛。诔文的写作在古代收到礼法的限制，有着等级规范，通过生者罗列死者生前的德行，对其表彰并且表现对死者的哀思，这里就是通过诔文这一媒介体现了宝玉对晴雯的情。

四　新版电视剧《红楼梦》中礼文化的价值与反思

"在中国历史上，自'周人尚礼，敬鬼神而远之'，到孙中山'以礼治国'，建'礼俗司'，长达两千余年的传统社会里，礼乃'天地之序''国之千也'（《左传》语），始终支配、控制、维系着社会秩序的稳定及其文明的发展。这就必然造成'礼'这一概念内涵及其庞杂，外延极其广泛，上自学理层面，下至实践层面，既包括名曰'礼制''礼仪''礼器'，实即政治、经济、文化、教育、宗教、兵刑等全部典章制度，又涵摄社会秩序、习俗、风尚和思想准则、行为规范等一切所谓'礼学''礼教''礼俗'。"[1] 这些"礼"相互联系并代代相传，直接影响了中国人的性格和内在精神。

《红楼梦》可谓是中国古代礼文化的载体之一，礼文化体现在方方面面，几乎每一个生活细节中都有礼的表现，如在礼制、礼俗、礼节、礼与美、礼与诗、礼与情等。

其实"礼"就像是一僧一道给贾瑞的那把正反两面的镜子，一面是礼的规范、威严，给人看到的是尊尊、亲亲之道；另一面照出的则是礼的"骷髅"。

"《红楼梦》中所描写的故事和人物，一方面是无情的揭露、抨击旧制度的不公正性、腐朽性、欺骗性、反动性的本质；另一方面，又满怀希望和激情去讴歌那些心爱的'新人'、新的理念、新的价值观，尽管这些可能看上去是那样的脆弱和幼小，但其中看到了他们才是未来。"[2]

---

[1] 龚建平：《意义的生成与实现——"礼记"哲学思想》，商务印书馆2005年版，第11页。

[2] 胡文彬：《红楼梦与中国文化论稿》，中国书店出版2005年版，第281页。

"礼"发展到今天我们应该摒弃传统社会中抑制人性的礼制，而作为人际交往中文明的礼仪部分应该发扬光大，去粗取精，以无愧于我们"礼仪之邦"的称谓。

第二节　民族精神的再诠释与共同体建构
——解读电视剧《精忠岳飞》

岳飞是中国历史上伟大的民族英雄，也是中国历史上著名的武将。关

图2-5　《精忠岳飞》海报

于他"尽忠报国"的故事一直广为流传，历史上也诞生了许多关于岳飞抗金的小说、戏曲作品，这些作品以歌颂忠良、鞭挞奸邪的价值取向塑造了岳飞忠君爱国的典型形象。但是由于时代的局限性，这些作品中不可避免地有一些封建愚昧思想，歪曲了岳飞故事的核心内涵。2013年由唐季礼监制，鞠觉亮导演的电视剧《精忠岳飞》汇聚了众多的优秀演员，在翔实的历史资料的基础之上加入艺术加工的虚构内容，主要描述了岳飞从19岁到39岁参军抗金的经历，同时电视剧除了展现岳飞与金军将领金兀术兵戎相见、斗智斗勇的过程，以及和秦桧等主和派的不屈抗争，颂扬了岳飞精忠报国的民族爱国主义精神。

一　岳飞故事传播与民族精神建构

作为中国历史上著名的民族英雄，岳飞"精忠报国"的故事无论是

文人雅士还是贩夫走卒，甚至是妇孺女眷都耳熟能详。从史书列传的青史留名到戏曲、小说、影视的虚构演义，民间创作了大量的艺术作品赞扬他忠孝两全的高尚品格；讲述他一生征战的传奇经历；惋叹他被奸人所害的悲剧结局。

自南宋以来，岳飞题材的艺术作品层出不穷，主要集中在民间戏曲、小说演绎、影像传播等通俗易懂的艺术作品，如叙述岳飞的一生，从少年的出身、学艺到参军后数次的抗金经历的《大宋中兴通俗演义》《说岳全传》《精忠旗》；描写岳飞被害后，奸相秦桧得到的报应惩罚的故事《地藏王证东窗事犯》《续精忠》；还有与历史相反，以虚构和想象描写了岳飞在连接十二道召回圣旨后，并没有班师退兵，而是听从了部下和百姓的哀求，最终直捣黄龙府，应还"二圣"，铲除奸臣的美好结局的《如是观》，以及讲述岳飞死后，岳飞之子岳雷替父报仇，手刃奸臣秦桧经历的《续精忠》，这类作品脱离了历史的真实内容，以浪漫主义的表现手法寄托了当时社会下人们对误国奸臣的痛恨和对英雄人物的爱戴之情。

（一）"说话"形式的传播

"说话"是一种流行于中国古代唐、宋时期的民间伎艺，类似于后来的说书。两宋时期，随着商业经济的繁荣和人口的迅速增长，城市里遍地建起了以娱乐场所为主的瓦肆勾栏，其中最为流行的便是"说话"艺术。"说话"即口头叙述的故事，从宋代耐得翁著述的《都城纪胜》"说话有四家：一者小说，谓之银字儿，如烟粉、灵怪、传奇；说公案，皆是搏刀赶棒及发迹变泰之事；说铁骑儿，谓士马金鼓之事；说经，谓演说佛书；说参请，谓宾主参禅悟道等事；讲史书，讲说前代书史文传、兴废争战之事。"可以看出它的取材十分广泛，内容丰富又紧密联系现实生活。

历史上在岳飞被害之后，秦桧父子一时独揽大权，相继掌管了国史的整理和编撰工作，销毁并篡改了大量关于岳飞的史料，并且还大兴文字狱，唯恐岳飞事迹在民间流传。而在民间流行的"说话"无疑成为传播岳飞故事的重要媒介，如南宋咸淳时期说话艺人王六大夫敷衍的《复华篇》和《中兴名将传》，均是讲述岳飞和同期抗金名将张俊、韩世忠、刘锜抗金事迹的作品，其中"复华"乃"恢复中华"之意。

（二）戏曲形式的传播

《地藏王证东窗事犯》又名《东窗事犯》，是元代文人孔学诗创作的一部北曲杂剧，全剧共四折，主要讲述的是岳飞父子朱仙镇大捷后被宋高宗赵构召回并以"莫须有"的罪名杀害后，地藏王化身"疯僧"揭露秦桧夫妇在东窗下密谋陷害岳飞的罪行，并为岳飞父子洗冤报仇的故事。《地藏王证东窗事犯》是目前流传剧本中最早的一部岳飞戏，情节比较简单，着重点在于借"疯僧"之口对秦桧进行暗喻嘲讽或明言斥责，抨击奸相秦桧陷害忠良，卖国求荣的可耻行为。

《东窗记》创作于明代，作者不详，相较于短小的《地藏王证东窗事犯》，《东窗记》的叙事宏大，完整叙述了岳飞一生的传奇经历，详尽展现了岳飞的忠勇形象和抗金事迹，如"大败金兀术""奉诏退兵""东窗设计""疯僧戏秦""银瓶投井"等被后世岳飞戏一直沿用的情节。《东窗记》中还塑造了更多的人物形象，如岳母、王宪、施全以及金兀术、秦王氏、万俟卨等，使得故事结构更加完整，情节更加丰富。此外同样诞生于明朝时期的《精忠记》与《东窗记》极为相似，情节基本一致，被认为是由《东窗记》改编而来。值得一提的是二者还增添了岳飞为保全家忠孝名节，在狱中写信骗岳云和张宪到京中一同受死的"愚忠"情节。

而由明末文学家冯梦龙修订的《精忠旗》依然是一部叙述岳飞一生经历的剧作，与《东窗记》和《精忠记》的主题情节一致，但它以纪实为宗旨，作者冯梦龙曾说："旧有《精忠记》，俚而失实，识者恨之。西陵李梅实从正史本传，参以《汤阴庙记》事实，编成新剧，名曰《精忠旗》。精忠旗者，高宗所赐也。涅背誓师，岳侯慷慨大节所在。"[①] 同时他还依据历史记载增添了如"若水效节""世忠诘奸""北庭相庆"等历史内容，删减了对岳飞"愚忠"形象的描写，刻画了岳飞在接连收到退军金牌后的矛盾与无奈，面对本应乘胜追击的大好形势和黄河百姓的期盼，岳飞一拖再拖，直到百姓撤离，粮草断绝，孤军无援之际才哭拜二帝，挥泪撤师。

（三）小说形式的传播

最早收录岳飞故事的小说是南宋洪迈编写的文言志怪集《夷坚志》，但它并不是一本完整叙述岳飞故事的小说，而是记叙了当时民间流言关于岳飞的几则小事，充满了神怪色彩。如《猪精》介绍了岳飞是"猪精转世"的前世以及"然猪之为物，未有善终，必为人屠宰"的预言，将岳飞含冤致死的结局归于天命，还有《辛中丞》中岳飞梦到自己将有牢狱

---

① 高洪钧编著：《冯梦龙集笺注》，天津古籍出版社2006年版，第103页。

之灾，并且知道了未来将负责审理案件的官员是辛企李，数年后当岳飞被陷害关押至大理狱才得知是"命新除御史中承何伯寿铸治其事"的"新中丞"而非"辛中丞"，充满了迷信色彩。

明代的《大宋中兴通俗演义》是第一部以岳飞故事为题材的长篇历史演义小说，它采用编年体史书的体制，全书共75回，叙述了从岳飞少年从军，一直英勇抗金到被秦桧谋害丧命后显灵，沉冤昭雪的故事。《大宋中兴通俗演义》由明嘉靖时书坊主人熊大木编撰，他将史书记载与民间故事相结合，在一定的虚构内容上尽量贴近历史事实，在书中穿插了诏、檄文、书、表、疏等文字内容，以印证或强调内容，并且还采用仿照史书，在整段章节后加入相关评论或直接引用史书评论，增加内容的真实可信性，被认作是关于岳飞故事的"白话历史"。

而由清代钱彩编次、金丰增订的长篇英雄传奇小说《说岳全传》共二十卷八十回，结合了前代的史料记载、民间传说、传奇戏曲、小说演义中的大量材料，是关于岳飞题材最为全面，也最为成熟的小说文本，也对后世的各种艺术作品产生了重要的影响，书中描写的如"岳飞枪挑小梁王""梁红玉击鼓战金山""高宠连挑铁华车"等章回，已成为我国中原地区民间戏曲的传统剧目，有的至今还活跃在舞台之上。但是书中在塑造岳飞形象时，增添了许多过于庸俗、迂腐的情节，如将岳飞与秦桧的忠奸斗争描写成岳飞的前世大鹏鸟和秦桧前世铁背虬龙报仇的故事，以宿命论、因果报应的色彩弱化了岳飞悲剧结局的震撼和批判性。

（四）电影形式的传播

1936年，万籁鸣、万古蟾导演的黑白动画片《少年岳飞》首次将岳飞题材搬上荧幕。而后在1940年由吴永刚编剧导演的黑白电影《尽忠报国》主要讲述了岳飞少年跟随周侗学艺，在一次外出时结识了落草为寇的师兄牛皋，遂将其带回家乡，与王贵、汤怀等人并称"五虎"，并后来一同参军，抗金御敌，报效国家的故事。同年在香港，新中国影片公司拍摄了由严梦编剧、导演的粤语黑白历史片《岳飞》，也是讲述了从岳飞少年学艺到被害风波亭的人生经历，契合当时抗战的时代潮流，采用借古喻今的表现手法，积极宣传了爱国抗日的思想，极大地动员全民的抗战热情，在社会上引起了强烈地反响。

1962年香港宝宝影业公司出品的《岳飞出世》改编自古典小说《说岳全传》，主要以讲述了岳飞少年的成长经历，以及他在母亲刺字"尽忠报国"的勉励下,投军抗金的故事。

1969年台湾武侠电影《丹心令》讲述了岳飞遇害后,其子岳廷在民间抗金义士的帮助下,刺杀秦桧并揭露其陷害忠良的故事。

1984年北京电影制片厂拍摄的彩色戏曲片《岳云》以及香港动作片《岳家小将》以岳飞之子为主要人物,主要讲述由于岳飞围困金兀术在牛头山,金人决定派人俘虏岳母迫使岳飞投降,岳云以及兄弟五人保卫岳家庄的英勇故事。展现了岳家满门忠烈,岳家小将们子承父业的抗金道路。

21世纪以后,关于岳飞题材的电影作品主要集中在儿童影视剧方面,2011年由上海美术电影制片厂出品,胡歌、鞠萍、李扬等明星配音的动画电影《少年岳飞传奇》讲述了少年岳飞通过勤学苦练,在武考中打败众多对手,被封武状元带兵出征,报效国家的故事。但是这部儿童电影虚构了岳飞与赤蛇精化身的少女红豆懵懂的爱恋,以及战胜千年鳖精,降妖除魔的情节,充满了神话传说色彩。

2012年上映的电影《自古英雄出少年之岳飞》是一部讲述岳飞少年时期成长的喜剧功夫片,该片以青少年为受众群体,以轻松诙谐的方式呈现了少年岳飞与小伙伴们一起惩恶扬善的成长故事,向儿童观众传达了积极向上的进取精神和待人接物的道理。

2013年上映的动画电影《少年岳飞》是一部三维动画电影,主要讲述了岳飞在投军报国之前的成长经历,以分单元展示的形式描绘了少年岳飞刻苦学习、诚信做人、立志报国的成才故事,阐明了岳飞从何从一个贫家子弟成长为智勇双全的少年英雄。

(五)电视剧方面的传播

1988年,台湾中华电视台拍摄了40集电视剧《八千里路云和月》,讲述了在北宋末年大宋江山内忧外患,民不聊生的背景下,民族英雄岳飞率领张宪、王贵、牛皋等人,为捍卫民族尊严,匡扶宋室中兴,英勇奋战,威震中原。但最终因朝廷腐败,在内有奸臣,外有强敌的夹击之下,被害风波亭的英雄故事。

1992年,为纪念岳飞遇难850周年,浙江电视台拍摄了6集电视剧《满江红》。该剧参照了历史资料,以旁白的方式在岳飞北伐收复中原的背景下展开,表现了岳飞对抗金兀术接连大胜,收复失地的英勇,以及宋朝内部秦桧等人对岳飞抗金的阻挠。但是由于时长的限制,该剧的剧情比较简单，没有突出岳飞与秦桧等人忠奸对立的矛盾冲突，没有展现岳飞在成为岳家军统帅之前的经历，对人物形象的塑造比较单一。还有在故事背景以及人物内心的展现和表达方面，电视剧常常通过旁白的方式一笔带过，使得岳飞故事的展现不够完整、生动。

1994年由香港亚洲电视出品的20集电视剧《岳飞传》虽然取材自岳飞故事，展现了岳飞抗金的英勇事迹，但是该剧除了展现岳飞抗金以外，还加入了一段岳飞与金人郡主完颜彩雁之间爱恨交缠的爱情线，令观众感到跳脱，并不是一部真正以岳飞故事为题材的历史剧。

2013年播出的电视剧《精忠岳飞》是对岳飞故事传播的影像化延续，同时它以当代的社会背景对岳飞故事的重新阐释，剔除了传统作品中存在的封建思想和对岳飞形象的歪曲描写，以契合史料的方式，再现了岳飞的传奇一生，展现了岳飞高尚的个人品德和强烈的爱国主义精神。电视剧对岳飞形象的塑造，不仅包含了中国传统文化中以忠孝为核心的家国情怀，更展现了岳飞精神的广泛内涵以及对当今社会重要的影响意义。通过对"精忠岳飞"的影像化呈现，在潜移默化中培育观众的爱国情怀和忠孝仁义的价值观念，成为现代人在思想、价值观等方面的精神典范。

电视剧《精忠岳飞》聚焦一代英雄岳飞的传奇一生，用切合史料记载的方式讲述了在金军入侵，国家危亡之际，岳飞及其统领下的岳家军数次北伐，维护了国家的统一，然而在他即将收复失地的关键时刻，却被昏君、奸臣以"莫须有"的罪名迫害致死的悲壮故事。与西方重视个体，尊重他人利益的个人主义精神不同，中国集体主义精神展现的是一种震撼的力量，中国文化更注重个人的道德内涵，强调"以天下为己任"的入世精神，例如历史上以岳飞为代表的仁人志士和英雄人物展现出"以身许国，何事不可为"的高尚情操，使得我们的国家和民族虽历经无数次的内忧外患，却始终能够巍然屹立。

历史是一个国家和民族最厚重的共同记忆，它对国家、民族的发展是至关重要的，"忘记历史等于背叛"意味着历史既见证着国家和民族的成就与发展，又承载着国家和民族的传统与文化。历史记忆的存在价值不仅在于人类对过去成果的探究、记录，更在于对国家和民族产生的情感与认同。"历史记忆不是一种纯粹客观性的实体，而是一种主观建构的产物。它不是一个既存的物理性实存，而是一种意识形态领域的构建……真实情况是，有些历史记忆具有塑造国家认同的指向性，于是具有了更大程度的主观性、目的性。它们存在于许多共同体对自身过往的叙事之中，以各种形式表现出来。它们最终的目的是实现共同体对于自我存有的确认。"①因此，在不同历史时期对历史记忆的建构，都是为了满足当时社会心理所需，强化身份认同和价值认同。

二 电视剧《精忠岳飞》与民族精神的再诠释

在几百年的历史发展过程中，岳飞的英雄事迹经历了多种不同艺术形式的表现形式，现今流传的岳飞故事的内容既包含了真实的历史事件，也有后世作品中的虚构演绎，这些内容已经共同构成了我们对岳飞形象的传统认知。电视剧《精忠岳飞》聚焦一代英雄岳飞的传奇一生，从一个初出茅庐的"敢战士"小将，到率领宋军多次北伐的一军统帅，电视剧叙述了岳飞从军路上的挫折与成就，并以"忠""仁""智"作为岳飞故事影像化表达的思想核心，通过影像化的方式生动再现了岳飞尽忠报国的爱国理念和"文武全器，仁智并施"的儒将形象，在传播岳飞故事的同时融入中国的传统文化内涵，展现岳飞故事的强大生命力和现代意义。

（一）尽忠报国的人生追求

无论是从前的小说、戏曲作品还是当今的影视作品，岳飞尽忠报国的爱国精神一直是岳飞题材艺术作品中核心的思想内涵，电视剧《精忠岳飞》以生动饱满又富有生活气息的情节和栩栩如生的人物形象，再现了岳飞竭诚尽忠、舍生忘死的爱国主义精神和高尚的个人道德品格，还艺术地传达了岳飞故事中一个具有永久生命力的人类普世的价值观念——"忠"。

1. 舍生取义的尽忠理念

在关于岳飞的英雄事迹中，"岳母刺字"故事可以说是最为人们所熟知，虽然岳母刺字故事在史书中并无记载，但是由于《宋史·岳飞传》"飞裂裳以背示铸，有'尽忠报国'四大字，深入肤理。"的记载，以及为了更好地展现岳母深明大义的人物形象，《精忠岳飞》仍是延续了前人作品中"岳母刺字"的内容，在第19集详细描写了岳飞故事中这一经典桥段。岳飞因为越级上书的罪责被革除军职，第二次离开军营回到家中，而不久又被张所招募，再次准备投军抗金，在临走之前，岳飞依依不舍地

---

① 赵琼:《国家认同建构中的历史记忆问题——以对共有祖先的追述为视角》，《中国政法大学学报》2014年第3期。

与妻子和母亲惜别。作为母亲,岳母虽然不舍与岳飞分离,但是面对国家危难的时局,岳母不能阻止他报效国家的决定,并对他说道:"忠孝不能两全,一般来说这个忠字是忠于君父,那娘在想为什么不能把这个字再扩大一点,忠于的不在是一个皇帝,而是仁义之念、仁义之事、仁义之功、仁义之战,为仁义而忠,为仁义而弘道,甚至为仁义而杀身。这报国的国字不单单是指大宋而言,指的是四海之内皆兄弟之国,指的是人与人之间能和平相处之国。朝廷能以仁义为政,三军以仁义为师的泱泱大国。你的忠、你的国也许在眼前,也许在未来。娘只盼着时机到了,你能把握你的忠、报效你的国,把这股劲儿传给你的儿女,传给你的兄弟。"为了时刻铭记母亲的教诲,岳飞请求母亲将"尽忠报国"的四个大字刻在他背上,伴随着悠扬悲壮的音乐,画面以多组镜头的形式展现了岳飞父亲的灵位、烛火烤炙的刺针、岳飞满是伤痕的脊背、被血点染红的纸张、岳飞忍痛流出汗水、孝娥心疼流出的泪水以及岳云安娘和岳家军众人的出现,电视剧通过场面调度的巧妙设计,充分渲染了悲情而悲壮的画面氛围,表达了岳飞不仅将"尽忠报国"的誓言铭刻于身,更是铭记于心,用一生来践行他舍生报国的爱国理想(见图2-6)。

图 2-6 岳母刺字(1)

在电视剧中,多次展现了岳飞坚定的抗金决心,在宋军士气低迷的时期,他多次请命,主动出击;在赵构流亡海上的半年里,他坚持带领部队继续抗金;在赵构倾向于投降派时,他直言上书,力反议和。在第57集岳飞第四次北伐的途中,他在武侯祠慷慨激昂地写下《前出师表》的这一情节,表达了岳飞对皇帝能够严明赏罚、亲贤远佞的殷切期盼,同时也表达他以身许国,忠贞不贰的赤诚之心。在北伐之前的誓师大会上,岳飞以"上报国恩,下答知己,决不狼顾偷存,苟活于人间"的口号表明他对这次北伐视死如归的坚定决心。还有在第66集张俊到庐山骗岳飞入京的时候，素素带领忠义社的弟兄乔装改扮在半路给岳飞送信，岳飞明知朝廷的陷害之意，但为了给张宪和岳云讨回公道仍然执意上京，不愿逃走偷生，他说："上苍有眼，就不会陷忠臣于不义，否则，天下之大，能逃到哪里。"岳飞一生坚持自己的信念，在他离开庐山进京后，面对种种被诬陷罪名，他宁折不弯，绝不向投降派低头求和，最终为了自己的理想信念献出了生命。

2. 爱国尽忠的信念理想

作为岳飞精神中最核心的思想，"忠"是中国传统的伦理道德体系中极为重要的范畴之一，《说文解字》记载："忠，敬也，尽心曰忠。"意思就是要尽心竭力、竭诚尽责，同时要发自内心的敬仰遵从。《忠经》首章《天地神明》说："夫忠，兴于身，著于家，成于国，其行一焉。"将"忠"分成了三种阶段或者可以称作是三种境界。首先是对于自身而言，将"忠"视为个人的行为准则。从孔子所说的"居处恭，执事敬，与人忠"。可以看出"忠"是待人接物的准则。其次是对于家庭而言，要求对家人、父母尽心赡养。最后"成于国"是对于国家而言，即报效国家，即使面临危难也不惧献身的精神，这是"忠"的最高境界，也是岳飞"尽忠报国"精神最本质的内容，即明辨是非忠奸，始终忠于百姓、国家的利益，而不是只忠于封建君主的皇权统治。

"誓期尽瘁，不知有家"是对岳飞从军二十载的高度概括，为了国家的安定，他坚持国家至上的尽忠理念，不仅在战场是一位伟大的民族英雄，在与投降派的政治斗争中同样是一位坚贞不屈的爱国英雄。与以往的岳飞题材艺术作品不同，电视剧在叙述岳飞"尽忠报国"的爱国理想时，并没有将岳飞的尽忠思想等同于封建时代下的"忠君"思想，而是以大量的情节展现了岳飞"尽忠报国"精神中国家至上的理念，表现了岳飞忠于民族国家的统一，忠于天下百姓利益的爱国主义精神。

剧中，背负着岳母谆谆教诲的岳飞，一生赤胆忠心，不向皇权谄媚、不向强权低头，常常与怯懦自私、对北伐之事反复无常的统治者赵构意见相左，甚至直言顶撞皇帝。在第53集，岳飞得知皇帝要向金人称臣求和时，接连上书劝谏，力阻议和，挑明金人愿意归还河南、陕西两地是报以将宋军主力从淮河、长江的天险引出并以一举歼灭的狼子野心，直言"北虏自靖康以来，以和疑我者十余年矣，不悟其奸，受祸至此。今复无事请和，此必有肘腋之患"。但无奈曾被金人逼的流离海上的赵构已经被金军吓破了胆，十分赞同秦桧的和议主张，甚至美其名曰"未免百姓受刀兵之苦，牺牲自己的体面换取和议"。此时的岳飞已明白自己不过是朝廷求和的棋子，一时的北伐不过是皇帝企图议和需要掌握的筹码，始终没有收复中原的决心，因此他决定辞官，任皇帝派人三催四请都已对朝廷心灰意冷。在第54集韩世忠上庐山劝岳飞向皇帝请罪，认为他过于直言，在朝廷上不够圆滑而忤逆了皇帝时，岳飞说："作为臣子，如果不能为了江山社稷和黎民百姓诤言谏上，才是真正的大不敬。"尽管对昏庸无能的皇帝已大失所望，但是在金人再次南侵之时，岳飞仍然不忍祖国的大好江山最后落入敌国，不忍百姓流离失所，在刘颌的劝说下，岳飞不顾眼疾的困扰，毅然地又一次挑起抗金的大旗，为国家和百姓贡献自己所有的力量。

从电视剧中展现的关于岳飞直言上谏、建议立储、怒辞军职等情节便可看出，岳飞绝不是一个唯皇命是从的"愚忠"形象。

(二) 仁爱谦逊的高尚品格

历史上的岳飞不仅是一位杰出的军事家，更是一位文武兼修的"儒将"，除了他为国尽忠，不畏生死的精神，被后世的帝王将相视为典范外，岳飞身上的高尚节操和优秀品质也被后世所赞颂。《精忠岳飞》不仅展现了历史记载中岳飞仁义的一面，还刻画了许多岳飞生活的小细节，形象生动地塑造了一个有勇有谋、有情有义的英雄人物形象。

1. 事母至孝、仁爱百姓

在中国几千年的历史发展中，春秋战国时期的儒家文化奠定了中国传统文化价值体系的基本结构，建立了一个以仁为主、仁礼结合的伦理思想体系，在以"仁"为核心的基础之上，形成了"五伦"——"忠、孝、悌、忍、善"；"五常"——"仁、义、礼、智、信"；"四维"——"礼、义、廉、耻"；"八德"——"孝、悌、忠、信、礼、义、廉、耻"等中华民族的传统道德观，其中忠和孝，是中国古人的最高伦理道德规范。

在中国传统思想文化中"孝道"一直是衡量一个人品性的标准，子曰："夫孝，德之本也，教之所由生也。"(《孝经》)"孝"不仅关乎家庭伦理，也体现出个人私德，孔子将孝视为一切德行的根本，所谓"百善孝为先"，所有的道德规范都以孝为开端。

在关于岳飞的评价中，岳飞事母至孝的典故一直被后人称赞，他曾说:"若内不能克事亲之道,外岂复有爱主之忠?"在《精忠岳飞》中也详尽展现了岳飞"天性至孝"的一面。历史上岳飞曾三次从军,而他第一次从军营回乡就是为了替父守孝,而电视剧在第3集中展现岳飞第一次离开军营的原因,则是为了回乡照顾生病的母亲,这样的情节安排同样体现了岳飞的孝道。在第3集中,当岳飞得知母亲千里迢迢的从家乡赶来时,他急忙跑到门口跪迎母亲,在得知家乡受灾、母亲生病后,岳飞亲自背起母亲,细心照料她的身体,并向上级请辞,承诺等母亲痊愈后再投军报国。虽然历史上一直有"自古忠孝不能两全"的说法,但是我们在岳飞的身上可以看到忠、孝亦能两全。在第30集河北沦陷之后,岳飞担心在敌人铁蹄下备受煎熬的岳母和家人,专门派杨再兴将母亲接到军中,从此岳母一直跟随岳飞南征北战,而不论岳飞军务如何繁忙,他日常也不忘关心岳母的起居。在每次出兵征战时,岳飞都会在营门外跪别母亲,并嘱托妻子李氏好好侍奉岳母;在岳母生病时,岳飞细心伺候、亲喂汤药;在岳母去世后,岳飞痛心疾首地悲哭,率领长子岳云和岳家军将领赤足千里为母亲扶灵,这些生活化的小场景处处都展现了岳飞对母亲的孝心和敬爱之情。

除了对母亲竭心尽孝以外,深受以"仁"为核心的中国传统儒家文化影响的岳飞,在行军作战时处处体现了"仁者爱人"的思想理念。孔子仁学是"建立在血缘基础上,以'人情味'(社会性)的亲子之爱为辐射核心,扩展为对外的人道主义和对内的理想人格"[①]。除了血缘之上的爱亲人之外,孔子认为"爱人"还要包括"泛爱众",将"爱亲"的对象扩化,从爱父母、爱兄弟、爱朋友,到爱全体社会成员,由此中国自古就有着兼济天下的社会理想,而这正是岳飞保家卫国的最终理念,不是为了一家的平安,不是为了一国的兴衰,而是以百姓安居为战争的目的。《精忠岳飞》在展现岳飞武艺高超、骁勇善战的英勇形象时,并没有将岳飞塑造成一个性残滥杀的暴力形象,而是处处体现了岳飞对生命的尊重,对无辜百姓的爱护。

电视剧第27集描写了杜充决黄河的历史情节,面对金军强大的铁浮屠,当时的统帅杜充不思御敌之策,反而提议以决黄河的方式抵挡金兵入侵的不仁之举,甚至为了害怕走漏消息,不提前安排百姓南迁。当

---

① 李泽厚:《孔子再评价》,《中国社会科学》1980年第2期。

岳飞得知朝廷将决堤黄河的消息之后，他彻夜的等在杜充府门外请战，为了黄河北岸数十万百姓的性命愿率领军队拼死一搏。电视剧将杜充好大喜功、滥杀无辜的小人形象与岳飞形成了鲜明的对比，突出了岳飞忧国忧民、仁爱百姓的仁义形象。还有在第33集，在建康失守之后，皇帝赵构南逃至海上漂泊，统帅杜充投靠金人，面对上无统帅，下无粮草的窘境，当时的宋军多数落草为寇，到处搜刮民脂民膏。但岳飞始终以"冻死不拆屋，饿死不掠夺"的严明军纪要求部队不许骚扰百姓，宁愿自己忍饥挨饿，带头吃馊了的包子。当傅庆羡慕其他部队可以吃饱穿暖时，岳飞将他带到宋太祖立下的戒石，告诫所有人不可做贪官污吏之事（见图2-7）。无论是以寡敌众还是粮草危机，岳飞始终坚持自己参军时保国安民的初心和底线，决不损害普通百姓的利益。除了仁爱百姓之外，对待投降的将领，岳飞同样能做到不计前嫌、厚德待人，比如岳飞手下的大将杨再兴，史料记载他原是草寇曹成的部下，英勇善战，是岳家军的劲敌，曾"率众人直入其营，官军却，杀顺夫，又杀飞弟翻"，后被岳家军生擒，岳飞竟然没有杀他，对杨再兴说："吾不杀汝，汝当以忠义报国。"在电视剧第17集中，当曹成兵败渡江而逃后，杨再兴独自留在江岸抵挡岳家军，败在了岳飞手下一心求死之时，岳飞并没有杀他，当岳飞审问得知他的杨家枪法是传自杨家后人后，失望地斥责他愧对先辈望其再兴杨家声威的期盼，虽然痛恨其在战场上杀害胞弟的行为，但并不怨他，愿放他一条生路。岳飞大仁大义的做法让杨再兴十分敬佩，从此洗心革面加入了岳家军，一直追随在岳飞左右，最终在郾城大战中英勇战死。

2. 正己自治、廉洁奉公

在中国儒家文化影响下，中国历代文人阶层一直将"仁"作为最高的道德准则和价值追求，孔子从仁爱思想出发，提出了施行"仁"的方法，即"夫子之道，忠恕而已矣"（《论语·里仁》）。孔子认为"忠恕"之道正是为"仁"之方，而"忠"主要是指真心诚意，积极待人，即"己欲立而立人，己欲达而达人"，不仅要追求个人的"立"与"达"，还要帮助别人去立身、通达；"恕"主要是指将心比心，尊重他人，即"己所不欲勿施于人"，要推己及人，为他人设身处地地思考。朱熹在《四书章句集注·中庸章句》中将"忠恕"解释为"尽己之心为忠，推己及人为恕"。要求以"忠"的标准要求自己，竭尽全力，认真专一；以

图 2-7　岳飞阻止部队抢夺

"恕"的标准对待他人，尊重他人、宽容他人，体现了儒家"仁"学严于律己，宽以待人的修身原则。

在《精忠岳飞》中岳飞不仅以严明的军纪约束部队，更展现了他以身作则，严于律己的个人原则。在第22集中，岳飞不愿临阵撤兵，与当时的上级王彦产生了意见分歧。虽然明知自己的势单力薄，但是为了庇护新乡城里的百姓，岳飞不惜违抗军令，以视死如归的精神迎战金军。最后，虽然岳飞凭借巧计攻占了新乡，但是面对自己违抗军令的罪责，他并不居功自傲，也不狡辩逃脱，反而心甘情愿的接受军法处置（如图2-8）。岳飞不仅是对自己严格要求，在对待亲人时，他同样秉公执法，甚至更加严苛要求。在第27集，当岳飞得知自己的舅舅私通金人，出卖岳家军时，他不顾血缘亲情，大义凛然地在岳母和岳家军众人面前将自己的亲舅舅按律处死。另外电视剧还展现了岳飞对长子岳云的严苛要求，在第46集中，岳云身先士卒地为襄阳战役立下头等功劳，但是为了避免引起其他将士的不满情绪，岳飞刻意隐瞒儿子岳云的战功，以身作则地教导岳云不可贪图功名，沉溺享乐，生动刻画了岳飞公正严明、大公无私的人物形象。

岳飞曾言"文官不爱钱，武官不惜死，天下太平矣"，他处处以国家为念，以抗金事业为重，在南宋时期官员大多骄奢淫逸，纳妾蓄妓的风气之下，岳飞一生秉承着儒家"富贵不能淫"的伦理规范，廉洁奉公，厉行节俭，与将士同食同住，不敢耽于享乐。电视剧通过诸多的生活片段，生动展现了岳飞廉洁简朴的生活作风，比如第39集中，岳飞拒绝张员外赠送给他的肉食佳肴，不让女儿安娘穿绸缎衣服，以身作则的在军中提倡节俭之风，在部下羡慕其他将军可以广置豪宅良田的时候，岳飞严厉地斥

图 2-8　岳飞甘愿接受军法

图 2-9　岳飞杀舅后向岳母请罪

责道"邦无道，富且贵焉，耻也"。岳飞用简朴而深刻的语言高度概括了中国传统文化下所崇尚的利义观。还有在第 50 集中，因为岳云救驾有功，赵构赏赐了他一座十分精美的豪宅，岳飞言辞犀利地批评了岳云的心动，同时拒绝了皇帝的赏赐。随后，在皇帝扬州设宴群臣时，岳飞再次拒绝了赵构赏赐的美人，身为宣抚使，他不经商、不添置房产、不纳姬妾，不图一切身外之物，甚至由此引发了皇帝对他的猜忌，可见南宋当时不以廉洁为荣，求财好色的朝廷风气。

(三) 文武双全的儒将形象

中国历史中不乏如白起、韩信、卫青、吕布、关羽、张飞等有名的武将，但很少人能够像岳飞一样文武兼备，善用谋略。正如《宋史·岳飞传》中最后的评价"西汉而下，若韩、彭、绛、灌之为将，代不乏人，求其文武全器、仁智并施如宋岳飞者，一代岂多见哉"。电视剧《精忠岳飞》不仅展现了岳飞从军以来的赫赫战功，同样还展现了一代名将的文人风采。

1. 知书能文的文人风采

历史上的岳飞不仅是伟大的民族英雄、抗金名将，同时也是书法家和诗人，在以往的岳飞题材艺术作品中，侧重点往往在于展现岳飞卓越的军事才能和以爱国主义为核心的岳飞精神，而忽视了对岳飞文采方面的展示。电视剧《精忠岳飞》则根据历史记载，将岳飞的诗文巧妙地融进故事情节当中，再现了岳飞当时创作内心的心境，展现了岳飞"出处进退，粹然儒者气象"的形象。

在电视剧中，岳飞的师傅周侗对他影响至深，不仅教会了他一身高超的武艺，同时教他识文断字，熟读兵法，虽然出身农民，但是在诗词文赋方面岳飞同样极具文采。在电视剧第 3 集中便展现了岳飞过人的文采，当他和刘颌、韩肖等人流觞曲水时，他借诗言志，以"雄气堂堂贯斗牛，誓将直节报君仇。斩除顽恶还车贺，不问登坛万户侯"，表达了他渴望抗金杀敌，收复失地的报国决心，获得了韩肖的赏识。还有在第 43 集中，岳飞在黄天荡一役后受到赵构召见，皇帝问他眼疾时，秦桧提出让岳飞夜御三女以解壮年之火的方法，皇帝赵构听完后称笑附和，提出先让岳飞作诗，再给予赏赐。面对这样荒唐的君臣，岳飞当场写下"燕绕龙旗舞，莺随凤辇吟。君王多雨露，化育一人心"的诗句以嘲讽秦桧溜须拍马的小人行径（见图 2-10）。在第 69 集表现岳飞被害风波亭的情节中，伴随着哀怨凄凉的音乐和漫天的大雪，岳飞在对自己一生抗金的回忆中，想起已经逝去的战友和亲人，悲怆地吟诵出千古名篇《满江红》，开篇"怒发冲冠，凭栏处、潇潇雨歇。抬望眼，仰天长啸，壮怀激烈。"表达了岳飞报国无门、壮志难酬的悲愤之情，"三十功名尘与土，八千里路云和月"是岳飞一生为国征战、奔波的真实写照，结尾处的"待从头、收拾旧山河，朝天阙"又表现了他对胜利的乐观主义精神，在电视剧的最后一集，岳飞的人生即将走到尽头，但是他相信奸臣终究会被清除，而他抗金报国的遗志也将被后代人所继承，自古邪不压正，正是抱着这样的信念，岳飞面露微笑、慨然赴死，表现了他对收复中原的豪情壮志以及对国家的赤胆忠心。

2. 足智多谋的军事才能

在剧中，不仅展现了岳飞武艺高强、作战勇猛的英雄气概，更是通过大大小小的战争表现了他作为一名优秀的军事家、战略家擅于谋略智取的一面，展现了岳飞有勇有谋的英雄形象。根据史料记载，岳飞十分擅长以

图 2-10　岳飞写诗讽刺秦桧

图 2-11　岳飞题《五岳盟誓记》

少胜多，在岳飞刚刚入伍是一名普通的敢战士的时候，"相有剧贼陶俊、贾进和，飞请百骑灭之。遣卒伪为商人贼境，贼掠以充部伍。飞遣百人伏山下，自领数十骑逼垒。贼出战，飞阳北，贼来追之，伏兵起，先所遣卒擒俊及进和以归"①。电视剧化用了岳飞青年时这段以少胜多的经历，表现为在岳飞枪挑小梁王后，为了戴罪立功，率领一百多人去攻打号称有八万之多的蜈蚣山的贼匪。面对如此悬殊的实力对比，岳飞并不怯懦，反而积极练兵，认真备战。当岳飞率领的小部队被困在迷魂阵后，岳飞当机立断改变策略，潜伏着等到巡山的土匪出现，挟持他们找到蜈蚣山山寨的大门，挑衅吉倩兄弟出来和他单打独斗，骗得打开大寨大门后，岳飞独自一人将追兵引入埋伏，生擒了吉倩二人，从此获得了元帅宗泽的赏识，曾称赞他"尔勇智才艺，虽古良将不能过"。同样是以少胜多，在第 23、24

---

① （元）脱脱：《宋史·岳飞传》，中华书局 2000 年版，第 9207 页。

集岳飞收复新乡的战役中，岳飞一方面率领少部分兵马吸引金军主要兵力出城，并假意落败而逃，将敌人引入宋军的埋伏之中；另一方面派人乔装改扮，混做搬救兵的金军靠近新乡城，然后出其不意地杀入城中。还在第46集中，朝廷命岳飞收复襄阳六郡，面对粮草有限，敌我悬殊的被动局面，岳飞提前派人打探六郡的军事情报，并根据各州守将、兵力的部署情况，分兵派将，采用不同的攻城策略，在两个月时间内便相继收复郢州、邓州、随州直逼襄阳，吓得伪齐皇帝刘豫弃城而逃。随后在伪齐向金人求援，赵构要派人议和之时，岳飞利用必将投敌告密的秦嬉向金人散播假消息，利用空城计大败金军，而后又用反间计利用金人杀了刘豫。从以上我们可以看出岳飞"善以少击众。欲有所举，尽召诸统制与谋，谋定而后战，故有胜无败。猝遇敌不动"①，能够对整个局势有一个清晰的判断，根据战场上的瞬息万变灵活的改变其作战的方针政策，适应战场形势的变化。而这就是中国儒家传统思想中对"智"的最深刻理解。

电视剧对岳飞智谋的展现，不仅表现了他智勇双全的英雄形象，更是揭示了千百年来我们对岳飞崇拜的另一原因，那就是岳飞足智多谋的品质在传统文化的道德规范中树立的典范。"智"是中国传统伦理道德规范中重要的范畴之一，也是儒家理想人格的重要品质之一。在儒家思想中，主要从道德层面上解读"智"的含义，将其看作是衡量人们行为的一个明确的道德标准。"知者不惑，仁者不忧，勇者不惧"（《论语·子罕》），孔子把"智""仁""勇"三者并举为君子之道。同样，孟子在性善论中，将"智"归为人性的四端之一，即所谓的"恻隐之心，仁之端也；羞恶之心，义之端也；辞让之心，礼之端也；是非之心，智之端也"。而后西汉时期董仲舒提出的"仁、义、礼、智、信"儒家五常成为中国价值体系中最核心的内容，成为中国传统文化中重要的道德规范。

三 电视剧《精忠岳飞》的当代价值与认同建构

历史叙事的当代价值和现实意义是历史题材电视剧创作的前提和基础，电视剧《精忠岳飞》不仅是传播一个经久流传的英雄故事，更是在弘扬着我们民族的文化核心价值观，岳飞精神中最核心的忠义观念建构起我们对传统文化价值和意义的文化认同。电视剧根据时代和审美的需要，

---

① （元）脱脱：《宋史·岳飞传》，中华书局2000年版，第9207页。

对岳飞故事进行重新阐释,将岳飞的人生观、生死观、忠奸观、善恶观、荣辱观、救国观展现在观众面前,将岳飞身上所体现的忠孝、仁爱、道义等种种我们在现代社会日渐淡漠的精神内涵融入其中,传递出正确的价值观念和精神力量,引导观众形成高尚的爱国理想和优秀的道德品格。

(一) 历史价值:记忆与认同的再建构

1. 历史真实与艺术真实的统一

"一切历史都是当代史",克罗齐提出的这一命题将历史与现实相联系,历史不是简单地再现过去,而是与历史讲述者的思想、观念有着密切的关联。电视剧《精忠岳飞》正是紧密结合当代人的思想观念,摒弃了以往作品中的封建愚昧思想,揭露了岳飞被害的种种悲剧原因,大力弘扬了岳飞身上"尽忠"的品质,无论是对爱国主义教育还是对提倡诚信敬业的个人品质都有良好的教育意义。通过对岳飞故事的影像传播,人们能够了解英雄岳飞一生的光辉事迹,感受到他崇高的爱国主义精神和优秀的品质,而他光辉的英雄形象也为当下社会主义道德建设树立了良好的榜样形象,使人们以此为感召形成良好的道德观念和道德责任感,自觉践行社会主义核心价值观。

随着技术的发展,现代传媒媒介改变了传统媒介在同一空间下传播与接受的局限,使得影像传播获得极大的表现力,"影像同时诉诸人的视觉和听觉,在时间、空间两个维度上共同展开,将时间艺术和空间艺术的不同功能结合起来,形成二者的复合体,从而获得多种手段、不同方式的强大表现力"[①]。其中电视剧集视听效果于一体,富有极强的感染力,同时电视剧传播的覆盖面最为广大,公众接收率最高,也具有娱乐性的感观,易于受众所接受,已成为大众生活中最通俗、最喜闻乐见的"讲故事"的艺术形式,是目前最具影响力的大众传播媒介之一。

"电视剧是一种叙事艺术。与其他叙事艺术一样,电视剧叙事也构成一种话语。"[②] 作为一种话语,电视剧在叙述岳飞故事的同时,应该显示出它的话语精神,那就是具备当代性的精神内涵。"所谓电视剧要具有当代性,指的是作品中的话语精神应当体现出当代人的价值判断、历史思维和审美追求,或者说作品应当站在当代人新的认识高度、思维水平和审美

---

① 周星:《影视艺术概论》,高等教育出版社 2007 年版,第 21 页。
② 杨新敏:《电视剧叙事研究》,文化艺术出版社 2003 年版,第 58 页。

趣味上来审视社会与历史,把握其精神内核,对社会与历史现象做出当代性阐释。"①

在过去,无论是在传统的艺术作品中还是民间百姓的观念里,秦桧、张俊、王氏、万俟卨四人就是谋害岳飞的罪魁祸首,但事实上,岳飞悲剧究其根源还在于当时的皇帝赵构的猜忌和不容,在于封建社会下皇权的独裁统治,使得岳飞尽忠报国的主战观念和赵构苟且自保的主和观念相冲突。《精忠岳飞》在重叙岳飞故事时,对岳飞悲剧的根源进行重新阐释,揭示了岳飞悲剧的历史真相。首先电视剧对岳飞被害的历史政治背景进行了深刻的描写,描绘了自宋太祖建国以来就"重文轻武"的朝廷风气以及在胆小软弱、昏庸无能的宋徽宗、宋钦宗、宋高宗的统治下导致朝政大权旁落、奸臣辈出的政治背景。其次,电视剧将岳飞被害的矛头直接指向昏庸软弱的朝廷最高统治者,明确表明了奸臣秦桧不过是顺应皇帝赵构的棋子,表现了宋高宗赵构和秦桧二人一个安于自保,不愿北伐危害自己的皇位;一个投机逢迎,与金人私下勾结,他们二人为了各自的利益和需要,不顾国家利益、民族大义,沆瀣一气地清扫一切和议道路上的绊脚石,也就因此酿成了岳飞的悲剧结局。比如在第68集赵构询问秦桧关于岳飞的审讯情况时,他明知岳飞没有任何谋反的行为,但是他对秦桧说"欲加之罪,何患无辞"暗示秦桧直接陷害岳飞,还有在第69集,赵构在听到岳飞死后在岳公祠所说的"非卿不忠,非朕不明,你的公道在这里,朕的天下在这里"。表明了岳飞对国家的赤诚忠心和赵构视天下为个人利益的矛盾冲突。

另外基于近些年对岳飞是否是"民族英雄"的争论,《精忠岳飞》首先表明了岳飞投身的抗金战争是一场正义性质的反侵略战争,通过镜头画面,展现了女真贵族发动的侵宋战争给宋朝百姓带来的极大灾难,岳飞抗金不是为了掠夺屠杀,而是为了保家卫国,为了能够"收拾旧河山,朝天阙",是代表国家、人民和民族利益的。他为了取得这场正义的、反侵略战争的胜利,一生矢志不渝地在斗争,最终献出了自己和家人的生命,因此他是当之无愧的民族英雄,我们应以历史唯物主义的态度评价岳飞,不能掩盖或者抹杀他的历史功绩。引导人们客观地认识、评价岳飞的历史功绩和崇高思想,正确认识宋金战争的历史性质,以及宋高宗赵构和秦桧

---

① 杨新敏:《电视剧叙事研究》,文化艺术出版社2003年版,第61页。

采取的错误的投降议和政策，能够使我们以史为鉴，铭记历史教训。

2. 历史与记忆的统一

历史是一个国家和民族最厚重的共同记忆，它对国家、民族的发展是至关重要的，"忘记历史等于背叛"意味着历史既见证着国家和民族的成就与发展，又承载着国家和民族的传统与文化。历史记忆的传承除了依赖于史学资料之外，还依赖于相关的文学、艺术等作品在民间的广泛传播，"历史记忆不是一种纯粹客观性的实体，而是一种主观建构的产物。它不是一个既存的物理性实存，而是一种意识形态领域的构建……真实情况是，有些历史记忆具有塑造国家认同的指向性，于是具有了更大程度的主观性、目的性。它们存在于许多共同体对自身过往的叙事之中，以各种形式表现出来。它们最终的目的是实现共同体对于自我存有的确认"[①]。因此，由于创作者所处的不同时代和不同立场，在艺术作品建构历史记忆时，往往会有意强化某些记忆，或淡化某些记忆，以至于出现"虚构"或是"歪曲"历史的情况。

自南宋以来，诞生了大量关于岳飞题材的艺术作品，从最初的口语传播到后来的文字传播，但这些作品往往是基于封建社会下的忠君思想对岳飞形象进行塑造，强化了岳飞的"忠君"形象。2013 年播出的电视剧《精忠岳飞》是继 1992 年电视剧《满江红》后，内地再次以民族英雄岳飞为题材内容的电视剧。对于早已习惯了影像传播的当代观众来讲，电视剧《精忠岳飞》的热播再一次扩大了岳飞故事的传播，唤醒了大众关于岳飞的历史记忆，弘扬了岳飞精神时代内涵，它通过对岳飞故事影像化、艺术化的改编，全面而生动地塑造了"精忠岳飞"的人物形象，再现了历史上岳飞抗金的众多英雄事迹，赞扬了岳飞尽忠报国的爱国情怀和他身上优秀的个人品质。

正如该剧监制唐季礼在采访时所说："现在，很多小孩都是独生子女，被宠坏了，不知道什么叫忠什么叫孝。在西方思想和游戏机之间，越来越不会去学文习武。我希望曾经影响我的一个精神，能够感染到年轻人，如果他们能学习到，就是一种功德。"[②]《精忠岳飞》通过影像传播的

---

① 赵琼：《国家认同建构中的历史记忆问题——以对共有祖先的追述为视角》，《中国政法大学学报》2014 年第 3 期。

② 《唐季礼：这不是历史纪录片》，《大河报》2013 年 7 月 8 日。

方式让更多的青少年观众能够知道岳飞故事，了解岳飞精神，感受到中国优秀传统文化的精神魅力。

相较于 20 年前播出的电视剧《满江红》，《精忠岳飞》的剧情更为丰富完整，以 69 集的篇幅叙述了岳飞从军抗金 20 年的英雄伟业，详细刻画了金人兵强马壮、皇帝赵构贪图享乐、奸臣安于自保、屈膝卖国的社会背景，深刻描绘了在昏暗朝廷下岳飞报国无路、将才难施、故土难收的内心痛苦和失望。另外《精忠岳飞》制作更为精良，投资 2 亿元人民币，无论是在服装道具还是在战争场面的表现上都更加具有历史感，令观众真切感受到金戈铁马的战争场面、激烈残酷的单兵搏杀以及舍生忘死的英雄人物，传递了一代英雄岳飞"还我河山"的凛然正气及"北虏未灭，何以家为"的爱国精神。另外电视剧还选用黄晓明、林心如、罗嘉良等明星领衔主演，不仅在人物年龄上比较贴近历史人物，在人物造型上也较好的表现出岳飞形象的刚勇果敢、李娃形象的贤惠淑良、秦桧形象的虚伪藏奸，留给观众深刻的印象。

特别是黄晓明在《精忠岳飞》中，颠覆了以往戏曲和影视作品中"刻板印象"，在电视剧情节长达 20 年的时间跨度下，黄晓明在剧中很好地表现了岳飞从年轻时的单纯、莽撞到中年时内敛、威严的形象变化，从刚从军时枪挑小梁王的满腔热血，毫无畏惧，到 30 岁被封节度使时的成熟、稳重，再到朱仙镇被迫班师时的纠结、痛苦。黄晓明在《精忠岳飞》中通过表情、语气等的细微变化，生动地刻画了不同情境下人物的不同状态，展现了岳飞成长过程的成就与得意和经历挫折时的痛苦与无奈，再现了一代英雄的传奇人生。另外为了在外形上更加贴近岳飞武将的形象，他坚持健身，学武术，所有的武打戏份全部亲自上场，在人物造型上恰如其分地表现出岳飞硬朗、儒雅的人物形象。同时还研读了大量的历史资料和关于岳飞的小说演义，通过对岳飞历史生平的熟悉以及人物内心的揣摩，才能把岳飞演绎得如此生动。

作为历史记忆的重要内容，英雄人物符号在国家认同建构中发挥着重要作用。讲述英雄人物的事迹，展现英雄的伟大和荣光，是历史记忆书写的基本方式。在封建社会时期创作的岳飞题材艺术作品，大多都难以避免地按照封建时期"三纲五常"的标准将岳飞塑造成一个绝对尽忠的"愚忠"人物形象，成为宣传封建政治伦理道德的一个典型。《精忠岳飞》从历史唯物主义的角度出发，客观真实地展现了英雄岳飞的抗金事迹，以及他为国尽忠、为民尽义的高尚品格和爱国主义精神。

电视剧《精忠岳飞》对其他作品中关于岳飞朱仙镇撤军的情节做出极大修正,在第62集岳飞连获大捷,第一次收到赵构的班师诏令后,他抗旨不遵,安排将士依计划行事,继续攻打朱仙镇,自己上书皇帝道:

> 契勘金虏重兵尽聚东京,屡经败衄,锐气沮丧,内外震骇,闻之谋者,虏欲弃其辎重,疾走渡河,况今豪杰向风,士卒用命,天时人事,强弱已见,功及垂成,时不再来,机难轻失,臣日夜料之熟矣!惟陛下图之。①

在还原岳飞接十二道金牌被迫退兵的情节时,电视剧明确表明了岳飞本人相忍为国的态度,删除了"即使朝廷圣旨,那管他奸臣弄权!"的"愚忠"言论,表明在面对金兵堵截,宋军围剿的情况下,如果抗旨造反,只能导致让奸臣得意、金人得利、百姓受苦的局面。另外电视剧还删除了前人作品中,岳飞写信骗张宪、岳云一同受死的情节,同时在面对朝廷的诬告罪名,岳飞不是以"君叫臣死臣不得不死"的态度甘愿受死,而是为了民族、国家的大义,为了百姓的安居牺牲个人的性命换取朝廷的稳定局面,比如在第69集中,岳飞在狱中亲笔手写血书嘱托岳家军众人道:"好生恶死,天下长情。若临大难而不变,视死如归,非忠义之士,有所不能。孔曰成仁,孟曰取义,若要避免导致像唐代五代时期军阀割据,天下生灵涂炭的局面,舍飞一命,势在必行,此乃军令,切不可妄动。"

(二)文化价值:英雄崇拜的回归与民族精神的弘扬

价值观的培养离不开主动的教化和潜移默化的影响,"社会通过构建出一种回忆文化的方式,在想象中构建了自我形象,并在世代相传中延续了认同"②。电影、电视剧作品中的主旋律题材,不仅可以为支撑故事内容、推动人物行动提供根基与力量,还让观众通过艺术作品的故事情节和

---

① 朱瑞熙:《岳飞思想论述》,载龚延明、岳朝军主编《岳飞研究论文集汇编》,浙江大学出版社2013年版,第252页。
② [德]扬·阿斯曼:《文化记忆:早期高级文化中的文字、回忆和政治身份》,金寿福、黄晓晨译,北京大学出版社2015年版,第9页。

人物形象直接感触到关于道德的、人性的文化内涵。

1. 英雄崇拜的回归

英雄崇拜是存在于世界各国家、各民族之间的普遍文化现象，人们崇拜英雄是因为他们能常人所不能，在危机时刻可以力挽狂澜，在危难时刻可以舍生取义，但由于每个民族不同的文化背景和历史传统，在各个国家的文化中对于英雄又有着不同的定义或标准。在中国传统文化的影响下，我们对英雄的评判不仅要求其要威武有力、勇猛过人，更以凌驾于才能、勇气之上的伦理道德来衡量，因此在中国古代才有像英雄、枭雄、奸雄这样根据人的品性评判的称谓。

"英雄的本质就是人类面对死亡、自然、面对社会的各种异己力量侵害、压迫、扭曲时所产生的一种积极抗争、勇于突破而永不退缩、决不屈服的强力生命意志。"[①] 从岳飞的一生来看，他无可厚非的是一个英雄，更是一个伟大的爱国英雄、民族英雄。《精忠岳飞》通过影像恰如其分地展现了岳飞"尽忠报国"的一生：在金军南侵，国家危亡的时刻，他毅然从军，抗击金兵，以"迎二圣归京阙，取故地上版图"为一生夙愿；在以秦桧为主导的议和派前，他坚定不移地力主抗金，直言"夷狄不可信，和好不可恃，相臣谋国不臧，恐贻后世讥议"；在主帅投降，皇帝南逃，宋军溃败的时候，他率领军队转战后方，以严明的军纪整顿部队，以顽强的斗志鼓舞士气；在皇帝赵构安于现状，屈己求和的情况下，他数次直言劝谏，四度北伐，却在有望收复中原之时功败垂成，被奸臣所害。

在中国几千年的历史中，很少有哪个武将能像岳飞一样在后世社会获得如此之高的声誉，明太祖朱元璋称赞他"纯正不曲，书如其人"，民间百姓为他修祠立庙，岳飞的社会影响从帝王将相到市井平民，人们敬仰、崇拜岳飞究其原因，除了后世对他悲剧命运的感叹和惋惜，更在于他在外族入侵时表现出来强烈的民族责任感以及为挽救国家危难所体现的坚忍执着、不屈不挠的斗争精神，更是在于在朝廷为保议和，企图排除异己的时候，他为了避免国家内乱，不逃避、不反抗，以生命献祭的方式自辩清白所展现出的崇高与伟大。"修身齐家治国平天下"是每一个儒家知识分子所尊崇的信条，但并不是每一个读圣人书的人便能做到圣人言，比如进士

---

① 李启军：《英雄崇拜与电影叙事中的"英雄情结"》，《北京电影学院学报》2004 年第 3 期。

出身的奸相秦桧，虽博学多才但巧言令色、包藏祸心，身为宋臣却献媚仇敌，奉行割地、称臣、纳贡的议和政策，利惑君主，权倾朝野，而面对这样的权势，有的人如万俟卨、张俊随波逐流、趋炎附势；有的则如岳飞等人能够逆流而上，九死不悔。

2. 爱国民族精神的弘扬

随着全球化的不断发展，各种思潮不断涌入，多元化的文化冲击着中国社会，在此影响下，我们传统的历史文化面临着认同弱化的严峻威胁，关于民族传统的文化记忆正在逐渐消散。近年来，有人提出"在岳飞墓前跪地的秦桧等人的铁像该站起来了"的言论引发了诸多的社会争议，秦桧跪岳飞的铁像不仅被视为一种赎罪行为，"青山有幸埋忠骨，白铁无辜铸佞臣"的功过评述更体现了当时社会惩恶扬善的社会心理。

以儒家思想为主体的中国传统文化是典型的伦理——政治型文化，突出地表现为"内圣外王"的人生理想和政治理想的双重追求。而岳飞精神正是在这样优秀的传统文化下孕育出的典范，我们在新时代的背景下传播岳飞故事，弘扬岳飞精神正是在于他身上凝结着的优良品质体现了中国传统文化以"仁、义、礼、智、信"道德品格要求个人修养的价值追求，以及以天下为己任，自觉地将个人与社会责任结合起来的历史责任感，唤醒了人们对"如欲平治天下，当今之世舍我其谁"（孟子），"国耳忘家，公耳忘私"（班固），"鞠躬尽瘁，死而后已"（诸葛亮），"先天下之忧而忧，后天下之乐而乐"（范仲淹）等对国家、民族的责任与担当意识。

当今社会，社会主义核心价值观理念，不仅继承了中国民族的传统道德规范同时又融入了新的时代内涵，其中，"爱国、敬业、诚信、友善"是对公民层面提出的基本内容，而《精忠岳飞》中传递出的岳飞精神也恰恰与其相符合，岳飞身上最核心的品质"忠"正是体现在对国家忠诚的爱国主义精神，对工作忠诚的爱岗敬业精神以及对他人忠诚的诚信友善精神之中。

(三) 审美价值：悲剧美与崇高美的升华

1. 悲剧美的净化与反思

电视剧《精忠岳飞》成功塑造了一个功败垂成、壮志未酬的悲剧英雄人物形象，突出了岳飞主战拒和，矢志要"直捣黄龙"的抗金决心和卑躬屈膝，安于苟且的投降派之间水火不容的矛盾，也由此奠定了一个勤于报国、精于带兵却不谙权术、拙于藏身的爱国者的悲剧性命运。

在剧中第64集岳家军包围开封，即将直捣黄龙之际，一直贯穿在电视剧忠奸对立、势均力敌的这条平衡线便开始急转直下，从岳飞被迫班师到忠义社众人被杀，再到最后岳飞、张宪、岳云被害，岳家军忠肝义胆的报国之心付诸东流，令人扼腕叹息。电视剧在岳飞被害后的情节中并没有延续以往岳飞题材艺术作品中出现的充满浪漫主义色彩结局，如经典的"东窗事犯"桥段，为岳飞冤魂昭雪，或者是牛皋、岳雷等人继续率领岳家军向秦桧报仇，为岳飞平反的情节，反而在电视剧的大结局中表现了岳飞惨死风波亭后，岳家军众人纷纷被迫害致死的情节，没有报仇雪恨的快意恩仇，这样的悲剧性的结局安排带给人以压抑和悲愤的情绪。

但这样悲剧的结局并非在宣扬悲观主义，悲剧并不等于悲观，虽然我们会因悲剧中的悲惨事件产生遗憾、痛苦、怜悯的负面情绪，但悲剧人物在面对苦难和灾祸时不屈和反抗的态度带给观众的是一种催人奋进的、积极向上的精神力量，在电视剧中我们能够看到为了"收拾旧山河"，岳飞数次直言上书，不惜被皇帝猜忌、奸臣陷害也不改报国之志；在大理寺审讯时，面对严刑拷打和不实罪行，岳飞铁骨铮铮，言辞犀利地回击小人的污蔑；在皇帝赵构"莫须有"的罪名下，岳飞坦然写下"天日昭昭，天日昭昭"八个大字，表明自己对国家赤胆忠心和对皇帝的失望之情。

车尔尼雪夫斯基说："悲剧是人的伟大的痛苦，或者是伟大人物的灭亡。"在封建王朝的强权机制和帝王奸臣自私阴暗的心理下，忠臣良将、英雄人物高尚的道德理想和崇高的爱国情怀与残酷、黑暗的现实环境相冲突，往往不得善终，成为悲剧英雄。《精忠岳飞》叙述了岳飞在国家危难之际，力主抗金，四次北伐，卒罹大难的悲剧故事。正如朱光潜先生所言，"悲剧的宿命绝不能消除我们的人类尊严感。命运可以摧毁伟大崇高的人，但却无法摧毁人的伟大崇高"[①]。我们在悲剧人物不屈不挠的反抗中发现人类精神的崇高和伟大，由此发现悲剧美。在电视剧中，我们看到了岳飞誓死抗金的坚定决心，看到了岳飞反对和议的坚定态度，看到了岳飞宁折不弯的刚毅品质，在皇帝软弱、奸臣当道的昏暗朝廷之中，岳飞九死不悔、矢志不渝地与投降派抗争的斗争精神表现了他忠于祖国、御侮抗敌、刚直不屈的浩然正气，激励着古来今往无数的中华儿女，在国家危难之际能够挺身而出。

---

① 朱光潜：《悲剧心理学》，江苏文艺出版社2009年版，第122页。

另外，除了表现在岳飞悲剧中政治斗争的社会悲剧以及封建政治制度下的时代悲剧因素外，《精忠岳飞》还展现了岳飞本身性格过于刚烈执直而导致悲剧命运的内在原因。在电视剧中，青年时期的岳飞性格莽撞、冲动，在得知元帅宗泽请求北伐的数封奏折被连拒后，他便直接越级上书；而中年时期的岳飞虽然变得更加成熟内敛，但是他刚正不阿的性格常常受到他人的排挤。比如在第50集中，掌握着南宋重要兵马的岳飞光明磊落，不求高官厚禄，不要金银财富，在赵构问张俊岳飞为何不求赏赐时，早已对岳飞嫉恨的张俊直接暗示皇帝岳飞有谋权的私心。可以看出虽然岳飞本身具有儒家入世奋斗的远大志向和卓越的才干，但却由于其刚烈外露、愤世嫉俗的性格不被当时的封建统治者所相容，也是导致他最终悲剧命运的重要原因之一。

在以往的岳飞题材艺术作品中，由于剧作家所处时代的局限性，往往简单地把岳飞悲剧的原因归咎于秦桧、张俊等人的陷害，而《精忠岳飞》以现代的视角重新解读岳飞悲剧的原因，不仅揭示了岳飞所处时代的悲剧，即特殊的封建机制与帝王奸臣的阴暗心理作祟，导致了英雄志士怀才不遇的苦闷心情，甚至含冤而终的悲剧结局，还通过对岳飞形象的全面塑造，展现了岳飞性格与悲剧命运内在的必然联系。在封建纲常的伦理基础上，封建统治者往往将个人利益等同于国家利益，认为自己才是忠臣良将所效忠的对象，而这与岳飞国家至上的尽忠理念矛盾冲突。在南宋黑暗的政治环境下，岳飞疾恶如仇、敢于针砭时弊；面对封建统治者的猜疑和奸臣的挑衅，岳飞不善圆滑，缺乏自我保护的必要手段，与封建专制统治制度格格不入，被奸佞小人所忌，使得他最终成为皇权利益下首当其冲的牺牲品，演出了一幕令人震颤和扼腕的历史悲剧。

2. 崇高美的激励与升华

崇高是一种精神境界，也是一种审美境界，它是弱小战胜强大，正义战胜邪恶时所展现出的力量感，它以雄伟的气势给人以心灵的震撼，令人产生敬畏之心和庄严之感。而崇高美是崇高的形象化，是主体在与客体之间实力悬殊的抗争中产生出的冲突，表现出人的坚强意志和高尚品格，往往能够使人得到强烈的鼓舞和激越。

随着时代的发展，崇高的范畴已时代性地延伸到电视剧中，成为中国电视剧的美学范畴之一。"电视剧从诞生之日起，就开始了这种思考，并在思考中关注时代的英雄，表现那些为了国家、民族、集体和他人利益而抛弃个人利益的奉献者,这是中国电视剧震撼人心的力量来源。"① 电视剧《精忠岳飞》正是以此为主题,展现了民族英雄岳飞一生为国为民、征战沙场的英雄事迹,刻画了一个"精忠报国"的崇高的英雄形象,赞扬了岳飞身上所体现的崇高的爱国主义精神。

中华民族在悠久的历史长河中逐渐形成了博大精深的优秀传统文化,它是我们国家和民族的灵魂,是中华民族在世界民族之林能够经久不衰、屹立不倒的力量源泉。如今,现代化的发展不断地在冲击着我们的传统文化,对于许多年轻人来说,或许好莱坞里的超级英雄会比岳飞更让他们崇拜,面对这样的社会现象,就要求在影视作品特别是历史题材的影视作品在创作中树立文化自信,建构民族文化的良好形象和文化认同,传播传统文化的优秀内容,是我们面对西方文化霸权的应对策略。"求木之长者,必固其根本;欲流之远者,必浚其泉源。"习近平总书记多次引用这句话来说明中华优秀传统文化对于我们民族和国家的重要意义,优秀的传统文化是我们民族的"根"和"魂"。面对不断渗透的西方文化,我们当然不能全盘否定,除了趋利避害地选择之外,更应该挖掘我们国家悠久、深厚、完整的历史文化内容。在中华民族五千年的文明历史进程中,我们的祖先创造了辉煌灿烂、丰富多彩的传统文化。其中所蕴含的民族精神和诸多道德理念,至今仍然具有强大的生命力,岳飞精神就是其中的典型代表。

时至今日,岳飞所处的时代早已离我们远去,但从杭州西湖畔人声鼎沸的岳王庙到电视剧《精忠岳飞》的热播,事实证明岳飞的故事一直没有被人们遗忘,今天我们传播岳飞故事,不仅只是在叙述一段曾经的历史,更是希望通过岳飞精神的力量可以感染更多的青年人能够继承中华传统文化中的优秀内容,学习岳飞身上崇高的精神和高尚的人格,反抗侵略、保家卫国;严于律己、廉洁奉公;身先士卒、平等待人;事亲以孝、教子以严,这些中国传统文化孕育出的优秀品质使得岳飞精神在当代不仅没有褪色,反而更加显得熠熠生辉,是每一个中国人都应该学习的榜样。我们应将岳飞精神作为中国传统文化的捍卫者和传播者,树立起文化自信,并将文化自信转化为民族、国家自强,使优秀的传统文化能够为国家未来的发展提供不竭的精神动力。

---

① 刘晔:《电视剧艺术论》,北京大学出版社1995年版,第116页。

第三节 "美德伦理"的再传播与道德共同体的建构
——解读电视剧《赵氏孤儿案》

2013年5月，新改编的41集电视连续剧《赵氏孤儿案》在中央电视台综合频道黄金时段播出后，获得了良好的口碑和广泛的好评。电视剧《赵氏孤儿案》在开播之初就告诉我们这是"一桩惨案"，但讲述的却是"千古忠义"。由此可以看出这部剧同元代戏曲、近年来的电影以及其他剧改编的不同。孤儿赵武被迫害和遇救的故事是春秋时期的一段历史事实。（见图2-12）

图 2-12 电视剧赵氏孤儿案

元代戏曲家纪君祥在司马迁《史记·赵世家》的基础之上创作了脍炙人口的元杂剧《赵氏孤儿大报仇》，此后一直流传不衰。1755年法国大文豪伏尔泰受到《赵氏孤儿》的启发，写了一部五幕诗剧，名为《中国孤儿》，在巴黎上演后轰动一时。2010年，著名电影导演陈凯歌又将其搬上银幕。元杂剧《赵氏孤儿大报仇》正如戏名，凸显的是"复仇主题"和"善有善报"的大团圆结局。电影《赵氏孤儿》则凸显了人性的挣扎和对"复仇"的不同理解，由此也改写了中国古典悲剧的结局。电视剧

《赵氏孤儿案》则是对元杂剧和电影的更大超越。重要的不是故事讲述的年代，而是讲述这个故事的年代。虽然这个故事在中国广为流传，但由于时代不同、社会不同，更重要的是价值观与叙事视点的不同，导致同一个故事呈现出在观众面前大相径庭。可以说，在此，叙事视点起了重要作用，因为"叙事视点不是作为一种传颂情节给读者的附属物后加上去的，相反，在绝大多数现代叙事作品中，正是叙事视点创造了兴趣、冲突、悬念乃至情节本身"①。在故事层面上，电影和电视剧都把程婴设定为民间医生，换子救孤，投奔屠岸贾门下抚养赵武长大，最终报仇。但电影、电视作为两种不同的传播媒介，加之价值取向上的不同，因此对同一个故事的改编也就必然有所差异。相对于电影，41 集的电视连续剧《赵氏孤儿案》势必要增添更多的内容，例如情节的设置、人物形象的塑造和事件改编和增添等。不过，两者最主要的不同则是对于程婴"舍子救孤"的动机表现和其对人物的理解和塑造上。

电影《赵氏孤儿》在现代的基础上对传统道德价值观念进行颠覆，把程婴的主动献子改为被动献子，程婴的救孤行为从主动变为一种被动的无意之举，消解了程婴"舍子救孤"的大义精神和崇高内涵。与元杂剧中的程婴"舍子救孤"的义举也相差甚远，改变了人们对故事原有的认知，因此一直以来影片饱受争议。而电视剧《赵氏孤儿案》则秉承遵循历史的宗旨，充分展示了程婴身上所体现的"忠义"和"仁爱"精神，不但将程婴主动献子的义举表现得淋漓尽致、催人泪下，同时电视剧通过情节的设置详细刻画了程婴在"献子"之前的种种"忠君""爱国"之举，交代了故事的前因后果，使我们对于程婴做出选择的原因和他选择后在漫长等待中的煎熬与压抑、痛苦与忍耐有了深入的理解。由此也更激起我们对剧中那些为了救助他人而牺牲自己，为了忠于自己的理想去慷慨赴死的仁人志士的敬仰之情。可以说该剧很好地体现了编导要传承中华传统人文精神的创作意图。

一　忠义之举的悲剧体现

《赵氏孤儿案》是一部有别于西方悲剧的、具有明显民族传统特征的

---

① ［美］华莱士·马丁：《当代叙事学》，伍晓明译，北京大学出版社 1990 年版，第 159 页。

历史悲剧，其民族特性突出体现在其中所蕴含的悲剧感和伦理道德精神。西方悲剧有强烈的个体意识，而中国悲剧往往表现悲剧人物高度的自我牺牲精神。《赵氏孤儿案》的悲剧感体现在悲剧主人公赴汤蹈火的忠义行为，他们的忠义之举也正因如此成就了作品的崇高性、悲剧性。在元杂剧中，只是记述赵氏一门乃世代忠良之臣，但是对于赵氏赵朔的"忠"和"义"并没有详细以事实展示。电影在有限的时间内也只是对赵朔一笔带过。而《赵氏孤儿案》则秉承元杂剧的悲剧色彩，对忠臣赵朔的"忠""义"行为进行了具体刻画。尤其在电视剧前十几集中，通过塑造赵朔的"忠义""仁爱"之举，为后面人物的出场及舍身救助埋下伏笔。在剧中，我们看到赵朔时刻都在为晋国的安危着想，尽忠职守。他主动请缨对抗秦军，由于中途散粮耽误会合的时辰，知道自己难逃国君治罪，但依然自制囚车回到都城请罪，表明忠心。此后国君由于惧怕赵朔功高盖主又设计要他交出虎符，骗他交出兵权。此时赵朔虽已察觉，但为向国君证明自身清白，赵朔没有退缩，致使国君以叛国罪下令诛杀赵氏一族。无疑赵朔所谓的忠，在今天的观众看来可能是愚忠，但正是他的忠良及最后被奸臣陷害的悲剧命运让人唏嘘不已。

元杂剧《赵氏孤儿》无论是以孝为主导的元刊本，还是以忠为纲的明刊本，都保持义的思想，通过舍生取义的群体行为唤起我们崇高的悲剧美感，其道义担当精神是值得我们继承的。

在电影和电视剧中，程婴都被设定为一个平凡的医匠，但对于程婴的义的表现却大不相同。电影版的《赵氏孤儿》颠覆了元杂剧的本义，用陈凯歌的话说是"用现代人的意识去颠覆传统的伦理道德"。因此从一开始把程婴定位于一个地位卑微的郎中，因为庄姬夫人看病阴差阳错的被动地卷入到一场杀戮之中，在不得已的情况下抱走赵孤，而后更是无意中失去了自己的孩子，这就改变了元杂剧中程婴鲜明的忠义形象。影片中程婴确实救了赵孤，但只是被动地举动，只是一个小人物的一时善良的义举，而最初程婴并不是主动这样做的。电影《赵氏孤儿》狭隘地把当代意识等同于个人主义，颠覆了元明戏曲始终不变的义的思想内核，英雄群像坍塌，悲剧美感被消解。

其实电影的改编是从现代意识出发，想展示大多数人所不理解的也是百年来一直被讨论的话题：程婴为什么就能牺牲自己的儿子换他人孩子的性命？世上真有如此之人吗？因此电影用不一样的视点和价值取向，试图来回答这个问题去让人相信。但在电视剧《赵氏孤儿案》一开始，编剧就表现了程婴为了晋国冒着危险千里迢迢从楚国来晋国报信，甚至丢下怀孕的妻子，从一开始就让观众看到程婴的爱国之心。这是对程婴之后众多义举的一个很好的铺垫，也是电视剧中对于程婴最终会牺牲自己的儿子替换赵孤赵武的一个伏笔。之后，赵朔放弃卑南救了程婴的性命，程婴就此感恩，追随赵朔。在"地道"事件中，程婴机智地化解了国君与赵朔的矛盾，使国君对赵朔重新信任。在散粮事件中，程婴帮助赵朔从楚国借来军粮，再次为赵朔化解危机。程婴以他的才智一次次尽职尽忠地为赵朔出谋划策，尽管有报恩的成分在里面，但却透露出"位卑未敢忘忧国"的儒生情怀。

如果说电视剧中赵朔的忠义之举令人心生悲悯，那么对主人公程婴的忠义之举，则表现了他的勇敢、机智和大爱。电视剧《赵氏孤儿》并不仅仅是简单重述"舍亲生儿子去救别人"这一故事，其中更充满一种复杂纠结的痛苦过程。尤其程婴痛摔亲生儿子这场戏，程婴的无奈、痛苦、悲伤、不舍和纠结表现得非常到位。他不是不爱自己的孩子，只是当二者不能兼得时，只能忍痛割爱。这是一种复杂而高贵的情感，绝非虚假。其实，表现这种甘于奉献、勇于牺牲、舍生取义民族精神的人物，在历史上和当代都不缺乏：《三国演义》中，诸葛孔明为报刘备三顾茅庐的知遇之恩，鞠躬尽瘁，死而后已；抗金名将岳飞精忠报国的精神深受中国各族人民的敬佩；南宋民族英雄文天祥被俘后宁死不屈，留下了"人生自古谁无死？留取丹心照汗青"的千古名句激励后人。

《赵氏孤儿案》以忠义贯穿全剧，营造悲剧感，让观众看到了古代忠义之士的义举之后心生敬佩，很好地传达了忠义的精神，也增添了本剧的悲剧美感，从而构成了全剧惨烈悲壮的格调。

二 仁义之举的精神内核

中国传统文化尤其是儒家文化历来推崇"仁义礼智信"，"孔曰成仁，孟曰取义。惟其义尽，所以仁至"。不论电影还是电视，双方矛盾的焦点及斗争中最重要并且最精彩的场面都围绕"救孤"展开，但也恰恰是在这一问题上，对其理解与表现有了很大的分歧。为了突出悲剧主人公为一个"义"字而竞相赴死的悲壮场面，电视剧《赵氏孤儿案》中，编导着意设置了一个关键性的情节———程婴"舍子救孤"。在中国传统文化理念中，血缘宗族关系是神圣而牢固的。然而，作者却匠心独具，偏偏把这种血缘关系置放在道德伦理的对立面，有力地烘托出主题效果。韩厥、公孙杵臼、程婴等人为了救孤儿赴汤蹈火，前赴后继用鲜血和生命来彰显人间的正义精神，他们不屈不挠地与邪恶势力进行斗争所表现出来的悲壮的崇高美，强烈地震撼着观众的心。

孔子曰："志士仁人，无求生以害仁，有杀生以成仁。"[1] 电视剧《赵氏孤儿案》中人物的忠义、仁义始终贯穿全剧，秉承了中华民族"仁"的精神内核。剧中赵朔对国家尽职尽忠，对百姓更是尽仁尽义。他以礼待人，以善渡人。为了救程婴的性命，他不惜放弃卑南以致错失了除掉奸臣屠岸贾的大好机会；在与秦军会晤时，又因为不忍看百姓饥饿至死，而宁愿自己冒欺君之罪下令散发军粮救助荒民；在被屠岸贾陷害无法自保时，赵朔首先解散了三千门客，以免祸及他人。同时，该剧也用大量的剧情展示程婴的大仁大义。程婴是医者，医者仁心。程婴比其他人更有仁爱之心，他把看病救人看作是自己的天职，不分身份地位贫贱与富有。他为屠岸贾的妻子看病，公孙杵臼劝他下毒，程婴反斥公孙杵臼说自己只会救人，不会害人。即使屠岸贾是奸佞小人，但作为医者程婴仍一视同仁，在与自己不相关的地道事件中，程婴奋不顾身驾车去追韩厥，救了他一命。为了医治妻子的疯病，他冒着被暴露被杀的危险，用了整整19年终于将她的疯病治愈。这些事件充分体现了程婴的人格精神和仁爱品德。

孟子曾说："生，亦我所欲也；义，亦我所欲也。二者不可得兼，舍生而取义者也。"《赵氏孤儿案》中程婴等人这种无怨无悔地牺牲自己、成全他人的悲壮义举全部来源于他们心中根深蒂固的儒家伦理道德意识。以程婴为代表的仁人志士，包括史官、草儿、韩厥等，他们身上所体现出的那种大义凛然、勇敢无畏的精神，闪耀着人性的光辉，折射出正气、信义、坚忍、顽强的民族精神，这种舍生取义的精神并不是某个人的偶然表现，而是中华民族优良传统的体现。儒家以义为本，将义置于生命之上，是英雄行动的内在动力，他们为了暂时无法实现的理想信念在正义与邪恶的斗争中执着追求，慷慨赴死，展现了《赵氏孤儿》独特的悲剧意识和崇高精神。

当我们看到赵朔因为自己的仁义、忠义却一步步地走入屠岸贾的计谋之中惨遭灭门时，往往会情不自禁地感叹是不是仁义无用、忠义无价值？

---

[1] 朱熹：《四书章句集注·论语集注》，中华书局1983年版，第56页。

不过，在随后的剧中观众可以看到，虽然屠岸贾利用赵朔的仁慈打败了他，但之后也正是赵朔的仁义帮助了赵氏孤儿，使得赵氏孤儿存活并在十九年后复仇。剧中程婴说：天道循环，善有善报。正是赵朔对他人的仁义最后救了赵武。如屠岸贾的管家且雅因赵朔散粮救了他的家人，所以他不忍心伤害孩子偷偷救出了赵武；还有医缓也是受赵朔之恩，在紧要关头保护了赵武不被屠岸贾发现。《赵氏孤儿案》所体现的"仁义"精神深深烙上了民族、时代的印记，悲剧主人公出神入化的崇高精神境界，不畏苦难、大义凛然的悲壮情怀很好地诠释了中华民族精神，也是中华民族传统文化积淀的结果。它们作为我们民族的精神内核，理应不断地被发扬光大，给以传承歌颂。

三　正义之举的主题回归

正义自古以来便是人类最古老最基本的伦理追求，也是普遍遵循的基本理念和原则。所谓正义，最一般地说，就是对社会权利和义务的公平分配或安排，以及与这种分配或安排相适宜的道义品质。"正义"首先被看作是一种社会美德，一种社会制度伦理或秩序结构的普遍规范。著名伦理家罗尔斯在《正义论》中曾开宗明义地指出："正义是社会制度的第一美德，正如真理是思想体系的第一美德一样。"纪君祥的《赵氏孤儿》在《史记》的基础上，强化了故事的戏剧性和赵氏孤儿的复仇过程，突出了复仇的主题，剧本最后以除奸报仇结局，则鲜明地表达了中国自古以来"善有善报，恶有恶报"的传统观念，完成了复仇的主题。一直以来，人们也都赋予了赵孤复仇的正义性，复仇是必不可少的环节，赵孤的复仇不仅是情节的必须，而且就其伦理的意义而言，复仇的终极目标是实现社会正义。《赵氏孤儿》最大的特点就是爱憎分明，善恶有报。对此，王国维在《宋元戏曲考》里将此剧与关汉卿的《窦娥冤》并提，指出："剧中虽有恶人交搆其间，而其蹈汤赴火者，仍出于其主人翁之意志，即列之于世界大悲剧中，亦无愧色也。"[1]

陈凯歌 2010 年的电影《赵氏孤儿》则改写了复仇的主题，故事中淡化了复仇。在复仇动机方面，程勃已经不是为报赵家灭门之仇，而是为了报答程婴的爱。看到程婴被刺中，程勃不知哪来的勇气一剑刺中屠岸贾。

---

[1] 王国维：《王国维讲国学》，吉林人民出版社 2009 年版，第 139 页。

在中国传统观念中，似乎所有的复仇都具备无可争议的正义性，而文学作品一般只去表现善对恶的正义复仇。复仇主体往往为正面人物，复仇英雄往往正气凛然、侠肝义胆，并与复仇对象的恶形成对比，以此来凸显其复仇动机的合理性，达到扬善必惩恶、惩恶必扬善的伦理效应。

在电视剧《赵氏孤儿案》中就体现了复仇的正义。为了赵武的复仇，程婴布下计谋一步步引赵武调查自己的身世，最终真相大白。赵武正气凛然、侠肝义胆，并与复仇对象的恶形成对比，他找到屠岸贾叛国的罪证，可因屠岸无姜起恻隐之心纵使屠岸贾逃跑。复仇的正义是通过惩恶扬善来实现的，在危机之时，程婴又一次力挽狂澜，屠岸贾归来，赵武准备手刃杀父仇人，此时屠岸贾自杀，恶人得到惩罚。开播以来观众一直在期待会有一个怎样的结局，可以说屠岸贾自杀也在意料之中，因为观众也期望恶人忏悔并赎罪。屠岸贾为了救自己的儿子而自杀，在一定程度上跳出了之前赵武单纯复仇的戏剧式结尾，赋予了更为深层的人性内涵，也比较符合整个故事的叙事逻辑。

在古代，复仇是用摧毁恶的暴力形式来呼唤正义公理，具有强烈的现实批判意义。中国的复仇主题文学主要是基于人性"至善论"的道德诉求，主要着眼于正义与邪恶、锄奸与扶忠的伦理化运思以及传统的侠义精神，其着力表现的是复仇主体的个人主观努力，突出个体自身的求善意志与正义力量，以及渴望通过复仇获得来自于社会的价值认可。[1] 它在彰显社会公理的同时，也进一步激发了人们的正义感，使人在善恶是非忠孝侠义等伦理的催奋下，诉诸内在野性豪勇去抗争拼搏。我们喜爱这个故事，是因为这个故事本身体现了一种"诗性正义"，它符合我们心中固有的道德理念，虽然作品并不能提供给我们关于社会正义的全部故事，但是它能够成为一座同时通向正义图景和实践这幅图景的桥梁。[2] 可以说，《赵氏孤儿》之所以能成为经典悲剧，并且具有强烈的民族特色，不仅在于它所描绘的冤冤相报的历史故事，还在于通过这个悲剧性的历史故事，歌颂了英雄人物为正义、为理想而前仆后继的牺牲精神。

在一个存在集中化公权力的社会，如果公权力不能有效地以公道的方

---

[1] 王力：《中西方复仇文学主题》，《西南民族学院学报》2000年第1期。
[2] ［美］玛莎·努斯鲍姆：《诗性正义：文学想象与公共生活》，丁晓东译，北京大学出版社2010年版，第26页。

式解决其内部成员的纠纷和冲突，或者受到不公甚或冤屈的人们无法诉求这种公权力获得公道，那么复仇现象就仍然会出现。现如今已是文明的法治社会，不赞成以复仇来解决人与人之间的恩怨，复仇的手段也不被提倡，复仇在法律的约束下也渐行渐远，但我们往往还是会称颂那些像《赵氏孤儿》里程婴一样的舍生取义的人，因为这种复仇精神所激励的个体生命对噩运、祸患乃至导致人生不如意的恶势力的抗争拼搏精神，已经成为我们民族精神中不可分割的一部分。

四 对民族精神的传承与传播

在戏说剧大行其道，雷剧、闹剧、穿越剧、悬疑剧垄断着国人影视生活的时候，以电视剧《赵氏孤儿案》为代表的历史剧再度重塑和播出无疑有着重要的现实意义和历史价值。作为一个千百年来流传的经典故事，它内含着经久不衰的民族价值观和正义观，也彰显着中国艺术的崇高悲剧精神。导演阎建钢在接受采访时说："《赵氏孤儿》是关于'道'和'义'的故事，中国人之所以对《赵氏孤儿》怀有特殊的情结，正是由于对'道'和'义'所含价值观与美学观孜孜不倦的探求。然而这些传统的美德在如今的社会正慢慢被淡忘和抛弃。创作电视剧版《赵氏孤儿》，我仍然要强调它的价值观传达，要努力发扬中华民族千古不变的道义精神，期望该剧能让更多人知道'道义'二字的重要性。"的确，历史文化的重要性正在于它所提供的导向价值和认同价值。因为历史叙事是形成认同的最重要的文化策略。"历史是自我理解的媒介物，是表达及产生自我（个人和社会的）认同的媒介，是构想存在于自己群体的生活空间之外和之内的媒介。历史代表着过去，而过去如同一面镜子里人们能看到自己和世界在时间上的移动。"[①] 面对历史，也许我们总是存在着伽达默尔所说的"历史的实在"和"历史理解的实在"的困惑。不过"历史学的兴趣不只是注意历史现象或历史流传下来的作品，而且还在一种附属的意义上注意到这些现象和作品在历史上所产生的效果"，[②] 因此，"一种真正的历史思

---

① [德] 约恩·吕森：《历史思考的新途径》，綦甲福、来炯译，上海人民出版社 2005 年版，第 130 页。

② [德] 伽达默尔：《真理与方法》（上卷），洪汉鼎译，上海译文出版社 1994 年版，第 385 页。

维必须同时想到它自己的历史性"[1]。这种"历史性"就是一种历史意义、历史精神和历史价值。

鲁迅在《中国人失掉自信力了吗》一文中说过:"我们从古以来,就有埋头苦干的人,有拼命硬干的人,有为民请命的人,有舍身求法的人——虽是等于为帝王将相作家谱的所谓'正史',也往往掩不住他们的光耀,这就是中国的脊梁。"《赵氏孤儿》作为中国历史上最具悲剧色彩的戏剧,被后人广为传颂和喜爱,正是因为以程婴为代表的仁人志士舍生取义、无私牺牲、仁爱奉献、不屈抗争的可歌可泣精神,它是中国传统文化中最崇高的、最令人敬重和推崇的民族精神,也是我们这个社会应该继承和发扬的。

对于"忠义""仁义""正义",在不同的社会和时代可能会有不同的理解和阐释,但中国数千年积淀下来的这种优秀传统文化和人文精神,是不能随意颠覆和消弭的,更不能一味迎合当代部分消费群体消极的审美趣味而胡编乱造。对待历史,对待传统,我们应多一份"温情和敬意",作为当今世界上主导文化力量的电视故事更应彰显故事艺术的核心价值,从而维护和弘扬我们民族文化传统中永恒的"诗性正义"。

第四节 中国历史文化的影像叙事与共同体建构
——解读电视剧《琅琊榜》

根据海宴同名网络小说改编的大型古装历史剧电视剧《琅琊榜》,于2015年9月在北京卫视、东方卫视播出后,好评如潮,并荣获第30届飞天奖优秀电视剧奖等诸多荣誉。(见图2-13)该剧故事情节跌宕起伏,引人入胜;人物形象独特立体,饱满丰富;制作团队精益求精、考究细致。除此之外,剧中所体现的鲜明的礼仪特色和规范很好地展现了古代中国"礼仪之邦"的风貌,更彰显了中国传统礼文化的精神内核和人文价值。

时隔三年,《琅琊榜之风起长林》于2017年12月18日在东方卫视、北京卫视、爱奇艺播出。《风起长林》中铺设的故事细节、细致的镜头画

---

[1] [德]伽达默尔:《真理与方法》(上卷),洪汉鼎译,上海译文出版社1994年版,第386页。

图 2-13 琅琊榜海报

面、精美的服化道具都秉承前作的风格。虽然剧情相隔了 50 年，但梅长苏、靖王等人内在的精髓和风骨，在长林王萧庭生、萧平章、萧平旌等人的身上承袭了下来。剧中浩然正气、保家卫国的精神气节更是与前作一以贯之。

在观众心中第一部是破茧成蝶，第二部则是蝉落秋风。第一部中太子与誉王的折损，靖王的晋升，看似是权谋，实则是"礼"的主导。第二部中风波不息但最终邪不压正，看似是天道轮回，实则是世间情义的力量。导演把"礼"与"义"转化为一种故事的背后线索和叙事的核心动力，推动着情节的起承转合。以"礼"设置情节，埋设伏笔，升华主题，用视听语言传播礼文化的思想，使"礼"的精神内涵、价值理念融入到故事之中。

一 "为国以礼",以礼治国的传播理念

"礼"是华夏文明的显著标志,是中国传统文化的代表。正如有学者指出的:"'礼'在中国,乃是一个独特的概念,为其他任何民族所无。其他民族之礼,一般不出礼俗、礼仪、礼貌的范围。而中国之礼,则与政治、法律、宗教、思想、哲学、习俗、文学、艺术,乃至于经济、军事、无不结为一个整体,为中国物质文化和精神文化之总名。"[1] 因此在中国在近五千年的发展历程中,形成了"为国以礼","制度在礼,文为在礼"以礼治国的传播思想和传播理念。《琅琊榜》的故事虽是虚构,从剧情表面上看是平反昭雪,洗刷冤屈,重振河山,但故事内核却暗含中国礼文化的精髓,并很好地展示了中国的礼学思想。

(一) 以吉礼表达"正名"的儒家礼学思想

"名正言顺"是儒家最重要的礼学思想,这一思想是整部电视剧《琅琊榜》的精神内核所在。剧中梅长苏最终想要得到的是洗去烙在身上的"叛逆"之"污名",使冤情可以昭然于天下,是为齐王、赤焰军、父帅林燮和自己"正名"。因此"正礼义之实"作为核心的价值理念,一直主导着情节的发展。而在电视剧中,主是由年终尾祭的矛盾冲突来表现。从"尾祭"的时间来判断,大致可以推断出是"祭天",这是中国最重要的礼仪形式,属五礼中的"吉礼"。吉礼即是祭祀之礼。清人孙诒让《周礼正义》注解"祭祀之礼,取以善得福,是谓之吉礼"[2]。它包括天神、人鬼、地示三大礼仪系统。《礼记·祭统》说:"凡治人之道,莫急于礼;礼有五经,莫重于祭。"从原始社会开始,祭祀鬼神先祖就是极为重要的事情。到了商周时期,祭祀更是成为了国家层面的重要事宜。秦汉之后,无论是国家的政治生活还是民间习俗,祭祀都在其中发挥了重要作用。

在《琅琊榜》第13集中,言侯爷预谋在年尾祭礼的祭鼎里埋藏炸药,为自己的好友林燮和旧时挚爱林乐瑶报仇。梅长苏陈情阻止,劝言侯爷不能只为泄私愤,而至时局不顾。即使言侯爷复仇成功,这样的复仇也不"名正言顺",赤焰军冤案仍然不能得到平反,污名依然烙在蒙冤的人身上。齐王依然是逆子,林家依然是叛臣,宸妃依然是孤魂野鬼,无牌无

---

[1] 邹昌林:《中国礼文化》,社会科学文献出版社2005年版,第14页。
[2] 李泽厚:《论语今读》,生活·读书·新知三联书店2008年版,第349页。

位无陵。而由年终尾祭引出朝堂论礼、言侯弑帝、除夕夜杀等一系列情节，每一个情节都环环相扣，层层递进。尤其朝堂论礼，既打压了太子，又扳倒了礼部尚书，还为靖王今后名正言顺的继承大统做好了铺垫，更是为赤焰军及林氏一族正名未雨绸缪。

孔子《论语》云："名不正，则言不顺；言不顺，则事不成；事不成，则礼乐不兴；礼乐不兴，则刑罚不中；刑罚不中，则民无所措手足。故君子名之必可言也，言之必可行也。君子于其言，无所苟而已矣。"在这里"'名'是社会秩序、规范、礼制的具体法则，谨守不失，即可'无为'而治。此'名'非语言、逻辑，乃实用政治"。① 正名既是礼治的核心，也是建构社会秩序的重要手段。只有"名正"，社会秩序才能形成，礼乐才能复兴、刑法才能得当，也才能指导人们去正确的行动、实践。

这些在电视剧中有诸多表现，如亲王的待遇、太子的册封礼等一举一动都要求很具体，都要符合自己的"名分"和"身份"。如果说这些带有等级思想的"正名"是编导要批判的话，剧中梅长苏最后执意要做回"林殊"的"正名"思想，无疑既提升了梅长苏的复仇动机，超越了个人的荣辱恩怨；又展示了梅长苏宽广的心胸和崇高精神境界，更提升了整个电视剧的审美品质和艺术价值。我们看到，电视剧最后，赤焰冤案终于得以平反并昭告天下；恢复祁王和其母宸妃的名分并将其遗骨迁入皇陵；设立林氏宗祠；由礼部抚恤死难者家属及幸存将士，靖王、梅长苏得以"名正言顺"进入祠堂祭拜祁王、林帅，以告慰亡灵。这种以"礼之正名"的"诗性正义"的结局，虽是虚构但却真实，虽是想象但也是我们的历史。

（二）以"丧礼"体现"报本反始"的伦理情怀

丧礼是儒家礼文化最为重要的一部分，隶属五礼中的"凶礼"。《礼记》四十九篇，按照郑玄《礼记目录》所归纳的分类，其中论述丧礼的有十篇。分别为：《曾子问第七》《丧服小记第十五》《杂记上第二十》《丧大记第二十二》《奔丧第三十四》《问丧第三十五》《服问第三十六》《间传第三十七》《三年问第三十八》《丧服四制第四十九》。《仪礼》中讲丧葬之礼的有：《士丧礼》《丧服》《既夕》《士虞礼》。《周礼》中春官是"礼官"，即掌礼事的官。写到丧葬之礼官员的篇章有：《冢人》《墓大

---

① 杨志刚：《中国礼仪制度研究》，华东师范大学出版社2001年版，第251页。

夫》《职丧》，除此之外《司服》《世妇》《内宗》《外宗》等篇章中，也有写到不同官员在丧礼中的职责。儒家之所以制订这样繁复的礼仪节文，一方面是让孝子以至悲至敬的报恩之情表达孝道；另一方面也是以"事死如事生"的报本心态，体现"慎重追远"的情怀。《礼记·祭义》强调"君子反古复始，不忘其所由生也。是以致其敬，发其情，竭力从事以报其亲，不敢弗尽也"。

在电视剧《琅琊榜》中，丧礼作为一个重要的环节也是推动故事发展、塑造人物性格的重要手段。以"守丧"和"服三年之丧"为线索，从第24集到第34集，太皇太后去世大梁国丧为转折，东宫太子和靖王的命运发生了大逆转，电视剧形象生动地为我们展示了缘由。

《礼记·丧服小记》载："祖父卒，而后为祖母后者三年。"意思是说，祖父去世了，作为祖母后代的孙子为祖母服齐衰三年之丧。太皇太后为大梁皇帝之祖母，众皇子之太祖母。按礼制梁帝及诸位皇子应为太皇太后服三年之丧。

同时，儒家礼文化还对守丧期间，守丧之人的容体、哭声、言语、饮食、居住、衣服等方面有明确的规定。如："大功言而不议，小功、缌麻议而不及乐，此哀之发于言语者也。"（《礼记·间传》）意思是说，服大功丧的人说话而不说与丧事无关的话，服小功、缌麻之丧的人可以说与丧事无关的话，但不说快乐的事，这是悲哀之情在言语上的表现。"齐衰之丧疏食，水饮，不食菜果。"（《礼记·间传》）服齐衰之丧的人，只能吃粗粮，饮水，不能吃蔬菜瓜果。然而，娇生惯养的太子、誉王在孝殿守丧期间中偷吃食物，不能自律。

尤其太子因私炮坊一案禁足东宫，不但不反省思过，反而饮酒作乐，出言不逊。太子这种失德行为，终于让梁帝痛下决心废黜太子。反观靖王在丧礼期间严守孝礼诚心祭拜，映衬出"夫悲哀在中，故形变于外也；痛疾在心，故口不甘味，身不安详也"的至诚至孝之心。电视剧中各皇子的品德优劣在守孝中凸显，以太子和誉王的骄纵衬托靖王的恭敬仁孝；以太子和誉王的意志薄弱对比靖王的严于律己。导演将礼的内在核心与行礼、言辞、仪态这些外在规范相结合，用镜头画面、台词对白等镜头语言完整的为观众呈现出来，既表现了礼又刻画了人物性格；既设置了悬念，又推动了故事情节发展。在这方面，又以梅长苏的表现最为感人。

《礼记·奔丧》中说："闻丧不得奔丧，哭尽哀，问故，又哭，尽哀。"梅长苏的身份是不能见太皇太后的遗容、也不能为她守灵送葬。他独自一人在院中焚香烧纸以尽哀思，守三天禁食之礼以表孝心。当霓凰郡主赶来苏宅，告知梅长苏"太奶奶走得很安详。"梅长苏失声痛哭。而当他得知太奶奶去世的消息悲痛欲绝，口吐鲜血更是他"哀戚之至"、至善至孝的真情流露。电视剧通过逼真的影像语言和演员生动的表演，让我们真切感受到了什么是"志意思慕之情，忠信爱敬之至，礼节文貌之盛"《荀子·礼论》。

二 "为政以德"的仁政思想

《论语·为政》曰："为政以德，譬如北辰，居其所而众星共之。"这是孔子倡导的治国理念，也是儒家倡导的仁政思想。其主旨是说，作为为政者首先自己要有德行，行得正，做得直，能恪守道德操守，严于律己；再者治理国家，要重义轻利、博施广济以仁义治天下，这样就可以"不怒而威""垂拱而治"。

在《琅琊榜》中，编导主要以靖王的形象，表达"为德以政"的仁政思想。靖王萧景琰在众王子中一直被他的父王冷落。他秉性刚直、心地纯良、不善权谋，既不同于太子的迂腐无能，也不同于誉王的虚伪圆滑。由于他始终相信兄长祁王和好友林殊一家是被冤枉的，因此备受打压，虽立下了赫赫战功，但却远离皇权中心。遇到梅长苏之后，为皇兄和好友洗脱罪名的意念推动着靖王从默默无闻的皇子走上太子的夺嫡之路。夺嫡之路上人诡谲凶险、明争暗斗，在这暗流涌动的政治波澜之下，靖王却一如既往对待朋友以"义"与"情"为先，并且对待百姓秉持"推恩及民"的治国法则。

（一）君子之交重"义"与"情"

子曰："君子喻于义，小人喻于利。"这种"义"既是道义，也是情义，它不仅体现在靖王的道德修为上，也体现在靖王的为人处世上。靖王深受皇长兄萧景禹的影响，他一方面要求自己"正心诚意"，一方面又有自己"治国安民"的政治抱负。电视剧《琅琊榜》充分展示了靖王这种人格特质。第6集，霓凰脱险之后，靖王就与梅长苏达成"君子协议"，强调梅长苏无论如何不能为了自己的利益伤害纯良之臣；第33—40集中，夏江设计逮捕赤羽营副将卫峥，并以此离间梅长苏与靖王的关系，准备扳倒靖王、除掉梅长苏。而当梅长苏识破并在密室以"百害而无一利"劝阻靖王放弃救卫峥以自保时。景琰却毫不犹豫、意志坚定的回答,无论遇到何种艰难困苦都一定舍命相救!因为动辄言利,眼中没有天性和良知,割舍掉心中所有的道义人情,一心只图得大位,他做不到!也违背当初夺位的初衷!

儒家认为,"道德理性是儒家人生修养(修身以成内圣)的组成部分,也是齐家平天下的圣人品性的组成部分。因为只有高度理性的人性觉醒,才能自觉地戒除贪欲,践行礼义,成就圣人的事业"[1]。靖王将"情义"放在"利益"之前,从中可以看出靖王的君子品格。而剧中其他人物,如言侯爷、豫津、蒙挚、沈追、周玄清等,包括江左盟和药王谷的弟兄们,他们或为心中道义或为彼此情义。总之,"以义为先"的信条,既让他们获得成功,也让我们体悟到人间的至性至情。而剧中主角梅长苏宁愿自己"短命",也决不愿用他人的"血"来换取自己的苟活;即使自己受尽"火寒毒"的百般折磨,也要完成心中"大义"的坚定执着,这份"赤子之心"和人间大爱既让我们动容!更为之感叹!他的一生虽似一颗流星,但却留下了灿烂光华,浩然正气,情义千秋!

(二) 以"荒礼"体现仁政思想

《礼记·曲礼》中讲:"岁凶,年谷不登,君膳不祭肺,马不食谷,驰道不除,祭事不悬,大夫不食粱,士饮酒不乐。"在古代统治者在荒年自行减少用度开销、节制饮食,不仅仅是以礼治国的理念,也是"古之为政,爱人为大"的情感体现。在《琅琊榜》中,荒礼中仁政思想的施行,主要体现在第 19 集私炮访"意外爆炸"靖王第一时间出面平复灾情。28 集 29 集靖王力争赈灾之职,亲赴五州赈灾之中。

第 28 集中,当沈追夜访靖王府,告知今年有五个州连遭旱灾和蝗灾,颗粒无收并告知每年赈灾都会有贪污受贿发生。翌日,誉王、靖王在梁帝面前为谁前去赈灾争论不休。景琰赈灾的初衷是体恤百姓之情和治国廉政之心。他对皇上说:"朝廷自有朝廷的法度,赈灾也有赈灾的章程。如果心中只有自己的私利,这绝非是朝廷和官场应有的风气。"他尤其反对誉王平衡官场,收复各方那一套,从而显示出景琰的公允正义之心及超越个人荣辱的高风亮节,刚正不阿、悲天悯人的优秀品质。

孟子指出:"以不忍人之心,行不忍人之政,治天下可运之掌上。"

---

[1] 白华:《儒家礼学价值观研究》,博士学位论文,郑州大学,2004 年。

也正是因为景琰有这样的仁心仁爱思想，让他终于完成大任，成为人们期待的明君。

三 "情深而文明"的礼乐文化

"在中国社会，'礼乐'往往包括两个层面的含义：一是在现实层面，它被视为赋予社会文明秩序的手段；二是在理想层面，礼乐因其艺术特性而代表着社会的文明和雅化，成为美好社会的象征。"[①] 故《礼记·乐记》曰："诗言其志也，歌咏其声也；舞动其容也。三者本于心，然后乐气从之。是故情深而文明，气盛而化神。和顺积中，而英华发外，唯乐不可以为伪。"从这段文字中，我们可以看出，中国古典思想视野中的"文明"具有浓郁的人文色彩，它强调"情感"应该深而真，情感必须善和美。而《琅琊榜》很好的表现了这点。

（一）以"乐"表达"儿女之情"与"家国天下"

以音乐歌曲传情达意，烘托气氛、升华情感，是电视剧《琅琊榜》的突出特色。此剧共有三首歌曲，胡歌主唱的《风起时》作为主题曲和片尾曲。刘涛主唱的《红颜旧》和王凯主唱的《赤血长殷》作为插曲。这三首歌曲在名称和歌词上紧密配合着影片的主题与风格，同时对塑造人物性格，营造审美意境起到了至关重要的作用。在剧中，爱情线并不是主线，不过仅有的夏冬对聂锋忠贞不渝爱的坚守；霓凰对梅长苏脉脉深情的痴情等待也足以让我们感动。第12集中，霓凰和梅长苏终于相认，当两人相拥相泣在一起，《红颜旧》歌曲响起："西风夜渡寒山雨，家国依稀残梦里，思君不见倍思君，别离难忍忍别离。"此时，歌曲正诉说了霓凰多年的等待和苦楚。旋律、歌词与情绪、心境的一致，令那种缠绵悱恻、哀怨多愁的情感表达得淋漓尽致。

第54集中，梅长苏决定征战北境，霓凰听到他与蔺晨的谈话。只是"相顾无言，无语泪千行"。此时歌曲又起："忍别离，不忍却又别离"，这种"此时无声胜有声"的情节设置更凸显了"情深而文明"的中国文化特质。54集结尾，梅长苏辞别霓凰，答应她"此生一诺，来世必践"。此时音乐《赤血长殷》一直贯穿到剧终。而"梅长苏在北境牺牲"的情节，则用"泣血书千轴，悲歌唱彻。战骨碎尽志不休，且待赤焰归，整

---

① 刘成纪：《西周礼仪美学的物体系》，《文艺研究》2013年第1期。

军再从头,守我山河家国依旧"来抒怀。既升华了以"家国天下"为重,淡泊儿女情长之思的"赤子之心"主题,也充分表现了中国"礼乐文化"特有的含蓄韵致、"言有尽而意无穷"的审美意境。

(二) 以"容礼"体现文质彬彬的大梁士风

有学者指出:"中华文明的'礼'是以'敬让他人'为其精神,以'温良恭俭让'为其态度,以对行为举止的全面礼仪化修饰与约束为其节目的文明体系。"[①]《礼记》冠义篇首先强调"礼义之始,在于正容貌,齐颜色,顺辞令"。因此儒家特别重视礼容,并有"容礼"之说,所谓容礼,"是指行礼时,容貌情色、俯仰屈伸、进退登降、周旋揖让、盘旋辟退等礼仪规定。它是中国古礼的重要组成要素,是礼乐文化内在德性和外在礼仪的统一,是先秦贵族文化及君子理想人格的外在表征"[②]。

《礼记·玉藻》云:"君子之容舒迟,见所尊者齐遫,足容重,手容恭,目容端,口容止,声容静,头容直,气容肃,色容庄,坐如尸,燕居告温温。"五官之礼容包括目容、听容、言容,色容。身体行为展现之礼容,包括立容、坐容、行容、拜揖之容。这些在《琅琊榜》中均有体现,剧中男女主人公或气宇轩昂、玉树临风;或典雅高贵、清新脱俗,为我们展现了"敦厚以崇礼"的文质彬彬的大梁士风。

例如,第3集梅长苏以自己恭敬举止表达对太皇太后的仁孝敬爱之心。再如在第12集中,梅长苏为表示对周老先生的谦敬和感激之心,低下头,双手举过头顶接过周老先生交给的玉蝉,并一直目送周老先生远去。这种以神情、目光、动作等非语言传播方式的表达最能体现人物的性格和形象。此外,传统中国推崇"揖让而治天下",认为"人有礼则安,无礼则危",因此每个人都很注重自己的举止言行及仪表仪态并以此表达感情,交流信息,传递意义。

在《琅琊榜》中,身体行为展现之礼容,还重点体现在揖礼上。揖礼是最常见也是最常用的人际之间的礼仪。《仪礼·乡饮酒礼》载:"主人揖,先入;宾厌介,入门左;介厌众宾,入。"郑玄注:"宾之属相厌,变于主人也。推手曰揖,引手曰厌。今文皆作揖。"第20集,萧景睿生日时宴请宾客,举手投足之间都是礼节。从宫羽、夏冬、梅长苏等人入谢

---

① 陈来:《中华文明的核心价值》,生活·读书·新知三联书店2015年版,第44页。
② 曹建墩:《先秦礼制探赜》,天津人民出版社2010年版,第189页。

府的情节来看，首先，宴请宾客需下请帖。然后，主人需在门前相迎行揖礼。第50集，言侯大寿，下帖请梅长苏参加，言豫津在门口行礼迎客入门。

用现代眼光看，我们可以将容礼视为一种"身体艺术"，它的重要功能，"正在于它用感性的身体彰显精神，用雅化的行为揭示了社会珍视的价值"。[①] 而礼的传播方式绝不仅仅只是礼乐钟鼓、典章经书，通过仪表和举止表达"恭、敬、撙、节、退让以明礼"的传播意义同样是中国的文化重要特色和标志，长期以来也成为东亚文化的通用"语言"。

（三）以"礼"的象征符号进行人物塑造

《琅琊榜》的故事内核是正名、道义、仁德、孝悌的儒家礼学思想。"礼"是文本中情节发展的核心力量，它激发着矛盾冲突、人物性格、情感关系等的演变。无论文本叙事的表层结构、表层内容是什么，它的镜头画面、人物动作和台词用语都是围绕礼文化而展开的，礼文化的精神内涵、价值观念是文本的深层叙事结构和叙事内容。叙事的深层结构和内容支配着表层结构和内容，使人物心理和动作具有合理的因果联系，并且和叙事中心、主题内涵保持一致。

除此之外，《琅琊榜》整体的影像风格清新隽永，给人一种特殊的美感。导演以"礼文化"映射剧中情节和人物，所表现出的是情景交融、情礼互渗，成就了一个意气风发的"江湖"和风雨飘摇的"庙堂"。尤其电视剧"礼文化"借助意象、意境、伏笔、符号等影视艺术的传播形式，展现出其中国礼的价值内涵。

《琅琊榜》中出现了许多具有象征意义的符号，如以麒麟象征梅长苏；以玉蝉、玉佩比德；以玉珠分等级；以夜明珠和弓箭表达靖王对挚友林殊的怀念等。本部分将重点论述文本里面具有特色的符号：麒麟、玉蝉，并分析其象征意义。

文本中梅长苏被誉为"麒麟才子"。"遥映人间冰雪样，暗香幽浮曲临江，遍识天下英雄路，俯首江左有梅郎"剧中借以秦般弱和谢玉的话语，揭晓了江左梅郎——梅长苏的身份。麒麟在古代是"麟、凤、龟、龙"四灵之首，它在古代现实生活中并没有真实的原形，是人们集合拼凑不同动物的特征臆想绘制的图腾符号。它是智慧、神圣、权利的象征。

[①] 刘成纪：《西周礼仪美学的物体系》，《文艺研究》2013年第1期。

《孟子·公孙丑上》曰:"麒麟之于走兽,凤凰之于飞鸟,太山之于丘垤,河海之于行潦,类也。圣人之于民,亦类也。出于其类,拔乎其萃,自生民以来,未有盛于孔子也。"

麒麟有国泰民安、天降祥瑞的象征意义。《礼记》曰:"故天降膏露,地出醴泉,山出器车,河出马图,凤凰麒麟,皆在郊棷。龟龙在宫沼,其余鸟兽之卵胎,皆可俯而窥也。则是无故,先王能修礼以达义,体信以达顺,故此顺之实也。"(《礼记·礼运》)[①] 意思是说,当君王能够以礼治国、以礼待臣民,国运就会通达昌盛。做到言而有信就可以连年顺利,上天普降雨露,地上也能涌出甘泉。在这层含义之下,"麒麟之才得之可得天下"的象征含义就更加深刻了。"麒麟之才"可助皇子得到天下,皇子以礼治国,国运昌盛"麒麟神兽"才会出现,这是一语双关的深刻表意。

麒麟是在古代被当作是"仁兽",《公羊传·哀公十四年》:"麟者仁兽也,有王者则至,无王者则不至。"麒麟的角不是伤害其他动物的武器;麒麟的脚趾也不伤害昆虫植被,是胸怀"恻隐之心"的神兽。麒麟被形象化为德行兼备的君子形象,它的降临也是君王品行的征兆。麒麟择主,择其仁爱之心,这也是象征着梅长苏选靖王为主,是因为靖王"内圣外王"的品格。

其次,导演在剧中符号的象征不但着眼于"庞然大物",也会细致入微的刻画小物件。玉蝉就是其中最具有代表意义的小物件。玉蝉在《琅琊榜》的第12集中,梅长苏郊外送别周玄清老先生,与先生长亭叙话。梅长苏吟诗以答:"实澹泊而寡欲兮,独怡乐而长吟,声皦皦而弥厉兮,似贞士之介心。"诗句出自曹植的《蝉赋》,是曹植自况的象征。魏晋以来,蝉开始出现在文人的诗词中,借蝉抒发自身淡泊名利、清心寡欲的品格。

玉蝉是蝉型的玉饰,是"玉文化"与"蝉文化"的结合。"玉"在中国古代是一种礼器,其材质、色泽、形状等特性可以反映人的身份地位,同时也以其温润清雅的特征象征君子的品格。"蝉"脱壳而出、饮露而生也符合儒家文化中对"君子"的界定,在古代象征人高洁不俗、清澈远举的品质。"君子比德于玉"的思想与"蝉,蜕于浊秽,以浮游尘埃之外,不获世之滋垢"的文化内涵结合在一起,将玉蝉的形象和作用定

[①] 杨天宇:《礼记译注》(上),上海古籍出版社2004年版,第282页。

位为世人佩戴所用"君子之物"。

在剧中，玉蝉色泽饱满、小巧玲珑、打磨的十分润泽。通过玉的用料和做工可以看出当年黎崇老先生身居高位。当年黎老先生身为太子少傅，赤焰冤案景禹牵涉其中。黎老先生明知违逆龙颜，却不改衷肠，直言不讳，体现了治学大家的风骨。虽然导演并未在屏幕上塑造黎老先生的人物形象，但是通过玉蝉观众可以想象得到他是一位严谨治学、品性贞洁的治学大家。

电视剧《琅琊榜》，不仅在大陆地区得到好评，并且台湾地区掀起了收视热潮。《琅琊榜》获得第八届海峡影视节最受台湾观众欢迎的大陆电视剧。除了台湾地区之外，《琅琊榜》在韩国、日本同样受到追捧，《人民日报》发表长篇评论文章《中国电视剧带动韩国"汉流"》，凤凰网发表文章《日本"自来水"期待〈琅琊榜〉梅长苏与诸葛亮媲美》。

《琅琊榜》之所以能受到如此广泛的赞誉，分析其原因，其一是与电视剧的剧情、制作、有密切关联，该剧跌宕起伏，环环相扣，有强烈的矛盾冲突和悬念设置；其二是制作团队优良，表现手法引人入胜，剧中人物造型、场景设置、画面构图、色彩配置、对白语言等均符合当时历史环境，经得起细节推敲；其三是演员用心诠释角色，演技精湛。除此之外，不能不说是中国礼文化精神的内在感召力和吸引力。

首先，中国礼文化具有很强的道德渗透力和巨大的心理影响力。在长期的发展中，以儒家为代表的中国传统文化已形成一套自己的核心价值观，它们在某种程度上已经成为华夏民族的"集体无意识"和价值准则，如"仁义礼智信"等。它们对中国人思想观念的形成以及塑造中华民族的文化性格起到了巨大的作用，并且至今还深深影响着人们的生活。而《琅琊榜》的播出，使观众对其剧中蕴含的深厚的中国传统文化产生深深的情感共鸣和价值认同。

其次，中国礼文化对东亚文化圈的深远影响。如唐朝文化对日本的影响，明朝文化对韩国的影响。这种影响延续至今，而《琅琊榜》所传达的人们的思维方式、表达方式以及价值观念、审美情趣唤起了礼乐文明的文化记忆，引起了观众的广泛共鸣。《琅琊榜》使不同文明领悟博大精深的中华文化与礼乐文明，达到了"春风化雨""潜移默化"的传播效果。

这种"意义的输出"和"认同的力量"带给我们的启示和借鉴也许正是今后国产电视剧应该努力发展的方向和路径。

第三章 新媒介时代：历史文化再叙事与共同体建构

第一节 中国玉石历史的呈现与文化共同体建构
——解读纪录片《玉石传奇》

一 《玉石传奇》传播中国玉文化价值

2011年1月CCTV—9纪录频道《特别呈现》栏目播出纪录片《玉石传奇》，影片以时间为线索，很好地呈现了有关玉器、玉文化的考古发现和历史研究。创作者将众多历史材料整合，然后挑选出与玉石有关联的素材，历时三年的艰辛拍摄，运用3D、搬演等手法，把"玉石"的传奇故事展示在观众眼前。纪录片共有八集：《玉石之路》《巫神之玉》《国之大事》《诸侯之礼》《君子贵玉》《尊卑之序》《宫室之宝》《百姓之藏》。纪录片以视听语言形象地展示了玉器与巫神、礼制、政治、品德之间的密切关系。（见图3-1）

图3-1 《玉石传奇》纪录片剧照

（一）巫神之玉

经过考古学家和历史学家的多方考证，发现在距今9000—8000年前，中华历史、中华文明史中存在一个玉器时代。考古发现了距今12000年前的玉质砍凿器，还出土了公元前6200—前5400年左右的石雕女神像、人面形石佩等玉器饰品。公元前6000—前5000年的红山文化成为了玉器发展的一个高峰，出土了玉猪龙、"C形"玉龙、玉龟等很多珍贵的玉器。公元前4500年在江苏大依山和以北辛文化为主的地区玉器得到了广泛的使用，出土了石家河文化玉器，玉戚，大玉刀、龙山式玉琮等文物。三星堆遗址、金沙遗址出土了公元前4000年左右玉琮、玉璋、玉璧、玉斧、玉锛、玉戈等。在公元前3200年左右的良渚文化玉器，达到了中国史前文化的又一高峰，出土了玉琮、玉钺、玉璧等文物。从红山文化到良渚文化，分别成为南北两大玉礼器、玉文化的中心，奠定了中华文明发展的基础。

《玉石传奇》第2集将红山文化到良渚文化的历史跨度，以"巫神之玉"的发现串联起来，通过影像表达玉器与祭祀、巫神之间的联系。本集纪录片从村民发现玉猪龙、C型云龙、玉琮等文物开始讲起，引出红山文化、良渚文化。纪录片中特别提到，5000年前的红山文化时期，古辽河平原气候干旱。内蒙古东南部和辽宁西部地区以山地丘陵为主，没有水利灌溉，农耕生产主要是靠降雨。干旱成为先民生存最大的敌人。每当干旱季节来临，部落人们就会聚集在一起请巫师和上天神灵沟通。玉龙、勾云形玉器就是与这种祈雨的宗教巫术有着密切联系的法器。

在生产力不发达，知识储备有限的古代，人们对自然灾害没有防备抵御的能力，这就促使人们对天地产生敬畏。基于这种对自然界的敬畏，人类将玉作为了"人—巫—神"沟通的媒介，人们觉得万物皆有灵性，将出自自然界的玉石视为具有神灵之性的神、神物。先民认为玉吸收天地之精华，色彩温润富有光泽，将玉作为了祭祀的法器。最初玉雕刻的形态样式是与神性相关的，"先民心中的玉不但是神，亦是神物，是与神灵沟通的媒介。制玉就是创造与神灵交流的渠道，而祀玉就是事神"。"神人沟通的媒介所承载的社会信息，不论是要着力表达的还是深刻隐藏的，都体现在这种神圣之物上。它将社会关系的各种内容以一种外显的形式表现出来，即把所有与社会内容相关的现象性的、象征性的意义和'真实'的内容统一融合起来。作为一种文化性的物件，神人沟通的媒介'玉'把想象性的和真实性的社会因素凝聚、统一到一起，它比其他任何一般的物件都更为有效地表达出象征的意味。"①

(二) 礼制之玉

玉与青铜器等一样，都是一种礼器，它们的产生具有深厚的文化根源。史前古玉时期，玉器主要在祭祀中使用，是巫觋者使用的祭拜神灵先祖的工具。在这个时期孕育着礼仪的发展。夏商周时期，礼制不断发展，直到西周礼制终于发展成为一个相当严整规范的制度体系，以宗法制为基础和核心的礼制最终得以确立。《周礼》中《天官》《地官》《考工记》中记载周王朝专设玉府、玉人等多种官职来管理玉器的生产、使用。天子有玉府专门侍奉用玉，各个虢国也有自己的玉府制玉。在用玉的礼制中，不仅仅数量上有限制，玉的质量、做工、造型等都有明确的规定。

玉作为传承礼文化的媒介，显示了自上而下尊卑有序的礼制传统。西周继承了夏商的用玉传统，并在此基础上根据自己的需要把用途系统化、明确化。西周的用玉传统突出表现在"天子"至"士"的用玉等级，遵从礼束的不同。《周礼·春官·大宗伯》载："以玉作六器，以礼天地四方。以苍璧礼天，以黄琮礼地，以青圭礼东方，以赤璋礼南方，以白琥礼西方，以玄璜礼北方。"② 根据历史文献记载的玉器在行礼时的用途和主要方式，玉可视为"六器"。六器即玉璧、玉琮、玉圭、玉琥、玉璋、玉璜，古代祭祀天地四方的礼器，即以璧礼天，以琮礼地，以圭礼东方，以琥礼西方，以璋礼南方，以璜礼北方。《周礼》中的玉器通常是指祭祀和丧葬所用的玉器。玉器用于神灵、祖先、鬼魂与人的各种仪式场合中。史料还记载古代以玉作瑞信之物，用于朝聘，计六种，故名"六瑞"。《周礼·春官·大宗伯》记载："以玉作六瑞，以等邦国。周制王执镇圭，公执桓圭，侯执信圭，伯执躬圭，子执谷璧，男执蒲璧。"③ 公侯伯子男分别对应不同瑞玉，以表示身份地位的不同。"玉瑞"通常为天子、诸侯等王公贵族阶层享用，用于朝觐、聘问、施命、馈赠等。

在纪录片《玉石传奇》第四集《诸侯之礼》中，主要向观众讲述了周王朝使用玉的特殊制度。本集纪录片将专家的探索发现的过程展现

---

① 朱怡芳：《中国玉石文化传统研究》，博士学位论文，清华大学，2008年。
② 杨天宇：《周礼译注》，上海古籍出版社2004年版，第281页。
③ 同上书，第280页。

在观众眼前,从周王朝封诸侯建同姓的制度开始讲述,逐步总结出周王朝君臣用玉的礼仪制度。随着封建社会的不断发展,玉器的礼化制式有所变化,作为传承礼的媒介开始多元化的发展。春秋战国之后,玉器逐渐走下神坛,变得世俗化,开始作为信物、礼品等广泛用于朝堂、婚聘等方面。君主赏赐,宾主相见等皆以玉作为礼品,属于一种具有政治及社交意义的礼物。当然玉作为一种馈赠、宾礼之物的收受方式、场合、数量、品质要符合宾主的身份地位,体现出一定的尊卑、贵贱之别。玉作为这样一种宗法礼仪符号,以"挚玉"之礼的方式显示尊尊之举,又表现出亲亲之为。

(三) 王权之玉

随着中华文明的发展,人类从原始的部族生活发展成为世袭的封建王朝。到了唐代玉器仍然非常珍贵,官员的身份等级要从玉带上面进行表现。唐高祖制定了腰带制,以腰带上的装饰品的质地和数量来区别官员等级,而装饰有玉的腰带等级最高,只有二品以上的官员才可以佩戴。按照唐朝当时的规定三品可以使用镶金玉带,三品以下只能使用金、银铜质的腰带。在这个以官服上的饰品来规定官阶等级的制度中,选择了玉带作为最高级别官阶的象征物。这与中国人崇尚玉石的文化有着密切联系。玉是中国人一直尊崇的一种物质材料,中国人把权利、品德等内涵都赋予在"玉"的文化价值之中。

《玉石传奇》将中国 7000 多年的玉石文化浓缩在荧幕中,完成对历史事件与历史人物的探索与还原,从而进一步认知中华玉文化与王权、政治之间的关系。在纪录片《玉石传奇》第 6 集《尊卑之序》中,影片主要讲述玉石在唐朝与身份地位的联系。玉璜(图 3-2)是一种较尊贵的身份代表陕西省乾县发现的唐僖宗的靖陵中出土琉璃制成的玉璧。

考古专家在西安市南郊何家村发现一个巨大的陶瓮,陶瓮中有大量金银器,还发现了十条玉带,专家鉴定这批文物是唐朝遗物。唐朝的官位品阶分为诸侯、王、公、卿、将、相,不同的官职拥有的玉带也不尽相同。玉带以其珍贵的材料、精美的做工、独特的含义成为了唐朝身份权威的符号。

除了纪录片中提到的玉带作为了身份权威的符号,玉玺、玉扳指等和玉相关的器物都被作为身份权威的符号。据汉蔡邕《独断》载:"秦以来,天子独以印称玺,又独以玉,群臣莫敢用也。"玉玺从秦代以后,皇

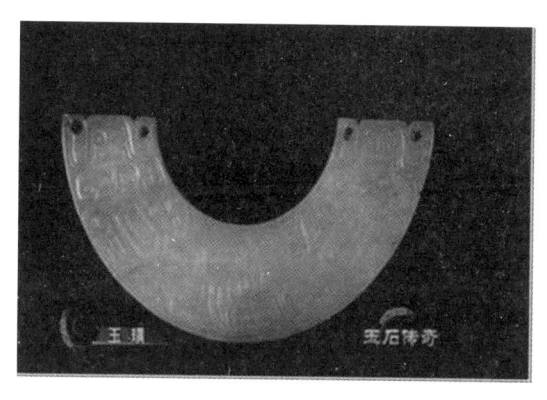

图 3-2　六器之一玉璜

帝的印章专用名称为"玺",又专以玉质,称为"玉玺"。玉玺是皇家绝对的权威象征。玉料晶莹剔透、色彩莹润被选为制作玺的材料,这是一种至高无上的尊贵与皇权。

玉扳指又叫玉谍(音同"射"),本意是拉弓射箭时扣弦用的一种工具,套在射手右手拇指上,以保护射手右拇指不被弓弦勒伤的专用器物。本是辅助习武的扳指,由于满汉两族广大男士的欣羡与效颦,竟使之成为一种极为时髦的佩饰品,上自皇帝与王公大臣,下至满汉各旗子弟及富商巨贾,虽尊卑不同而皆喜佩戴。因为玉石的珍贵,玉扳指后来引申为具有身份和能力的又一象征物。

(四)美德之玉

"文化视野下的'玉'有别于现代地质矿物研究所称的'玉',它既是一个频频出现且有宽泛意义的概念,又是一个被特定指称的、狭义范围内的概念。它与自然界普遍的石不同,它的自然属性中蕴含了史前人类无法解释、渴望拥有、不懈追求的各种特质(稀有、美丽、坚韧等),这些特质在人们的使用认知下很早就具备了社会属性和文化的印记。"[①]"玉"字在古人心目中是一个美好、高尚的字眼,在古代诗文中,常用玉来比喻和形容一切美好的人或事物。"玉"对于中国人而言,不仅仅只是一种由自然界产出的矿物质,更成为一种文化根植到中国人的血脉里。

从周代到汉代,玉器的文化象征意义从礼制尊卑发展到了品德内涵。

---

① 朱怡芳:《中国玉石文化传统研究》,博士学位论文,清华大学,2008年。

玉之美不仅仅在于它外表的晶莹剔透、温润光泽，更在于它"昔者君子比德于玉焉，温润而泽，仁也"的品德内涵。《玉石传奇》以"金缕玉衣"为线索，以不同汉墓中出土的玉衣为依据去考证刘胜、刘宽、刘兴的生平事迹。这些诸侯生前品德的好坏与死后是否能够拥有"金缕玉衣"陪葬有直接关系。汉朝用玉制度的核心就是"君子比德于玉"，把玉当作君子品德的象征。玉是中国人一直很尊崇的一件物质材料，会把很多美好的内涵赋予在玉上面。以玉来比喻君子有很长久的传统，并且随着时代的发展一直沿用至今。

从古到今玉石褪去了至高无上的神秘色彩，走进了寻常百姓家，成为了"百姓之藏"。玉石"前世今生"的相关历史、文化、考古发现等内容，导演在纪录片中都给予了较为权威的解读。不同的专家、学者从自己的研究领域出发，对纪录片中的玉石进行鉴定，对史实进行考证，呈现出具有学理性、权威性的纪录片形态。

二 器以藏礼：玉器的叙事与玉礼文化

（一）《玉石传奇》的影像叙事与文化传播

玉的叙事功能首先表现在作为一种器物承载了中国的礼乐文化，促进了礼乐制度的形成与传播。《左传》中记载"信以守器，器以藏礼，礼以行义，义以生利，利以平民，政之大节也"。[①] 在古代，礼器被当作是一种象征物，典章礼法、仁义忠信的内涵都可以在礼器上有所显现。那么，玉器作为一种重要的礼器，是历史记忆和玉礼文化的承载者和传播者，可以说是"器以藏礼"。它对中华礼乐文明的形成与传承具有重要意义。"玉礼同礼制一样，不单包括行礼时所借助的有形的器皿和物品，还包括了附着在礼器上的无形的礼乐法度和典章制度。其内涵由表及里应包括三个层次。其一为行礼时所用玉礼器。其二为使用玉礼器的规范，即所谓'制度文章'。此二者为玉礼之形而下者，构成了玉礼的物质内容和外在表现形式。其三为附着在玉礼器之上的观念意识和社会功能。"[②]

玉的叙事功能其次表现在它的象征意义和文化内涵。汉代许慎在《说文解字》中对玉的解释是："玉，石之美者，有五德。润泽以温，仁

[①] 李梦生：《左传今注》，凤凰出版社2008年版，第293页。

[②] 何宏波：《先秦玉礼研究》，博士学位论文，郑州大学，2001年。

之方也；解理自外，可以知中，义之方也；其声悠扬，尊以远闻，智之方也；不挠不折，勇之方也；锐廉而不技，洁之方也。"从玉之感、玉之色、玉之形、玉之声、玉之质的特质，象征君子的仁、义、智、勇、洁五种德行。

再者，玉也是一种文字承载的媒介。古代玉简，是用玉制成的简札，多用于帝王封禅、诏诰用的文书和道家的符箓。考古发现的有秦惠文王祷祠华山玉简，林屋洞出土的有铭大玉简等历史文物。秦惠文王嬴驷志在统一文字、度量衡建立一个统一的大秦帝国，玉简的使用成为了当时一种重要的文化工具，在促进文化融合起到了不容小觑的作用。

玉的叙事功能还表现在为后人留下了丰富的历史物证。现代的研究主要就是通过这些出土的玉器以及玉简铭文来考证历史的，其重要性不输于历史传世文献。比起其他媒介形式，玉器的材质易于保存，在历史长河中更好地保存了中华的历史记忆，媒介承载的信息更加真实可感。

当代文史研究的成果以纪录片的形式展现给世人，是一种更加直观形象的文化书写方式。在纪录片《玉石传奇》的内部形态中，展示了玉器在考古、文史研究领域的叙事功能。那么，从认知角度看，《玉石传奇》则具有认知玉文化功能，它是人类认知人类文化的工具、方式和方法。这种认知功能不仅体现在纪录片《玉石传奇》对玉文化的编码过程中，而且体现在受众对纪录片作为视觉修辞的传播行为的解码过程中。玉器的叙事所表达的历史和文化认知，远远超出了口述、文字等文本的表达效果。默默无言的考古发掘出土器物，被赋予一张"传奇"的色彩，《玉石传奇》纪录片将现有的玉礼文化重新整合，从而帮助世人重新进入玉礼文化的发展历史。

（二）比德符号：玉礼文化的精神内涵

玉器经过打磨、雕琢、入土、受沁、改制、盘养等岁月的磨炼，仍能保持其温润坚实的质地，发散它永恒的光辉。玉生而有"质"并无所谓"德"，但是由于它的来源珍贵、形制温润亮洁，故而古人把这种温润坚实的玉石看作是灵性之物，在礼制中赋予它重要的地位。儒家先哲们将玉作为衡量君子道德品行的符号，并要求佩戴玉之人要有玉的品格。

"子贡问于孔子曰：'敢问君子贵玉而贱珉者，何也。为玉之寡而珉之多与？'孔子曰：'非为碈之多故贱之也，玉之寡故贵之也。夫昔者，君子比德于玉焉：温润而泽，仁也；缜密以栗，知也；廉而不刿，义也；

垂之如队，礼也；叩之其声清越以长，其终诎然，乐也；瑕不掩瑜、瑜不掩瑕，忠也；孚尹旁达，信也；气如白虹，天也；精神见于山川，地也；圭璋特达，德也。天下莫不贵者，道也。"① 孔子结合玉的特点，提出了11种美好的品德。经过孔子的提倡，儒家后世大师的阐释和完善，"君子无故玉不去身"，"君子必佩玉"的比德观念逐渐发展，成为玉礼文化的精神内涵。

比德符号传达一种"君子"形象及与之相符的文化意义，其地位身份象征、道德品评标准皆为世人所认同。"而且随着儒学被作为历来统治阶级加以利用提倡的主流文化，'玉德'说也得到推广，贵玉心理在整个中华文化中得以长久保持。"② 玉礼文化所代表的精神内涵，千百年来对中华民族的品质、道德、行为产生着巨大的影响。

纪录片中呈现出金缕玉衣，将玉石的色泽、材质通过镜头展示出来，通过解说了解金缕玉衣背后的历史与故事。陈汝东学者认为："以图像为主、语言文字、音乐等为辅的综合视觉修辞行为，这既包括视觉形象的建构、编辑、理解和认知，也包括图像与语言文字、音乐等的匹配关系。"③ 刘胜、刘宽将具有历史传奇色彩的故事以搬演的手法呈现。在搬演中，以图像、音乐、语言的融合组成综合的视觉修辞行为，避免单一的解说词、口述、采访等手法。导演将"搬演"方式融入历史影像，其目的在于在众多历史材料中整合、挑选出与玉石有关联的素材，并且以清晰直观的方式展示给观众。史料的考证与纪录片的艺术性，能够达到纪录片真实创作与价值认知的对接。以一种"虚构的真实"完成对历史事件与历史人物的探索与还原，从而进一步认知历史真相。

（三）视觉说服力：四重证据法的多元运用

叶舒宪主张"将文化研究的多重叙事概念与国学研究的所谓四重证据法联系起来：一重证据指传世文献；二重证据指出土文献和文字；三重证据指人类学的口传与非物质文化遗产方面，包括民俗学和民族学的大量参考材料；四重证据指图像和实物。若着眼于叙事学的角度，也可以将文化书写方式划分成四至五种：（1）口传叙事；（2）传世的文字文本叙事；

---

① 杨天宇：《礼记译注》（下），上海古籍出版社2004年版，第852页。
② 荆云波：《文化记忆与仪式叙事》，南方日报出版社2010年版，第137页。
③ 陈汝东：《新兴修辞传播学理论》，北京大学出版社2011年版，第36页。

(3) 出土的文字文本叙事；(4) 图像叙事与物的叙事；(5) 仪式和表演的叙事。"①

在纪录片《玉石传奇》文本内部中，用影像语言演绎了传世文献；出土文献和文字；人类学的口传与非物质文化遗产的大量参考材料；图像和实物四重证据。纪录片所呈现出来的文本涵盖了多元的内容。它集合《周礼》《仪礼》《礼记》等文献资料，考古发现的红山、良渚等地方墓葬的文献文物，还有博物馆以及收藏界的玉石之宝。

从外部去看纪录片《玉石传奇》，它作为一个综合的艺术形态，影像可看作是认知、理解、研究玉礼文化的第四重证据。叶舒宪认为："人类的符号意指系统除了最常用的语言之外，还有更加古老的视觉符号系统。视觉符号以具体可感的形象、意象、画面、造型和象征来传达意义，恰好成为弥补'道可道，非常道'的语言缺陷的替代性选择。当我们说'图像的蕴含远远大于语言和文字'时，也就相当接近了对图像特有的视觉说服力的认识。"② 纪录片《玉石传奇》第二集中，3D 影像和解说词相辅相成，向观众展示了红山女神庙主殿的雏形。3D 技术的立体效果适合运用在这样的场景中，可以给观众带来足够的视觉冲击力和视觉说服力，让观众有身临其境之感。

纪录片《玉石传奇》作为传达玉礼文化的视觉符号系统。纪录片中实证与阐释相辅相成、证明与说明进行互动，以更生动的叙事手法使得玉礼文化变得通俗易懂。玉石传奇以视听语言的形式呈现出来，达成一定的调节和均衡状态，具有很强的视觉说服力。纪录片的影像资料可以作为传统研究方法的佐证与辅助，它与传世文献；出土文献和文字；口传与非物质文化遗产等证据一起相互补充、相互印证，为后世研究提供新的视角。

三 玉礼的价值传播与文化认同建构

（一）玉礼：礼制的器物承载

"自玉被从石头中区分出来并加以运用以后，它从来就不仅仅是作为

---

① 叶舒宪：《物的叙事：中华文明探源的四重证据法》，《兰州大学学报》（社会科学版）2010 年第 6 期。

② 叶舒宪：《第四重证据：比较图像学的视觉说服力——以猫头鹰象征的跨文化解读为例》，《文学评论》2006 年第 5 期。

物质形态存在着,人们赋予了它诸多象征意义和意识形态功能,它被看作是通神的工具、权力的标志、道德的体现、富贵的载体以及对美的最好诠释,玉器已经成为中国传统文化精神的重要象征。"① 人类的物质文明不断发展,虽然生活、经济、社会文化等方面都发生了巨大变化,中国人的"玉石情结"仍在,中国文化的"玉石品格"仍在。它仍然是中国文化最值得传承和重视的部分。

北京奥运会从2001年申奥成功便开始进入紧张的筹备工作。比赛场馆的建造、开幕式和闭幕式筹划、奖牌和徽章的设计等事宜都受到了中华儿女的瞩目。如今,开幕式和闭幕式的精彩演出成为所有中华儿女的集体记忆。"京"字人形的"2008Beijing-奥运徽宝·玉印",以及"金玉合璧"的奖牌成为了第29届北京奥运会的符号。奖牌在历届奥运会中都扮演了极其重要的角色,是运动员成绩的见证,是一个国家荣誉的象征。以往运动会的奖牌只是在图案设计上有所不同,然而29届北京奥运会的奖牌别具匠心在图案、材质方面都大胆创新。奖牌图案的创意取自中国古代龙纹玉璧造型,并以金、银、铜融合白玉、青玉、墨玉构成北京奥运会的金牌、银牌、铜牌。

上万年来的玉礼文化依然是中国文化的经典和国魂,奖牌的设计体现中华民族自古以来的以"玉"比"德"的价值观、荣誉观。中国人向世界展示出了我们历史悠久的玉文化,并将中国文化与奥林匹克精神结合在一起,使得中西文化相得益彰。以其奖牌赠奥运成绩优胜者,是一种崇高的荣誉和礼赞。

(二)玉教:中华文化的原型编码

叶舒宪认为玉可以成为中华文明中最具代表性的文化基因。他认为:"如果说这个基因只能有一个代表的话,那只能是玉,对于华夏后人的影响,也就是围绕着玉的神圣化信仰所形成的生命力强大而持久的玉文化传承,那是从史前开始贯穿整个中华文化发展历程的。"② 以叶舒宪先生提出的文化基因的理论去理解玉教,就是玉的神圣化信仰及其神话建构所产生的玉文化对人的教化和熏陶。

"从传播学史的视角看,玉早就成为前汉字时代中国文化编码的最重

---

① 荆云波:《文化记忆与仪式叙事》,南方日报出版社2010年版,第110页。
② 叶舒宪:《图说中华文明发生史》,南方日报出版社2015年版,第64页。

要的符号载体。玉是沟通天地神秘力量的有效媒介,借助于信仰和观念的文化传播作用,此种玉教的分布空间拓展到了整个东亚地区,包括国土南端的岭南的西部的河西走廊一带。"① 现如今玉教信仰的观念和文化传播方式更加的丰富多彩。有了对中国玉教的原型编码作用的新认知,再去看各种影视作品中关于"玉"的表述,其背后的哲理寓意性质就会逐渐显现。

如海岩的小说《玉观音》是关于玉的另一巨作。虽然小说中直接描写玉观音的内容不多,但是玉观音成为一种象征一种隐喻,一直存在于字里行间。从文字到影像,从小说到影视作品。电影、电视剧更多是一种戏剧化的方式演绎中国玉文化,将玉教渗透到了电影、电视剧中,以"寓教于乐"的形式潜移默化的感染观众。1987年播出的央视版《红楼梦》被誉为"中国电视史上的绝妙篇章"和"不可逾越的经典"。2010年李少红担任总导演再次拍摄经典名著《红楼梦》。2003年根据海岩同名小说《玉观音》拍摄的电影、电视剧上映。2006年又一关于"玉"的力作搬上荧幕,《疯狂的石头》是由宁浩导演的一部带有黑色幽默风格的中国影片。该片围绕一块价值连城的翡翠展开故事。除此之外还有电视剧《玉碎》《翡翠凤凰》《乱世玉缘》《翡翠王》等。

(三)玉德:价值观念的阐释

"儒学原本是在原始神灵政治的基础上,沿着从巫到儒的轨迹,逐步建立起来一整套以崇玉观念为标志的统治理论。发展至春秋战国时代,在'礼崩乐坏'历史浪潮的强烈冲击之下,儒家的传统玉宝理论发生了深刻的变化。正是在这个新的历史条件之下,孔子关于'贵玉贱珉'玉德理论的阐述,将玉的美质从有神论的桎梏下导向以富国强兵为目标的新的统治原则,导向日常的社会伦理,重新奠定汉民族玉文化的基本结构。"② 玉器在中国古代多是用于宗教巫术和王权礼乐,而如今已走下神坛转向服务于社会公德和个人道德。从而体现了儒学对现实生活的进取精神和对玉理论的实用原则。通过"玉教",令"君子比德于玉"的操行形成由经典儒化培育而获得。"化干戈为玉帛""宁为玉碎不为瓦全"等价值观念成为了中国人为人处世的准则。教化过程中,个体通过社会化的玉教氛围而

---

① 叶舒宪:《图说中华文明发生史》,南方日报出版社2015年版,第64页。
② 姚士奇:《评东周政体与传统玉德理论的建立》,《珠宝科技》2004年第5期。

加以涵化，在耳濡目染之中构成欣赏与理解玉礼文化传统的框架。

在"玉教"的文化范畴内，社会规范存在于每个个体的意识中，而不是被看作是一种难以达到的理想或强制性的命令。也正是这种价值追求与教化氛围的存在，比德符号至今被人们津津乐道，使得原本经典的"君子以玉比德"价值观念变得世俗化、平民化、现代化。玉琢、玉坠等玉器仍然琳琅满目的存在于珠宝市场，其价值意义是黄金、钻石等无法相提并论的。现实社会中，玉石既能传达一种"君子"形象及与之相符的文化意义，其地位身份象征、道德品评标准皆为世人所追从。

近年来，《丝绸之路》《茶》《瓷路》等多部反映中国传统文化的纪录片陆续走上银幕。观众通过纪录片走进了中国灿烂的历史之中，重新认知了中国深厚的文化内涵。纪录片所传播的道德、政治、礼乐等诸多文化内涵，渗透进了社会观念和大众认知之中。纪录片的传播价值随着历史、文化的发展焕发出经久不息的光彩。《玉石传奇》将考古专家、历史学家对玉的研究发现通过画面、解说的方式直观地展示在观众面前。将很多陈设在不同博物馆中的精美玉器变成影像画面，综合系统的进行展示。《玉石传奇》不仅仅是讲玉石，更多的是将玉石与中国历史的背景、社会风俗、政治军事等内容联系起来。创作者在玉石传奇中寻历史、讲故事、塑认知。纪录片中所讲的内容都是经过历史考证，有据可依的事件。通过多种3D动画、搬演、采访等手法再现历史、解读历史。让高深难懂的玉文化，以一种轻松易懂的方式进入到观众的认知视野。

纪录片《玉石传奇》所传播的玉文化，蕴含了丰富的内容。作为巫神之玉，玉石是人神沟通的媒介。作为礼仪之玉，玉石是传承礼文化的媒介。作为君子之玉，玉石是道德品行的符号。作为贵族之玉，玉石是身份权威的符号。作为政治之玉，玉石是国家文明的符号。纪录片《玉石传奇》是玉文化的认知普及，是爱玉之人兴趣的引导。它启示人们不断探索玉礼文化，不断丰富玉礼文化。在今后的岁月中传承中国玉礼文化，将玉礼文化发扬光大。

第二节　中国汉画像石的历史叙事与文化共同体建构
——解读纪录片《我从汉朝来》

人文纪录片《我从汉朝来》在央视纪录频道播出后，赢得好评如潮。

该片以汉代重要图像史料"汉画像石"为主题线索,讲述了山东武梁祠汉画像、河南南阳汉画像馆、江苏徐州及四川等地出土的汉画像石上的故事。(见图 3-3)

图 3-3 我从汉朝来

汉画像石兴起于我国两汉时期,是由无名工匠以石为底、以刀代笔雕刻而出的艺术品。虽说是艺术,但它是一种冥界艺术,也称为"礼仪美术",主要用于墓碑、门阙、祠堂,更多的是成为墓室石壁、拱顶的一部分。这种石刻壁画具有很高的艺术性。著名华裔美国艺术史学者巫鸿认为:"我们可以公允地将武梁祠石刻画像视为一部表现人类思想的史诗性作品,在世界美术史上可以与西斯廷教堂的壁画或者夏特尔大教堂的雕塑相媲美。"①

迄今为止,全国各地已经出土了大量汉画像石,它内容十分丰富,包括神话传说、典章制度、风土人情、日常生活、家庭伦理等各方面。纪录片编导历经三年时间在中国大地上拍摄了 100 多处历史遗迹,用影像为我们讲述了画像石上的历史事件和历史人物,唤醒了我们内心深处的历史记忆。

---

① 巫鸿:《武梁祠——中国古代画像艺术的思想性》,生活·读书·新知三联书店 2015 年版,第 82 页。

一 《我从汉朝来》的影像叙事特色

《我从汉朝来》共六集，分别是《家的记忆》《汉字的荣耀》《活的像神仙》《女子为好》《宴饮》《上汉朝一课》，它所探讨的"关于家族、关于男人、关于相爱、关于宴饮、关于教育、关于生死"等问题，至今仍是作为汉人的"我们"要面对的。纪录片通过展现那个时代的生死观、伦理观、价值观以及责任与理想，使我们触摸到了那些"刻在石头上的中国文化"，而在创作手法和影像叙事方面，纪录片也表现出自己鲜明的特点。

（一）叙事视角：历史和现实的对接

作为久远的凝固在汉画像石上的历史，如何激活和唤醒现代人的情感与记忆，纪录片巧妙采用了现代和过去相联系、把历史和现实串联起来的叙事视角。总体来说，不论每集主题如何变化，基本都遵从了古代与现代相互交叉的叙事结构。画像石上故事的讲解即为历史部分，而现实世界里与此相关的人物和事件便是现实部分，每一个组合的历史和现实这两部分并不是独立展示，而是相互交替展现，以增加更密切的呼应关系。

如在第一集《家的记忆》里，武梁祠是这一整集的主要线索，它以东汉儒士武梁的故事为切入点，从而引出他为给家族和后人留下记忆而建造的武梁祠，也由此引出"家"的概念——家是成长的港湾，也是最后的归宿，是中国人永恒的庇护之所。今天的我们经历着前所未有的改变，不变的是家的温情和归属。正因为如此，我们才能深刻理解距离我们遥远的荷兰阿姆斯特丹、有着华裔血缘的余望安寻根寻祖的"情结"。她是为了完成父亲的遗愿想要认祖归宗，叶落归根。余望安整整用了十年时间才完成她的寻根之旅，而帮助她完成这一使命的是祖父墓碑上刻的"龙山"二字。余望安通过努力得知，它代表一个家族堂号，而在中国传统文化中，"每一个姓氏都有自己的堂号，这个是用来让自己知道寻根的，通过堂号知道自己的源流，知道自己的世系"。正是由于这个堂号，她终于找到福建厚宝村，回归到曾氏大家族。余望安与家族人合影这一集最后一组镜头和画面依然是武梁祠的介绍，不过这次是对武梁祠堂的复原。正如片中解说词所述："一个汉代家族，承担着传宗接代、祭祀祖先等诸多职能。生相亲爱，死相哀痛，祠堂提供了一个永恒的庇护之所。由礼到情，宗族血缘构成了传统人文的核心。"而这种"核心"，通过余望安的"寻根之旅"得到了很好的体现和传承。

再如在第二集《汉子的荣耀》中,导演先以汉画像石《季札挂剑》的典故讲述历史,强调"剑"在历史上对于男人的意义以及"剑"本身具有的寓意。镜头切换到现实世界里,引出来的便是两个现代男人因"剑"相识结缘,走上复制汉剑的道路。至此,汉朝男人以"剑"为代表的勇武、信义精神,成功流传在当今的男人身上,实现了一种血脉相连和精神一脉相承的古今融合。这种将历史事件自然而流畅地转换到现实世界的例子,在《我从汉朝来》中贯穿始终。

(二)叙事手法:故事与人物并重

近年来,随着娱乐化浪潮的日渐兴起,新闻故事化、纪录片故事化也已经逐步成为了一种不可阻挡的潮流。"讲好一个故事"成为衡量纪录片成功的必备要素。作为人文类纪录片的《我从汉朝来》,它面对的对象是如历史般静止的画像石及有丰富多彩生活的现代人,一静一动,一雅一俗,因此简单讲故事的叙事方式不能满足纪录片的需要。于是,编导们选择了现代与后现代叙事并重的方式,利用蒙太奇技巧和叙事情节,将画面、人物、故事、内容做合理剪辑整合,既追求视听效果,试图通过大量具备冲击力的碎片来激发人们的想象,又有人物作为主线不至于太过散漫,从而实现线性叙事与非线性叙事的结合。

内容的丰富性会让纪录片更加饱满立体,不仅在艺术上增加可观性,同时从价值上让片子更加有深度有内涵。《我从汉朝来》便采用讲故事及人物的双重手段来进行叙述,让人物更丰满、故事更有深意。

作为一部以汉画像石为线索的人文纪录片,《我从汉朝来》可谓充分挖掘了汉画像石上能够运用的大部分历史故事。如第二集《汉字的荣耀》中,用汉画像石《七力士图》的民间故事,将汉代男子勇武的精神面貌体现出来,用《荆轲刺秦王》表现"言必信,行必果"的大侠气节,用《汉匈战争》表达那个争当英雄好汉的"铁血时代";在第三集《活的像神仙》里,灵活运用西王母东王公的神话传说;在第四集《女子为好》中,有卓文君勇敢追求爱情的历史故事;在第五集《宴饮》中,有鸿门宴的历史典故的引用;在第六集《上汉朝一课》中,有孔子拜见老子的故事运用。这些丰富的历史故事,唤醒了我们的历史记忆。而对现代人物的讲述,导演也颇费心力:从荷兰到中国寻祖的余望安、制作《汉匈决战》公益网络游戏的康宏雷、打铁铸汉剑的龚剑和李永开、戏班里长大渴望改变人生的严丹丹、以舞剧展现女人情感的北京现代舞团创作总监高艳津子、珍视农耕文明的勤俭农民陈守斌、以古书为课本教授六艺的伏羲班等。在这里，纪录片追求故事与人物并重、历史与现实对接，但又有一条看不见的思想和情感的流动贯穿整个纪录片的主题，那就是对价值的传承和信念的坚守。

(三) 叙事策略：情景再现与数字特效并用

历史犹如过客匆匆而逝，许多历史瞬间我们已经无法重现，在尊重历史真实的基础上，调动一切可用的艺术手段，用一种似真似幻的意向性的表达方式营造过去时空，可以传递给观众一种浓烈的历史气息。这种情景再现的手法不仅弥补了历史影像资料的不足，使叙述更流畅、生动，也满足了观众对画面生动性的要求，使电视机前的观众触摸到一段段遥不可及的历史。它可以通过演员来搬演当时的情境，也可以通过空镜头来表现特定的氛围。在《我从汉朝来》中，导演多次运用情景再现的手法展现历史。在讲到汉画像石《季札挂剑》时，画面中有一群年轻人在用默剧演绎季札挂剑的故事；在讲到汉画像石《秋胡戏妻》时，一位妙龄女子扮演的秋胡妻配合故事的讲述，将秋胡妻子的遭遇演得惟妙惟肖，这种扮演能够更容易将观众代入片子。

汉画像石作为一种文物，它是处于静止状态的，不论是使用照片资料还是拍摄的实地资料，它都缺乏感染力。面对这样的难题，策划者们采用了动画技术，将静态画面变为动态，以达到真实和艺术的双重追求。注重视觉冲击力，充分发挥影像之长，是《我从汉朝来》强调的影像风格。纪实影像对现实人物的记录细腻生动。对汉画像石的解读，视效团队则特别选取了符合主题的视觉图景来增强意境，并将情景再现、三维动画的风格与之统一，力图使观众身临其境，领略"汉"的独特美学。

比如，讲到《七力士图》时，汉画像石拓片上的黑白人物变成了2D动画里的小人，在图片动作的基础上动了起来，不仅生动，还增加了片子的趣味性；而在讲到神仙、宇宙时，片子多运用3D技术，将拓片人物的羽化登仙、宇宙图的展示做得栩栩如生；在介绍沂南汉墓时，运用3D图像将墓地模型复原，更清晰直观地让观众了解汉墓的构造；在介绍汉画像石《百戏图》时，一场盛大宴会的狂欢就通过将画像石上的人物活动起来得到体现，让观众充分感受到氛围。

此外，为了更好地达到传播效果，《我从汉朝来》还引用一些影视艺术作品,既弥补了纪录片在纵深展示史料时的不足,又增强了作品的感染力。例如,在讲到康宏雷设计《汉匈决战》网络游戏时,配的是将士和战马在战场上厮杀的影视资料,恰当而贴切;在讲到荆轲和侠士形象、他们的侠义之道被汉人们推崇时,配的是一位将士一人骑马在雪地奔驰的画面,让人感受到一种侠士凌然的气势,增强了作品的艺术感染力。

(四)叙事风格:唯美与刚健并存

从整部片子的叙事风格来看,《我从汉朝来》兼具技术美学和文化诗学的意蕴。在保持素材原生态性质的同时,既注重艺术的再现,强调用真实的汉画像石现场再现,如复原武梁祠祠堂建筑的影像;也注重蒙太奇的拼接象征作用,如在讲述汉代劳作与生活时,将汉画像石《赶集》《集市》的影像与现代城镇集市的影像组接在一起。同时,为了彰显故事性和趣味性,片中加入了一些颇具形象性、观赏性的场景:如用动画技术将汉画像石拓片制作成活动的影像展现《宇宙图》《伏羲女娲图》等。而且片子始终注重对意境的营造,对唯美画面的追求。整个纪录片以黑白为主基调,既彰显了历史的厚重,又凸显画像的空灵,有一种国画的审美效果。

另外,创作者们格外重视音乐在片中的作用,使得片子的配乐也成为一种风格的体现。雄浑质朴,生机勃勃,是贯穿汉朝先民审美的主线,亦是后世所谓的"汉风"。为此,创作组特意选取了来自秦汉的古老乐器"阮"作为原创音乐的主音色,由中国民族乐团阮演奏家冯满天担当作曲并演奏,风格化的配乐亦成为这部纪录片的特质。

如当讲到汉代国力强盛时,背景音乐是庄严肃穆、强劲有力的,而讲到宴请朋友、饮食文化时,轻松愉悦的民乐又一下子让人感受到那股接地气的民风氛围;在对牌匾做介绍时,配乐古朴悠扬,是中国传统乐器;在讲到儒生追求"修身、齐家、治国、平天下"时,音乐大气而沉稳;在提到汉是崇尚武力的国家,将士们开疆拓土、抵御匈奴时,激昂快节奏的音乐赋予了画面更强的战斗力量;在讨论古人生死观时,说到汉代尊风尚赤喜巫近神,一种原始音乐配合带着神龟面具跳原始舞蹈的表演画面,将生死的神秘感渲染到位;在讲秋胡妻勤劳美丽时,音乐是一种柔美悠扬的氛围,而在讲到秋胡妻投河而死时,音乐立刻变得凄凉悲壮但又不失大气。各种音乐风格的巧妙融会,让纪录片呈现出一种别样的美感。

二 "礼仪美术"的文化传播价值

在我国汉代历史上，有两部史书巨作流传至今：一部是司马迁用笔撰写的《史记》，另一部则正是汉代的石匠们用刀镌刻的史记——汉代画像石。文化巨擘鲁迅曾对它们有着强烈的关注与叹赏，将前者称为"史家之绝唱，无韵之离骚"，而赞美后者"惟汉代石刻博大沉雄""图案美妙绝伦"。不过，汉画像石的独特之处是因为它是"礼仪美术"，"它从属于各种礼仪场合和空间，包括为崇拜祖先所建的宗庙和墓葬"，"一方面与日常生活中使用的视觉和物质形式不同，另一方面又有别于魏晋以后产生的'艺术家的艺术'，后者以作为独立艺术品创作和欣赏的绘画和书法为主。礼仪美术大多是无名工匠的创造，所反映的是集体的文化意识而非个人的艺术想象"[1]。因此，这种雕刻在汉代墓室、祠堂等建筑物上的汉画像虽然深埋地下，但"实质反映着特定文化世代下的思维结构，承载了共同体的集体意识与情感认同，乃至人生理念、生命信仰"[2]。据专家考证，武梁祠祠堂画像的布局呈现规范化和象征化特点，画像由上而下依次展现出汉人想象的天上、神仙、人间和地下四层的宇宙空间。而大量的"惩恶扬善"的历史故事画像又成为再现忠孝节义的"礼教图式"。"祠堂图像是祭祀典仪的媒介之一，在祭祀仪式中，石刻画像实际扮演着一种伦理性、历史性与悼念性的功能。"[3] 如汉代崇尚"以孝治国"，"孝"是汉代价值观的核心，孔子最著名的弟子曾参就是"以孝为本"得到人们的称颂。同时，"丧葬艺术本身即是行孝的手段和结果"。从刘向的《列女传》中我们可以看到那个时代人们对女子的要求：贞洁孝道，温顺贤德。反映在汉画像石上，《秋胡戏妻》《梁高行自劓》正是那个时代伦理道德观的体现。"其他如门阙上车骑出行图像、历史故事图像、仙禽异兽仙人图像等，盖用以隐喻死者灵魂升仙的旅程，是死者灵魂穿行阴阳阈限空间必要的基本组件"，既体现了"灵魂不死"、逝者永生的信念，也表露了生者对"不死世界永恒乐园的建构"。

---

[1] 巫鸿：《礼仪中的美术》，生活·读书·新知三联书店2016年版，第2页。
[2] 郑文惠：《礼教图式与死亡信仰——东汉武氏祠历史故事画像之文化叙事新论》，《励耘学刊（文学卷）》（台湾）2010年第1期。
[3] 同上。

当著名汉画研究专家蒋英炬和他的学生将逝去近两千年的武梁祠复原展现在我们面前时，我们的确感受到片中所说的"武梁祠像一个永不磨灭的信物，保守着传承的诺言，穿越时空与今天的我们再次相遇"。作为祭祀祖先神灵的祠堂不仅"是展现宗法共同体意识与情感认同的一种文化建制行为；更具体表现为宗法社会集体主义所推崇孝道伦理的一种文化展演"。①

三 历史文化的认知价值与认同建构

可以说，"汉"不只是一个朝代，也不只是一个名词标记，它承前启后，奠定了华夏民族的文化秩序、精神底蕴。迄今为止，中国人仍自称汉人、写汉字、说汉语、敬好汉，这条自汉朝以来的文化血脉从未间断过，作为最早记录中国人社会生活图景的汉画像石，就来自这样的汉朝。

《我从汉朝来》的拍摄，带世人走进汉画像石的世界，让观众充分认知汉画像石的历史观点和人文指向。在影像的引领下，我们看到了汉画像石背后隐藏的历史内涵——武梁祠内关于"帝王诸侯、圣贤名臣、刺客豪侠、孝子贤孙、节义善士、贞妇节女"的记录，这些历史故事画像"作为宗法共同体道德意识形态认同的礼教文本，透过神圣化的礼仪形式与仪式行为，自然使宗法共同体在现实世界里记忆复归并进而传递典范，从而更凝聚、强化宗法共同体的情感认同和道德意识"。②

汉画像石既是一部形象的汉代生活百科全书，也是中华民族精神的生动描绘和结晶。汉代国强民富，生产力发展迅速，孕育出了厚重的汉代文化，使汉代文化具有包容性、开放性、辐射性等特点。汉画像石内容包罗万象，既有社会历史故事也反映了当时的建筑、雕刻、绘画、生产、科技等，如我们从第5集《宴饮》中的《播种》《狩猎》《酿酒》《酒肆》等汉画像石中就能看到当时的田耕、弋禾、织布、酿酒、制盐等劳作场面；从《百戏图》（见图3-4）中我们可以了解到当时流行在汉代的十多种杂技，如"刀山走索""飞剑跳丸""载竿"等；从汉代的"急就章"中我们可以了解到当时的教育内容及对教育的重视程度；从《孔子见老子》

---

① 郑文惠：《礼教图式与死亡信仰——东汉武氏祠历史故事画像之文化叙事新论》，《励耘学刊（文学卷）》（台湾）2010年第1期。

② 同上。

中我们可以看到对孔子的推崇等。

图 3-4 百戏图

可以说，纪录片中每一幅汉画像都为我们展示了汉代人的追求与思想包括寻仙求道、灵魂不死、忠义诚信等。就连徐州狮子山出土的楚王尸体上所穿的金缕玉衣也在表达着汉人对"玉"的崇拜思想。古人认为玉能生肌，保护死者肉身不坏，同时，玉器能够抵挡邪气、避免尸体遭到恶鬼侵扰而腐烂。类似如此信念和理想，使我们对汉代的历史有了一种更深层次的理解和认知。在古代中国，人们有着"事死如事生"与灵魂不死的信念，因此社会崇尚"厚葬"习俗。"祠堂是作为祭祀祖先神灵之所，祠墓之祭即是透过血食敬享的方式联系人间与祖先神灵的重要纽带。"[①] 中国著名学者葛兆光在《中国思想史》中也指出："墓葬、宗庙、祠堂和祭祀活动就是通过对已逝的祖先和亲人追忆和纪念，来实现亲族联络、血缘凝聚与文化认同。"[②]

作为中国历史承前启后的关键时代，汉代奠定了中国的文化格局，虽

[①] 郑文惠：《礼教图式与死亡信仰——东汉武氏祠历史故事画像之文化叙事新论》，《励耘学刊（文学卷）》（台湾）2010 年第 1 期。

[②] 葛兆光：《中国思想史》（第二卷），复旦大学出版社 2001 年版，第 24 页。

然刚健雄阔的汉王朝已离我们远去,但那些汉人的故事和信仰深深镌刻在石头上、展现在汉画像中,透过它们我们可以窥见汉民族最深沉的价值情感和精神脉动,借助影像媒介可以唤醒我们对汉文化的久远记忆与文化认同。

"历史是通过回忆对过去进行现在化的普遍的文化实践,它的目的在于:在现在的环境中确定自己生活实践的方向,并用未来的视角来看待自己的生活实践。"[①] 汉画像石体现的汉朝人所珍视的价值,如对家的热爱和珍视;男性的阳刚、忠义、责任;女性的牺牲、奉献、包容;对生命的豪放乐观态度;昂扬奋发的开拓进取精神等,正是我们应该继承和传承的,而这也是编导的初衷:"借助汉代画像石等材料,在中华大地上寻找汉文明留下的文化传统与生存智慧。让我们在传统和变革中重新理解自己,校正前行的方向。"

在这个快速发展、变革的社会和时代,人们的生活方式和价值观经历着前所未有的激烈变革。我从哪里来?我们要到哪里去?我们应该有着怎样的生活态度?我们应该传承发扬怎样的价值传统?这是每个中国人都应该认真思索的问题。总导演徐欢在导演手记中说:"如果能让我们隔着两千年的时空,找到曾有的风发意气与恒久自信,能让我们在匆忙、机械的平凡生活中找到自己的精神家园,能让我们和父辈、孩子更加从容地展开对话,那么亲近历史,理解古人,便有了更多了解自己的可能。"而纪录片《我从汉朝来》无疑做到了这一点。

四 现实的反思与启示

作为中国文化的"一个轴心时代",汉朝的荣光深植于国人历史记忆,更成为破解中华文化基因的重要密码。纪录片《我从汉朝来》让现代人深刻地认识了历史和文化,而这正是汉画像石的历史价值、文化价值与审美价值所在。当然,汉画像石的史料价值远不止让世人了解汉代社会的方方面面,更重要的是,它是汉代社会形象的文化标记,是保留我们民族文化记忆的重要媒介,更是我们文化认同的重要代码。透过《我从汉朝来》的镜头,我们领略到汉代的伟大精神,更感受到我们传

[①] [德] 约恩·吕森:《历史思考的新途径》,綦甲福、来炯译,上海人民出版社2005年版,第130页。

统文化的魅力,从而激发一种文化自信。当刀剑收藏者龚剑和冷兵器收藏者李永开热衷于复原铸造汉代的各种剑时,我们可以感受到他们对汉代那种张扬血性、勇于担当、崇尚信义精神的向往;当那个叫"张四维"的老师以自己的名字坚守"礼义廉耻"的价值准则,当海外华人余望安跨越千山万水、不辞辛苦来寻根问祖时,我们可以感受到传统文化的魅力和影响。

然而,现实中也有许多令人反思和批判的地方。如第一集中匾额的收集者杨芳痛心疾首地对我们诉说:"当象征家族名片的匾额被遗弃、被当作脚踏石、当作猪圈门的时候,其实是一件很悲哀的事情。"《荆轲刺秦》(见图 3-5)是汉画像石里的经典故事,而今天燕赵大地上一个名叫"荆轲"的村庄里很多村民已经不知道这个名字了,他们不知道两千多年前荆轲所承载的"信义"光辉照进了无数汉代男子的内心,激励了无数汉代青年行侠仗义,壮怀激烈。他们早已淡忘了故乡的荣耀,好像一切都与自己的生活无关,而这种麻木和混沌正是作者要批判、我们要反思的。

图 3-5 荆轲刺秦

可以说,汉画像石作为中国最重要的代表性文化遗产之一,其价值和意义还远未被世人认知。纪录片《我从汉朝来》为我们提供了很好的机会,它使我们在历史的遨游中获得启示,在古人的思想中得到启发,在领略汉代人的生活、观念等一切的时候,也能回看我们自己的世界,反思我们自己的行为。爱德华·希尔斯在《论传统》一书中认为,"传统对人的行为之所以具有规范作用和道德感召力,都是由于传统被人们赋予了神圣的或超凡的特质"①。这样的传统在认知和流传时,需要通过人们的历史感去探寻并传承。《我从汉朝来》以画像历史为对象,以人物现实为坐标,在穿越时空的对话和对接中,竭力挖掘其历史价值与当代意义,在增进现代人对汉代文化精神和艺术精神理解的同时,也增加了人们对历史的认知与认同。它启迪和振奋我们,并给我们注入前行的动力和力量,以此去创造更伟大的辉煌,实现中华民族复兴的"中国梦"。

第三节　中国国宝的言说叙事与共同体建构
——解读微纪录片《如果国宝会说话》

大型系列纪录片《如果国宝会说话》于 2018 年 1 月 1 日起由央视纪录片频道播出,该片采用微纪录片形式,用全新的视角与方式解读国宝,每集五分钟共一百集,分为四季播出,目前第一季已播放完毕。器物,是文明的组成与载体,中国早期器物以陶器、玉器、青铜器为主,除了表征与承载着中华文化与精神,同时也是一种媒介,沟通着天与人,历史与现代,发挥着媒介的交流记忆功能。然而现代社会的快速发展,使历史与文化的记忆逐渐模糊,无论是器物的象征功能还是媒介功能都在淡化,因此让文物"活"起来,展示其中所蕴含的价值与秘密,正是拍摄制作《如果国宝会说话》的意义之所在。

《如果国宝会说话》的第一季 25 集介绍了从新石器时代到秦朝的文物。一集只用五分钟讲述一个文物,把平日陈列在博物馆中冰冷的国宝通过电视,网络呈现在观众眼前拉近观众与国宝的关系。国宝作为一种器物本身便有着叙事的功能,而纪录片中影像的叙事与创作手法便配合了国宝自身叙事从而达到使国宝"说话"的目的。

一　从器物言说到影像叙事

纪录片与国宝的结合并不新奇,但由于大部分纪录片的功能是非娱乐性质以及在日常生活中人们接触了解国宝机会过少,在许多观众心中对两者仍留有严肃而沉闷的刻板印象,而《如果国宝会说话》大胆尝试,从

---

① [美]爱德华·希尔斯:《论传统》,傅铿、吕乐译,上海人民出版社 2009 年版,第 17 页。

叙事手法到叙事策略一改以往纪录片传统风格，"轻松"传播国宝文化。

（一）叙事手法：点与面的结合

《如果国宝会说话》每集虽然只有五分钟，介绍一个文物，但为了能在有限的时间内尽可能去展现国宝以及背后所承载的文化、历史、精神，在叙事方面多采用点与面的结合，点与面的结合在该纪录片中更有双重含义。

其一，在介绍国宝的层面，一集以一个文物为中心点而展开叙述，但为了使片子内容与内涵更为丰富精彩，导演在某些选集中也加入了可以与主讲文物形成类比或对比的辅助文物，在第一集中主要为观众展示了人头壶，但同时也简单展示了人面鱼纹彩陶盆、人头型器口彩陶瓶等与人头壶有着相似处的陶器从而使镜头画面更丰富，也揭示了世界各大古老文明的觉醒大约都从人像艺术的诞生开始。

其二，在讲述国宝的层面，以国宝背后的故事为主线的同时也延伸出国宝前世今生所承载的精神与文化，向观众展示了人物与器物、器物与历史的结合，不仅达到国宝言说自身故事的目的也增强了观众对国宝内涵的了解。

《妇好玉凤》一集中，玉凤带观众回忆起中国一名伟大女性妇好的历史记忆。"殷契是凤的后裔"，殷商崇信玄鸟，因此商代玉器、青铜器上便有诸多凤纹图案。玉凤属于商王武丁的王后妇好，是商王后的象征。妇好墓随葬品非常丰富，仿佛可以看见一个爱美又讲究生活品质的女性，正如玉凤般雍容华贵。妇好作为王后和女将担当家国事业，作为妻子与母亲，她又温润如玉，堪称完美女性的典范。纪录片正是通过影像展示与妇好息息相关的器物让观众有幸认识三千多年前的一位传奇女性，玉凤正恰似她优美的风姿定格在历史的风景线上为后人所敬仰，成为解读妇好的一把钥匙。（如图3-6）

以主讲国宝为点，辅助文物为面，国宝故事为主，国宝延伸出的文化、精神为面，点面结合以促进观众对国宝的认知。

（二）叙事风格：唯美与活泼的结合

《如果国宝会说话》并不是纯科普性质的纪录片，也是对纪录片轻松化，受众年轻化的探索，本片的叙事风格并不单一，除传统纪录片严肃的叙事风格之外又有唯美与浪漫，活泼而鲜活的元素注入其中。

在《莲鹤方壶》一集中当介绍至方壶顶部的荷花与仙鹤时画面色调

图 3-6　妇好玉凤

由暗沉变为明亮，镜头中成片荷花与单只仙鹤相得益彰，古朴的箫声配合诗经解说古色古香。画面、解说、音乐三者相互渗透营造出唯美浪漫的气氛。而在《鸮尊》（见图 3-7）一集中对鸮尊的解读则选择了活泼俏皮的方式，配乐变得欢快活泼，解说词简明扼要轻松幽默"乍一看，会觉得这是一只蹲着的狗，其实不是，他的名字是鸮尊"，"有网友调侃，早在三千年前的商代，中国人就已经发明了愤怒的小鸟"。片中无论是唯美还是活泼的风格都是用戏剧化的方式引领年轻人，加入年轻一代人所熟知元素，吸引更多年轻人去了解中国的国宝，中国的文化，也提升了传播效果。

（三）叙事策略：制造悬念与运用多种视听手段

《如果国宝会说话》区别于其他纪录片的一点是在每集的大标题后都会设置一个副标题，例如：寻龙诀、凤凰传奇、国之重器等，副标题设置的字数，风格均不同，引起观众好奇心制造悬念。《红山玉龙》一集的副标题为"寻龙玦"由于和一部电影片名同音，第一反应并不会在"龙"字上思考，但配合影像与解说词：玉龙形象的演变体现了历代审美风尚的继承和延续，龙的形象，回归到蜷体的玦，这个蜷曲仿佛婴儿在母体内的形象，几乎成为最古老的器物雏形。揭示副标题的奥秘。为了吸引不同年

图 3-7 鸮尊

龄段的观众观看,并且使纪录片与国宝均达到传播传承文化与文明的在影像方面本片也别出心裁采用多种方法。

首先在《殷墟嵌绿松石甲骨》一集中,把许多甲骨文做成动画形象,用 2D 动画展现了一位商朝男子一天的生活,往日枯燥无味的甲骨文此刻变得幽默形象。片子中 3D 动画的运用更不胜枚举,例如《后母戊鼎》一集中学者们根据鼎身合范后的范线推测出制作方法的几种可能性时选择使用 3D 动画,配合解说词直观的向观众展示后母戊鼎的制作方法。

其次,纪录片还运用了三维全息摄影技术,《大克鼎》(见图 3-8)一集中拍摄团队运用此技术采集到文物的完整信息并以此建立超高清的三维模型,许多正常视角无法看到或者忽略的细节将被一一呈现,使观众 360 度观察国宝。

最后,微距拍摄也是该纪录片常用的手法之一。微距拍摄,可以把国宝细小的纹路展示出来,多角度展示国宝美轮美奂。并且微距拍摄配合画面镜头的快切造成视觉冲击力,不易造成观众视觉疲劳。

注重影像表达的同时导演在音乐的使用上也十分重视,配乐把诸多中国传统乐器如笛、鼓、编钟、筝等声音加入其中与国宝的历史感、厚重

图 3-8 大克鼎

感、神秘感相得益彰,音乐节奏与纪录片内容情节相互配合引人入胜。在《太阳神鸟金箔》一集中音乐随着剧情变化时而神秘悬疑时而轻松欢快,不同风格音乐相互穿插使观众心情随着音乐的变化跌宕起伏,不同风格的音乐组合也使纪录片呈现出别致的美感。当下传统文化纪录片平铺直叙的讲述已经很难吸引观众但《如果国宝会说话》的诸多新尝试使纪录片也逐渐向"轻松"的传播媒介改变。

二 从器物媒介到器物文明

当器物作为一种媒介时作用便不同于日常用具,它用实物、符号或思想等不同形态伴随着从古到今的社会生活,《如果国宝会说话》中每件文物都可以作为一个时代的坐标,凝聚着独属于时代的文化、精神、社会意识形态,通过器物自身的叙事与影像的结合串联起中华文明的发展史。

该片首先为观众展示距今有 7800—9000 历史的贾湖骨笛,这是中国出土最早的乐器,从五孔骨笛到七孔骨笛的变化展现出中国音乐文明的进化。然后介绍了代表仰韶陶文化、龙山文化的人头壶、蛋壳黑陶杯等陶器。在考古文化中,一方面西部仰韶文化以彩陶图案进入东部各地,另一方面东部的玉器进入到西部各地,最后是玉器成为了东西南北中古礼的核心,成为通灵的共宝。① 向观众展示出独属于中国的玉器时代。

纪录片选取了具有代表性的玉器:凌家滩玉版玉龟、红山玉龙、良渚玉琮王(见图3-9)展现了玉器从低级石器向高级玉器的过渡,从巫玉神玉到礼玉的内涵转变。使观众了解到处于玉器时代鼎盛期——距今

图3-9 良渚玉琮王

5000—5600年的凌家滩文化、红山文化以及良渚文化。中国古代文明一个潜在的、核心的内容——"礼"的形成与完善,则与祭祀天、地、神、祖有着极为密切的关系。② 而红山文化及其时代相近的史前文化在祭祀用玉等方面形成的一系列制度为我国古代文明中礼的形成奠定了基础。诸多的史前文明不仅反映了发达的玉器文化更是体现了玉器对中国文明产生的促进作用。玉石崇拜和神话信仰现象(即"玉教"),作为史前玉器时代的文化大传统要素是中国史前文化大传统在数千年间孕育的最重要精神遗产,它对文明国家的物质文化和精神文化分别起到拉动经济和引领核心价值观的重大文化功能。③

同玉器一样,青铜器是中国历史文物重要门类之一,它的使用也标志

---

① 张法:《玉:作为中国之美的起源、内容、特色》,《社会科学研究》2014年第3期。
② 朔知:《从凌家滩文化看中国文明的起源》,《安徽史学》2000年第3期。
③ 叶舒宪:《玉教神话与华夏核心价值——从玉器时代大传统到青铜时代小传统》,《社会科学家》2014年第12期。

着古代社会由野蛮跨进文明。中国的青铜时代从公元前2000年左右到公元前500年左右，始于龙山时代，在夏、商、西周、春秋不断发展。其发展表现为：分布更加广泛，器种基本齐备，纹饰日趋复杂，铭文开始出现。①

纪录片《如果国宝会说话》选取了多达十件的青铜器向观众展示，中国古代曾制作出诸多独一无二的青铜器。中国青铜器制作精美，具有高度的艺术和科技水准，品类众多大致可分为兵器、饪食器、酒器、水器、乐器、杂器应用于社会生活的各个部分，其中饪食器、酒器、乐器多作为礼器使用成为中国礼乐文明的载体同时承担起政治传播功能。除此之外中国的青铜器更是具有其他文明器物所没有的特点——在器体上铸刻铭文，内容多为王室的祭典与戎事。体现出中国青铜器的一大特点即一种重要的文化传播媒介。从古代看，中国青铜器作为汉字的媒介载体促进了汉字文化的形成与统一，同时所记录的历史事件也留存着民族的历史记忆，对中华文明的进程产生重大影响作用。从现代看，铭文是十分珍贵的史料，对于研究古代的历史与文化以及书法的发展都具有很高的价值。而青铜器所记载的历史事件对于中华文明的延续与传承也具有重要意义。《如果国宝会说话》中便通过影像利用何尊、利簋、大克鼎等青铜器把商周的礼乐制度与中华汉字文明从金文、铭文再到篆书的发展历程跃上荧幕增强观众理解度。

片中所展示的都是具有时代指向性并且反映生产力水平、时代精神、文化传统的文物，随着集数的增加文物所属年代不断递减的向现代靠近，为观众梳理认知中华文明发展脉络，让观众见证中华历史变迁，使观众产生心灵震撼。

三 从器以藏礼到器以载道

"信以受器，器以藏礼"，祭器与礼器的出现是中国古代礼仪活动的基础。礼器一方面作为器物是仪式的组成部分构成了神圣的氛围，另一方面也展示出了进行礼活动人物的身份地位。而玉器、青铜器正是上古时代中的重要礼器，可用于祭祀沟通上天与神灵，因此，玉器与青铜器是作为沟通人与神之间的媒介。

---

① 李学勤：《青铜器入门》，商务印书馆2013年版，第27页。

上古先民的巫术礼仪活动以神为中心，以玉器为最高规格的物质表现形式，展示了最原始的玉崇拜。在红山文化时期，干旱成为了先民生存的威胁，当干旱季节来临，部落便聚集在一起请巫师用猪龙等礼器与上天的神灵沟通祈求下雨。先民将玉作为人通过巫与神沟通的媒介，同时猪龙也象征着巫师在部落中至高无上的身份。利用玉礼器来进行类似于祈福、祈雨等礼仪却是中国古代国家礼仪的"前奏"。巫术礼仪发展成为行政典章，原始歌舞演变为文艺创作以至最终成为正规的国家典章——《周礼》。①

　　青铜器文化在夏商迅速发展，由于夏商朝的社会生活仍充满了宗教色彩，所以在那时青铜器的主要功能还是作为祭器通过祭祀沟通人与鬼神。

　　进入商周以后随着礼制的发展与完善，玉器向礼玉转变，青铜器的宗教色彩也逐渐淡化发挥其政治功能与周礼法挂钩。玉器与青铜器便作为古代礼文化的外在表现形式与载体见证了周朝礼乐制度的形成并传播，对于礼乐文化的传播发挥了重要作用。

　　玉器方面，通常是作为祭祀仪式的用具。据《周礼·春官·大宗伯》记载："以玉作六器，以礼天地四方。以苍璧礼天，以黄琮礼地，以青圭礼东方，以赤璋礼南方，以白琥礼西方，以玄璜礼北方。"② 古人信奉天圆地方便使用圆形玉璧礼天，方形玉琮礼地，而玉琮的内圆外方的独特造型也表示着天和地，中间的穿孔表示天地之间的沟通，玉琮不同的纹路图案带有高度的崇拜性，也传递出古人天人合一的思想与对天、神的敬畏。同时玉琮也是权势和财富的象征，墓葬中琮与璧伴出，墓主身份越显赫，殉葬品中的琮、璧就越多。用玉传统方面，据《礼记·玉藻》记载："天子佩白玉而玄组绶。公侯佩玄玉而朱组绶。大夫佩水苍玉而纯组绶。世子佩瑜玉而綦组绶。士佩瓀玟而缊组绶。"③ 天子，公侯，大夫，太子，士分别佩戴不同颜色质地的玉和绶带以表示身份地位的不同。

　　在纪录片《如果国宝会说话》《玉组佩》一集中解说词："西周的人们严格遵照等级，将礼制体现在服饰上。佩戴玉组佩的人，节不缓行，身

---

① 李泽厚：《美的历程》，文物出版社1981年版，第33页。
② 杨天宇：《周礼译注》，上海古籍出版社2015年版，第280页。
③ 杨天宇：《礼记译注》，上海古籍出版社2016年版，第379页。

份越高贵，身上的玉组佩便越长越复杂，走路的步伐就越小，走得也越慢。"的配合下为观众用影像叙述了西周的用玉制度。

青铜器方面，在商周礼制形成过程中，用鼎制度具有核心地位。鼎是青铜礼器中的主要食器，有烹煮肉食、祭祀、宴飨等用途。严格的用鼎制度彰显使用者的身份、地位、权力也无形中使人们形成礼乐思想，青铜材料本对应着礼的庄严齐一，凝重厚实。何休注《春秋公羊传》："礼祭，天子九鼎，诸侯七，卿大夫五，元士三也。"身份不同，礼数各异。除鼎之外，簋在商周时期也是重要的礼器。在西周时代，它和列鼎制度一样，在祭祀和宴飨时以偶数组合与以奇数组合的列鼎配合使用。① 在《利簋》一集中，导演利用平面动画生动形象地展示出簋的等级使用规则。天子在祭祀，宴飨，随葬时使用九鼎八簋，诸侯七鼎六簋，大夫五鼎四簋，以此类推不能越级使用。自此后 3000 多年，礼乐成为中国人的思想准则和行为规范，中华民族自誉的"礼乐之邦"也由此而来。

器以藏礼除了文化意义也具有其哲学意义，而哲学意义便是"器以载道"。器以载道是中国传统造物意境，通过形态语言，传达出器物所蕴含的趣味和境界，给人以愉悦的审美体验。《易传·系辞上传》曾云："形而上者谓之道；形而下者谓之器。""器物"不仅以形式语言的形式体现古人对形式美的认识，更通过有形之"器"传达无形之"道"，从而突破了"器物"的普遍物质意义，达到追求人生价值的精神意境。② 如人头壶既是壶，也是人的身体。先民用人形陶器来塑造另一个自己，将人形陶器作为自身的延伸，人通过仪式把自我形象诉之于神，之后又将自身的形象融合于陶器，陶器便把人与神合为一体融入器物本身，人类便开始了对自我的凝望，这些古人参照自身捏塑出的形象，比他们的制作者拥有更漫长的生命，是先民们对自身的探索更是从生与死衍生出对宇宙的一种探索。

四 从文化记忆到文化认同

首先，器物也是一种媒介，尤其是"古董"，往往是历史记忆的携带

---

① 马承源：《中国青铜器》，上海古籍出版社 2014 年版，第 112 页。
② 杨先艺、周蕴斐、王琴：《论中国传统造物的"器以载道"思想》，《理论月刊》2006年第 12 期。

者，连接着一个政治的、象征的、情感的或者文化遗产的网络。① 长时段的传播便为传承，每一件国宝都是中华文明厚重的承载，留存着属于中国人的历史文化记忆。《如果国宝会说话》通过国宝的自叙与他叙，激活历史唤起观众的历史与文化记忆。例如，在《何尊》一集中，讲述了"中国"二字的由来，考古学家在 122 字铭文里发现"宅兹中国"四个字的时候，这是关于中国一词最早的文字记载。宅兹，是居住在这里的意思。在城邦的中心会树立旌旗，金文的中字由此而来；家园需要有护城河阻挡外来入侵，并在军队的护卫下才能得以安宁，因此金文的国字有兵戈守护。三千年历史演进、朝代更替，"中国"一词从地理中心、政治中心派生出文化中心的含义，继而又被赋予了王朝统治正统性的意义。中国一词正唤醒了观众作为中国人的文化历史记忆。

其次，《如果国宝会说话》通过影像与解说叙述中国传统元素，构建属于集体的文化记忆。文化记忆关注的是过去中的某些焦点，但"过去"不能被依原样全盘保留，通常是被凝结成了一些可供回忆附着的象征物。②《红山玉龙》（见图 3-10）与《妇好玉凤》两集分别引出中华民族所共同崇奉的图腾——龙与凤。伴随特定的地域文明发生而产生的特定神话信仰观念，占据着异乎寻常的地位，对该文明的所有成员——从社会最高统治者到最下层平民，都发挥着潜在的行为支配作用。而正是支配作用潜移默化的产生了认同作用，从原始氏族社会时期到现代社会，龙凤一直活跃在人们的视野之中，龙凤文化是中国传统文化的两翼，从不同方面呈现出了中华文化，龙多用于象征天、帝、权力、威严等。凤则多象征着地、后、智慧、富贵。龙代表中华民族不畏艰难的一面，凤代表着中华民族仁慈、智慧的一面，龙凤文化相互补充又相互渗透演化着中华文化。从审美角度，龙凤无疑是中华民族公认的美的代表，它们的形象反映了各氏族各部落的团结统一。它们的美体现了中华民族最为看重的一种品质即"和合"的品格。③ 龙与凤是每个中国人血液里图腾烙印构建着属于中国人的记忆，使观众对文物背后隐喻

---

① 潘祥辉：《传播史上的青铜时代——殷周青铜器的文化与政治传播功能考》，《新闻与传播研究》2015 年第 2 期。
② 扬·阿斯曼：《文化记忆——早期高级文化中的文字、回忆和政治身份》，金寿福、黄晓晨译，北京大学出版社 2016 年版，第 46 页。
③ 陈望衡：《中国古典美学史》（上卷），武汉大学出版社 2007 年版，第 10 页。

的中华文明发生情感转变从而产生文化认同。

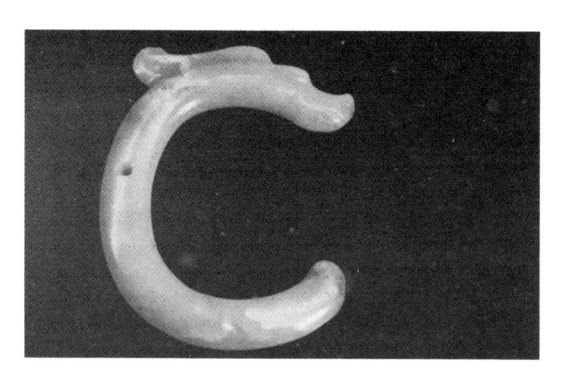

图 3-10 红山玉龙

最后，纪录片还通过国宝讲述中华文明的同时类比其他外国文明，在类比中彰显中华文明之独特，在独特中建构认同。在《三星堆青铜神树》一集中由三星堆青铜神树的树型过渡到讲述大树在各大文明神话中都是天地之间的灵物，画面配合解说词向观众展示了亚述国的圣树与有翼日盘，北非腓尼基圆筒形印章上圣树与太阳纹饰以及西亚米坦尼印章上的日——树纹饰等，三者与三星堆青铜神树的共性在于表征树形物有通天的功能，树立天地，生命之树成为人类一个古老的象征，反映出不同文明不同民族所共有的宇宙观。不同之处在于三星堆青铜神树树体加入了中国独具的龙的造型以及中国古代传说中扶桑、建木神树的特征，其中蕴含着来自中国远古独有的文化记忆是其他文明所不曾呈现的。

纪录片《如果国宝会说话》以文物连接文明脉络构成了中华文化的视频索引，绽放出中华文明的光彩，激发建立在五千多年文明传承基础上的文化自信，使优秀的文化基因，价值观念砥砺每一位中国人不断前进。同时《如果国宝会说话》对纪录片年轻化，轻松化进行探索，成功达到传播中华文明与文化的目的与以往严肃性较强的历史类纪录片形成鲜明对比，对历史文化类纪录片的拍摄与制作具有启迪性作用。

第四节　中国汉字文明的历史叙事与共同体建构
——解读纪录片《汉字五千年》

汉字是中国文化的根，是中国文化的旗帜，更是整个华夏民族的精神载体。几千年来汉字在世界各民族文字中独树一帜、历久常新。随着我国综合国力日渐强盛,汉语国际推广事业也开始起步。汉字作为中华文化的载体,更需要得到传承与弘扬。纪录片《汉字五千年》(见图3-11)就

图3-11 《汉字五千年》海报

是为推广汉文化而制作的。该片历时两年拍摄而成,于2011年5月在央视播出。其制作班底由曾制作过大型纪录片《大国崛起》和《晋商》的主创人员组成。《汉字五千年》呈现了波澜壮阔的语言文化发展史,勾勒出中国历史文化发展的清晰脉络。全片包括《人类奇葩》《高天长河》《霞光万道》《华夏心灵》《翰墨情怀》《天下至宝》《浴火重生》《芳华永驻》八集内容。每集都有一个侧重点,从汉字的起源、汉字的发展、演变,汉字的传播等各个方面展示了汉字的悠久历史以及得以传承至今的根本。通过文献资料、考古研究、访谈调研等多种表现形式,探索汉字的起源与发展历史,展现灿烂悠久、博大精深的中华文化和不朽的民族精神。也让我们在"汉语热"的狂潮中保持冷静的头脑,发现热潮背后的本质——只有不断裂的文字才能承载不断裂的文明和民族精神。

一 汉字文明中民族文化精神的当代解读

要想深刻理解民族文化精神,就不得不先理解"文化"二字。"文

化"一词，在中国古代本指"文治教化"或"以文教化"，与"武力征服"相对举。《周易·贲卦》中"关乎人文，以化成天下"，可以看作是对"文化"最原始的提法。对现代学者而言，文化一词的解释又可以分为广义和狭义。广义的文化可以理解为"是人类社会所特有的现象，是以人的活动方式以及由人的活动所创造的物质产品和精神产品为其内容的系统。人类活动作用于自然界，产生了物质文化；作用于社会，产生了制度文化，作用于人本身，产生了精神文化"[1]；狭义的文化则"是指人类通过创造性的活动而获得，并积淀在特定的民族中的，以价值观为核心的情感、信仰、习俗等行为方式和规模范式，以及观念意识等生存式样的系统"[2]。

众所周知，任何一种文化的产生，都离不开特定的自然条件和社会历史条件。中国文化的产生与发展自然也是与环境、社会历史分不开的。我国处在半封闭性的大陆地域，并长久的以小农经济为主要经济生产方式，这使得中国文化深深地根植于农业社会。作为维系社会秩序纽带的宗法制度和专制制度也在中国文化中打上了深深的烙印。这样的一种自然条件和社会历史条件，都使得中国文化有着非凡的包容汇通精神、以人为本的人文精神以及天人合一的尚"和"思想，这种精神给予了整个民族文化无与伦比的生命力，而这种民族文化精神便是以汉字为载体得以传承和延续的。

汉字既是中国文化的重要文化事项，又是中国文化中其他文化事项的主要载体。汉字与其他民族文字一样，是记录和传播文化的一种符号系统。但与其他文字不同的是，汉字作为世界上最古老的文字之一，是唯一传承下来并且至今都在使用的文字。汉字起始于约5000年前的大汶口文化晚期，逐渐定型于夏商之交，相对成熟的文字资料甲骨文，距今也有3000多年的历史了。在漫长的历史发展中，汉字形体经历了古文字阶段和隶楷阶段，经过隶变和简化演化成为今天的汉字。汉字是构成中华民族的砖石，是汉文化精神的集中体现。

---

[1] 周洪宇、程启灏、俞怀宁、熊建华：《关于文化学研究的几个问题》，《华中师范大学学报》（哲社版）1987年第6期。

[2] 林喆：《论传统文化在现代化生存的可能性》，《云南社会科学》1988年第4期。

二 《汉字五千年》的影像叙事与传播

纪录片《汉字五千年》呈现了波澜壮阔的语言文化发展史，勾勒出中国历史文化发展的清晰脉络，也将中华民族的文化精神通过汉字的演绎淋漓尽致地表达出来。具体而言《汉字五千年》所展现的民族精神具体体现在以下几个方面。

（一）叙事结构映射理性精神

"电视纪录片的叙事结构是一种形式存在，但它的存在意义并不仅仅只是展现内容，更多的、是一种价值和意义的体现。电视纪录片的记录是创作者'选择'的结果，这种选择是承载并体现了某种'意义'，这种意义既是创作者思想观念的体现，同时也是其观照自我、观照人生、观照世界的体现。"[①] 追溯汉字的历史，从贾湖遗址的贾湖刻符算起，到殷商甲骨文、西周金文、秦篆汉隶楷书、直至今天的简化的汉字。八千年的历史要浓缩进仅8集400分钟的纪录片中实在是一件困难的事情，但是《汉字五千年》着实做到了，并且用一个个汉字构建精巧的叙事结构。

首先，象形文字成为影片一以贯之的呈现方式。人类文字最初都发源于象形这是一个普遍规律，然而在文字符号化的过程中作为形音义统一体的文字出现了两种不同的发展方向。表意文字和拼音文字成为世界文字代表两种发展趋势且并存的文字系统。汉字的形体构造，传统有"六书"之说。"六书"是指：象形、指事、会意、形声和转注、假借。而在这其中象形是根本。汉字以义构形，以形索义，既具有形象、象形性，又兼具高度抽象的符号功能。这使得汉字成为表意文字的唯一典型代表。汉字本身因义而构形遂确定了单字又同时是词的性质，每个汉字都直接意指某事物，一个词的词义经过字形的分析即可探得。

鉴于汉字的这种特性，纪录片《汉字五千年》在每一集中用四个字来讲述四段故事，又分别将单个字作为一段故事的中心字，并用水墨动画将这个汉字的演变过程展现出来。比如在第四集《华夏心灵》中就形象生动地展示了"身"的由来：一个怀孕的妇女拿着篮子准备采食树上的果子。随着画面的运动，树和妇女手中的篮子渐渐的隐没，一个怀孕的女人的身影清晰的展现在观众面前，慢慢的这个身形经过多次的变化最终呈

[①] 蔡之国：《论电视纪录片的叙事结构》，《浙江传媒学院学报》2008年第6期。

现出我们现在书写的简体的"身"字。并用简单明了的字进行释义："身，躬也，象人之形"。（见图3-12）

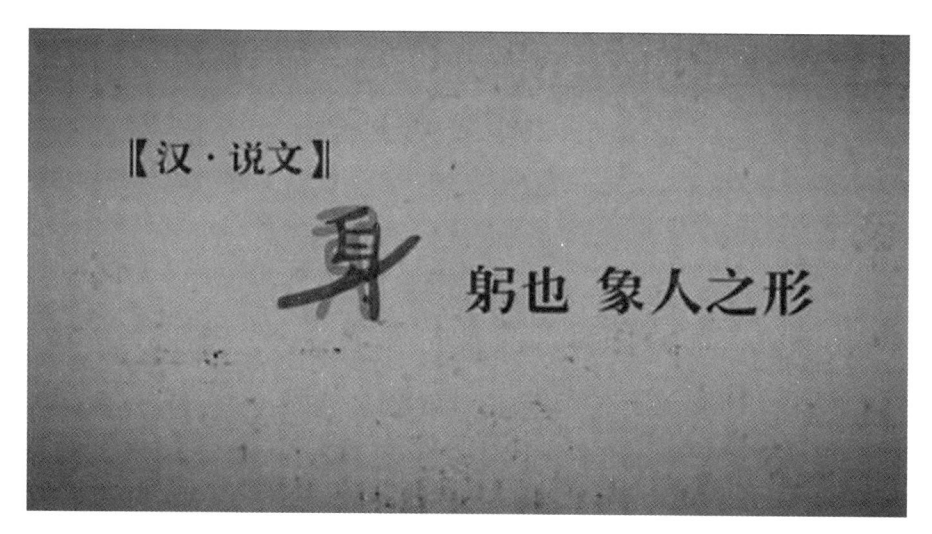

图 3-12　"身"的由来

通过动画的展现以及文字简单的表述，观众很容易懂得这个字的演变过程，以及最初的表达意义。绘声绘形的汉字，使我们能够以真切的方式，面对远古先人的农业生活。数个独立的象形文字贯穿影片的始终，用单独的个体来展现整个民族对世界万物的认知。汉字用自身的形来展现万物的义，用万物的义来补充自身的形。数千年的农业栽培塑造了华夏先民的意识，也把华夏先民对天地万物的理性认知融入到民族的血液中。

其次，汉语的词义信息都蕴藏于词语铺排的线性流程中，借由词序的变化予以显现。"在拼音文字中、以字母为基本构词元素。以多音节词为表意性单位；而在汉字系统中，一个汉字字符既是汉语基本的区别性单位，同时一般又为基本的表意性单位。"① 由于字和词的一致性，汉字在组词的时候能够以不同方式、在不同层面上进行不同的排列组合。而这在纪录片《汉字五千年》的叙事结构中有着精确的体现。每一个用水墨动画的象形文字是一个独立的个体，而这些独立的个体之间又有着相互依存的关系。

---

① 梁宗华：《汉字的文化功能及对汉文化传播的意义》，《东方论坛青岛大学学报》2001年第3期。

比如第一集《人类奇葩》，编者将这一部分用水墨动画分别做出了四个象形文字的演变，分别是"天""人""合""一"。这四个象形文字无论从表意还是从意义上来看都是独立存在的，并且编者都将每个字作为这一段故事的中心词。在讲到"天"这个字时着重讲了中西方的神话（见图3-13）；"人"着重描述发现文字的过程；"合"讲了关于文字的排列

图3-13 "天"字的由来

与组合；"一"则强调了汉字经久不衰的原因。将这四个字独立的拿出来看都是一个完整的故事，每一个字是独立的字也是一个完整的词。再将他们组合在一起，便组成了一个词即"天人合一"。并且这四个字所讲述的故事又补充了第一集的片面"人类奇葩"。字的并列与义的递进，凸显了线性叙事结构，同时也将汉字的一致性与灵活性表现得淋漓尽致。

充满灵性的排列组合演绎了汉字的博大精深，也体现了华夏先民的智慧。中国人以"中和"为美，将理性融入到生活之中。汉字是最直接且真实的体现，每一个四字成语都中和了几千年的历史，每一个字词的遥相辉映都是华夏先民智慧的结晶和对生活的体悟。

（二）故事内容展现包容精神

《汉字五千年》能够获得极大的成功，不仅是在汉字的构形，字义上进行探究，更多的还是关注人。文字承载着文化，人创造了文化，而文字的发展与演变更是古往今来人的变迁与诉求。文字有着自身的发展的过程，人也有着历史沉淀下来的故事，文字承载着人的故事，"字如其人"

说的也正是这样的道理。在《汉字五千年》中就讲述了许多关于人的故事，从东方到西方，从古至今，文字承载着人的故事延续着先民的智慧，裹挟着对万物的认知，书写下了不朽的华美篇章。

首先，《汉字五千年》讲述了历史中鲜为人知的小故事。在第一集《人类奇葩》中有这样的故事：庞大的罗马帝国同时使用希腊和拉丁两种文字，文字的差异使得东西部教义理解的细微不同，最终导致不能弥合的矛盾冲突。在帝国的最高统治者狄奥多西一世弥留之际，便亲手将帝国一分为二。这让我们了解到语言文字的不同加剧了欧洲由治到乱，是分裂的导火线。也从侧面让观众意识到了汉字在民族统一过程中的重要性。仓颉造字、蒙恬制笔、蔡伦造纸、龟甲卜辞、腓尼基人创造的字母文字，朝鲜世宗大王的《训民正音》等一系列的小故事都是历史的积累，也从这些故事中让我们看到了文字的生命力以及对其他文字最为客观的认知。

其次，《汉字五千年》呈现出精美传统艺术形式。如果说历史文化纪录片都是一部内涵丰富的典籍，那《汉字五千年》将是这部典籍中最华丽的篇章。在这部纪录片中我们可以看到古埃及的象形文字、古巴比伦苏赛尔人的楔形文字、古印度的哈拉本文字以及古中国的甲骨文。这些符号所储备的能量培育了我们对祖先的敬仰，塑造了我们的精神内核，凝结成每个民族的文化纽带。尽管有些文字已经不再使用，但对于今天的我们来说，这些符号依然具有美感。

而传承千年历久不衰又无处不在的汉字，则有着更为厚重的沧桑的美感。龟裂甲骨上的文字，庄严肃静的青铜器上的金文，虎符上的小篆，石碑上的汉隶……犹如画作的汉字充斥着华夏先民生活的每一个角落。这种线的艺术在几千年的历史发展中成为了一种"有意味的形式"。许慎在《说文解字·序》中说："仓颉之初作书，盖依类象形，故谓之文。"因此许多书法家认为作为书法的汉字具有模拟造型的功能。"汉字书法的美也确乎建立从形象基础上演化出来的线条章法和形体结构之上，即在它们的曲直适宜，纵横合度，结体自如，布局完满。"[①] 书法这种"有意味的形式"是流动的，富有生命暗示和表现力量的美。行云流水，鼓励追风，有柔有刚，方圆适度。它的每一个字、每一篇、每一幅都可以有创造、有变革甚至有个性，并不作机械地重复和僵硬的规范。

[①] 李泽厚：《美的历程》，生活·读书·新知三联书店2009年版，第43页。

"书者如也",书写的终极目的是将我们心中对万物的把握与理解表达出来,用抽象的点化表现出物象之本,而这正是中国书法所谓的"道"。因为意境的存在,所以中国书法在创造的伊始,就在实用之外,同时将书法推向了艺术美的方向,成为表达民族美感的工具。王羲之的书法行笔潇洒飘逸,骨骼清秀,唐太宗推崇王羲之的书法,太宗的为人也是极为潇洒,心胸宽广。颜真卿的书法气势磅礴很壮美,而他本人也在维护国家统一方面做出了巨大的牺牲。苏轼的书法作品中有着不羁与洒脱,这也与苏轼仕途坎坷的经历分不开。这种线的艺术贯穿始终,这种来自中国人内心深处的美的展现充斥着影片的是每一个角落,更是中国人心底大大的自豪。

最后,客观记录当今学者的评价。《汉字五千年》在讲述漫长的历史中采访了诸多的学者,这些学者遍布世界各地,都是对汉文化有所研究的。面对外国学者的评价论好坏,影片都能客观地去表现。对于近代的历史展现,我们也毫不避讳。落后就要挨打,看过影片便要让更多的人去直面历史,去正视被屈辱的过去。当一个国家处在危难之迹时,连贯穿千年的文字都即将死去,这将会是一件多么可怕的事情。历史尘封过去,但也照耀未来,以史为鉴,要想使我们的民族、我们的国家立于不败之地,我们必须要传承汉字的体系,汉字的精神。只有精神的传承,才能使民族有更多的希望。影片用动画的形式展现古今中外的历史,无论是历史文明或者是战争灾难,编者都客观地去表述。《汉字五千年》像华夏民族一样具有极强的包容性,文化不仅要在本民族传承,更需要走出去让更多人去了解,通过文字去了解民族的精神与本质。

(三) 多元视角塑造人文精神

历史文化类纪录片的功能,并不是要重负某种文化,而是要探寻文化的内在精神,唤醒民族文化的巨大感召力,使其薪火先传,以此来诠释当代的人文关怀。汉语中的"人文"一词大约最早见于《易》。其本意是指同天文——自然界的法则、秩序——相对应的人类生活或人类世界的法则、秩序,所谓"刚柔交错,天文也;文明以止,人文也。观乎天文,以察时变;观乎人文,以化成天下"[①]。从这基本意思出发,"人文"一词又可引申为另一层意思:人道或为人之道。"人文"一词有着两层意思,

---

① 吕嘉:《关于人文精神的哲学思考》,《人文杂志》2000年第5期。

包含着我国古代思想中对人与动物、人类世界与自然世界之间本质区别的深刻理解。人所以是"人",不在于理性、语言,而在于以某种非自然的法则来规范自己的行为,它关注的是人类价值和精神。表现为我们今天所说的"人文精神"也正是延续了我国自古以来对"人文"传统的理解。《汉字五千年》更是从多角度来塑造这种人文精神。

汉字作为中华民族的符号与文化载体,它体现着华夏先民的智慧和农耕文明的繁荣。《汉字五千年》从历时的角度用线性的叙事方法将汉字的发展及演变过程呈现在观众面前。汉字作为中华民族精神的形象化表达,必然凝聚了中国人历经千年的生活实践与经验,每一个汉字都是诉诸人文,倾注华夏先民的血汗。

"行信,四时分、地行信、草木生。"中国人总在四季交替中周而复始地劳作着,在农耕文明强大生命力的孕育下汉字诞生了,每一个字都是一幅画,每一幅画都与农耕有着千丝万缕的联系。在农耕文明的影响下中国人更坚信"天人合一",面朝黄土背朝天的中国先民很早就知道人与自然和谐共处的重要性,中国人讲究整体性,在他们生存的环境中,天、地、人也应当是一个有机整体。

从石器时代到商周时期农耕文化的演变,再从秦汉到魏晋的制度演变,《汉字五千年》用一个个汉字将中国传统文化理念表达出来,用汉字讲述华夏整个民族的发展,虽几经波折但仍然屹立于世界民族之林。汉字与民族的发展一脉相承,也正是通过对汉字的深入剖析,让我们今人才能更了解先人的思想与传承至今的悠久文化。

《汉字五千年》不仅在纵向的角度向我们展现文字的演变历史,而且还从横向的角度进行对比分析即从共时的角度来向我们讲述汉字今天的影响力。

从纪录片的第一集开始,编者就将中国的汉字与其他三个文明古国的文字进行对比,寻找文字兴衰的原因即过程。汉字的产生与华夏先民的农耕文明有着直接的联系,因而汉字带着浓郁的人文气息,也正是这种人的气息,才使得汉字在人代代相传中得以保留与完善,并且传承至今。相比之下,西方的拼音文字只是简单的造字,拼音文字并没有汉字中的特性与经验。因此,在时间的长河中,这些拼音文字经不起时间的侵蚀,渐渐消失在历史的尘埃中。

有着 8000 年历史文化的汉字,在滋养着华夏儿女的同时也对世界产生了极大的影响。在采访的诸多专家中，有一部分外国专家对汉字对书法的了解并不比中国人差，他们甚至毕生都在追求着中国文化，追求中国汉字的精华与玄妙。这些都足以表明在历史沉淀中走向今天的汉字依然是充满生机的。汉字是富有生命力的符号，因为中国人祖祖辈辈的精神渗透在它的每一根线条中；汉字是海纳百川的包容的象征，因为每一笔都是中国人"天人合一"的精华；汉字是实践理性的产物，因为每一个字的结构都是华夏民族田间地头的身影。

三　汉字文明与共同体建构

居延安先生认为"传播乃是文化的本质。没有传播，就没有文化，传播就是文化的实现"不仅现实文化是传播着的文化，传统文化也存在"文化的传播和文化传播的现实背景"。[①] 传播是人类社会各主体之间信息交流和意义构建活动。通过传播，人类文明才得以延续和发展。电视纪录片作为一种影像传播媒介和载体，对文化的推广和对外交流起到了重要作用。

《汉字五千年》无论从主题设置还是从创作形式上都将中国传统民族文化精神融于其中，对民族文化认知、对外传播及文化审美都具有重大意义。

首先，《汉字五千年》的播放使得人们重新认识了汉字，也重新认知了中国传统民族文化精神。传播学家拉斯韦尔认为传播具有社会遗产传承的功能，这种功能是大众传播将前人的思想智慧整合、记录完整的传给后代，使人类社会的发展与创造才能够得到进一步的完善。

在《汉字五千年》中，讲述了汉字近8000年的历史，用生动形象的数字水墨动画展现了32个汉字的由来，用鲜为人知的小故事丰富观众的历史知识，多角度、全方位的带领观众认识历史，认知汉字。汉字作为汉民族自行创造出来的一种文字，它是与汉民族的文化精神完全契合的，也是汉民族文化精神的必然选择。《汉字五千年》通过展现汉字的历史演变，排列组合将中国人自古以来的理性精神、包容精神和人文精神深刻生动的表现出来。借助电视纪录片的传播媒介，推动了中国传统民族文化精神的广泛传播，这不仅使民族文化的古老生命得以延续，更使民众对本民

[①] 居延安：《关于文化传播学的几个问题》，《复旦学报》（社科版）1986年第3期。

族优秀文化产生认同,提升民族自信心、自豪感,增强民族认同感、归属感。

其次,《汉字五千年》的播出进一步提升了中国传统民族文化的魅力和国际影响力,促进国家形象的正面塑造和对外传播。传播学家施拉姆认为,作为承接和传播文化的大众媒介,通过世代相传的方式,使本民族文化与其他文化产生联系、相互作用,起到传承优秀传统文化的功能。"纪录片是表现国家价值的一种无可比拟的工具。"[1] 当下的中国,综合国力日渐强盛,国人渐渐意识到要实现与西方文化的平等对话权,中华文化就必须要加大推广力度,作为中华文化载体的汉字更需要得到传承与弘扬。因此,以极具有中国特色的文化符号、跨文化思维和表达方式的电视纪录片就应当承担起"传播中国文化,对话世界文明"的责任。《汉字五千年》正是用影像化的表达,将汉字的演变、民族的跌宕与沉浮展现在观众面前。从汉字的一笔一画中展露中国人的风骨,树立了中华民族不屈不挠、爱好和平、崇尚理性的高大形象。这不仅使得国人对本民文化具有极强的认同感和自豪感,还进一步提升了中国传统民族文化的国际影响力,让世界各国人民都能够更深入的了解中华民族、了解中国。

最后,《汉字五千年》具有浓重的审美价值。美国著名社会学家丹尼尔·贝尔指出:"当代文化正在变成一种视觉文化,而不是一种印刷文化,这是千真万确的事实。"[2] 电视纪录片是记录真实生活的基础上,通过选择性的拍摄与组接,表达出创作主体对人类社会与历史的反思与理解。历史文化纪录片作为电视纪录片的一种类型,不但具有辅助人们认知世界和自我的强大功能,还是极富有创造性的艺术,是极具有审美价值的意味和形式

《汉字五千年》从内容上让观众欣赏到了惟妙惟肖的汉字,了解了汉字的起源、发展,从承载汉文化的汉字身上找寻到了古代名人的傲骨与柔情,最终明白汉字是整个民族生生不息的纽带与灵魂。这种美,是欣赏民族文化的深厚之美,是作为中国人的骄傲。同样,在形式上,观众更能感

---

[1] [美]李查·莫伦·巴森:《纪录与真实——世界非剧情片批评史》,王亚雄译,远流出版公司2002年版,第132页。

[2] 孟建:《视觉文化传播:对一种文化形态和传播理念的诠释》,《现代传播》2002年第3期。

受到这种美。数字动画的情景再现,水墨动画的排列组合都让观众耳目一新。历史人文纪录片不仅仅在于真实生动地记录历史、反映现实,而在于彰显民族特有的精神价值和思想内涵。

《汉字五千年》用电视纪录片的形式将汉字的历史展现在世人的面前。让国人真切地意识到,汉字不是沉默的字块,也不是简单的书写工具,它在民族统一、国家统一方面起到了重要的作用。只要汉民族文化精神不灭,汉字就不会消亡,汉字将与汉民族文化精神永存。

以《汉字五千年》为代表的中国电视纪录片不断地发展与繁荣,这标志着我国文化软实力以及媒介传播能力的不断提升。当下的国人不再仅仅满足物质需求,而是更加注重精神富足。如今,正是电视纪录片发展的黄金时期,希望可以有更多内容丰富、底蕴厚重、具有民族特色的纪录片传播中国传统文化的精髓。

第四章　新媒介时代：记忆重塑与共同体建构

第一节　历史记忆中的孔庙祭祀礼制及其认同建构

一　作为历史记忆的"释奠礼"礼制

中国是礼仪之邦，"礼"是中国文化的核心标志和文明象征，礼文化至今仍深刻影响着中华儿女的生活。在早期社会，礼和俗并没有完全分化，直到西周，周公制礼作乐，"因俗制礼"，礼俗才逐渐与伦理道德和政治制度结合，并发展成为规范的"礼制"，进而发展成为"礼义"，规范着中国人民生活的方方面面。① 中国礼制既是政治制度亦是社会制度，它可以"定亲疏、决嫌疑、别同异、明是非"②，意味着身份的确认和秩序的确立，其规范功能是实现社会调控维稳的重要手段，"礼制"也就走向实践，转化成了"礼治"。法国汉学家汪德迈曾说："礼治是治理社会的一种很特别的方法。除了中国以外，从来没有其他国家使用过类似礼治的办法来调整社会关系，从而维持社会秩序。"③ "礼"在中国文化中占据着核心位置，发挥着治国安邦的重大作用，"礼制"和"礼治"是中国文化区别于其他文化的独特之处。

在《周礼·春官·大宗伯》中，礼被分为吉礼、凶礼、军礼、宾礼和嘉礼，其中"吉礼"就是祭祀之礼。《礼祭·祭统》有云，礼有五经，

---

① 邹昌林：《中国古礼研究》，台北文津出版社1992年版，第11页。
② 郑玄注，孔颖达疏：《礼记正义》，北京大学出版社2000年版，第14页。
③ [法]汪德迈：《礼治与法治——中国传统的礼仪制度与西方传统的JUS（法权）制度之比较研究》，转引自杨志刚《中国礼仪制度研究》，华东师范大学出版社2000年版，第22页。

莫重于祭。中国祭祀礼制中，对祖先的祭祀起初仅限于血缘亲属等，而后世逐渐拓宽了祭祀的范围，包括历代帝王、先圣先师，其中最为独特的就是对"先师"的祭祀。这个先师就是孔子。孔子为历代帝王所推崇、后世儒生所敬仰，被尊称为"至圣先师"和"万世师表"。作为儒家学派的开创者，儒家思想也随之成为绵延千年的主流思想，儒家文化更是成为中华儿女共同的文化基因。

> 礼有三本：天地者，性之本也；先祖者，类之本也；君师者，治之本也。无天地焉生，无先祖焉出，无君师焉治，三者偏亡，无无安人。故礼，上事天，下事地，宗事先祖而宠君师，是礼之三本也。①

"释奠礼"在历史上有一个漫长的发展过程，《礼记·文王世子》说："凡学，春官释奠于其先师，秋冬亦如之。"孔庙祭祀的主要形式是释奠礼。所谓"释奠"，郑玄解释说"设荐馔酌奠而已，无迎尸以下之事"②，先秦时，释奠礼是简单易行的仪式，到了后世却变得格外隆重并由皇帝和儒生阶层所垄断。

"释奠礼"真正发展成熟是在唐朝。开元二十年，官方礼典《大唐开元礼》颁行，释奠礼正式列入其中，并被确立为一项独立于天神、地祇、人鬼之外的祭礼，"凡祭祀之名有四：一曰祀天神，二曰祭地祇，三曰享人鬼，四曰释奠于先圣先师"③。国家祭祀分为大祀、中祀、小祀三个等级，礼典详细规定了从中央官学到地方州县的释典礼制，中央官学的释奠礼为中祀，用太牢（牛、羊、猪各一），地方州县则为小祀，用少牢（羊、猪各一），还需备三献之礼。④

宋朝时期，宋真宗大中祥符元年（1008）加谥孔子为"玄圣文宣王"，后又改为"至圣文宣王"。宋高宗绍兴十年（1140）更是将国学释奠礼升为大祀，用笾豆十二，礼如社稷。元武宗时，再加封为"大成至

---

① 王聘珍：《大戴礼记解诂》，中华书局1983年版，第17页。
② 郑玄注，孔颖达疏：《礼记正义》，北京大学出版社2000年版，第736页。
③ 李林甫等：《唐六典》（卷四），中华书局1992年版，第120页。
④ 王美华：《礼制下移与唐宋社会变迁》，中国社会科学出版社2015年版，第138—139页。

圣文宣王"。明初沿用宋元时期的释奠礼制，称孔子为"大成至圣文宣王"。明孝宗弘治十七年（1504），释奠礼由六佾升为八佾。到了明世宗嘉靖九年（1530），改称"至圣先师孔子"，大成殿改称孔子庙，还毁塑像改用木主，简化祀孔礼仪。① 到了清朝，历代皇帝尊孔崇儒，称孔子为"大成至圣文宣先师"。清光绪（1906年）更是把释奠礼升为大祀，孔子的地位也被推向历史最高峰。

孔庙祭祀延续千年，"礼仪之隆杀、封爵之升降、笾豆之增损、舞佾之加减、从祀之取舍"② 等礼制沿革崇祀脉络，都有史料可循，孔庙祭祀礼制也在历代发展实践中不断完善，甚至远播东亚，儒家思想更是影响了韩国、日本、新加坡等周边国家。释奠礼是对中华文明的礼敬，具有强烈的传承文明、教化天下的意义与价值，当今的祭孔大典是历史上释奠礼的继承和发展，这种"发明的传统"是构建文化共同体的重要来源，有其重要的当代价值。

二 作为"记忆之场"的孔庙

孔庙，又称文庙、孔子庙、夫子庙、先师庙。（见图4-1）司马迁在《史记·孔子世家》中写道："故所居堂、弟子内，后世因庙，藏孔子衣冠琴车书，至于汉二百余年不绝。"③ 公元前195年，汉高祖刘邦亲临曲阜，并以最高规格的太牢（牛、羊、猪各一）祭祀孔子，首开帝王祭孔先河。公元前153年，东汉桓帝下诏修缮曲阜孔庙，由国家管理曲阜孔庙，并任命孔和为行政官，这可视作孔庙由家庙向"国庙"转变的开始。东晋太元九年（384），孝武帝采纳尚书谢石的建议，"选公卿二千石子弟为生，增造庙屋一百五十五间"④，这成为在国家最高学府中建造孔庙的开端，这也是第一座建于京师的孔庙，标志着孔庙走出阙里。

北齐是中国孔庙第一个大发展时期，"郡学则于坊内立孔、颜庙"⑤，

---

① 赵克生：《明朝嘉靖时期国家祭礼改制》，社会科学文献出版社2006年版，第166—167页。
② 董喜宁：《孔庙祭祀研究》，中国社会科学出版社2014年版，第2页。
③ 安平秋编：《史记》，汉语大词典出版社2004年版，第766页。
④ 杨忠编：《宋书》，汉语大词典出版社2004年版，第291页。
⑤ 孙雍长编：《隋书》，汉语大词典出版社2004年版，第159页。

图 4-1　孔庙

这是孔庙开始建立于地方学校的开始。到了唐贞观四年（630），"诏州、县学皆作孔子庙"[①]，首次将孔庙推向全国，并确立了孔庙的奉祀制度和祭祀制度。宋代尊孔崇儒，孔庙也得到了持续发展，而辽、金、元时期，战乱使孔庙遭到破坏，也带来了孔庙向边远地区的远播。到了明代，大兴教育，广建学校，增加从祀人物，又提高祭孔级别，兴学即兴庙，孔庙再次进入大发展时期。清代推行尊孔崇儒的政策，儒学教育兴盛，孔庙进入鼎盛时期，到清末，全国约有 1740 多所。

孔庙是祭祀空间，又是文化载体，同时还是祭孔礼制的实体化显现，其数量的演变和孔庙祭祀礼制的演变是同步发生的。奉祀人物、祭祀制度、祭祀礼仪都由国家统一制定，历代帝王对儒家思想和孔庙祭祀礼制的态度，也都影响着孔庙的存毁和数量的多寡。反过来讲，孔庙作为一种祭祀空间，它的演变史既能展现出祭孔的礼制史，还能反映出中国的政治史，更能传达出儒家的思想史。

在孔庙研究中，作为传播媒介的孔庙较少被提及，但在传播学研究中，作为传播媒介的建筑在传播史上随处可见。"石雕传播古代诸神的庄严伟大，建筑物和纪念碑传达了王国或统治者的丰功伟绩，泰姬陵和金字

[①] 黄永年编：《新唐书》，汉语大词典出版社 2004 年版，第 289 页。

塔等名胜古迹、教堂的非凡构想不仅召唤人群、传播生活方式，而且传递民族的历史、讲述其对未来的希望。"① 美国传播学家威尔伯·施拉姆把包括石雕、纪念碑、泰姬陵、金字塔和教堂等在内的建筑物统称为"无声的媒介"，这些媒介和传统意义上的大众媒介一样，都具有传播信息的功能。

法国媒介学者雷吉斯·德布雷更进一步，区分了传播与传承，将某种媒介技术维系着的具有稳定性的人类集体记忆和社会关系，称为"媒介域"。② 人类的思想活动依赖于媒介技术的记录、传递和储存，孔庙在中国古代所构成的"媒介域"，是"隐形的传承者"。从制度角度说，孔庙背后是中国祭孔礼制；从建筑角度说，孔庙是祭孔礼制的实体和传承儒家思想的场所；从仪式角度说，孔庙如同一个舞台，祭祀活动在其中举行，完成了对道统的传承。

加拿大传播学家哈罗德·伊尼斯从时空层面，将传播媒介分为两大类：空间的偏向和时间的偏向。前者有莎草纸和纸张等，它们轻巧方便，利于在空间中进行远距离的信息传播；而后者有如石碑和泥板等，它们笨重耐久，不适合运输，承载的信息在时间维度上更持久。③ 根据"传播偏向论"，我们可以发现孔庙是一种"时间偏向的媒介"，它穿越千年增减兴衰，既是儒家思想的传播渠道，又是中华民族的文明象征，产生了"润物细无声"的深远影响。

孔庙礼制建筑虽是具有时间偏向的"无声的媒介"，但它们却是载体之载体，传播和传承着丰富的儒家文化意蕴。孔庙列入国家祀典后，其建筑依循着某些固定的要求，"建筑的开间、屋顶的形式、斗拱的踩数、屋瓦的颜色质地、彩画的颜色图案、建筑的高低大小等无不受到礼制规定的约束"④。曲阜孔庙是各级地方孔庙的本源，它和衢州、京师孔庙一样，虽也设学，但主要用于祭祀孔子。各级地方孔庙的建筑形制都依循曲阜孔

---

① [美] 威尔伯·施拉姆、威廉·波特：《传播学概论》，何道宽译，中国人民大学出版社2010年版，第135页。
② [法] 雷吉斯·德布雷：《普通媒介学教程》，陈卫星、王杨译，清华大学出版社2014年版，第4页。
③ [加] 哈罗德·伊尼斯：《传播的偏向》，何道宽译，中国传媒大学出版社2015年版，第71页。
④ 孔祥林、孔喆：《世界孔子庙研究》，中央编译出版社2011年版，第199—120页。

庙，采用"庙学合一"的布局，"学"的部分一般包括明伦堂、学斋、尊经阁等建筑；另有魁星亭、文昌阁之类的祈祝文运建筑；"庙"的部分一般包括万仞宫墙、棂星门、泮池、大成门、大成殿（见图4-2）、东西两

图4-2 大成殿

庑、启圣祠、名宦祠、先贤祠等建筑。① 孔庙建筑多采用红黄二色，寓意吉庆尊贵，其整体建筑特征可以概括为"中正"和"对称"，有"从容中道""中立不倚"之意，可见孔庙深受儒家"中庸"思想的影响。具体到孔庙的局部建筑，也各有象征意义。

万仞宫墙，取名自《论语·子张》中的"夫子之墙数仞，不得其门而入，不见宗庙之美"，子贡以"宫墙万仞"比喻孔子之道。棂星门前有金声玉振坊和泮池，金声玉振坊出自《孟子》中的"孔子之谓集大成，集大成者，金声而玉振之也"，"金声玉振"本是指奏乐全过程，古时奏乐以击钟（金声）开始，以击磬（玉振）结束，在此则象征孔子思想集古圣先贤之大成。② 泮池是孔庙水池的特有形制和专用名称，也是曲阜泮水的象征。设泮池以蓄水，隐含有希望学子从圣人"乐水"，以水比德中得到启示之意。同时，泮池中的水绝大多数是活水，这种设计是儒家思想"孔泽流长"的象征。③

---

① 沈旸：《东方儒光：中国古代城市孔庙研究》，东南大学出版社2015年版，第196页。
② 孔祥峰、张龙：《孔庙建筑与儒家思想》，《百年建筑》2003年第3期。
③ 李鸿渊：《孔庙泮池之文化寓意探析》，《学术探索》2010年第2期。

棂星门（见图4-3）是孔庙的第一道门，意指孔子乃棂星下凡，主

图4-3 棂星门

管人间的教化。大成殿由宋徽宗始，是孔庙礼制建筑的核心场所，也是孔庙祭祀的仪式空间。古时称古乐一变为一成，九变为九成，至九成而乐终称为"大成"。孔子之谓集大成，意思是孔子把古圣先贤的思想再创造为一种至高无上的理念，这种理念就是孔子学说的升华，就是大成。[①] 明伦堂是孔庙内学官的主要建筑，是讲学的主要场所。"明伦"意指让人知晓做人的事理，这也是具有代表性的儒家教学理念。

当然，我们不能忽视的是孔庙建筑在传播儒家文化之外，它本身还是祭祀孔子的仪式空间。罗马尼亚宗教学家米尔恰·伊利亚德在《神圣与世俗》中提到，空间可被划分为神圣的和世俗的，并认为神圣空间意味着空间连续性的中断。[②] 孔庙在"中断"意义上，也可以被称为一种神圣空间，因为在古时除了定时的祭祀，孔庙多是封闭的，普通民众禁止游观。"作为儒学圣域的孔庙，其高墙深院的空间构成与城市形象，弥漫着

[①] 张晓旭：《五、孔庙的建筑文化和匾额文化》，《南方文物》2002年第4期。
[②] ［罗马尼亚］米尔恰·伊利亚德：《神圣与世俗》，王建光译，华夏出版社2002年版，第1—3页。

拒人于千里之外的崇峻凛然。"① 不过，孔庙又不同于敬拜绝对主宰的教堂，它的"中断"并不是彻底的隔离，而是具备着"空间伦理"，是"修身齐家治国平天下"观念体系中的重要一环，体现出"对社会和谐充满智慧的思考以及倡导入世的积极进取精神，其精华成为中华民族巨大的精神财富"②。

三 作为文化记忆的仪式传播

古希腊诗人西摩尼得斯发明了"记忆术"，其原理是把记忆"地点化"，把需要被记忆的事件融入具体的环境，实现记忆与空间的连接。德国"文化记忆"理论奠基人阿莱达·阿斯曼在《回忆空间：文化记忆的形式和变迁》中提出这种记忆术的核心就在于"视觉联想"，这也是"空间作为记忆术的媒介朝向建筑物作为记忆的象征的一步"。③ 从这个角度来讲，孔庙可以被看作一种"记忆媒介"，它是记忆的空间隐喻，可以为记忆提供储存的载体以及流动的通道。那么，作为记忆媒介的孔庙，又是何种记忆的媒介呢？有学者认为国家往往通过教育、礼制、典籍和建筑四种途径保存和传承历史文化知识，④ 这些历史文化知识正是文化记忆的基本内容，因此我们认为孔庙在建筑以外，还是儒学教育、祭祀礼制、儒家典籍的集合体，它传播着的是中华民族的文化记忆。

孔庙是文化记忆的媒介，文化记忆若要被有效地传承，最重要的还是要深入到人们的日常生活。由于文化记忆是个体和社会的融合物，当人们都保有同样的文化记忆，他们便可以从中找到归属感和认同感。德国学者扬·阿斯曼在《文化记忆：早期高级文化中的文字、回忆和政治身份》中指出："节日和仪式定期重复，保证了巩固认同的知识的传达和传承，并由此保证了文化意义上的认同的再生产。"⑤ 释奠礼就是这样的仪式，

---

① 沈旸：《东方儒光：中国古代城市孔庙研究》，东南大学出版社 2015 年版，第 273 页。
② 赵向东：《集大成也金声玉振：古代文庙的社会学分析》，《中国文化遗产》2014 年第 5 期。
③ ［德］阿莱达·阿斯曼：《回忆空间：文化记忆的形式和变迁》，潘璐译，北京大学出版社 2016 年版，第 174 页。
④ 王霄冰：《文化记忆与文化传承》，《励耘文学学刊》2008 年第 1 期。
⑤ ［德］扬·阿斯曼：《文化记忆：早期高级文化中的文字、回忆和政治身份》，金寿福、黄晓晨译，北京大学出版社 2015 年版，第 52 页。

它有严格的时间规定，释奠礼的时间，通常固定于每年春秋仲月（二月和八月）的上丁日，因此又称丁祭。丁祭是孔庙祭祀礼制中最为重要和核心的祭期安排，丁祭之日，举国上下都祭祀孔子，场面壮观。

它遵循着严格的仪式流程，在释奠礼前 20 天就开始祭前准备，包括祭器陈设、斋戒备敬、礼乐排练等。释奠礼的祭祀过程不同朝代各有不同，一般有 15—25 个步骤。释奠礼的祭祀过程中伴随着祭孔乐舞，包括"宫悬之乐""八佾之舞""轩悬之乐"和"六佾之舞"等。整个乐舞由歌生、舞生和乐生三大部分组成，还有指挥作乐、起舞的麾生、旌生等。孔庙是仪式传播的建筑媒介，释奠礼则是文化记忆的表达方式，同时还能够生成和强化文化记忆，人们参与其中实现双向交流，进而确认群体身份并促进文化认同。

扬·阿斯曼认为"每种文化都会形成一种'凝聚性结构'，它起到的是一种连接和联系的作用，这种作用表现在两个层面上：社会层面和时间层面。凝聚性结构可以把人和他身边的人连接到一起，其方式变式让他们构造一个'象征意义体系'……凝聚性结构同时也把昨天跟今天连接到了一起：它将一些应该被铭刻于心的经验和回忆以一定形式固定下来并且使其保持现实意义"①。中国礼文化同样存在着这样的"凝聚性结构"，并显著地表现在孔庙之中。在社会层面，孔庙连接着人们，凝聚成具有相同文化精神的整体。孔庙固定不动，文化记忆有赖于儒生的流动而传承。在国家和民众之间，"礼下庶人"的实现依靠儒生，因此儒生成为了儒家文化的旗手，他们通过家规、家礼、族规和乡约之类的规定，甚至通过祭祀或仪式中的戏曲、说唱，迅速传播知识、思想与信仰，推动着文化记忆从上层到下层、从中心到边缘的渗透，实现了人与人的连接。

在时间层面，孔庙连接着过去与现在，凝聚成流淌文化血脉的传统。美国社会学家爱德华·希尔斯在《论传统》中写道："传统——代代相传的事物——包括物质实体，包括人们各种事物的信仰，关于人和事件的形象，也包括惯例和制度。它可以是建筑物、纪念碑、景物、雕塑、绘画、

---

① ［德］扬·阿斯曼：《文化记忆：早期高级文化中的文字、回忆和政治身份》，金寿福、黄晓晨译，北京大学出版社 2015 年版，第 6 页。

书籍、工具和机器。"① 孔庙发端于公元前420年，从唐朝开始各州县皆有孔庙（文庙），每年春秋举行两次释奠礼，到清末从未中断。以此观之，孔庙也构成了一种传统，这种传统既包含着对祭孔仪式的传承，又包含着对儒家文化的传播。

此外，孔庙除了祭祀功能，还承担着教育功能。文化记忆的传承若仅是局限在精英阶层内部，其影响力势必会衰减，但祭祀功能和教育功能的结合，使得孔庙在祭祀仪式空间之外，还承担起传播儒家文化的功能。儒生在其中学习儒学知识，体悟儒家思想，并通过科举制度走向仕途，成为"志于道"的士，帮助治理者施道，或者成为乡贤士绅，承担起人文教化之责，实现儒家理想。这都是传承儒家传统的重要方式，可以有效地抵消文化记忆的消逝，成为儒家思想的载体。根据扬·阿斯曼的"文化记忆"理论，祭孔仪式保证了仪式的一致性，而儒学教育则保证了文本的一致性，他所认为的两者之间的过渡关系，在孔庙当中反而是并存的，这是孔庙"庙学合一"的独特之处，更是孔庙仪式传播的独特之处。

四　孔庙祭祀的记忆文化传播功能

（一）教化天下

《周易·贲卦》说："观乎人文，以化成天下。"教化可以被理解为推行道德教育的重要手段。教化过程不但历时漫长，还是"潜""默"的，将伦理道德自然而然得内化于心，践诸日常。中国古代对个人的道德教育较为看重，"修身齐家治国平天下"既能看作个人人生发展的不同阶段，也可看作整个教化活动的递进目标。教化使"自我"由身向家、由家向国、由国向天下层层推展，转变成一个胸怀天下的"大我"，在这一过程中，儒家典籍、通俗文艺、礼乐制度都是教化内容的传播媒介。

"祭者，教之本也已"②，有学者认为孔庙在中国古代社会主要有三大功能：一是"崇德"，修建孔庙祭祀孔子，是为了显示国家崇儒重道；二是"报本"，慎终追远，民德归厚，孔庙祭祀就是报本返始的体现；三是"教化"，除了对儒生进行成圣成贤的教育外，还对普通百姓进行伦理道

---

① ［美］爱德华·希尔斯：《论传统》，傅铿、吕乐译，上海人民出版社1991年版，第71页。

② 郑玄注，孔颖达疏：《礼记正义》，北京大学出版社2000年版，第1580页。

德的教化。① 孔庙的教化功能包含两方面,首先它表现在对孔子的礼祭上。孔子在世俗维度上是一个文质彬彬、实实在在的"人",在神圣维度上是一个思想崇高、人格伟大的"圣",在政治维度上则是一个巩固政权、维系社会的"神"。② 国家对孔子及儒家思想的推崇,把孔子树立为一个道德模范,也就意味着儒家思想在整个社会文化中占据着主流且正统的地位。

此外,它还表现在对儒学的传承上,"古者入学,则释奠于先圣先师,明圣贤当祠之于学也。自唐以来,州县莫不有学,则凡学莫不有先圣之庙矣"③。孔子作为古代中国的精神领袖和思想圣人,为世代儒生指明奋斗的方向。历代儒生入孔门学儒道,生前为己修身、为民造福,身后有望从祀孔庙、百世流芳。美国学者斯蒂芬·福伊希特旺在《学宫与城隍》中写道,"学宫是崇拜贤人和官方道德榜样的中心,是官僚等级的英灵的中心,学宫还是崇拜文化的中心"④。这里的学宫即是孔庙,孔庙祭祀所塑造的崇圣符号和圣贤形象,有助于形成尊圣尚贤的社会风气,在教化过程中也承担着重要的引导作用。

作为中国古代重要的文化中心,孔庙的教化功能的实现免不去国家层面的推动,这在前文提及的孔庙沿革中便可窥见一二。在孔庙之中,体现着权力和信仰的相互渗透。"孔子之教,非帝王之政不能及远;帝王之政,非孔子之教不能善俗。教不能及远,无损于道;政不能善俗,必危其国。"⑤ 一方面祭孔既是传统,成为崇圣尊道的仪式,又被政治制度化,受制于治理者。以从祀制度为例,始于东汉,兴于唐代,并在宋代基本定型,明清时期继续扩充从祀人员。从祀制度并非一成不变,历代都有增祀、罢祀、改祀或复祀的现象,也因此,何人从祀、因何从祀等都是治理者和儒生争论不休的话题。

---

① 孔祥林:《崇德·报本·教化:孔庙在中国古代社会的主要功能》,《中国文化遗产》2014年第5期。
② 尹砥廷:《中国古代文化中孔子形象的三维透视》,《吉首大学学报》(社会科学版) 2004年第25期。
③ 马端临:《文献通考》,中华书局1986年版,第411页。
④ [美]施坚雅:《中华帝国晚期的城市》,叶光庭等译,中华书局2000年版,第726页。
⑤ 孔贞丛:《阙里志》卷一〇,天历二年《遣官祭阙里庙碑》,第40页。转引自黄进兴《优入圣域:权力、信仰与正当性》,中华书局2010年版,第181页。

另一方面，孔庙还承担着正统文化宣导者与国家教育执行者的双重功能，成为儒生士人的重要输出机构，通过在孔庙中接受儒学教育，儒生有机会进入统治集团，帮助治理者实现社会凝聚，或者成为乡贤士绅，教化一方水土百姓，阐释传播儒道，使儒家思想产生更大的影响力，治理者也可借孔庙教育实现国家整合，维持长治久安的稳定局面。

"孔庙既是儒学教化链条的一环，又是祭祀施报体系中的一体。前者以明，后者以幽，正显古人'神道设教'的苦心。整体而言，孔庙入驻学校，是传统政治与传统教育相结合的产物。"① 庙学合一的孔庙格局对教化天下产生了积极影响，它的文化传播功能是显而易见的。"《礼运》云：'礼达而分定。'使非孔子立教垂训，则上下何以辨？礼制何以达？此孔子所以治万世天下，而为生民以来所未有也。"② 因此孔庙的遍布的确对传播儒家文化、教化天下百姓发挥了重要的历史作用，并且这种功能在当代仍然具有不可磨灭的价值。

(二) 传承文明

以孔子为代表的儒家思想是中国礼文化的核心和血脉，其思想包含"仁""礼""和"。"仁"主张"仁者爱人"，要实现"爱人"就要遵循忠恕之道，"己所不欲，勿施于人"；"礼"主张"克己复礼"，即克制自己，使自己符合"礼"的要求，"礼"不仅是道德主张，还是等级秩序。"和"主张"和为贵""和而不同"，孔子所谓的志于道，据于德，依于仁，是理解其思想核心的关键，"仁"和"礼"都是"和"的表现形式，要实现"仁"和"礼"，必须遵循中庸之道。此外孔子的思想还有"忠恕""孝悌""天命"等。③ 儒家思想在中国历史中具有治民安邦的作用，也正是由于这一重要作用，儒家思想传至东亚诸国后，被普遍接受并广泛传播，各国在保有自身的独特性之外，还存在着文化共通要素，形成了颇具特色的"东亚文化圈"。

儒家思想的传播，还带动了尊孔崇儒的风潮，孔庙不仅从曲阜走向中国各地，还走向了朝鲜半岛、日本和越南等东亚地区。每年中国农历二、八月的上丁日，韩国的成均馆孔庙和韩国的243所乡校都会举行释奠大祭

---

① 董喜宁：《孔庙祭祀研究》，中国社会科学出版社2014年版，第89页。
② 庞锺璐：《文庙祀典考》，中国礼乐学会，1977年，第12页。
③ 杨义堂：《祭孔大典》，山东友谊出版社2013年版，第9—10页。

(见图4-4),日本汤岛、长崎等地的孔庙也都会举行祭孔活动。孔庙从中国走向东亚的过程,具有浓厚的跨文化传播意味,台湾学者高明士认为,中国式学校的建置,是这些文化共同要素具体展开的里程碑,以学校的建筑而言,东亚诸国设置学校的过程,与中国并无二致,都是由学到"庙学"的过程。[①]

图4-4 韩国成均馆春季释奠礼

中国与朝鲜半岛水土相连,交往密切,儒家思想传入最早,传播领域最广,接受程度也最深。韩国有学校教育,始于高句丽小兽林王二年(372)所创建的"太学"。高丽时期,孔庙得以发展,朝鲜时期达到鼎盛。朝鲜的国学是成均馆,采取前庙后学的格局,前庙称"大成殿",后学称"明伦堂"。朝鲜半岛的孔庙,虽然同样以庙学格局为基础,研习儒家经典、祭祀儒门圣贤,但与中国不同的是,除主享孔子不可变动外,配祀则可包括本土的先贤儒者。

日本是亚洲国家中对儒学推崇的国家,也是现保存孔子庙较多的国家。儒家思想传入日本始于应神天皇十六年(216),孔庙大量涌现则是在江户时代。日本的孔庙多以"圣庙""圣堂"冠名,如汤岛圣堂(见图4-5)、多久圣庙和长崎圣堂等,其建筑形式,在平安时代基本上比照唐

[①] 高明士:《庙学教育制度在朝鲜地区的发展——中国文化圈存在的历史见证》,《韩国研究论丛》1995年第1期。

制，到了江户时代，又大多演变成明清的建筑样式。

图 4-5　汤岛圣堂

在越南，儒家文化同样备受推崇。远在秦朝的时候，中国儒学就开始进入越南。1070 年，李朝王室看重儒家文化在社会中的教化作用，在河内修建了文庙，并要求各省兴建文庙，各乡镇设立文祠祭孔。河内文庙依照中国样式建造，规模仅有曲阜孔庙的一般。除了供祭儒家先贤，河内文庙还在 1076 年扩建了国子监，成为了庙学合一的最高学府，皇室和官宦子弟都在此学习。但随着王朝更迭，京都迁移，"学"的部分（国子监、太学堂）也随之迁移，河内文庙（见图 4-6）成为了专门供奉孔子的庙堂。①

东亚各国文化同源，儒家思想是东亚文化圈的共同价值观，是进行沟通交流的最好的语言。中国向来讲究以礼待人、推己及人，不仅在人与人之间的互动中追求和睦，在人与自然的相处中追求和谐，讲究万物一体、天人合一，在国与国之间的交往中更是追求和平，讲究怀柔远人、厚往薄来。这种以"和"为基础的交往原则，体现出的是和而不同，是对待不

---

① 范小平：《近现代中国孔庙在东亚与东南亚发展的历史及成因》，《四川文物》2003 年第 2 期。

图 4-6 河内文庙

同文化宽和兼容的态度，但"和"也只是儒家文化"用"的一面，而其"体"则是"仁"。"以仁为体、以和为用"的文化实践结构，正是儒家文化与西方文化的不同之处。[①] 不同于西方传教士的布道，儒家文化的传播讲究人的传承、讲究仪式的身教践行，这种传播是渐进式的、潜移默化的、润物细无声的。

(三) 建构认同

孔子不仅是中国文化的代表，上承夏商周文明之精华，下开中国千年思想之正统，是中华文明承上启下的关键人物，还是世界文明的东方起点，是世界上公认的教育家和思想家，更被后人视为"万世师表"，被联合国教科文组织评为"世界十大文化名人"，他的名言"己所不欲，勿施于人"还被镌刻在联合国总部大厅。对孔子的祭奠既是对其所做出的卓越思想贡献的肯定，又是对两千年中华文明和历史传统的传承，更是实现中华民族伟大复兴过程中的文化礼赞。

孔庙既是有形的文化遗产，更是无形的历史宝藏。从曲阜孔庙到地方孔庙、从中国孔庙到世界孔庙，孔庙作为一种极具文化内涵的文化载体，其影响力持续至今。"'礼乐'制度是中华民族在文明的独特发展中摸索

---

① 陈来：《孔夫子与现代世界》，北京大学出版社 2011 年版，第 112—115 页。

出来的，不以武力和强制达成社会合作、融洽与统一的伟大制度。"① 孔庙是中国古代礼乐制度的一个缩影，更是中国礼文化的一个关键符号。孔庙祭祀既是一种仪式传播，还是一种制度传播，更是一种文化传播。孔庙作为中国古代礼乐制度与祭祀礼制的集中显现，庙学合一的形式让它成为祭祀孔子、尊崇儒道的神圣空间，又成为传承儒学、输出儒生的教育机构，更推动了东亚文化圈的形成。

文化是民族的血脉，更是人民的精神家园，"由孔子创立的这一套文化思想，在长久的中国社会中，已无孔不入地渗透在广大人民的观念、行为、习俗、信仰、思维方式、情感状态……之中，自觉或不自觉地成为人们处理各种事物、关系和生活的指导原则和基本方针，亦即构成了这个民族的某种共同的心理状态和性格特征"②。孔庙所传播的儒家文化奠定了中华文化的根基，以儒家文化为主干的中国礼文化，实际上已经积淀并转化成为了一种潜层的文化—心理结构，指导着人们的日常生活，引领着国家的发展方向。

习近平总书记在纪念孔子诞辰 2565 周年国际学术研讨会上指出："儒家思想在内的中国优秀传统文化中蕴藏着解决当代人类面临的难题的重要启示，比如，关于道法自然、天人合一的思想，关于天下为公、大同世界的思想……中国优秀传统文化的丰富哲学思想、人文精神、教化思想、道德理念等，可以为人们认识和改造世界提供有益启迪，可以为治国理政提供有益启示，也可以为道德建设提供有益启发。"③ 一个国家的文化基础，可以为这个国家带来活力，赋予它方向、意义和形式，而在西方文化的冲击下，我们的文化基础正面临着被破坏的危机。

当前，我们再次重视孔子、重视孔庙、重视祭孔仪式，正是为了挖掘出孔庙及其祭祀礼制的当代价值。"被一个共同体最好地接受的真理，都是那些能够保证这个共同体最好的统一性的真理。每个历史团体都摸索着找到它最优化的信息栅栏，即那个能为它提供最大稳定性和持久性的保

---

① 毛峰：《文明传播的秩序：中国人的智慧》，中国传媒大学出版社 2005 年版，第 64 页。
② 李泽厚：《新版中国古代思想史论》，天津社会科学院出版社 2008 年版，第 32 页。
③ 习近平：《从延续民族文化血脉中开拓前进——在纪念孔子诞辰 2565 周年国际学术研讨会暨国际儒联第五届会员大会开幕会上的讲话》，《孔子研究》2014 年第 5 期。

障,并以此保证其身份。"[①] 孔庙祭祀制度奠定了中国尊圣尊贤、崇德报功的文化传统,孔庙是仪式场所和神圣空间,以儒生为代表的知识分子成为祭祀仪式的实践主体,他们通过制度化的祭祀仪式传播和传承着礼乐传统和文化记忆。中国礼文化可以为中华儿女提供稳定和持久的保障,并带来群体的归属感、社会的凝聚力和文化的认同感。文化认同的力量又将帮助提高人民的文化自信,增强中国的文化实力。在21世纪,儒家文化将发挥其积极作用以促进人类文明进步,而孔庙这一浓缩着中华历史与文化记忆的建筑,也会继续成为中国礼文化传播的有力媒介。

第二节 乡土文化的记忆传播与共同体建构
——解读大型纪录片《记住乡愁》

《记住乡愁》以"关注古老村落状态,讲述中国乡土故事,重温世代相传祖训,寻找传统文化基因"为宗旨,通过传承千百年的村规民约、家风祖训,找寻、探索民族文化的精髓。展现传统村落的自然环境、人文景观、民风民俗、乡土之物、文化积淀等,梳理传统村落的历史发展脉络。聚焦海内外华人记忆中的乡愁,深入挖掘和阐述中华优秀传统文化的时代价值。它由中共中央宣传部、国家新闻出版广电总局、国家文物局等单位联合发起,由中央电视台中文国际频道组织拍摄。作为近几年来央视大型人文纪录片的开年大戏,采取季播的方式播出,自2015年起,每年一月起在中央电视台中文国际频道黄金时段播出。每季共60集,每集30分钟,截至2018年4月,共播出四季。

《记住乡愁》因其纪实性品质和人文性品格而成为记录"乡土中国"传统伦理道德、价值观念的重要媒介形态。区别于以往的乡土题材纪录片,它是以"人"的故事为核心的乡土社会自然风景与人文风貌的展现。《记住乡愁》构建的"记忆的场域"使乡土中国的形象得到更好的解读和呈现。有关回忆、认同与传承的故事,形成有关文化和文明的"象征意义体系"。乡土社会是传统文化的载体,文化传统的维系是文化认同的重要环节,《记住乡愁》为观众提供记忆与文化的联系,"与共同遵守的规

---

① [法]雷吉斯·德布雷:《普通媒介学教程》,陈卫星、王杨译,清华大学出版社2014年版,第180页。

范和共同认可的价值紧密相连、对共同拥有的过去的回忆,这两点支撑着共同的知识和自我认知,基于这种认识和认知而形成的凝聚型结构,方才将单个个体和一个相应的'我们'连接到一起"①。在社会转型中,如何保存本民族的文化记忆,维系民族文化血脉,《记住乡愁》在传播的角度为我们提供了一种范本。

图 4-7 中央电视台百集大型纪录片《记住乡愁》

一 《记住乡愁》中礼文化的记忆传播

著名社会学家费孝通在《乡土中国》一书中曾准确地将乡土社会概括为一个"礼治"的社会。乡土社会的秩序是靠"礼"来维持的。礼是乡土中国主导的社会精神、道德标准以及维持伦理秩序的教化手段,它维系着社会长久的稳定。所谓"道德仁义,非礼不成,教训正俗,非礼不备。纷争辨讼,非礼不决。君臣上下父子兄弟,非礼不定。宦学事师,非礼不亲。班朝治军,莅官行法,非礼威严不行。是以君子恭敬、撙节、退让以明礼"②。个人的成长,社会的建设,大大小小桩桩件件都与礼有关。《记住乡愁》所呈现的礼文化,以民间通用礼——家礼(家族礼)为主。制作者们通过梳理它们的历史发展脉络,展示传承千年的祠堂、家谱、家训、乡约,以及种种礼的仪式和礼俗生活。

(一) 人生礼仪

《记住乡愁》中人生礼仪的体现,主要是与孝文化的传承有关。"夫

---

① [德] 扬·阿斯曼:《文化记忆:早期高级文化中的文字、回忆和政治身份》,金寿福、黄晓晨译,北京大学出版社 2015 年版,第 7 页。

② 杨天宇:《礼记译注》,上海古籍出版社 2004 年版,第 2 页。

礼始于冠，本于昏，重于丧祭，尊于朝聘，和于射乡——此礼之大体也。"[①] 无论是象征着成人的冠礼，还是重视承继的昏礼，以及人生终点的丧礼，都贯穿着孝亲的理念，"孝"这一核心精神贯穿着人的一生，也串联着一切的社会精神。

1. 孝以立身

《孝经》中说孝是始于事亲，终于立身，"故君子不可以不修身，思修身不可以不事亲"[②]。"事亲"就是"修身"的基础和前提，是一切仁义道德的开始。士大夫阶级将事亲看作是修身的重要部分，乡土中国则蕴含着孝悌和事亲的最淳朴的本质。通过孝亲，人们学会讲修和睦、自尊自强，学会同舟共济、尽忠报国。这些品格承继于家庭，发扬于社会，主动维系着君君臣臣父父子子的社会秩序，今天的乡土中国不再有君臣关系的禁锢，但是永远没有改变的是，人们仍然无比重视亲情的延续和维系，个人修养形成的开始仍然是孝道。

在乡土中国，孝不是虚无缥缈的道理，而是实实在在的做人行事的道理和原则。在江西吉安市钓源村，节义是居住在这里的欧阳修的后人一直坚持和秉承的道德情操，也是为人处事的原则和规范，欧阳氏家谱中最重要的便是"孝悌当重"内容。欧阳修的后人始终谨记祖先"以孝事亲"的教诲，以此为基础，做到"以忠事君、以廉为吏、以学立身"。

2. 孝以成仁

"子曰：夫孝，德之本也，教之所由生也。"[③] 人的道德以孝为本，人的教化便从孝的土壤里生发出来，伦理控制带来社会的稳定与和谐。以《记住乡愁》中山东省淄博市的八陡镇为例，八陡镇是孝女颜文姜的故乡，每一年八陡镇的百姓都会聚集到文姜祠，把象征着女神颜文姜的神像接回她的娘家省亲休憩，虔诚的仪式流转千年，成为了今天的文姜庙会，人们用这种方式温习着颜文姜孝亲教子的传说，而孝的精神也通过这种方式影响着一代代的八陡人。孝悌文化赋予了八陡镇人勤劳善良温和的性情，历经千年的流传，孝文化在八陡古镇绵延不息，成为了当地最著名的文化符号。八陡镇的人们因为孝而有着母慈而子孝的家庭观，守望相助的

---

① 杨天宇：《礼记译注》，上海古籍出版社2004年版，第817页。
② 同上书，第700页。
③ 贾德永：《孝经译注》，上海三联书店2013年版，第267页

社会观念，使得当地成为安居乐业的一方热土。

陈劲松认为，"《孝经》为儒学社会的'以孝治国'指明了方向"①。而《家礼》的出现为它提供了具体的做法，治国如治家，家与国的关系就是孝与忠的关系。"孝悌也者，其为仁之本与。"② 在乡土中国，通过"孝"而实现的"仁"，既是个人的仁，"爱亲者，不敢恶于人。敬亲者，不敢慢于人"③。通过孝亲，人才能够学会推己及人，实现社会关系方面的和谐共处；也是社会的仁，乡土中国强调人伦，也就是费孝通先生所说的"差序格局"，这个格局的基础是亲子关系，是孔子所说的"亲亲"，它的前提以及实现手段也是孝。同时，孝悌也是君子修身的根本，个人的发展，家族的维护，都以孝为基础。孝是把社会理想和社会秩序落实到个人的途径，《记住乡愁》呈现给我们的乡土中国，从家庭的伦常到社会的秩序，处处体现着孝道的力量和影响。

(二) 家族礼仪

自明朝前期《家礼》推广于民间开始，"礼不下庶人"的原则逐渐被打破了，家祭不再是高居庙堂的统治者和士大夫阶级的专权，它开始在民间通行并影响至今。家族礼仪在《记住乡愁》中多有体现，主要以展示家族祠堂以及祭祀活动为主。

1. 祭祀之礼

国之大事在祀与戎，祭祀既是维系今人与先辈、过去与未来的一项活动，也是维系血脉与亲缘、牢记历史与文化的重要仪式。祭礼是整个家族的大事，祭祀之礼在礼中占有极为重要的地位，儒家主张通过祭祀之礼追继未尽之孝养，培养返始报本之心，它是人生道德教育的根本。因此历来的君王统治者都极其注重祭祀的礼仪，不乏铺张、盛大的仪式。把目光投向民间，在乡土中国，祭祀也可以说是村中或族里一年里最大的事。《记住乡愁》中呈现的广东省东莞南社村始建于宋代，悠久庄重的祭祀传统已经沿袭了数百年，每年的冬至，南社村民都在村中最具规模的谢氏大宗祠中举行祭祖仪式，为了表达对祖先的敬意，供奉的极品经过精心的准备和挑选，随着生活水平的提高，祭品也丰厚起来，祭祀的贡品在仪式后分

---

① 陈劲松：《儒学社会通论》，中国人民大学出版社2007年版，第236页。
② 邹憬：《论语译注》，上海三联书店2012年版，第8页。
③ 贾德永：《礼记孝经译注》，上海三联书店2013年版，第270页。

给村中70岁以上的老人,居住在临近村庄的南社村人,在祭祀的这一天都会回来,回不来的,就由主事将他们的名字写在灯笼上,从宗祠一直挂到村口,以示郑重。

为铭记先祖的开基建业之功,每年的秋收季节,湖南省岳阳市张谷英村的张氏后人都会用隆重的礼仪祭拜他们的先祖谷英公,张氏后人至今生活在同一片屋檐下,恪守着几百年的伦理传统,他们世代相守、和而不分,历经数百年而根深叶茂、聚而不散。陈慧丽认为:"'返始报本'、'伦理教化'、'收族致和'是祭礼的三大主要目的。'返始报本'是怀念祖先,报答祖先的功德;'伦理教化'是通过祭祀礼仪培养伦理意识,提高道德素质;'收族致和'是通过祭礼培养族人'四海皆兄弟、天下一家亲'的观念,达到族人团结统一、友爱相处、社会和谐的目的。"① 礼莫大于祭,祭莫大于敬。《家礼》中说:"凡祭,主于尽爱敬之诚而已。贫则称家之有无,疾则量筋力而行之。财力可及者自当如仪。"祭祀之礼无论规模大小,无论形式简繁,只要心诚,量力而行,便是对祖先最大的告慰。重视祭祀,是重视亲情,重视感恩。每年春秋两季,山东新城镇的各大家族都会举行祭祖仪式,在外打拼的新城人,无论多忙都会赶回家乡,在祭祖仪式上,人们一起诵读历代先祖家训,向后世传递祖先的处世美德,并且将它作为道德规范时刻激励自己。

2. 祠堂之制

学者冯尔康在其《中国古代的宗族和祠堂》一书指出:"祠堂本是一组建筑,是族人祭祀祖先的地方,但在明清时期它却成为宗族的代称,是族人集体活动、族长施政的地方。"② 发展到后来,祠堂又分为学祠、士大夫祠、宗祠等,有许多村庄的布局是以祠堂为中心,村中大小事皆在祠堂商议,除了清明新年以外,还有各具特色的祭祀活动在祠堂举行,有的村庄的学堂和义塾也在祠堂开办。《记住乡愁》目前播出的百余集中,绝大多数的村庄都拥有祠堂,在广东省东莞市南社村,几百年间谢氏族人在村里修大小祠堂以纪念祖先,鼎盛时期竟有34座之多。可见祠堂祭祀之礼制在乡土中国的重要性及普遍性。

如在《记住乡愁》张谷英村,村中祠堂设议事厅,村民生活中的一

---

① 陈慧丽:《朱子〈家礼〉在祁门黄龙口村的实践》,硕士学位论文,安徽大学,2012年。
② 冯尔康:《中国古代的宗族和祠堂》,商务印书馆2013年版,第216页。

些小矛盾，都在议事厅中由族中长者调和解决，村中的分红和建设问题，也在祠堂投票决定，村事共商，福利共享。正像有些学者所说的，村落和祠堂就是凝固的历史，在祠堂中祭祀、议事、办学，都要遵守相应的礼法，不仅表示对祖先的尊重，同时也是从另一个角度教育人们懂得尊卑长幼的道理。

乡土中国保留至今的祠堂、家谱，承载着祖先留给我们的文化精神，它本身也是宝贵的文化遗产和文化资源。有关于纪念祖先，启发后人的诸多活动都在祠堂进行，如今祠堂本身就已经是孝悌文化的象征。斗转星移，在每一座几经修补的宗祠、每一本泛黄的家谱上都留下了无法抹去的时光印记，在乡土中国，它们仍然被小心地珍藏和保护着，而且已经成为了一种有关于传统文化的符号，时刻提示着后来的人们感念先辈恩德，重视血脉亲情。

二 乡土中国的文化记忆与文化传承

礼文化不只是准则与规范，也是内在的文化精神与价值观。修身才能齐家，家齐国方可得良治，最终实现天下大同的理想。虽然历经社会的更迭与世界的变化，修身齐家治国平天下仍然是我们不变的追求。

（一）修身：君子之道在于礼

子曰："克己复礼为仁。"[1] 克己就是修身，修身体现了礼的教育功能。从个人的角度出发，礼的价值和目的是修身。一方面是人性的打磨与塑造；另一方面是人生价值的实现。礼通过对个体行为的规范来形成和引导人内心向良善、守孝悌、重仁义的道德观念，在不断积累的行动和原则中塑造人格。礼塑造人，礼使人成为"人"，培养人入世的品格，达到"仁"的境界。"大学之道，在明明德，在新民，在止于至善。"[2] 大学之道事实上也是人生之道、君子之道，通过个体的自我修养，不断进步，达到君仁、臣敬、子孝、父慈、人信的目的。在浙江省金华市的诸葛村，诸葛亮的后人至今仍在祠堂中教授孩子们诵读《诫子书》，千百年来"淡泊明志、宁静致远"的修身格言，深深地影响着诸葛后裔的为人处事，让他们始终以静心来修炼性情，以恭俭来涵养品德。

---

[1] 邹憬：《论语译注》，上海三联书店 2012 年版，第 169 页。
[2] 杨天宇：《礼记译注》，上海古籍出版社 2004 年版，第 800 页。

具体地说，婚丧嫁娶等种种仪式都有其特定的含义，在人生礼仪的继续和传承中，与礼有关的文化记忆得以在一代又一代人中传承和发展。在今天，虽然有很多繁复的仪式逐渐地被简化，但是它们并没有远离我们的生活。在乡土中国，历代相承的家风、祖训很好地印证了礼塑造人格的这个方面。人们处理家庭和家族事物，教育子女和后人的道德和行为规范就是家训，家训一部分是记载于家谱，一部分来自世代的口耳相传得以延续。在《记住乡愁》中，有关于家规祖训的片段不胜枚举，比方说：见利忘义众人嫌，聚义行善家业兴（湖南滨州市板梁村刘氏家训），从家训中，板梁人总结出"施义者需要有仁爱之心，更要注重道德养成"的育人方式。为了涵养品德，板梁人在自家的匾额、楹联以及厅堂墙壁上，用各种内容的箴言警句把文化教育、人生价值、伦理道德以最精练简洁的文字表达出来，让子孙后代时时对照和提醒着自己的一言一行是否合乎家风和家规。另外还有：治家要有仁爱之心，行事应遵正义之道（浙江丽水市杨家堂村宋氏家训）；和兄弟，睦宗族，亲邻里，戒争讼（湖南永州市涧岩头村周氏家训）。

文章与诗礼传家相表里，经济自清心寡欲中得来（江苏无锡市周铁村张氏家训）等。虽然具体内容各有不同，但无一例外的是，这些家训都以孝悌为一个基本的准则，倡导以德育人，教导后世子孙勤耕读，向良善。将修身的格言传承下去，以期后世子孙拥有忠义两全的爱国情怀和信义赢天下的道德准则，珍惜积善有余庆的精神财富和天道酬勤的奋斗精神。

（二）齐家：家族和睦在于礼

家是联系个人与社会的最重要的纽带，在儒学社会的结构中，家起到了重要的作用，"在一个熟悉的社会中，我们会得到从心所欲而不逾规矩的自由。这和法律所保障的自由不同。规矩不是法律，规矩是'习'出来的礼俗。从俗即是从心。换一句话说，社会和个人在这里通了家"[①]。在乡土中国，"家"既是"亲亲"血缘关系的小家，也是宗族。家族社会是中国乡土社会的又一重要的社会特征，家族社会是一个由血缘和地缘相互作用的、有着斩不断联系的亲密共同体。在山东省济南市三德范村，族谱家训既是族人之间血缘宗亲的纽带，又是族人们互相遵守的行为规范和

---

① 费孝通：《乡土中国》，北京出版社2004年版，第7页。

道德约束，不仅要求族人们和宗睦族，还强调族人应与同居一地的其他宗族合群同力，共同维护地方安定与繁荣。

冯尔康总结说在旧中国，宗族在根本上起维护政权的作用："第一，宗族伦理教育让人当顺民。第二家法辅助国法，有效治理百姓。第三，宗族义产为国家解忧，从经济上维护社会政治稳定。第四，协助政府监控社会上的不稳定分子。第五，对民众有序生活有积极意义。宗族制的盛行，是地方社会稳定的标志。"① 在当代社会，宗族已经不是统治者进行伦理统治利用的手段，但是我们仍然如此重视家庭与血缘关系，重视人与人之间的合作与联系，和合有道、崇文重教、孝悌传家，这些文化精神与传统从家传里得到继承和发扬。大家族式的生活方式，更容易形成和睦向上的文化氛围。在山西省临汾市的丁村，为了使后代团结在一起，丁村的祖先在分割家产时采用"对角分房"的方式，不仅为村落保留了许多的古建筑，更重要的是通过这种方式，把整个家族凝聚在一起，祖先对于后代的教化，也随之传承下来。生活在丁村的人们，从小就受到大家庭的熏陶，兄弟同心、和睦相处的家训一直传承下来。

（三）治国平天下：大同社会在于礼

以礼维系的社会关系里，家与国是一体的。如果说过去几千年来，土地与农业是中国发展的土壤和物质基础，那么村落的繁衍与社会的发展的文化基础就是礼文化，对土地的依赖和血缘地缘共同体的维系，让乡土社会成为具有秩序的高度自觉性和继承性的礼治社会，"夫礼者，所以定亲疏，决嫌疑，别同异，明是非也"②。这里的"礼"，既是管理社会的手段，也是维持社会秩序的规则，还是社会公认的行为规范。乡土社会的秩序来源于礼，这里的"礼"包含着"法"，但维护礼治的力量不是刻板冰冷的纪律铁则，礼文化包含着更多人情的观念，它是从继承与教化中产生的，不是强硬的循规蹈矩，而是一定程度的约定俗成。甘肃省陇南市哈南村的先祖，用把劝导后人的道理编成歌谣的方式，时刻提醒子孙后代做人做事要忠诚正直，并且制定规矩，将为国效忠的功臣及其功绩记录在族谱上，鼓励后人秉承忠勇传家的精神，以先辈为榜样，为国尽忠尽责。"忠"是他们最为看重的品行，哈南村的村民至今认为能够保家卫国是最

---

① 冯尔康：《中国古代的宗族和祠堂》，商务印书馆2013年版，第216页。
② 杨天宇：《礼记译注》，上海古籍出版社2004年版，第2页。

荣耀门楣的事情。在这里,礼作为一种规则的传承,让哈南村人拥有自己独特的文化基因,促进了地方社会的和谐,并且能够将其发扬于维护国家利益的层面。

在古代,礼有效地巩固和维持着"君君,臣臣,父父,子子"的社会伦理关系,是强有力的社会控制手段。"治国不以礼,犹无耜而耕也。"[①] 从社会的角度来看,礼具有非凡的政治功能,不仅能够帮助治理国家,还能够借此"平天下",实现理想社会的目标。礼文化强调家庭与家族的维护与巩固,强调血缘关系与宗法原则,提倡在社会价值的前提下实现个人价值,家族社会的稳定有利于社会整体的发展,社会礼仪所规范的秩序和规则让一个拥有众多人口的泱泱大国得以运作和维持。

三 乡土中国的文化记忆与价值传播

纪录片《记住乡愁》作为一部大型文化纪录片,主要介绍聚焦中国的村、乡、镇民风、民俗,更聚焦中华民族的优秀文化精神。我们从题目中不难看出一些贯穿整部作品的重要的核心词:孝、和、仁、读、义、德、善、忠。比如《乌镇——枕水人家 立志进取》《郭亮村——自强不息》《培田村——敬畏之心不可无》等。这些也恰恰是中华传统文化的核心价值。阿斯曼总结说:"社会通过一种回忆文化的方式,在想象中构建了自我形象,并在世代相传中延续了认同。"[②]《记住乡愁》所呈现的传统文化就是千百年来中华民族的情感、行为、规范的总和,它存储在深层次的记忆中,通过一代又一代中国人的传承和再生产,尽管伴随着朝代更迭和社会变迁,仍然清晰可见。

(一)《记住乡愁》核心价值的呈现

文化是人文纪录片的灵魂。一种影像资料所呈现的画面与故事,决定它是否能够吸引观众,而追根溯源,它之所以能够拨动观众内心深处对于"乡愁"的种种回忆与纪念,是建立在正确的、积极的对文化认识的基础上,因此才激发出传统文化的力量,唤起观众对传统村落的生态文明的向往、对和睦亲近的人际关系的追求、对礼文化的核心价值观的认同。记住

---

① 杨天宇:《礼记译注》,上海古籍出版社2004年版,第281页。
② [德]阿斯曼:《文化记忆:早期高级文化中的文字、回忆和政治身份》,金寿福等译,北京大学出版社2015年版,第8页。

乡愁，实际上就是记住仁、义、礼、智、信的核心价值观，就是对民族文化的认同。《记住乡愁》不仅能够作为一个欣赏"美"的影视资料，它更加是我们理解和体会传统文化的一个生动丰富的资料库。《记住乡愁》每一集都有一个核心文化的指向，集中体现在分集的题名中，将目前播出的四季节目的核心文化概念进行梳理，提炼出其中的名词、动词、代词等实词，进行频率分析。

表 4-1

字词	频次	字词	频次	字词	频次
义	16	俭	3	远亲不如近邻	1
善	13	清白	3	仁	1
和	12	坚韧	3	节义	1
德	12	慈孝	2	道义	1
孝	10	情义	2	诚实守信	1
传家	7	仁爱	2	气节	1
天下	6	诚	2	尽忠报国	1
睦	5	报国	2	尽忠	1
和谐	5	忠义	2	天下兴亡匹夫有责	1
信	5	精忠报国	2	修身	1
教	5	忠勇	2	立德	1
崇文	5	读	2	立家	1
学	5	书	2	树人	1
勇	5	智	2	礼	1
担当	5	敬畏	2	宁静致远	1
感恩	4	精益求精	2	天道酬勤	1
勤	4	规	2	礼乐	1
和睦	3	规矩	2	清正	1
同舟	3	匠心	2	实事求是	1
仁义	3	丹心	2	隐忍	1
诚信	3	尽孝	1	众志成城	1
家国	3	孝道	1	同心同德	1

再将这些核心意义词语以相同意义为类，合并同类项，得出出现频率最高的几个意义指向：义、孝、和、忠、德、学、仁，对应着儒学仁义礼

智信的核心价值,尽管儒学形成之初,源于乡土的"礼"的观念是它的重要组成部分,然而事实上在几千年的传承与实践的过程中,礼文化已经几乎包含着整个儒家思想的价值观部分,并且因为《家礼》的普及与实践,礼文化与民间礼俗相结合后,发展出了更加普适的文化与价值观念。

礼文化是以儒家文化为主的中国传统文化的代表及核心,它规范和塑造着中国古代自王权至乡民社会生活的方方面面,至今仍然在今人的社会及家庭生活中起着不可或缺的作用,对中华民族的民族性格产生了极重要的影响。

礼者,履也。"夫礼者,所以定亲疏,决嫌疑,别同异,明是非也。"[1] 这里的"礼",既是管理社会的手段,也是维持社会秩序的规则,还是社会公认的行为规范。

中国礼文化博大精深,号称经礼三百、曲礼三千,但按照《周礼》的划分,主要是吉礼、凶礼、宾礼、嘉礼、军礼五礼。在古代中国,有"礼不下庶人"的规定,彻底打破这个规则的是南宋朱熹所编《家礼》(又称《朱子家礼》),明清以后它是在乡土中国最普遍适用的民间通用礼,它包括但不止于《家礼》。《家礼》将礼仪与礼俗结合起来,为儒学会提供了最普适的社会管理和思想控制的模型。钱穆先生认为朱子治礼,意在于博古而通今,明礼以致用,家礼就是"致用"的范本。它分为通礼、冠礼、昏礼、丧礼、祭礼五部分,简化前代礼仪规范,创立祠堂社祭祀之制。不仅引导和规范个体和家庭的行为秩序,更教育人们发自内心的以儒家"仁"的思想来决定自身的行为。

自从明嘉靖年间推广以后,《家礼》在整个中国乡土社会和当时的大部分附属国家成为了礼仪范本,影响至今。伴随着文明的进程,如今等级制度和封建婚姻制度等都被时代所淘汰,但是家庭观念仍然深深的存在于我们的社会和个体的思想中,这与家礼在乡土社会的普遍致用与继承有着密切的联系。这其中包含具有高度社会性的广泛使用的仪式性的礼仪风俗,包括衣食住行、岁时节庆、婚丧嫁娶等种种具有地方色彩的民俗与仪式,也包含有指导人生发展的礼节与道德规范。

虽然如今世界向着更加文明和理性的目标前进,我们与西方社会一样,以法来治理社会,但是不同的是,中国人内心的、社会的价值观的很

---

[1] 杨天宇:《礼记译注》,上海古籍出版社2011年版,第2页。

大一部分仍然由"礼"来引导。

(二) 仁义精神的当代传承

"仁是全德之称。"① 是道德的价值取向，以仁为核心的道德观念，是个人道德的最高品性，在不断积累的行动和原则中塑造人格。在乡土中国，仁表现为孝悌、诚信、坚韧、忠贞、勤劳、感恩、向善等一切以修身为目标的道德观念和修养，修身方能齐家，齐家才能治国，国治而天下平。仁是德的价值取向，它并不拥有一系列规范和准则，因此孔子在继承周礼的基础上，引仁入礼，以仁释礼。"将外在的规范与约束解说成人心的内在要求，把原来的僵硬的强制规定，提升为生活的自觉理念，把一种宗教性神秘性的东西变而为人情日用之常，从而使伦理规范与心理欲求融为一体。"② 礼通过对个体行为的规范来形成和引导人内心向良善、守孝悌、重仁义的道德观念，在不断积累的行动和原则中塑造人格。从个人的角度出发，礼的价值和目的是修身与齐家。一方面是人性的打磨与塑造，另一方面是人生价值的实现。礼塑造人，礼使人成为"人"，培养人入世的品格，达到"仁"的境界。在日常的生活中，修德是成仁的基本途径。仁里村（第2季第23集）民风淳朴，祖先仰慕孔子"仁"的学说，为这里起名"仁里"，希望后世子孙以仁爱为立身之本，制定"同干事，勿避劳苦。同饮食，勿贪甘美。同行走，勿择好路。同睡眠，勿占床席。"的祖训，核心是君子之谦，让中取利，信中取财，也是徽商始终奉行的仁义之道，仁里村也因为仁爱在明清时期创造了富甲一方的商业繁荣。无论贫富，泛爱于人的仁里人曾资助过胡适的留学生涯，也帮助过幼时尚未发达的红顶商人胡雪岩。仁爱之心使仁里居民互相关爱，也使走出家乡的徽商不忘本源，仁爱是理想境界的崇高追求，也是对后人行为的规范，善良待人，忠厚度日是仁里人在平凡生活中的原则。

"仁者爱人。"③ 仁的基本内涵是同情心，蕴含着人道主义和民本主义的精神，仁作为高远的人生信仰和文化价值理论，是中国传统道德观念的基础和追求。同时仁也是"儒学中精华最多而最值得继承和发扬的部分"，因为"仁学要解决的问题是一切社会和人生都会遇到的根本性问

---

① 牟钟鉴:《儒学价值的新探索》，齐鲁书社2001年版，第135页。
② 李泽厚:《孔子再评论》，《中国社会科学》1980年第2期。
③ 王刚:《孟子译注》，上海三联书店2013年版，第227页。

题，而它又有相当深刻而健康的答案，所以具有较强的生命力和超时代的价值"①。三河古镇（第3季第2集）中和祥糕点铺以创立百余年，掌柜施家的祖上将施恩不求报的仁爱善举写进族谱，"施人慎勿念，受施慎勿忘"的理念提醒施家后人"唯仁为纪纲"，遵循着这样的家族理念，如今施家的后人一直和睦的生活在一起，共同守护祖业的同时也尽量帮助别人。"孝悌也者，其为仁之本与。"② 仁是从敬爱亲人开始，推己及族人、乡邻，乃至天下人。

（三）孝道传家的亲情伦理

"孝，礼之始也。"③ 一方面是祭祀礼仪的起始，另一方面是礼的观念萌芽之处。孝亲不仅是伦理亲情的本能，还是一种进步的途径，若要天下太平，达到理想社会，必先治理好国家，治理好国家就需要管理好社会中的每一个小家庭，而这一切都不是自上而下的，而是从个体出发，从个人"孝"的自我修养开始。

崇义重教的广西玉林市金圭塘村（第2季第26集），家谱中首当其冲的便是"孝悌当重"内容（见图4-8）；节义立家的江西吉安市钓源村（第2季第60集），欧阳氏的后人始终谨记祖先"以孝事亲"的教诲。孝文化恰恰也正是礼文化最重要的部分，子曰："夫孝，德之本也，教之所由生也。"④ 孝文化可以说是中华民族第一重要的传统美德，《记住乡愁》中，每一个村庄的故事都多多少少与孝道有关。并且百善孝为先的传统不仅是存在于《记住乡愁》展示的百余美丽的村庄中，它贯穿时间的脉络，从乡土中国到现代中国，在每一户人家、每一个家族深深地扎下了根。同时，《记住乡愁》制作组也强调孝文化应当与封建愚昧划清界限，是时代价值的彰显而并非强调愚孝。

家是联系个人与社会的最重要的纽带，在儒学社会的结构中，家起到了重要的作用，"在一个熟悉的社会中，我们会得到从心所欲而不逾规矩的自由。这和法律所保障的自由不同。规矩不是法律，规矩是'习'出

---

① 牟钟鉴：《儒学价值的新探索》，齐鲁书社2001年版，第57页。
② 邹憬：《论语译注》，上海三联书店2012年版，第2页。
③ 李梦生：《左传译注》，上海古籍出版社1998年版，第345页。
④ 胡平生：《孝经译注》，中华书局1999年版，第1页。

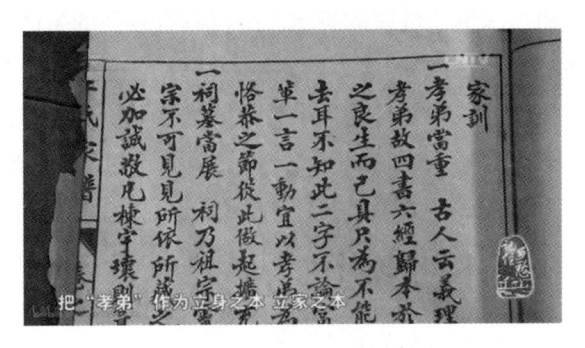

图 4-8　金圭塘村家训

来的礼俗。从俗即是从心。换一句话说，社会和个人在这里通了家"①。在乡土中国，"家"既是指"亲亲"血缘关系的小家，也是指宗族这个大家庭。因为血脉相连的孝亲观念，宗法社会才得以稳定而长久的发展。

在当代社会，宗族已经不是统治者进行伦理统治利用的手段，但仍然像古代社会一样，它是人们社会生活的一项非常重要的内容。在当代中国社会，宗亲之间的活动仍然像古代社会一样，是人们社会生活的一个重要组成部分，人们已经不再需要攀附在祖先和族人的福荫之下，因此宗族中亲朋间交往活动的形式和目的都大不同于从前，亲缘的纽带却不曾断裂，仍有族人不远万里甚至远渡重洋回到家乡续上家谱，是为了排解漂泊在外的思乡之情，更是为了亲情的延续和文化的传承。

"共同体是持久的和真正的共同生活，社会只不过是一种暂时的和表面的共同生活。因此，共同体本身应该被理解为一种生机勃勃的有机体，而社会应该被理解为一种机械的聚合和人工制品。"② 广东潮州市文里村（第 1 季第 40 集）最古老的乡里互助机构互助社成型于南宋时期，是文里村人为帮助村中老人而结成的慈善团体，发展至今的父母社实行会员制，一人入会，全家享受会员待遇，而入会会员不论身份，都要接受父母社统一安排的工作，轮到谁，谁就负责照顾生病的老人。这些流传至今的互相帮扶的"孝亲"习惯与传统，说明孝的价值观的传承从未间断。它使乡土中国生机勃勃的共同体。

---

① 费孝通：《乡土中国》，江苏文艺出版社 2007 年版，第 9 页。
② ［德］费迪南·滕尼斯：《共同体与社会——纯粹社会学的基本概念》，林荣远译，北京大学出版社 2010 年版，第 44 页。

从社会的角度来看，礼的作用和意义是治国平天下。礼文化强调家庭与家族的维护与巩固，强调血缘关系与宗法原则，提倡在社会价值的前提下实现个人价值，家族社会的稳定发展有利于社会的稳定与发展，社会礼仪所规范的秩序和规则让一个拥有众多人口的泱泱大国得以运作和维持，伴随着时间的洗礼与社会的进步，今天的礼治已经不再能够禁锢住人的阶级与思想，但是我们仍然如此重视家庭与血缘关系，重视人与人之间的合作与联系，与孝这一礼文化的原始基因有密不可分的关系。

（四）和合有道的处世原则

中华文明扎根在土地里，千百万年之前，中华民族的祖先在这块土地上播撒种子，驯化牲畜，聚族而居形成村落，村落聚合形成小国，小国合并，是一个以农事为基础的泱泱大国，农业文明有"靠天吃饭"的特点，对自然环境和自然资源的依赖让中国人崇尚"天人合一"的和谐之道。不仅与人和，更要与天地合，云南省丽江市吾木村（第1季第28集）的纳西族乡亲在伐树之前，要进行祭署仪式，与神灵沟通，感恩自然赐予的一切，乞求自然之神的谅解。海南省草堂村的渔民将大海叫作"祖宗海"，感恩南海为他们带来赖以生存繁衍的馈赠。广西壮族自治区来宾市的门头村（第2季第49集），是瑶族聚居地，瑶族人认为天地万物皆有神明，不仅逢年过节要祭拜古树，还有将古树认作儿童契父母的传统。村中少年的成人仪式上要宣读祖训中就有敬畏自然、保护自然的内容。村人共同约定做善事、护山林。

"相互之间的——共同的、有约束力的思想信念作为一个共同体自己的意志，就是这里应该被理解为默认一致的概念。它就是把人作为一个整体的成员团结在一起的特殊的社会力量和同情。"[1] 相似的价值观为社会的凝聚提供一种向心力，湖南省岳阳市张谷英村（第1季第13集）"砖连砖成墙，瓦连瓦成房"的建筑设计，让张氏后人和而不分，晴不曝日，雨不湿鞋。邻里之间友爱互助，患难与共。三门源村（第2季第4集）极为注重邻里和睦，叶氏宗谱中明确记载"和睦宗族"教导后世子孙以和睦为贵，"宗族之兴以礼让"，从两个家族的几十年矛盾中吸取教训，秉持只有邻里和睦才能家业昌盛的观念，让同饮一溪水、同耕一块田的共

---

[1] ［德］费迪南·滕尼斯：《共同体与社会——纯粹社会学的基本概念》，林荣远译，北京大学出版社2010年版，第58页。

同居住在三门源村的叶氏和翁氏的生活和睦而融洽，不仅共同祭祀神灵，两家族人互相为对方修建新房时的上梁仪式担任司仪。以礼贯通的社会，的确是爱人者，人恒敬之，也正是因此，传统村落才成为了一个个生机勃勃的共同体。

礼之用，和为贵。湖南永州市涧岩头村（第 1 季第 8 集）的周姓人家的祖先在为家族选址之时，就效法周敦颐的理学理念，追求依山傍水，天人合一，涧岩头村三面环山，一面临水，400 多年来，周氏子孙秉承着"和睦相处、同心同德"的祖训，在这个宁静的村落里繁衍生息。《礼运·大同篇》有云："大道之行也，天下为公。选贤与能，讲信修睦，故人不独亲其亲，不独子其子，使老有所终，壮有所用，幼有所长，矜寡、孤独、废疾者，皆有所养。男有分，女有归。货恶其弃于地也，不必藏于己；力恶其不出于身也，不必为己。是故谋闭而不兴，盗窃乱贼而不作，故外户而不闭，是谓大同。"① 人间至道在于天下为公，以和为目标，追求人与人之间，人与社会之间，人与自然之间的和谐。在现实世界，礼可以作为一种"以柔克刚"的社会伦理控制手段，在理想世界，礼的理念传达着一种超越国家观念和民族观念的了不起的世界观。

（五）"君子义以为上"的国家情怀

"君子义以为上。"② 义是仁的外在表现，是"无私"的精神。"诚者，天之道也；思诚者，人之道也。"③ 至诚至真，是道德的最高点，信义是至高的为人处世的原则。安徽大学徽学研究中心的刘伯山在节目中总结说，诚信是一个内外兼备的概念，"内诚于心，外信于民"中国传统文化历来在人生追求和人格培养上，呼唤和要求人们不断地由他律诚信到无律诚信的过渡和发展，从而塑造诚信个体，打造诚信社会。在乡土社会，商者是诚信之道的最佳践行者，含有最多信义传统的商业中，精益求精代表的是一种无上追求的精神境界，信义赢天下是最高标准的道德准则。

"信近于义。"④ 在中国传统社会中，匾额代表商人的信誉，几代人的努力才能成就一块众人口中的金字招牌，商号的招牌就代表着信誉，地处

---

① 杨天宇：《礼记译注》，上海古籍出版社 2011 年版，第 265 页。
② 邹憬：《论语译注》，上海三联书店 2012 年版，第 266 页。
③ 王刚：《孟子译注》，上海三联书店 2013 年版，第 192 页。
④ 邹憬：《论语译注》，上海三联书店 2012 年版，第 8 页。

徽商发源地的三河镇，因为手工业的发达，古镇人经商者众多，是一座拥有千年繁荣商业史的历史文化重镇。商业文化熏陶下的三河人时代坚守"仁爱为本、诚信立世"的信念。在三河镇的民俗博物馆，收藏着许多记录三河古镇商业传奇的商号牌匾，虽然历经战火与时代变迁，就像古镇上传承百年的合肥市非物质文化遗产糕点铺"中和祥"的理念"不违良心、不偷工减料、不以次充好"的原则绝对不能改变一样，"中和祥"这块招牌才能更加响亮，匾额承载的三河人的诚信为人之道不会改变。

匠心也是一种义，位于山西省东南部的大阳镇（第3季第36集），被誉为"九州针都"，拥有近500年的制针历史，在明朝，民间制作精密物件的技术和能力都比较有限，为了改变大阳镇出产的钢针断针断线的情况，被后世称作"针翁"的裴氏家族先祖，下定决心要提高钢针的质量，在精益求精的精神追求和认真钻研的匠心的激励下，裴氏家族的先祖耗尽毕生精力，研究出制作高质量钢针的方法，经过裴氏家族改良的钢针的制作工艺十分复杂，要历经8个小时、72道工序和几十件工具的打磨。秉承着这样的精神，小小的钢针为大阳镇带来了持续300余年的繁荣兴旺，为其赢得了"九州针都"的美誉，也给大阳人留下了一笔精神遗产，使他们秉持着做事永远精益求精的态度，坚守细心、专注、坚持的心法。这样的准则同样被今天的大阳镇工匠们坚守着，他们胸怀对职业的崇敬，对技艺永无止境的追求，在时代的发展中始终如一地坚守精益求精的精神。

"穷则独善其身，达则兼济天下。"在中国传统文化意识中，"家""国""天下"一直都是主流的文化价值观，"苟利国家生死以，岂因祸福避趋之"。在中国人的心里，家与国是密不可分的整体。中华民族是最重视家的民族之一，同时也是把家与国联系的最早最紧密的民族，史书万卷，字里行间满是家国二字，修身、齐家、治国、平天下是古代士大夫的人生追求。不同于民族主义，家国意识既是一种民族情感，也是一种民族文化，既是信念，又是情感纽带。

福建省晋江市塘东村（第2季第27集）的蔡姓族人在南宋年间由中原迁居而来，先祖是周武王姬发的弟弟叔度。叔度受封于蔡，族人袭蔡姓，也继承叔度忠义的家国情怀。后氏族人秉持"高者修德立身，表见于时，策名效忠，宣力于国"的家训，为国尽忠之英才辈出。近代以来，塘东村成为著名的侨乡，在海外的蔡氏宗亲倾力为家乡的建设和教育事业捐资捐物，他们深深明白，国家昌盛是海外游子的底气。同在福建省的下才村,林姓村民是商朝贤相比干的后人,宋仁宗亲笔为林氏族人林悦写下"忠孝"二字,下才村人把"孝始于事亲,忠于报国"写进族谱。在为先祖先烈们举办的祭祀仪式上,要备齐"忠肝义胆"的鸡肉和猪肉,在村中最显眼的庄背庙中,供奉的并不是先祖,而是两位在明朝带领村民抵抗倭寇侵犯的民族英雄。在抗日战争期间,时代相沿的尽心尽忠精神感召着下才人争当红军,为国奋战。"事要尽心,人要尽忠"的精神流淌在下才人的血液中。

《记住乡愁》中彰显的家国情怀,对国对家的深沉与担当,正是如今观众所渴望找寻的,植根于整个中华民族灵魂深处的家国情怀。通过这种娱乐仪式,唤醒了每一个观众心中对赤子之情的感同身受,又成功的挖掘出了我们每一个人内心深埋的"根"。它超越了如今占据电视剧行业大半壁江山的"抗日神剧""婚恋剧"的核心价值观,召唤着观众群体的文化及心理认同,"民众总是情感性的,没有情感,民众对文化和社会结构的承诺是不可能的"①。李泽厚先生讲我们中国人的哲学实际上是情本体,我们的民族精神,可以说有很大一部分是感性的,以情感为载体的,《记住乡愁》通俗易懂的故事使观众对传统文化产生归属感、认同感。它讲述的乡土故事不仅有关于亲情、爱情、手足情这些"小情",更有家国情怀,赤子之情这些"大情"。

(六)崇文重教耕读传家

在乡土中国,人们最注重耕读传家,许多的礼俗仪式都与勤恳、向学有关。广西壮族自治区贺州市秀水村(第1季第41集),农历九月初八举行一年中最盛大的活动"状元游",提醒人们勤学才是人生第一事。甘肃天水市凤山村(第1季第56集)庙会上,不仅有社戏、美食,最重要的内容是书画展。广州番禺沙湾古镇(第3季第54集)的何氏宗祠的名下有许多"公田",再取公田收入的一部分奖励子孙读书学习,如今的何氏宗祠仍然是沙湾古镇最吸引人的建筑,工艺精美的牌楼、木雕、砖雕让人感受到沙湾何氏曾经的富足,耕读传家是富甲一方的何氏家族最重要的祖训。万灵镇(第3季第37集)的尔雅书院,由明时清官喻茂坚创立,在书院的正门处,喻茂坚写下"衍祖宗一脉真传,克忠克孝;教子孙两

---

① [美]乔纳森·H. 特纳:《人类情感:社会学的理论》,孙俊才、文军译,东方出版社2009年版,第159页。

行正路,惟读惟耕"的座右铭,书院设立的初衷是为族中人教育所用,后来变成地方性书院,各姓学子借读于此,尔雅书院在当地风尚的确立上发挥了极其重要的作用,不仅在后世培养出许多名震四方的清官廉吏,也促进了当地人"守本心,行正道"的巍然民风。

河南省平顶山市的张店村(第 2 季第 13 集)每年四月初十,留侯祠,在重教启智的传统下,张良的神像从留侯祠请到义塾为孩子们举行破蒙启智仪式,孩子们要一起诵读"惜钱莫教子,护短莫从师",相传张良年轻时曾遇到一位以帮其穿鞋为理由考验他的老师,为了学习张良谦卑处世的精神和追求智慧的志向,孩子们要为"帝师纳履",把特意准备的新鞋摆放在祖先张良的像前。因为注重教育的传承,一代名相张良播撒下的智慧种子早已在张店村生根发芽,因此成为人才辈出的"宝地"。

"玉不琢,不成器;人不学,不知道。是故古之王者建国君民,教学为先。"[1] 浙江省杭州市新叶村(第 1 季第 17 集)和广东江门市歇马村(第 2 季第 17 集)等村庄,每年的特定时间都会在村中祠堂为当年入学的孩子举行开笔礼,这种仪式在这些村庄里已经有至少几百年的传统,仪式的主持由村中德高望重的长者担任,长者带领着孩子们参拜圣贤和祖先,诵读祖训和族规,教育他们懂得非学无以成才,非志无以成学的道理。正像是纪录片中所说的,在今天中国的广大乡村,教育仍被认为是最重要的一项传统,对于普通村民来讲,通过接受教育,可以提高自身价值,从而为整个家族带来希望,而对于那些曾在历史中显赫一时的家族来说,教育则是代代繁荣兴盛的重要保障。重教尚学才能明智,"知者不惑"[2] 有智才能明是非,成贤才。而人才是一个民族、一个国家持续发展的最重要的推动力。

四 文化记忆的价值与共同体建构

文化的建构对民族认同至关重要,因为建构文化共同体的文化成分如记忆、价值观、象征、神话和传统等是稳固而持久的,通过"记忆的领土化",通过共同的信仰和价值,我们能得到一种归属感、安全感和认同感。对于正生活在现代化变革过程中的我们来说,对仁、义、礼、智、信

---

[1] 杨天宇:《礼记译注》,上海古籍出版社 2011 年版,第 456 页。
[2] 邹憬:《论语译注》,上海三联书店 2012 年版,第 134 页。

等礼文化核心价值观的认同，帮助我们在高速变化的世界中找到个体的归属感，增强群体的民族凝聚力。同时礼文化为生活在一个有悠久传统的共同体中的国人提供了一座连接起过去与现在的桥梁。

"移风易俗，莫善于乐。安上治民，莫善于礼。"[①] 艺术是有意味的形式，作为具有强大互动传播功能的媒介仪式，纪录片不仅为观众提供消遣和娱乐，也承担着对观众心理极重要的影响作用。《记住乡愁》从历史的和现代的故事中探索中华民族传统文化的精髓，以孝道的传承为脉络，发扬以仁、义、礼、智、信为核心的文化精神，彰显中华文明的时代价值。通过"现时化"的"重复"和"再现"，让我们欣赏和了解了，从物质、文化、艺术的角度为观众解读乡土中国的故事。《记住乡愁》取材来源于中国传统的乡土社会，乡土性正是传统的中国社会的最基本的特点之一，乡土社区的单位是村落，过去千年来，村落的繁衍与发展都离不开一个文化基础——礼文化，乡土社会的秩序来源于礼，"圣人以礼示之，故天下、国家可得正也"[②]。礼是社会公认合适的行为规范，维持礼的规范是传统，而传统的核心正是文化。国以道德为上，行以仁义为本。民族精神是民族文化之根，任何一种文化都是乡土上成长起来的，乡土就是根，不理解脚下的土地就无法真正理解自己民族的文化，而要发展和发扬民族文化，就必须要先理解和认同。《记住乡愁》可以说是现代社会"乡土中国"的缩影，其文化核心就是礼文化。记住乡愁，就是记住仁、义、礼、智、信的价值观念。能够记住这些文化的核心，才能使我们在变革之中能守住本心，用优秀的传统遗存，更加自信地面对现代、面对未来。

《记住乡愁》抓住人们向往美好的怀旧情绪，立足于血浓于水的亲情纽带，激发观众身体力行的文化自信。记住乡愁，实际上就是记住仁、义、礼、智、信的核心价值观，就是民族文化认同的重要内容。国以道德为上，行以仁义为本。民族精神是民族文化之根，任何一种文化都是乡土上成长起来的，乡土就是根，不理解脚下的土地就无法真正理解自己民族的文化，而要发展和弘扬民族文化，就必须要先理解和认同它。《记住乡愁》之所以能够拨动观众内心深处对于"乡愁"的种种回忆与纪念，是建立在对文化的正确认识的基础上，因此才激发出传统文

[①] 胡平生：《孝经译注》，中华书局1999年版，第28页。
[②] 杨天宇：《礼记译注》，上海古籍出版社2011年版，第267页。

化的力量，唤起观众对传统村落的生态文明的向往、对和睦亲近的人际关系的追求、对礼文化的核心价值观的认同，赢得了良好的播出效果和口碑。

与一生都在追求克己复礼的孔子生活的时代不同的是，如今我们的社会秩序与文化不是由于战乱与封建而礼崩乐坏，而恰恰是在新时代的开端，古老而沧桑的中华文明面临着因为物质化和现代性的膨胀而带来的认同危机。"一切坚固的东西都烟消云散了，一切神圣的东西都被亵渎了，人们终于不得不冷静地直面他们生活的真实状况和他们的相互关系。"① 这是伯曼在《一切坚固的东西都烟消云散了》一书中引用的马克思的话。在传统与现代之交，人们应当更加重视社会文化精神的传递，社会形式的更迭不代表一种文化精神的终结理解现代社会并为许多社会问题寻求出路，就更要理解传统社会。《记住乡愁》给人们带来的乡土中国的文化密码，那些"小桥流水人家"的生活、瑰丽庄重的祠堂、精心保管的家谱、青砖灰瓦的秀美村庄，都是以礼文化为核心的乡土中国的缩影。它让漂泊在外的游子的乡愁有迹可循，让至今仍在这片土地上劳作生息的中国人记住祖先的荣光，记住家族的血脉，知道自己从何处来，往何处去。

第三节　创伤记忆的影像传播与共同体建构
——解读微纪录片《城殇》

2015年是中国人民抗日战争暨世界反法西斯战争胜利70周年，中央电视台以及各个地方电视台播出了一大批有关抗日战争的历史文献纪录片。例如大型历史文献纪录片《抗战史上的今天》《大抗战》《东方主战场》等。《抗战史上的今天》2015年元旦开播，讲述了从1931年"九一八"事变爆发至1945年日本投降，这14年间中国抗日战争波澜壮阔的历史，全面揭示了法西斯主义给人类带来的深重灾难。《大抗战》2015年5月开播，是一部全景式地系统反映中国抗日战争全过程的大型文献纪录片。《东方主战场》2015年8月开播，以世界反法西斯战争及中国抗战各阶段与东方主战场主题有关的重大史实为依据，深入阐述中国抗日战争为

---

① [美]马歇尔·伯曼：《一切坚固的东西都烟消云散了》，徐大建、张辑译，商务印书馆2013年版，第29页。

战胜日本法西斯所做出的伟大贡献。(见图4-9)

图4-9 《东方主战场》海报

与这些宏大叙事的纪录片相比,由南京广播电视台制作的系列历史微纪录片《城殇》为首个国家公祭日而做。每集三分半钟,共30集。(见图4-10)

《城殇》自首播后在网络上引起了广泛关注。这种适应新媒体和自媒体平台播出的制作和播出方式,开创了国内"微纪录片"的先河,无论在内容、形式、角度、表现形式等都有较大的创新。

图4-10 《城殇》截图

一 新媒体时代:创伤记忆的唤醒与共同体建构

有学者强调,"谁不回忆过去,谁就将受到未来的惩罚"。"只有从回忆中来,未来才是有生命力的,才是我们现在的能激发人、并能使人行动的元素。"① 的确,记住历史,是为了不让那段历史重演,记住历史,是不要让那段历史被扭曲和遮蔽。无疑,历史纪录片可以充当"记忆的镜子",既映照昨天,也将照亮未来,而《城殇》这部历史微纪录片的价值和意义也在这里。

(一) 南京:历史记忆的场域

"值得一提的是,空间在涉及集体和文化的记忆术中,即'回忆文化'中,也扮演着极重要的角色。记忆术借助的是想象出的空间,而回忆文化是在自然空间中加入符号,甚至可以说整个自然场景都可以成为文化记忆的媒介。"② 南京这座苦难的城市,承载了太多悲痛的回忆。自然而然地成为了中华民族抗日战争文化记忆的媒介。

《城殇》中提到的,南京城墙、雨花台、南京大屠杀遇难同胞纪念馆、鼓楼医院旧址、金陵女子文理学院等地点都是具有历史意义、充满回忆的自然场景。在影片中看到这些地点会让观众"触景生情",想起那段历史,怀念在战争中逝去的人们。集体记忆的场域与人的情感具有时空关联,"回忆也根植于被唤醒的空间"③。各种类型的群体都倾向于将回忆空间化,那么南京城中的各个抗战遗址就承担了这个集体空间化的责任。"这些地点不仅为群体成员间的各种交流提供场所,而且是他们身份与认同的象征,是他们回忆的线索。"

(二) 公祭日:历史记忆的仪式

"在无文字社会中,除了亲自参加集会之外,没有其他途径可以使集体成员获取文化记忆,而集会需要理由:节日。节日和仪式定期重复,保证了巩固认同的知识的传达和传承,并由此保证了文化意义上的认同的再生产。"④ 不同的国家为了纪念曾经发生过的重大民族灾难都会设立的国家祭日。第二次世界大战后,主要参战国政府纷纷推出国家级哀悼日,以国家公祭的形式来祭奠在惨案中死难的国民,增强现代人对国家遭受战争

---

① [德] 约恩·吕森:《历史思考的新途径》,綦甲福、来炯译,上海世纪出版社 2005 年版,第 254 页。
② [德] 扬·阿斯曼:《文化记忆:早期高级文化中的文字、回忆和政治身份》,金寿福、黄晓晨译,北京大学出版社 2015 年版,第 55 页。
③ 同上书,第 31 页。
④ 同上书,第 52 页。

灾难历史的记忆，目前已成为国际惯例。波兰的奥斯威辛集中营大屠杀纪念馆、美国的珍珠港事件纪念馆、俄罗斯卫国战争纪念馆、日本的广岛和长崎原爆纪念馆等，每年都举行国家公祭。

十二届全国人大常委会第七次会议决定，分别将9月3日确定为中国人民抗日战争胜利纪念日，将12月13日确定为南京大屠杀死难者国家公祭日。国家公祭日的设立，是牢记历史，勿忘国耻，更是抚慰民心、顺应民意的举措。

由于日本一直企图抵赖、抹杀他们侵略中华的罪行，对已经判决和成定论的"南京大屠杀"也公然否认，为了铭记历史，揭露他们犯下的滔天罪行，南京广电集团专门制作了30集系列片《城殇》于2014年12月23日晚开播。影像真实反映了侵华日军血腥屠城的黑暗日子里，南京城里的中国人和这座城市所遭受的巨大创痛和深重灾难。"意义只有通过传承才能保持其鲜活性，而仪式就是传承的形式之一；相比之下，文本本身还不是传承的形式，只有当人们传播文本的时候，意义才具有现实性。"① 纪录片《城殇》作为一种影像文本进行传播，包含了多媒介的展示形式，让画面、语言具有文化意义，促使人类历史记忆长久保持唤醒状态，而避免出现哪怕是片刻的忘却与麻木，同时意义在画面、声音中保存并借此再现，促使观众铭记那段历史，缅怀那些在战争中牺牲的人们。

（三）实证与证言：记忆共同体的建构

在纪录片《城殇》中用到了南京大屠杀时期不同人士的日记、报纸、图片、影像等，还采访了南京大屠杀幸存者、原中国士兵、原日本士兵。这些实证资料和参与人员的证言，不仅具有历史价值更具有伦理道德意义。因为"见证的意义就不仅仅在于见证者说出自己个人的苦难往事，而在于站在人类的普遍立场上，把自己的苦难遭遇当作一个来自非正义世界的真实例证，提出来警示所有的公众。见证苦难，不仅仅是为了灾难不再发生在见证人自己身上，而且更是为了苦难不再发生在别人身上"②。可以说，"南京大屠杀"已不仅仅局限是我们民族的创伤记忆，更成为世界的、人类的创伤记忆。而"借由人类共同创伤的记忆，各种社会群体、

---

① ［德］扬·阿斯曼：《文化记忆：早期高级文化中的文字、回忆和政治身份》，金寿福、黄晓晨译，北京大学出版社2015年版，第89页。

② 徐贲：《人以什么理由来记忆》，吉林出版集团有限责任公司2008年版，第257页。

国族社会,有时候甚至是整个文明,不仅在认知上辨认出人类苦难的存在和根源,还会就此担负起一些重责大任,警惕袖手旁观的冷漠"。① 因此,共同的创伤记忆具有维系社会正义和团结的作用。

在新媒体平台中,微纪录片的传播价值日益凸显,短小的系列微纪录片浓缩的是城市的记忆;多元化的叙述角度记录的是历史的真实;回忆与实证凝聚的是国家的历史。主题、镜头画面、声音让集体记忆在微纪录片中建构,新媒体的平台让"铭记历史、缅怀先烈、珍爱和平、开创未来"的情感得以广泛传播。

二 新媒介时代:微纪录片的内容创新

(一)人物:多元化的叙述角度

历史离不开叙述,怎样叙述才能更接近或者更清晰的认识那段历史?系列微纪录片《城殇》充分运用"口述历史"方式,以南京大屠杀幸存者、中国老兵、日本老兵、国际人士等多元视角进行叙述。如第 11 集《夏淑琴的控诉》、第 24 集《死里逃生的老兵吴国志》、第 23 集《金陵毒酒案》等都是当年南京大屠杀幸存者直接讲述,这无疑增加历史的真实感和贴近性。此外不同角色的不同视角,可以避免叙述者对故事的感知经验局限于某一个局部主体意识,从而也可以避免整个叙述被置于这个局部主体意识的能力范围之内。影片第 12 集《她被日军戳了 37 刀》讲述的是当年南京遭受日军的暴行,孕妇李秀英奋力抵抗日军的强暴,被日军戳了 37 刀,之后被送到医院救治存活下来的故事。

影片第 17 集《威尔逊医生的见证》讲述的是 1937 年威尔逊医生留在南京鼓楼医院救治伤患的事迹。在众多伤员中,威尔逊救了一位年轻的孕妇,这个孕妇就是李秀英。两集讲述不同的人物,但是事件有重叠的部分。同一个事件,观众可以从南京大屠杀幸存者的角度感受当年南京人民所经受的苦难,观众还可以从外籍医生的角度见证日军对普通百姓的迫害。

(二)事件:回忆的真实与历史的实证

可以说,要让现代人去体验他所没有亲身经历过的精神创伤,必须具备符号扩展和心理认同两个要素。《城殇》通过幸存者和经历者的回忆扩

---

① 徐贲:《人以什么理由来记忆》,吉林出版集团有限责任公司 2008 年版,第 12 页。

展了观众对于事件的历史性的理解。这些素材有些是南京电视台原有积累的，也有补充拍摄的，这些影像资料都是南京大屠杀的历史见证，可谓帧帧宝贵。时任教导总队一团一营排长的周广田，时任第72军军长兼88师师长的孙元良，时任教导总队卫生分队队长的周纪穆，分别讲述自己参战经历的回忆。南京大屠杀幸存者张秀红、侯占清、刘永兴、李锦祥、常志强、李秀英等人，讲述自己遭受迫害的回忆。那些悲痛的回忆，那些被描述的凄惨的生活状态有影像和图片作为实证。

影像和图片的由来，在第19集《用影像记录暴行的牧师》进行明确的说明。如今在南京市区，南京大屠杀遇难同胞纪念馆中，陈列的照片遗物等，都是历史的见证。第14集《拉贝日记》、第18集《一本尘封70年的日记》、第20集《东史郎"阵中日记"》中都有真实的文稿，记录下了当年南京城的惨状。通过镜头语言将文字展示在镜头中，配有解说，这是一种视觉加听觉的震撼。这种表现形式，既加深了对历史的认识，也加深了我们对过去的缅怀。

（三）结构：短小的系列纪录片

新媒体环境下，媒介和受众在不断地变化，历史文献纪录片该用什么结构去运用历史影像资料？又该如何寻求恰当的叙述视角，吸引年轻受众？在这方面《城殇》做出了有益的探索。他们将长期以来保存的历史资料进行整理编排，一改以往历史题材纪录片的宏大叙事，创新性地采用短小的系列微纪录片形式。《城殇》每一集的微纪录片有独立的片名，每一集围绕着题目讲述一个完整的故事。用一个个故事，向现代观众，尤其是习惯于从新媒体和自媒体获取信息的年轻观众再现那场历史劫难。

整个系列片的结构以时间为顺序，以人物为主体，以事件为核心，讲述1937年冬天南京城所遭遇到的日军的暴行。从南京城门外的血战，到战后审判和几十年来人们对这场大屠杀的追思，通过打动人心的一系列小故事，向世人展现那段发生在中国大地上的人类劫难，表达中国人民铭记历史、尊重历史、维护和平、捍卫民族尊严的决心。起到了"以少胜多"，"见微知著"的传播效果。

三 新媒介时代：微纪录片艺术表达的创新

短小的微系列纪录片形式，是新媒体环境下纪录片的一种"微表达"。从主题上看，生活在和平年代及泛娱乐化的生活方式，人们更喜欢观看娱乐身心、减轻压力的节目。相比之下，有关"南京大屠杀"的节目显得有些沉重和严肃。《城殇》将时间设定为三分半钟左右，可以在短时间内让观众高度集中注意力，全身心地投入到影片的观看中去。从创作手法上看，纪录片注重纪实，《城殇》多采用幸存者的亲身讲述，国际人士的证言，各种黑白的历史影像资料讲述那段苦难的岁月。影片没有电影那样强烈的矛盾冲突，也没有电视剧那样复杂的生活情节、人物关系，但每一集三分半钟浓缩的影像语言，却产生"言有尽而意无穷"的传播效果，带给人以深深的心灵震撼。它的表达方式有以下三种特点。

（一）主题的专一表达

表达，"是指示意义散发出的某种美学内涵的意义，这中间包括了作者的风格、意蕴、构成形式等，这可能才是作者想表达内容的重点。"[①]

系列微纪录片《城殇》以碎片化的表现形式讲述南京大屠杀这一宏大的历史题材，影片并没有做全面详尽的展示，而是以一个个震撼人心的故事再现这一历史事件。每一个故事组合成为一个故事链，推动观众进入一个更深的主题——勿忘历史、维护和平。每一个故事并不是孤立的散点，每个故事之间，实则通过多视角的叙述连接起来，第13集《血雨腥风中的"诺亚方舟"》讲述欧美侨民为保护中国的老百姓成立国际安全区，设置难民收容所。拉贝是当时安全区的主席。接着在第14集《拉贝与国际安全区》重点讲述了拉贝为难民的亲历付出。除此之外为了充分以"国际人士"的视角展开叙述，在第15集《守望妇孺的魏特琳》讲述金陵女子文理学院的教授魏特琳保护妇女的英勇事迹；在第16集《京特和辛德贝的义举》讲述国际人士的义举等。在本片中人物较多，事件较多，但并没有给观众繁杂的感觉，而是围绕抗日战争的国殇城殇这一主线，通过不同视角的讲述，使这一历史事件更加真实地展现在观众眼前。

（二）镜头画面的凝聚表达

新媒体综合了之前媒体的各种信息存在方式，包括文字、声音、照片、视频等，形成了新的、高度集中的表达方式。新媒体时代信息大量生产、膨胀、扩散，微纪录片当然要用最精炼的镜头画面，吸引观众的注意力。各个媒体更新信息的速度快，受众获取新知的欲望强烈，使受众对传统的纪录片中那些修辞性很强的，过程铺垫、环境描写和抒情性的表达性

[①] 钟大年、雷建军：《纪录片：影像意义系统》，北京师范大学出版社2012年版，第8页。

视听语言，缺乏观看的耐心和耐性。为了更好适应新媒体和青年观众，"南京广电集团的创作团队采用了纪录片这样一种后文字时代的历史书写形态。纪录片在思维模式、表述方式等不同于传统的史学书写文本，其中最为重要的是影像史料的编排。在《城殇》视频中，史料非常充分"①。在三分半钟有限的时间内讲述一个完整的事件，镜头画面直入主题，没有多余的铺垫和导入。例如第18集《一本尘封70年的日记》，第一个镜头是全景，镜头内容是南京街头人来人往的行人。第二镜头是全景，内容是南京鼓楼医院有百年多历史的世纪小楼。第三个镜头是全景，内容是小楼里陈设的文物。第四个镜头是特写，内容是一本泛黄的日记。第五个镜头是一张黑白照片，人物是日记的主人。本集影片用四个镜头，交代了事件发生地点，人物以及重要的历史实证资料——日记。这种凝练的镜头画面，使得叙述紧凑，主题突出。

"可以看出，以复制现实为特征的影像语言使用的是一种直观的视听形象系统。"②直观的史料展示更具有震撼力和感染力，在第20集《东史郎"阵中日记"》中，开篇镜头为一组快切镜头，内容为几本叠放的日记和翻开的日记。镜头推近全景变为特写，观众可以看到因年代久远而字迹变得斑驳陈旧。日记的画面叠化日军暴行的照片，画面所传达出来的信息直观、丰富、具有冲击力。《城殇》的整体风格就是用最简单的画面传达最丰富的信息，用最朴质的画面表达最真挚的缅怀，用最平实的画面表达最深刻的思考。

(三) 声音的精简表达

"人对声音的感受是同时接受的，场性的，很难从嘈杂的声音中单独分离出一个声音，而对视觉形象的接受是线形的。必须按照顺序完成，这是影视声音这条轨道能和画面平行地叙事的原因，人可以在看画面的时候接受声音信息。"③《城殇》影片中的声音基本都为解说词和采访。

解说词言简意赅，开头交代清楚时间、地点、背景等信息。在第12集、13集、14集等影片中都出现了照片，照片是静止的，因此在镜头中

---

① 李智、李政：《微言大义：纪录片〈城殇〉带来的思考》，《东南传播》2015年第4期。
② 钟大年、雷建军：《纪录片：影像意义系统》，北京师范大学出版社2012年版，第67页。
③ 张菁、关玲：《影视视听语言》，中国传媒大学出版社2008年版，第111页。

出现的时间不宜长时间放在画面中,这个时候解说词就要用最精练的语音讲述照片背后的故事,展现画面所不能表现的内容。出来照片,第 8 集中出现了油画《南京破坏之迹》,第 9 集出现了美国《纽约时报》的报道,这些静态的历史实证资料都需要解说词简短有力的阐释。现实世界中的战争避免不了要有枪炮声,飞机坦克的轰炸声等。影片中,解说词加上战争的枪火轰炸声,在听觉上引起观众的震撼。"声音具备强有力的塑造、拓展空间的能力,环境中的声音深度可以大大加强二维画面的空间感。"①炮弹的声响从小到大,观众就可以感受到炮弹从远到近的空间感。

除此之外,"还可以通过画外空间的声音塑造打破二维画面的平面感,让观众能够感受到银幕'场'的存在"②。第 11 集中夏淑琴接受采访,讲述自己的经历,画面中是一个情景再现的展示房间。夏淑琴的声音作为画外空间的声音,给观众"场"的存在,让观众以客观的角度去聆听她的故事。在第 7 集《侵略者的兽行》采访的人数最多,南京大屠杀幸存者侯占清、刘永兴、张秀红都出现在镜头中。采访"兼有图像与解说的双重功能,既是感性的(画面中的人和人的表情、姿态、语调语气等),又是理性的(所说的内容)"③。这三位幸存者所说的内容很具体简洁,但表情却痛苦异常。让今天的观众深刻感受到那场浩劫带给人们长久的心灵创伤和痛苦记忆。

美国文化社会学家杰弗里·亚历山大曾经指出,创伤记忆对于社会认同的意义在于"借由建构文化创伤,各种社会群体、国族社会,有时候甚至是整个文明,不仅在认知上辨认出人类苦难的存在和根源,还会就此担负起一些重责大任;一旦辨认出创伤的缘由,并因此担负了这种道德责任,集体的成员便界定了他们的团结关系,而这种方式原则上让他们得以分担他人的苦难"。民族的创伤记忆通过去情境化,超越了种族、国家的界限,扩大了创伤主体的范畴,使整个人类社会共担人性的苦难,将民族、国家的创伤记忆构建为全人类共同的文化记忆,以实现更为广泛和深刻的社会认同。

---

① 张菁、关玲:《影视视听语言》,中国传媒大学出版社 2008 年版,第 113 页。
② 同上。
③ 钟大年、雷建军:《纪录片:影像意义系统》,北京师范大学出版社 2012 年版,第 55 页。

2015年，南京大屠杀档案被联合国教科文组织列入《世界记忆名录》，这是南京大屠杀从民族记忆向人类记忆迈出的重要一步。但是与纳粹屠杀犹太人相比，世界上还有许多人不了解南京大屠杀，南京大屠杀要真正成为世界共同的创伤记忆还需要一个相对漫长的过程。只有成为人类共同的创伤记忆，南京大屠杀才能获取全人类最广泛的社会认同。也才能让我们牢记历史，从中汲取深刻的经验教训，避免历史悲剧的重演。从这个角度说，构建人类社会对南京大屠杀共同的创伤记忆和社会认同，有着更为深刻的时代内涵和现实意义。

第四节　全球化背景下文化记忆的重塑与共同体建构
——以 2017 年"全球网上祭孔"为例

一　新媒介时代"祭孔大典"文化记忆的重塑

"国之大事，在祀与戎"，2017 年网上祭孔大典是纪念孔子诞辰 2568 周年而举办的。此次祭孔是由中国孔子基金会发起，中国孔子网融媒体联合全国多家电视台和网媒，进行长达三个多小时的现场直播，营造了全球祭孔的媒介景观。

另外，数字媒介技术建立起来的互联网的多媒体性也形成了文化记忆的立体性、联觉性、逼真性。这种文化记忆的形象或者形象世界，不再是单维度的，而是由文字、图像、声音等统一构成的多维度的立体形象世界；这种文化记忆的立体形象世界不是单独或者分别作用于人的某一种感觉器官，而是联合作用于人的五官感觉的整体，产生出一种综合视觉、听觉、触觉、味觉、嗅觉的联觉印象；这样的文化记忆所建构的记忆形象世界，就是一个逼真的现实世界的形象世界，甚至是波德里亚所谓的"超真实"的"拟像"或"仿象"的虚拟世界。（见图 4-11）

1. 媒介融合营造全球祭孔的媒介景观

"媒介融合"一般是指各种媒介呈现出的多功能一体化的发展趋势，"是基于数字化技术的不同媒介之间的资源和能力的转移与共享"[①]。中国

[①] 漆亚林、陈思亦：《传统电视与视听新媒体价值链的融合与拓展》，《电视研究》2014 年第 9 期。

图 4-11　2017 全球祭孔

孔子网融媒体发挥自身融媒体优势在网站、客户端、微博、微信、头条号等各个平台，同时还与大众网、山东 24 小时、青年之声·直播间、中华微视、今日头条等各大网络媒体联动进行了同步直播，其中最值得一提的便是台网融合。台网融合在新媒介语境下真正实现了"视听无处不在"。它最大的特点便是将社交媒体同电视台进行无缝对接，让身处不同地方的用户能够方便地互动，这个互动不仅仅是用户和电视台的互动，也是用户与用户以及电视内容之间的互动。在祭孔大典中，山东卫视、山东教育卫视、贵州电视台、长春电视台、吉林市电视台、正定电视台、胶州电视台、威武电视台、衢州电视台等十多家电视台与中国孔子网融媒体无缝对接进行同步直播，无论是传统媒体的观众，还是新媒体使用者都可以通过多窗口进行观看全球各地的祭孔活动。媒介融合打造的全球同祭孔的媒介景观，更加能够促使一个国家的民众在特定时空形成强大的向心力和凝聚力，伊莱休·卡茨所描绘的媒介事件显示出了更加惊人的力量。

2. 线上线下，实现参与互动。

祭孔大典是集"乐、歌、舞、礼"等艺术表演形式为一体的庙堂祭祀活动，用音乐、舞蹈等集中表现儒家思想文化精髓。此次祭孔采用融媒体集群式报道，使得观众线下线上的互动更加灵活，视听传播从传统的被动参与转向了更具灵活性的互动参与。

丹尼尔·戴扬等曾认为，直播转变了观众的一般角色而让他们担任仪式脚本提议的角色。① 祭孔大典这样的媒介事件的现场直播是采用了媒介融合的传播形式，将电视大屏与手机小屏的双屏实时互动，逐步扩展到电视屏与电脑屏、Pad 屏、手机屏等"多屏互动"。观众可以运用电脑屏、手机屏、Pad 屏、智能电视屏、户外电视屏②等进行收看直播，还可以通过直播回顾来进行多次观看，打破了电视直播的固定地点、固定时间、一次性观看的模式。其中微信（ID：中国孔子基金会、CFTV 孔子网络台、孔子学堂）、微博（ID：中国孔子网）中推出了现场直播的活动，祭孔当天海外观众通过微博中华微视观看的人数近 10 万人，观众在观看的同时可以转发或评论，随时随地进行现场的互动，以"虚拟在场"的形式产生了"天涯共此时"的现场亲历感，使得脚本的角色更加凸显。

表 4-2　　　　根据直播当天主要网络媒体情况统计表

大众网	
中国孔子网	
山东 24 小时客户端	截至 2017 年 9 月 28 日 14 时观看本次活动的国内人数达 50 万
青年之声·直播间	
网易直播	
新浪微博客户端	
今日头条	
中华微视	海外观看人数：6 万

根据直播当天来自网络媒体消息的整理，从表 4-2 可以看出本次网络媒体直播活动引起了强烈反响，截至 28 日下午 14 时，通过中国孔子网融媒体平台、山东 24 小时客户端、大众网、新浪微博客户端、网易直播平台、青年之声·直播厅等直播媒体观看本次活动的国内人数达 50 万人，通过中华微视的脸书账户在海外进行观看的人数达 6 万人；在参与直播的十多家省级和当地电视台中，也有上百万人观看了当地的祭孔典礼。在直

---

① ［美］丹尼尔·戴扬、伊莱休·卡茨：《媒介事件：历史的现场直播》，麻争旗译，北京广播学院出版社 2000 年版，第 229 页。

② 汪文斌：《从一云多屏到多屏互动互动——中国网络电视台台网融合的探索与实践》，《电视研究》2014 年第 10 期。

播期间，众多网友转发各平台直播视频，并发布多条留言评论，实现了线上线下的积极互动。

3. 新媒介时代下视听传播的新跨越

罗伯特·洛根曾在他的著作中这样描述新媒介："新媒介是一种特色鲜明的现象，它开创了一个新时代——互动数字媒介时代。"① 互联互通的新媒介时代的来临，使人们生活的方方面面受到了影响，同样视听传播也迎来了新的跨越。

首先，微视听带来多样的互动体验。微博、微信、微视频……各种微传播媒介层出不穷，我们在新媒介语境下正步入一个"微时代"，在这个时代中，微视听带来了多样的互动体验。视听传播综合视觉与听觉为一体，与语言文字相比，它更为逼真地再现了现实场景，其生动性、真实性、视觉冲击力是语言文字无法比拟的。因此，"微视听"在"微时代"形成了更独特的体验优势。

其次，视听传播是一种多中心的传播。"多中心"理论最早是麦肯齐在1933年所提出来的用于城市规划的理论，"多中心"同样适用于移动互联网时代信息传播当中。我们所说的"多中心化"是指互联网发展过程中必经的内容生产过程，更多依靠用户生产内容的方式，淡化了传统信息传播中的"信息中心"，让自媒体信息传播的受众成了信源，人人都可以制作内容，进行信息传播。因此"多中心化"传播，不是没有中心，而是具有多个中心，基于移动互联网的传播已从单中心传播转化为多中心传播，不同的传播内容与渠道划分出不同的人群。在人人皆媒的时代，"所有基于互联网的沟通都是基于无权威中心的平等网络展开的"②，形成了多中心化的传播模式，视听传播在新媒介语境下正在做着这样一种跨越。

最后，视听传播打开了一种新的媒介场景。新媒介语境下，视听传播因其自身的直观性、视觉与听觉集一体的独特优势，吸引每一个个体参与到社会交往中来，再次回到同原始部落人相似的不可分割的集体意识世

---

① [美]罗伯特·洛根：《理解新媒介：延伸麦克卢汉》，何道宽译，复旦大学出版社2012年版，第45页。

② 马向阳：《纯粹关系：网络分享时代的社会交往》，清华大学出版社2015年版，第5页。

界，人们之间既能够同步行动，又能最大限度地保留自己的个性和自由空间①。视听传播可以在同步与自由、实体与虚拟两个空间中实现"解码共通性"，更容易达成传播的"共情"与"共识"。②

二 "祭孔大典"的文化记忆符号解读

（一）象征符号与记忆唤醒

人们通过传播的各种形象符号来建构对一个国家的形象认知，国家形象的认知是一个符号不断被感知、确立、分享、认同的过程。③ 作为具有中国符号特色的祭孔大典，通过仪式传播将"孔子"由中国符号慢慢演化成了对附着于符号之上的中国文化的整体感知与认同，这有利于诠释"文化中国"的内涵。

象征符号的重要作用在于"使不能直接被感觉到的信仰、观念、价值、情感和精神气质变得可见、可听、可触摸"。我们生活在一个符号表征的世界，祭孔大典也是一个符号选择和重组的过程，更是一场符号的文化盛宴。在每个地方的祭孔环节里，都会透露着与中国传统文化有关的象征符号。

（1）言语符号

比如在曲阜孔庙万仞宫墙前、神道两侧，由学生和曲阜市各行各业的市民代表2568人共同组成方阵，手持《论语》齐声诵读着孔子的经典名句，在琅琅书声中响起庄严肃穆的钟声，意味着丁酉年祭孔大典正式开始。2568人统一着相同的汉服服装具有庄重感与仪式感，其中2568这个数字符号代表着孔子的第2568个诞辰日，诵读大家耳熟能详的《论语》增加了代入感。

（2）乐舞符号

在祭孔仪式操演中，身着汉服的舞者，峨冠博带，左手持龠，右手持羽，在大成殿前跳起公祭乐舞。祭孔乐舞包括"宫悬之乐""八佾之舞"

---

① 马向阳：《纯粹关系：网络分享时代的社会交往》，清华大学出版社2015年版，第84页。

② 栾轶玫：《视觉说服与国家形象建构——对外传播中的视听新话语》，《新闻与写作》2017年第8期。

③ 同上。

"轩悬之乐""六佾之舞"及"登歌"等。"八佾之舞"所用乐器包括金、石、丝、竹、革、木、匏、土等八类,这些礼乐符号体现了孔子的"和同"思想。(见图4-12)

图4-12 祭孔乐舞表演

(3) 文字符号

恭读祭文在祭孔仪式中是一项非常重要的过程,祭文是祭孔仪式中一个特殊的符号,更是中国文化的一种重要载体,正如2017年山东曲阜祭孔大典的祭文所写:"煌煌中华,郁郁文明"。其中孔子"祖述宪章,删述六经,杏坛设教,儒学肇兴"的游学兴儒之路;"仁义礼智,絜矩中正,推己及人,一以贯通"以身作则的行为方式;"讲信修睦,家国以宁,近悦远来,四方和同"的为人处世、家国和睦之道,这些都是留给我们后人的财富。儒家文化的精髓"仁爱、诚信"更是中华民族核心价值观的重要来源,可以说祭文这个特殊的符号,既是对孔子毕生所致力地"大同""仁爱"理念的诠释,又是对中国博大精深文化内涵的彰显。

三 仪式传播建构文化记忆

20世纪70年代,美国传播学者詹姆斯·W.凯瑞提出了一种崭新的传播观念——传播的仪式观。传播仪式观将传播视为仪式,把传播活动看作"一种以共同体的身份把人们吸引到一起的神圣典礼",① 凯瑞的传播观强调了传播的意义分享和信仰构建价值。仪式传播是"共同信仰的创造、表征与庆典"活动,它的核心在于将人们以团体或共同体的形式聚集在一起,进而有利于整合社会,凝聚共识与构建国家形象。

仪式传播是一种基于信仰的传播,"人民有信仰,国家有力量"。孔子虽然只活了73年,却影响了炎黄子孙千秋万代;他主张的"仁者爱人""为国以礼"的思想,以及毕生追求的"立志、立学、立命、立德、立人、立圣"精神,已经深深融入到中华民族的血脉,无疑他的故事便是讲给世界的最好的故事。仪式强调的是主动对话,更重视接收者的主观能动性,从而可以看作是一种以人为中心的传播,即"从人心到人心"。② 其次,传播者与接收者是基于同样信仰的平等参与者,他们之间是共同参与、共同体验,达成共识的互动过程。基于这种信仰,7000余名海内外人士共聚于山东曲阜祭孔大典中,一场对话得以进行,这种对话是仪式性的,故事空间成为神圣的场所。随着仪式的进行,他们身着古装,重现祭祀场景,礼乐表演开始,现场观众与"虚拟在场"的观众开始聆听、观摩,认同在仪式中形成,信仰也随之而生。海内外同胞形成的共同体,在这个"机械的团结"时刻,共同体验祭孔的仪式感和庄重感,他们身体力行地向世界讲述着中国孔圣人的故事。

仪式传播是一种社会教化的传播,孔子曰:"入其国,其教可知也",由此可见"教"对促进国家形象建构将起到重要的作用。儒家文化体系中"礼教的功能是使人得以内存和悦,外有品节","道德仁义,非礼不成;教训正俗,非礼不备……"③,其中"礼"作为中华民族的传统核心美德之一被纳入儒家思想的"五常"(仁、义、礼、智、信)之中。作为向来具有"礼仪之邦"之称的中国,通过仪式传播,将儒家礼文化与当代社会主义核心价值观相结合,充分发挥"礼"的教化作用。知荣耻、崇正义的优良传统,既是当今社会核心价值观体系的重要组成部分,也是治疗种种社会弊病的良方。仪式传播把社会主流群体所认同的核心价值观和规范进行了强有力地确认和传播,有效地发挥了社会教化作用,促进文

---

① [美]詹姆斯·W. 凯瑞:《作为文化的传播》,丁未译,华夏出版社2005年版,第7页。
② 张淑芳:《仪式传播的观念塑造和价值引领》,《当代传播》2017年第2期。
③ 陈来:《孔夫子与现代社会》,北京大学出版社2011年版,第70页。

化中国形象的建构。

四 激活文化记忆，提升文化软实力

(一) 基于"视听传播"的国家形象建构

视听传播作为建设和塑造国家形象的一种重要手段，因其声画合一、生动真实的优势，极易激活文化记忆，提升文化软实力，进而建构国家形象。

国家形象是"在历史文化传统的基础上，融入现代化的要素，经萃取，提炼而成"，它汇集了"国家或民族气质中的闪光点"。[①] 国家形象是国家"软实力"的核心组成部分，相对于经济，军事实力来说，"软实力"指的是一个国家的影响力、吸引力和传播力。"软实力的来源有三个方面：文化、政治价值观、外交政策。"[②] 软实力的首要来源便是文化，由此可见激活文化记忆，汇集民族气质的闪光点成为了提升国家软实力的重要途径。

"记忆术的对象是个人，它给予个人一定的方法和技巧，来对其记忆加以训练。回忆文化则着重于履行一种社会责任。回忆文化里的记忆指的是'把人群凝聚成整体的记忆'。"[③] 扬·阿斯曼认为文化记忆是一种记忆延续的继承。文化记忆是抽象的，需要借助于具体可感的符号媒介给予建构和再现，"每种媒介都会打开一个通向文化记忆的特有的通道"[④]，祭孔大典中的汉服、绥带、祭文、乐舞等都是中华传统文化的表征符号，更是文化记忆传承的重要载体。

祭孔大典通过视听传播让文化记忆的表征符号获得形象的表达。山西汾州府文庙祭孔大典在学生朗朗的《论语》读书声和温和优美的古乐声中开始，参加祭孔的人士身披黄绥带先后经过金声玉振坊和太、元气坊、道贯古今坊和德牟天地坊，这是赞美孔子伟大思想万古流芳和孔子美德与天地日月同辉，展现了儒家"为天地立心，为生民立命，为往圣继绝学，为万世开太平"的广阔胸怀；身着同一红色汉服的学生进行开笔礼仪式，

[①] 程曼丽：《大众传播与国家形象塑造》，《国际新闻界》2007年第3期。

[②] [美] 约瑟夫·奈：《软实力》，马娟娟译，中信出版社2013年版，第5页。

[③] [德] 扬·阿斯曼：《文化记忆：早期高级文化中的文字、回忆和政治身份》，金寿福、黄晓晨译，北京大学出版社2015年版，第44—45页。

[④] [德] 阿莱达·阿斯曼：《回忆空间：文化记忆的形式和变迁》，潘璐译，北京大学出版社2016年版，第13页。

同时古琴合奏《鹿鸣》之乐；除此之外，还有太极表演、茶艺表演等现代文化元素，在传统文化的基础上，融入现代化的元素，将古老的中国与现代的中国结合在一起，形成既有历史传承，又有现代感与亲和力的国家形象符号，通过视听传播将形象符号的传承打造成一场视听盛宴，唤醒了观众心底对于美与礼的需求，激活了民众对于中国传统文化的记忆。

祭孔用视听传播的手段展现传统的"中国意象"，传达出中华文化的精髓，使源远流长的文化基因嫁接与视听符号之上，在激活文化记忆与传承传统文化之间找到了很好的支撑点，让文化记忆更具吸引力与现代感，更有利于重新认识传统文化，提升文化软实力。

（二）塑造文化自信，建构国家形象

"文化自信"，是指一个民族、一个国家以及一个政党对自身文化价值的充分肯定和积极践行，并对其文化的生命力持有坚定的信心。学者陈先达认为："传统文化是依靠文化传统而延续的"，"一种文化的活力不是抛弃传统，而是吸收传统，再铸传统"。[1] 由此不难看出，文化记忆的传承与当下重塑全民族文化自信密不可分。

视听传播在传播方式上注重立体传播，塑造文化自信，进而建构国家形象。"立体传播"就是指使用多媒介的传播方式，开展多元化的传播活动将信息分层次的传递到目标受众中去。国家形象需要用"立体传播"去传达，让人们更全面、更深入地认知国家形象。[2] 祭孔大典通过媒介融合的方式，多渠道、多方位的集群式报道，使得视听传播更加立体化、多元化，将文化记忆的传承与民族文化自信进行了很好的融合。

祭孔当天，曲阜孔庙、浙江衢州孔庙、河北沧州文庙、正定文庙、胶州少海孔子六艺文化园、长春文庙、吉林文庙、甘肃天水文庙、武威文庙、湖南岳麓书院、平江孔子学堂、山西太原文庙、山西汾州府文庙、太原文庙、贵阳孔学堂、云南曲靖文庙、香港孔教学院、澳门孔教会和二十多家儒学机构、几十家孔子学堂等共同参与"2017全球同祭孔"直播，开展多元化的祭孔活动。（见图4-13）

同时，2017年全球同祭孔也采用了走出去的方式，澳洲中澳文化交

---

[1] 陈先达：《当代中国文化研究中的一个重大问题》，《中国人民大学学报》2009年第6期。

[2] 范红：《国家形象的塑造与传播策略》，《清华大学学报》2013年第2期。

图 4-13　岳麓书院祭孔大典

流中心、韩国成均馆、美国山东同乡会、印度尼西亚、韩国、新加坡等海外机构也加入到了祭孔直播活动，其中新加坡祭孔当天 400 人出席庆典与祭孔活动。（见图 4-14 和图 4-15）

图 4-14　日本祭孔

海内外的观众还可以通过数字化、实时传播的方式进行观看，立体化的视听传播吸引了海内外观众的广泛关注与参与，形成更广泛的文化认同，利于建构中国文化大国的新形象。据不完全统计祭孔当天观看直播的观众达百万人，立体传播打造的全球共祭孔圣人的盛况，更为民族文化记忆的当代传承赋予了更多的信心。

两千年来，孔子"天人合一""天下大同"的社会理想；"己所不欲，

图 4-15　印度尼西亚祭孔

勿施于人"的忠恕之道;"以和为贵""为政以德"的东方智慧,已经深深融入华人的血脉,成为我们共同的文化基因。通过祭孔仪式,通过新媒体的广泛传播,不但唤醒和激活了每个人心中久远的记忆、情感和文化认同,而且对塑造文化自信,实现中华民族复兴的伟大"中国梦"发挥着重要的作用。在新媒介语境下如何进一步更好地运用视听传播建构中国国家的形象?2017年全球祭孔给了我们有益的启示,虽然这其中还有很多值得改进和挖掘的地方,但是"千里之行始于足下",相信伴随中华民族的伟大复兴,孔子的伟大形象能更多地走进人心,发挥国家"软实力"的作用。

第五章　新媒介时代：情感传播与共同体建构

第一节　电视公益节目的情感传播与共同体价值建构
——解读大型电视公益节目《等着我》

一　社会转型中的情感建设

情感社会学家认为，重建社会离不开情感的维度。"情感是人际关系的维持者，是对宏观社会结构及其文化生成的承担者，也是一种能够分裂社会的力量。因此，情感在所有的层面，从面对面的人际交往到构成现代社会的大规模的组织系统，都是推动社会现实的关键力量。"[①] 电视传媒作为一种赋予公共精神的文化，在建构共同体、促进人类幸福方面发挥着积极作用。可以说，共同体情感的建构就是对"道德""幸福""卓越""高尚"等价值观念的共同建构，把人们各自所理解的"正确的或优秀的言行方式"在公共领域中被接纳或被承认为美德。也就是说，这种公共情感为公民美德的展现提供了背景意义。

作为一档公益寻人节目，《等着我》看似只是关注百姓生活中微小的事情、微小的情感，但它是在通过现实生活中普通人的真实情感进行共同体情感的建构。因此，它不是一档普通的电视节目，它的背后是强大的支持力量，有全媒体公益寻人平台为百姓服务，同时还有公益明星、志愿者和各个阶层广大热心公益的观众群，他们（也是我们）共同的心愿是："助力团圆梦，让心不再等待！"（见图5-1）

[①] [美]乔纳森·特纳：《情感社会学》，孙俊才、文军译，上海人民出版2007年版，第2页。

图 5-1 《等着我》标识及宣传语

电视媒体作为现代社会传媒的主要承载者，承担着精神文明建设的重担。"电视集视听手段于一体，通过影像、画面、声、字母以及特技等多方面地传递信息，给受众以强烈的现场感、目击感和冲击力；它不仅是人们获得外界新闻和信息的手段，而且是丰富多彩的文化生活和娱乐的主要提供者。"① 电视传播的广泛性、导向性、权威性，决定了其在大众传播中的重要地位。它不仅改变了人们的生活，还影响着人们的价值观、思想、行为，甚至社会结构的变化，对当今社会有着深远意义。因此，电视传媒必须坚守媒体责任，提高电视媒体的社会责任感，不仅要成为公益的传播者，更要成为公益事业的亲历者和引领者，承担起精神文明建设的社会责任，为荧屏注入人性和爱心的力量。

就是在这样大时代背景和媒介社会责任的召唤下，电视公益节目成为一种新型节目形式出现在电视荧幕上，并且迅速在泛娱乐化的电视节目环境中取得社会的广泛好评与自身的发展空间。尤其在被称为"电视公益年"的 2007 年左右②，中央电视台及各大省级卫视纷纷推出电视公益节目，如 2006 年浙江卫视的《公民行动》、东方卫视的《闪电星感动》、2007 年央视经济频道《春暖 2007》、安徽卫视的《幸福密码》、湖南卫视

---

① 郭庆光：《传播学教程》，中国人民大学出版社 1999 年版，第 119 页。
② 李睿奇：《电视公益节目潮起》 [EB/OL]，网易，http://gongyi.163.com/14/0519/14/9SK6JP6P009363EC.html。

的《勇往直前》等。随着 2011 年央视的《梦想合唱团》、浙江卫视的《中国梦想秀》等节目的火热，电视公益节目成为继选秀比赛、真人秀等节目类型后又一被电视台追捧的节目类型。

相比其他电视公益节目，中央电视台综合频道在 2014 年推出的大型公益寻人节目《等着我》，立足我国本土国情，切实为民服务，其去娱乐化、商业化的公益行为获得观众一致好评，节目收视率也一路攀升："节目首播全国网收视率即达到 1.95%。随后播出的几期节目，收视率更是一路飙升，全国网收视率最高达 2.62%，城市网收视率最高达 2.75%。"[①]《等着我》利用电视媒体公开、广泛的传播优势，借助国家媒体、新媒体等全方位平台，不仅主动承担帮助百姓公益寻人的社会责任，还将这种公益文明精神融入节目中，向社会传递着真善美的爱心精神。这种走进百姓内心，展现社会真情实感，并切切实实为民服务，又体现社会主义核心价值观的节目，堪称电视公益节目成功的典范。

在我们很多人的生命和生活中，都有一位对自己至关重要的人，那个人可能是亲人、恋人、朋友、恩人、老师，等等。但是由于种种原因，有一天他在你的生活中消失了，再也无法联系上了。而大型公益寻人《等着我》的节目定位和诉求就是为百姓提供切实帮助和情感支持，帮助百姓寻找个体生命中最重要、最亲密的那个人，重新找回那份弥足珍贵的情感。虽然这份情感微小和普通，但同样温馨和感人。通过电视媒介的仪式传播和放大，它能形成一种情感能量、情感关怀和情感信任，从而对共同体的价值建构产生重要的作用。因为共同体的实质就是共同情感，它能为人们提供情感安全以及归属感与认同感，而这种"共享的情感纽带"的连接是"真正的共同体的决定性因素"。（见图 5-2）

二　关怀伦理与情感互动

"人类的独特特征之一就是在形成社会纽带和建构复杂社会结构时对情感的依赖。"[②] 在人际互动和群体关系中，情感是社会结构的重要组成部分，但相应地，情感有时也是摧毁社会结构和变革社会文化的重要动

[①] 童盈：《〈等着我〉：超级公益 IP 诞生》，《中国广告》2016 年第 6 期。
[②] [美] 乔纳森·特纳、简·斯戴兹：《情感社会学》，孙俊才、文军译，上海人民出版社 2007 年版，第 1 页。

图 5-2 《等着我》剧照

因。情感社会学认为,"国家是由人们指向社会结构和文化的正性情感凝聚而成;与之相反,正性情感和负性情感的唤醒也能够使得国家灭亡或改变。更为重要的是,情感是动机能量中的一个独立源泉,对社会的结构和文化具有重要的效应"①。

可以说,一档节目在内容生产、传播扩散的过程中往往对情感有着高度依赖。这种依赖不仅使节目更具生命力,同时也便于达成向社会传递情感,进而影响人们情感价值观建立的重要目的。白居易说,"感人心者,莫先乎情"。即是说要打动人心,必须动之以情。情感可以解决行动者对集体目标和社会价值的承诺问题,因为当情感进入社会情境后能够对自我兴趣和自我满足行为给予调整,培育助人行为。久而久之,助人行为成为互惠,一个对社会有所承诺而不是只顾自我个人的群体便形成了。

由此看来,情感在人们的社会认知、社会活动和人际交往等方面发挥着重要作用。情感传播则是"传播活动主体思维采用情感逻辑的结构和指向方式,通过情感主体活动影响传播受体,以情感为基础和传播纽带力求达到传播活动的目的和需求"②。综上所述,情感传播即是以情感元素为内容基础的信息传递活动。

---

① [美] 乔纳森·特纳:《人类情感:社会学的理论》,孙俊才、文军译,东方出版社 2009 年版,第 159 页。

② 李建军、刘会强、刘娟:《理性与情感传播:对外传播的新尺度》,《江西社会科学》2015 年第 5 期。

"情感传播"为公益节目注入了灵魂。倪萍在《等着我》中介绍说："这是一个找人的节目，找亲情、找爱情，寻找世界上一切跟他有缘的情感，这份情感在他生命当中一定非常重要，我们愿意竭尽所能去帮助他。"用真实而温情的故事打动人心，用老百姓的悲欢离合表现人间冷暖，这正是节目的宗旨所在。于是在《等着我》中，观众看到了一个个寻人故事所诠释的亲情、恩情、友情和爱情。这里没有煽情，只有讲述，然而却能让人感化于节目中的种种喜乐悲伤情感，让观众在节目传递的真善美中提升价值观、人生观。

情感在人类社会中占据重要的位置。可以说，"人类的独特特征之一就是在形成社会纽带和建构复杂社会结构时对情感的依赖"[①]。《等着我》让观众体会到中国人对"情"的重视、对爱的坚守、对缘的寻找。节目中寻人的故事主要传播了以下四种情感。

1. 亲情

人有七情六欲，但"中国文化的一大特点，即是让人们在对人、特别是对亲人的感情中认识人生、理解生命；儒家揭示了中国文化这样一种活的灵魂，即在无边的亲情世界中'成为人'"[②]。

家庭是以婚姻和血缘为纽带、以情感为核心的个体生存空间，个体失去爱和家庭，不仅会阻碍个体自身的发展，同时还会影响整个社会的进步。在《等着我》的舞台上，最多的寻人故事是寻找亲人的，有父母寻找孩子的，也有孩子寻找父母的；有寻找兄弟姐妹的，也有寻找丈夫、妻子的。每一个家庭对亲人的寻找、对亲人的牵挂都给观众带来感动甚至泪水。

节目中一位叫雷飞飞的男孩寻找他的母亲。母亲在他两岁时离家出走，而相依为命的父亲在他13岁那年因癌症去世，无依无靠的雷飞飞通过乞讨筹够了父亲的丧葬费。当主持人问雷飞飞是否恨自己的母亲时，雷飞飞的回答却是无论什么原因都不应该恨妈妈。

中国人讲究"百事孝为先"，"孝"既是美德，又是大道，它包含着

---

① [美]乔纳森·特纳：《情感社会学》，孙俊才、文军译，上海人民出版 2007 年版，第 1 页。

② 方朝晖：《中国人的思维方式与精神世界——关系本位、团体精神和至上的亲情》，《学术前沿》2013 年第 10 期。

中国人自古以来流传下来的共同情感价值。在节目中还有很多像雷飞飞那样的孩子，如来自河南、刚高考完的郭金鹏也同样是寻找与自己 11 年未曾见面的母亲。19 岁的他在《等着我》的舞台上想找到母亲的初衷除了思念之情外，更多的是要分享自己 634 分优秀的高考成绩。这些孩子的行动不仅是"孝"的一种表现，同时也是"宽容"的一种表现，一种爱的胸怀。

曾获得过轮滑比赛项目两金一银的余依娜回忆起父亲一日三次抛弃她时的情景，语气中没有怨恨，更多的是一种平静，一种对于社会的感恩。当主持人听完后问余依娜为何想找抛弃自己的父母时，余依娜笑着说："不论他们怎么对我，始终是我的家人，是生养了我的父母。哪怕他们抛弃了我，但是我还是希望能找到他们，分享我的每一份开心与荣耀。"

《等着我》圆了很多人家庭团聚的梦，而这些重新团聚的家庭也更懂得亲情的可贵。"中国文化中的亲情，为每个人生找到归宿，为社会道德奠定基础，体现了中国文化人伦世界的精彩和魅力。亲情变成了现实，人心才有了依归；亲情得到了深化，人生才有了温暖。亲情是人间之爱的起点，亲情是社会秩序的基础。"

2. 恩情

俗话说："滴水之恩当涌泉相报。"中国传统文化向来追求"知行合一"，在现实社会中，知恩图报也许是人们都懂得的道理，但是落实"知行合一"的感恩行动却并不是每个人都能做到的，而著名的收藏家、作家马未都却做到了。马未都想在《等着我》节目中寻找自己的恩师，因为他 14 岁那年第一次被恩师栾景全带上了舞台。虽然自始至终都没有演过什么主要角色，但这些经历却奠定了他日后成功成名的基础。这份恩情一直令他难以忘怀。当他终于达成心愿时，我们不仅为他感到高兴，更为他的这种情怀而感动。

节目中，还有一位曾参加过抗美援朝的 90 岁老兵祝老伯辗转千里从河南来到长沙，找寻当年曾帮助过他的救命恩人。时隔半个多世纪，只有一张黑白照片和一个地址，那位曾经救过祝老伯的人已经离开人世，但是祝老伯依旧坚持要去看望救命恩人的家人，这么多年他只希望能亲口对恩人说声"谢谢"。

中国文化向来讲究"古之君子，使之必报之"。无论是老师的恩情，还是救命恩人的恩情，甚至那些在自己需要帮助时伸出援手的陌生人的恩情，我们都应该铭记于心。学会感恩，更要学会报恩，只有这样才能实现个人道德的善和社会的美。

3. 友情

有学者认为："中国文化的模式，可以概括为人与人心理上、情感上以及价值观上相互依赖的思维方式和生活方式，以及在人与人、与环境的相互依赖关系中寻找自身的安全感。这种特征，我们称之为中国文化中的'关系本位'，也称为中国文化的习性或中国文化的深层心理结构。"[①] 而超越血缘关系的友情或者伙伴关系无疑在我们生活中占据着重要位置，因为它是人类幸福的一个重要因素。

也正因此，看似是个人的友情寻找其实是建构共同体的重要举动。来自山西晋城的65岁老人来俊峰，在女儿的陪伴下，寻找北京知青高德龙。当年两人在晋城树脂厂共事20年，并且建立了深厚的友谊。高德龙回北京后，在来俊峰陪妻子去北京看病时，高德龙也像亲人般地照料二人。后来，忙碌与病痛让来俊峰与高德龙失去了联系。如今，来俊峰想找到这位老同事、老朋友，与他叙叙旧，表达自己的感激之情。

同样在《等着我》的舞台上，一位叫丽丽的女孩寻找与自己失去联系的大学闺蜜小敏。丽丽觉得在那段美好的大学时光里，自己的欢笑、自己的成长只有小敏最懂得，希望能找到她陪着自己一起回忆那段青春往事。

或许不同年龄的人们对友情有着不同的感悟，但无疑，友情在每一个人的心中都是不可或缺的，同样也是弥足珍贵的。

4. 爱情

在《等着我》节目中，一位叫赵贺茹的女士寻找丈夫18年之久，感动了无数观众。在这18年时间里，她从来没有放弃过寻找。更令人动容的是，就在丈夫音讯全无、如人间蒸发的日子里，她孝敬双方老人，将儿子抚养成人，生怕有一天丈夫回来的时候无法向他交代。

除了为爱坚守的人，节目中也有为纯真爱情去勇敢寻找的人。23岁的长沙女孩王雨欣在《等着我》的舞台上寻找她一见钟情的男子，这个人在火车上表现出的良好教养和彬彬有礼令她念念不忘。还有大连女孩周

---

① 方朝晖：《中国人的思维方式与精神世界——关系本位、团体精神和至上的亲情》，《学术前沿》2013年第10期。

巧玉，也是在飞机上遇到一位男士，想对他表白自己爱的情愫。在节目中，两位想找的人都找到了，但遗憾的是两位男士都已成家并且有了孩子。虽然这份情感没有结果，但却给了当事人继续追求爱的勇气和力量。

总之，无论哪种情感的传递，节目的作用就在于它能照亮人类的精神家园，为普通人提供情感价值和情感支撑。

三　情感传播与共同体价值建构

人类最深刻最深厚的情感需求就是对归属感——共同体——的渴望。这是一种"宿命般"的情感与追求。"正如阿格尼丝·赫勒所指出的，人际之间强烈的情感依赖与相互认同，会让人充分感受到自己是人类中的一个成员：作为一个人，我从属于人类。""共同体作为满足人类对于归属感及其合群性需求的一种途径，就是能够让个体感受到他们的生活以及相互关系是真实而实在的。因此，共同体不仅是一个抽象的准则，而且还是一种生动而重要的人类体验……也是人类幸福的必备条件。"①

《等着我》以真人真事真感情，在舞台上向观众呈现出一个个悲欢离合的传奇故事。节目以独特的视角，着力表现出故事蕴含的人情与人性，使节目具有更加持久的生命力。《等着我》虽然是以当事人讲述"故事"的方式呈现，但更重要的是节目传递出了在这曲折离奇的人生故事背后，主人公在面对离散与人生磨难时的态度和作为。通过展现人们面对各种分离和重逢时所表现出的人性与人情，来传递爱心、正能量和主流价值观，这便是节目所实现的情感传播价值。

（一）"爱心传播"理念

在娱乐化当道的电视节目环境中，各色以娱乐为主的综艺节目此起彼伏，但却经常出现昙花一现的局面。只有给节目注入道德思想和文化内涵，且制作符合中国国情及社会需要的节目，电视节目才能在"娱乐至死"的环境中长期发展。《等着我》栏目的收视口碑双丰收，让人们不得不关注其独特价值。在以往的节目中，宣扬人文关怀的节目往往带有一定的煽情、夸张成分，虽是表现情感的节目，却达不到感动观众的节目效果。而《等着我》在节目中以最朴素的方式运用爱心传播将人间的悲欢

---

① ［英］保罗·霍普：《个人主义时代之共同体重建》，沈毅译，浙江大学出版社2010年版，第131、139页。

离合展现得淋漓尽致，不做作也不掩盖地叙述着当事人的寻人故事，用最质朴最纯真的爱心打动着观众。从这一点来讲，《等着我》对爱心传播的运用值得其他节目学习。

弗洛伊德根据达尔文的自然界优胜进化理念提出爱心传播的概念。他认为"爱心传播对人类的生存和繁衍都有着极大的联系，并且进行爱心传播会对传者以及受者的身心健康都会产生积极的影响"[1]。弗洛伊德和莫曼通过区分爱心展现的三种形式，增加了爱心行为中传播概念的明晰性。[2] 第一种是爱心的"语言"传播，包括口头的爱心表达和书面的爱心表达，比如《等着我》节目中求助人对被寻找者说"分开之后我没有一天不想你"；第二种是"直接的非语言"爱心传播，包括非语言或副语言行为，它们在关系中或者在被应用的语境中表达爱心。比如《等着我》节目中求助者和被寻找者相见时互相拥抱；第三种是"间接的非语言"传播，由通过社会援助或物质支持来表达爱心的行为所构成，比如《等着我》节目中"缘梦基金"给求助者赞助寻人基金。

爱心传播是一种人性的关爱，它关注着人们的生存状态，尊重人们的尊严与情感，传播人性的闪光点并积极帮助他人，它体现了对生命的最高敬仰与关注。[3] 高速发展的大国环境下是人们快餐化的生活与文化，人与人之间的联结越来越弱，每个人都孤独而冷漠。这个时候就尤其需要大众媒介担负起社会责任，来唤醒人们心中的善良与温暖。

《等着我》聚焦普通百姓的寻人心愿，无偿帮助来自全国各地、各种身份、各年龄段的人群，寻找他们想要找的人，这种节目主旨首先就体现着爱心理念。节目中展现的寻找恩人的故事类型，让观众感受到人间大爱的普及。这种贴近民众生活的爱心呼唤和情感传播，让《等着我》有了深厚的节目根基与生命力，也是节目成功的根基所在。《等着我》口碑与收视的双丰收无疑是对我国电视节目一次强有力的震撼，这个原创型节目凭借爱心传播理念，坚定执行节目"爱心"主旨，这样一种新型节目理念的成功，为我国电视节目树立了优秀的榜样。有助于我国电视节目立足

---

[1] 赵天天：《从〈等着我〉看我国的媒介爱心传播》，《今传媒》2015年第10期。
[2] [美] 莱斯莉 A. 巴克斯特、唐·O. 布雷思韦特：《人际传播：多元视角之下》，殷晓蓉、赵高辉、刘蒙之译，上海译文出版社2010年版，第376页。
[3] 赵天天：《从〈等着我〉看我国的媒介爱心传播》，《今传媒》2015年第10期。

于我国国情进行原创性电视节目，尤其是促进情感类节目进行传播理念的调整，以真情爱心取代浮夸做作，用实实在在的百姓故事打动观众，以此逐渐取代泛娱乐化、三俗化的中国电视节目环境，塑造符合中国国情的有温度有内涵的良性电视节目环境。

(二) 情感传播促进道德传承

随着工业时代的发展，物质水平得到提升，人们开始追求精神的享受，娱乐化充斥着我们的生活。文化环境的变化致使人们不断接触着游戏、娱乐、流行等一切更为表象性的事物并极易沉浸其中，而对那些有利于塑造品格、树立道德标准的文化载体却视而不见。传统的以"德、仁、孝"为核心的道德标准、价值观念等都在现代大众文化中被轻轻地抹去，现代人的精神面临着流离失所，无家可归的困境①。面对问题丛生的大众文化，国家提出了复兴中华传统文化的文化强国战略。《等着我》节目的推出，从人类情感的角度出发，展现人间冷暖、悲欢离合之际，呼唤中华传统道德文化中仁爱、宽恕、报恩等价值观的回归。

传播媒介对外部世界的报道不是"镜子"式的反映，而是一种有目的的取舍选择活动。传播媒介根据自己的价值观和报道方针，从现实环境中"选择"出它们认为重要的部分或方面进行加工整理，赋予一定的结构秩序，然后以"报道事实"的方式提供给受众，这称为媒介的"议程设置"功能。现代社会越来越巨大化和复杂化，人们由于实际活动范围、精力和注意力有限，不可能对与他们有关的整个外部环境和众多的事物都保持经验性接触，在超出自己亲身感知以外的事物，人们只能通过各种"新闻供给机构"去了解。所以此时媒介的"议程设置"功能就显得很重要。"议程设置"是舆论导向的第一个阶段，即传媒通过有选择地报道新闻来把社会注意力和社会关心引导到特定的方向。②

面对社会转型矛盾加剧、大众情感逐渐缺失的现象，《等着我》栏目组看到传承中华传统道德文化的必要性。社会文化遗产的传承本就是电视媒介义不容辞的社会责任，《等着我》栏目组秉着这样的使命感，将传统文化的弘扬提上议程，以情感内容的传播来实现情感的唤醒，从而达到传统道德文化的传承。

---

① 朱彦：《找寻传媒感动受众的情感密码》，硕士学位论文，西北大学，2005年。
② 郭庆光：《传播学教程》，中国人民大学出版社1999年版，第18页。

情感是人类创造的最基本的支撑力量。人类情感从其传播上说，是一种有意义的文化象征交流形式。由于大众传媒尤其是电视媒介是一个准互动媒介，因此在激发情感能量、营造仪式空间、传播正确的情感价值观、建构新的情感文化和情感文明方面发挥着重要的作用①。"当人们面对面地交往时，他们将和建构社会文化象征一样，唤起情感、创造舞台和角色，并在这个舞台上表演这些角色、在一定的空间内使用多种道具组织行动。"②

在《等着我》节目中，观众对于求助者的求助展现最多的情感是同情。文化的规则和逻辑，让给予同情的人感到他们有义务为那些处于困境中的人提供情感，使他们好起来；而被同情的人也感到他们有义务表达诸如痛苦减轻、感激等情感，以传达给同情者，他们给予的同情是互惠的。由此，强健的社会联系通过这种情感交换而产生的。坎迪斯·克拉克的同情理论认为同情总是包括正义、公平和价值等文化观念的唤醒。给予同情和收到同情都会激励行为者关注情境的道德属性和参与者，在这个过程中，同情造就了具有显著力量的文化规则和逻辑来促进社会融合。③《等着我》正是通过打造情感互动链，让人们看到关爱、善良、真诚的社会情感，使人们感受到社会的温暖与希望，从而唤醒观众内心积极情感和正能量，促进情感认同的建立。

《等着我》节目中，通过寻人案例的展现，寻人背后的故事的叙说，把人类情感融入到节目当中，将其延伸到社会文化道德层面。比如，将原谅、忏悔、愧疚、感谢、热情等人类的情感价值观，以及宽恕、仁爱、孝心、礼义等人类的情感道德观，通过节目营造的朴素、真实、尊重的人际交流氛围，将它们内化到人们的内心深处，从而塑造、传承中华传统的道德文化。

中华传统道德文化是以儒家思想为基础的价值体系，儒家文化的中心

---

① 张兵娟：《互动仪式中的情感传播及其建构——以〈中国好声音〉为例》，《新闻爱好者》2014年第24期。
② [美]乔纳森·特纳：《人类情感：社会学的理论》，孙俊才、文军译，东方出版社2009年版，第62页。
③ [美]乔纳森·特纳、简·斯戴兹：《情感社会学》，孙俊才、文军译，上海人民出版社2007年版，第48页。

思想是孝、悌、忠、信、礼、义、廉、耻，其核心是"仁"①，强调孝敬父母、尊老爱幼、忠君报国、诚实守信、讲义气、知廉耻、懂道德、讲礼仪等②。本着传承道德文化的理念，《等着我》节目中处处体现着中华传统的道德高度。如严志忠寻找母亲只为当面给母亲下跪，忏悔自己的走失带给父母的伤痛，这是孝顺；白化病女孩余依娜不记恨父母抛弃自己，这是宽恕；杨立新找寻43岁有智障的弟弟，这是爱护兄弟；张金福寻找救助自己17年的"艾欣"，这是感恩；莫松秀在战场上被战友拼死相救，这是义气；81岁孟庆铭为了一个承诺找寻战友61年，这是诚信。诸如此类，节目中的每一个案例都是能传达出传统的道德文化价值观的寻人故事。

从《等着我》的故事中展现的人类情感处处体现着中华传统道德文化，感染着观众也潜移默化地影响着观众的人格。中华传统道德文化的复兴给人们的人生观、世界观、价值观带来深刻的影响，这些影响改变着人们的思维模式和行为规范，在传承中华传统道德的同时促进社会文明的进步。

（三）公共情感推动价值共同体建构

大众传媒在报道的新闻和传达的信息中，通常包含着是与非、善与恶、美与丑等价值判断。大众传媒提倡什么、反对什么，客观上起着形成与维护社会规范和价值体系的作用。媒介传播内容具备的这些特定价值和仪式形态倾向，通常不是以说教而是以"报道事实""提供娱乐"的形式传达给受众的，他们形成人们的现实观、社会观于潜移默化之中。这就是"培养分析"的核心观点。③ 美国学者G.格伯纳认为，传播媒介的这种"培养效果"，主要表现在形成当代社会观和现实观的"主流"。《等着我》在展现百姓寻人故事中流露出的真善美等主流价值观，在节目播出过程中使观众耳濡目染，于日积月累中"培养"着大众的公共情感与价值共同体。

---

① 蒋平福：《儒家文化传播与对外汉语教学研究》，硕士学位论文，陕西师范大学，2013年。

② 牛宏华、尹帅平、于海军：《弘扬传统文化，强化传统美德——论电视真人秀节目的精神实质》，《东南传播》2014年第6期。

③ 郭庆光：《传播学教程》，中国人民大学出版社1999年版，第229页。

电视媒介跨越了读写能力和移动性的历史性障碍，成为千差万别的人群社会化和日常信息的首要共同来源（主要是通过娱乐的方式）。[①] 现代人从幼年时代就与电视生活在一起，电视广泛渗透到社会各个部分（包括儿童、低学历者以及贫困阶层），而且电视把视听觉手段结合在一起，拥有强烈的目击感、现场感和冲击力。这些优势决定了电视媒介在"主流形成"过程中尤其发挥着强大的作用，它可以超越不同的社会属性，在全社会范围内广泛"培养"人们关于社会的共同印象。

互联网时代的发展，让世界各地的信息与思想蜂拥而至，一时间享乐主义、三俗思想、利己主义等一些不利于社会发展的思想充斥着现代生活。再者，我国正处在社会转型加速期，多变化的社会调整现状使社会凝聚共识的难度越来越大，社会亟待确立正确的"主流"舆论价值引导。鉴于此，我国在党的十八大时凝聚全党全社会价值共识提出社会主义核心价值观。

社会主义核心价值观事关一个民族、一个国家的精神追求及是非曲直、真假善恶、正谬美丑的价值判断标准，是国家的兴国之魂。只有人人都认同并自觉践行社会主义核心价值观，我国社会才能确立共同的理想信念、维护社会安定团结、推动国家健康发展。因此，将核心价值观以通俗易懂的大众语言，以人民群众喜闻乐见的形式，在日常生活中潜移默化地普及给群众就是大众媒介的当务之急。作为社会公器的电视媒体有责任、有义务积极营造一个平等、正义、宽容、祥和，充满温暖、关怀、善心、爱心的情感空间[②]。

社会是由一个个家庭为单元组合而成，每一个家庭是以血缘和婚姻为纽带、以情感为核心的个体生存空间。[③] 因此家庭的完整性影响着个体单元乃至社会的进步。人们生活在共同的社会中，不仅仅意味着资源的共享，更是一种彼此情感的链接。这些社会情感以社会道德、情感深度、关系相关度等为基础，在社会中形成统一的、主流的情感价值观。因此，在

---

① [美] 斯蒂芬·李特约翰、凯伦·福斯：《人类传播理论》（第9版），史安斌译，清华大学出版社2009年版，第349页。
② 张兵娟：《互动仪式中的情感传播及其建构》，《新闻爱好者》2014年第4期。
③ 张兵娟、路畅：《大型公益电视节目的情感传播与共同体价值建构——以大型公益电视节目〈等着我〉为例》，《中国广播电视学刊》2015年第1期。

这个公共的情感氛围，影响着每一个人的情绪。没有了统一的崇高的价值观作为追求和约束，没有了情感作为相互之间联系的联结，一个社会的运行是缓慢甚至停滞的，而作为社会中的人，也是相互冷漠的。因此，电视媒介有责任和义务向社会传递正确的主流价值观，建立社会公共的情感价值，推动社会向前发展。

《等着我》栏目秉着"公益爱心"的主旨，将节目定位在为普通百姓提供实实在在的帮助，提供情感希望寄托，帮助百姓寻找生命当中最重要的那个人，让他们可以重续前缘。这样的个体感情虽然在整个社会中很渺小，但是通过电视媒介平台的放大和广泛传播，它能形成一种社会性的情感能量，从而对情感共同体及价值观共同体的建构产生重要的作用。因为共同体的实质就是共同情感，它能为人们提供情感安全以及归属感与认同感，而这种"共享的情感纽带"的连接是"真正的共同体的决定性因素"①。

在这样的共同体建构过程中，当代中国真善美、正能量等核心价值观念也融入《等着我》当中，这些主流思想在人们看节目时悄然无息的被传达给观众。经过人们日积月累的观看节目，对节目认可的同时，既建立社会公共情感，又统一社会价值观念，逐渐提升对核心价值观的认同感。公共情感纽带的成功构建，不仅对社会主义核心价值观的普及有着深刻的意义，更能增强社会凝聚力，促进社会团结。

《等着我》栏目已为数十位嘉宾找到了他们的亲人、战友或者朋友，帮助众多的人完成了几乎不可能完成的寻人梦，很好地营造了一个社会的公共情感氛围。电视媒体有责任、有义务积极营造平等、正义、宽容、祥和，充满温暖、关怀、善心、爱心的情感空间。孟子曰："人人亲其亲、长其长而天下平。"（《孟子·离娄上》）"如果让人们舍亲而爱人，废私而爱公，就是在追逐无源之水、无本之木，就是在掏空社会道德的根基，堵塞社会秩序的源泉。"②

---

① 张兵娟、路畅：《大型公益电视节目的情感传播与共同体价值建构——以大型公益电视节目〈等着我〉为例》，《中国广播电视学刊》2015年第1期。

② 方朝晖：《中国人的思维方式与精神世界——关系本位、团体精神和至上的亲情》，《学术前沿》2013年第10期。

作为公共文化重要的承担者，电视媒体理应以全社会共享的规范、价值体系、目标和利益为其自身的价值诉求，通过培养观众的公共情感，增强社会的凝聚力和向心力，以期让人们生活得更美好更幸福，而这正是《等着我》的价值与意义所在。

第二节　视觉文化中的情感传播与共同体建构
——解读动漫剧《那年那兔那些事》

在原始社会中，视觉符号在人类认识世界和认识自我的过程中扮演着极其重要的角色。早期的洞穴壁画、图腾崇拜、巫术、舞蹈以及各种仪式都表明了图像认知先于语言认知。但这种"视觉文化"还是原生态的比较朴素的文化形式。① 而在信息技术高度发达的今天，随着新媒体的出现，人们可以将声音、文字、图形、图像等多种传播符号融合在一起，集中地展现出来，给大众以强烈的视觉震撼效果。可以说在新媒体技术的推动下，视觉文化得到了前所未有的整合与发展，也出现了新的转向及新的特征。表现在以下几个方面。

图 5-3　《那年那兔那些事儿》海报

---

①　叶虎：《大众文化与媒介传播》，学林出版社 2008 年版，第 248 页。

一 视觉文化的转向及传播

最早使用"视觉文化"这一概念的是匈牙利的电影美学家巴拉兹，他认为电影的发明标志着视觉文化新形态的出现，改变了以前通过印刷符号来进行意义传达的局面，使人类文化重新回到了视觉文化。1950年，加拿大著名的传播学者麦克卢汉更是从媒介传播方式的变革角度，论证了电子媒介文化的到来，这种文化将视觉和听觉文化整合起来，对受众的效果超过了以往任何一种媒体，尤其是电视的出现。[1] 可见，新媒体语境下的视觉文化是电子传播时代的产物，它具有印刷文化无法比拟的优势，是艺术文化的发展趋势，它有以下特点。

1. 视觉性成为文化主因

自从电影、电视到如今新媒体的出现与发展，传统的印刷文化的文化主导地位就已经被视觉文化所替代，视觉性早已成为我们当今社会的文化主因。

视觉因素正在成为我们当代文化的主导因素，成为创造、表征和传递意义的重要手段，它深刻地影响着我们的生活方式和价值观念。无论是形象设计、建筑装修，还是商品包装、印刷物的图像呈现，甚至是医学诊疗、天气预报，都已经高度地视觉化，这已成为一种难以抗拒的文化趋势。

2. 重视视觉化的外观形式

与印刷时代的注重内容相比，在这个视觉文化主导的时代，外观和形式的作用有时甚至会远远超过内容，这是一种从"看什么"到"怎么看"的视觉范式转变，这种现象在我们的日常生活中是显而易见的。

无论是房屋的装修设计，日常的购物消费还是平常的穿衣打扮，都是你对视觉化的外观形式追求的过程。如今我们可能不会在意房屋装修的是否合理，买的商品是否实用，穿着打扮是否得体，只要看着美观，设计精美，能够赢得别人羡慕的眼光，那就是我所追求的。这种价值观念的转变正是在视觉文化的影响下产生的。

3. 追求视觉上的震撼效果

相对于视觉文化而言，绘画、雕塑等这些传统的视觉文化属于"静

---

[1] 余承周：《数字媒体时代视觉文化的特征》，《新西部》2011年第24期。

观",主体与对象之间保持着某种距离,主体处于一种平静的、沉思的状态。①

而当今的视觉文化则更多的称之"震惊",它们的主体与对象的关系更像是一种"无我之境",主体消失在对象世界之中,几乎容不得片刻的思考与反思。震惊式的转向是一种观看体验的转变,是人们在视觉文化的体验中对即时的、瞬间的视觉震撼效果的追求。

二　新媒介时代：视觉文化传播特征

新媒介的出现给视觉文化的转向提供了条件,使得视觉文化的主导地位更显突出,同时新媒介时代视觉文化的传播也有了新的特征。

1. 新媒介给视觉文化的传播提供了广阔的平台

新媒介时代的来临,使得传统的传播空间被极大地拓展了,在传播的效率上也得到了极大的提高,这就为视觉文化的传播提供了便利的条件。视觉文化的传播不再拘泥于一个空间,可以超越时空的限制,准确高效地呈现在每个受众的眼前。

在传播形式上,视觉文化不再通过一个二维空间来展示三维世界。新媒介技术的出现,使视觉文化可以通过集声音、文字、图形、图像等于一体的多媒体形式进行传播,大大丰富了视觉文化的传播手段,这都使视觉文化拥有更广阔的传播平台。

2. 新媒介给视觉文化传播提供了全新的交互方式

在新媒介语境下,很难想象传统的单一的线性传播方式能够满足现在受众的需求。新媒介的出现,使受众真正能够参与其中,注重自主的选择性,这也为视觉文化的传播提供了一种全新的交互方式。

传统的视觉文化是受众被动地接受,只能欣赏却无法真正的参与其中。新媒体时代下的视觉文化大大不同,受众不仅能够自主地去选择自己感兴趣的视觉文化,甚至自己就是视觉文化的传播者,这种全新的交互方式不仅使受众从内心接受了视觉文化,同时也奠定了视觉文化在社会上的主导地位。

---

① 周宪:《视觉文化的转向》,北京大学出版社2008年版,第55页。

3. 新媒介使视觉文化的传播效果更加逼真和震撼

电影的出现，使得文字的静观性体验转向影像动态的感性直观，内容的逼真与震撼成为观众追求的东西，而互联网和新媒体的出现，给这些视觉文化创造提供了技术上的支持。如今的好莱坞电影中，充斥着动作奇观、身体奇观、速度奇观和场面奇观的逼真效果与视觉冲击力，加上 3D 技术和 I Max 技术的出现，使得视觉传播效果进一步加强。

不仅是电影艺术，新媒体时代下的任何一种视觉文化都是如此。观众追求那种画面直接的冲击力和快感效果，享受子弹击穿胸膛的感觉，这是任何传统的视觉文化传播手段都达不到的视觉效果。

三 《那兔》的视觉传播与情感建构

新媒介的出现，推动了电影、广告等一系列视觉文化的发展，作为视觉文化的重要组成部分的动画，也在进行着视觉文化的转向，这也使得动画在新媒体时代的传播中有了新的特征与新的发展。

网络动画《那年那兔那些事儿》，最初是一部 2011 年 6 月起连载于"超级大本营"军事论坛的漫画。其创作灵感来自于网络论坛上的网友"野风之狼"创作的名为《小白兔的光荣往事》的帖子，《那兔》以诙谐夸张的手法将中国近现代史中特别是中华人民共和国建国之前及建国以来的一些军事和政治外交上的重大事件通过漫画的形式表现出来。"其表现手法近似日本漫画《黑塔利亚》，将多个国家形象拟人化、动物化，在早期吸引了不少动漫爱好者。2015 年《那兔》推出动漫版，并持续在各大网络平台播放。截至 2018 年 3 月，《那兔》1—4 季在 B 站的播放量已经超过 9000 万人次；新浪微博'那兔'话题阅读量超过 1 亿次。'此生不悔入华夏，来生还在种花家'成了时下青少年表达爱国情感的著名口号"。

此外，《那兔》还抓住了受众对国家和军队强大的热切期待，根据重大时事热点实时更新，唤起受众民族自豪感。2012 年中国首艘航母"辽宁舰"成功起降舰载机，"走你"style 在网络走红，《那兔》也随之制作了展现辽宁舰历史的内容；2017 年，共青团中央在 B 站的账号发布了以"那兔"为主角形象的阅兵宣传动画；2018 年，《那兔》还与陆军政治工作部文工团合作，在国防部网站首发"厉兵秣马朱日和"篇，生动展现了解放军演习场景，强化了国防教育。

1. 形象设计简单明快呆萌可爱

无论是一部电视剧、一部电影、一条广告还是一部动画片，人物形象的选择与设计是否能够突出人物的性格，决定着其是否能在第一时间就吸引着观众往下看。《那兔》在形象设计上无疑是下过功夫的，萌萌的人物形象也受到了不少观众的欢迎。

例如代表中国形象的兔子，就已经发展成为网上广为认同的中国的形象。兔子素食和平、人畜无害、聪明机敏，但兔子也有铁齿钢牙，一旦被逼急也会咬人，不畏惧任何动物，这一点与中国在世界上的形象十分吻合，也获得了许多观众的喜爱和情感认可。而美国鹰的形象和苏联熊的形象，可能来源于中国近代爱国者谢缵泰创作的时事漫画《时局图》中美国和俄国的形象，因而也是极具代表性的。（见图5-4）

图5-4 兔子

2. 情节设计别具匠心，凸显网络文化特点

例如在《那兔》的第4集中有这样一段情节，一个抗美援朝的老兵回忆自己当年抗美援朝的历史，想起了当年那些一起出生入死的兄弟，不禁感叹现在的中国人在美国面前的不自信，对美国的畏惧感。以及在第4集结尾，作者借用老兵的口吻，说道："我们在这里吃炒面配雪，是为了祖国的亲们能为甜咸豆腐脑战上十页，我们在这里钻防空洞，是为了祖国的亲们不用钻防空洞，亲们，你们的梦想，交给我来守护吧！"这些情节都不是历史真实存在的，但都是基于一定的历史背景与作者对历史的深刻

理解，加上一定的合理想象，给观众强烈的情感震撼。《那兔》通过热血、搞笑的表达方式，结合游戏"打怪"升级的叙事节奏，将或艰辛或悲壮的中国历史大事件，以轻松的面貌展现出来，唤起年轻人的爱国情感。

3. 配音配乐抒发赤子情感

《那兔》在配音演员的选择上也是恰到好处的，选择的配音演员都是目前国内认可度很高的一些配音演员，他们用声音完美地展现出中国的谦逊、美国的傲慢、苏联的蛮横、日本的狂妄，给这部动画片增色不少。

而音乐在该系列片中的成功运用，除了强化叙事内容、主题，营造情感丰富的观影氛围之外，还能构建起"想象的共同体"，在配乐配曲上，本片选取了一些能够代表当时历史的歌曲，能够迅速地将观众拉回到那个年代，唤起观众对历史的记忆。如《我的祖国》《十送红军》《国际歌》《喀秋莎》等"当庄严肃穆的音乐响起时，受众会被其引导进入一个严肃激越，震撼感动的心理情感预设机制中，从而引发心灵震撼与情感共鸣，成功进入了含情于曲的庄严肃穆音乐叙事符号想象共同体。"除此之外，由于"音乐所表达的内容不是直接而具体的，但它在激起人的情感和情绪方面的反应是最准确和细腻的……与人物性格、情感状态、故事的发展走向有直接的关系"。因此片中还用了许多励志，激发情感的歌曲，例如第一季片尾曲《追梦赤子心》、第二季片尾曲《骄傲的少年》、第三季主题曲《飞——致我们的星辰大海》、第四季主题曲《留给明天的答卷》等，尤其 Gala 乐队的《追梦赤子心》，其高亢激昂的旋律、直白坚定的歌词，曾使很多观众为之深深感动。"失败后郁郁寡欢，那是懦夫的表现，只要一息尚存请握紧双拳，在天色破晓之前，我们要更加勇敢等待日出时最耀眼的瞬间，向前跑迎着冷眼和嘲笑，生命的广阔不历经磨难怎能感到，命运它无法让我们跪地求饶，就算鲜血洒满了怀抱，继续跑带着赤子的骄傲，生命的闪耀不坚持到底怎能看到，与其苟延残喘不如纵情燃烧吧，为了心中的美好不妥协直到变老。"充分契合了这部动画片的主旨，让观众在感动之余充满前行的动力。

4. 对话字幕激发互动情感

《那兔》通过对人物对话的现代化改编创作，使该片不仅拉近了与观众的心理距离，也使该片摒弃了传统爱国主义题材影片的刻意说教，让观众觉得亲切，潜移默化地让观众接受该片所要传达的思想。在每一集的片尾都会出现"幸福并感激着"的字幕，使观众的爱国情感在结尾处再一次爆发。（见图5-5）除此之外，片中的字幕则是对每集反映的历史的解释说明与补充，帮助观众更真实全面的了解那段历史，起到还原历史真相和丰富影片内容的作用。

图 5-5　幸福并感激着

5. 虚实相接营造真实情感

与传统的动画片相比，《那兔》有着许多创新，其中一点就是将虚拟的动画创作与真实的历史图像拼接在一起播放。《那兔》在每集片尾都会插入历史图片或历史视频，这就避免了一味地历史动漫化造成观众对历史的娱乐化对待。

在第4集结尾的虚实相接就给观众强烈的视觉震撼效果，由动画中抗美援朝老兵对牺牲战友的深沉怀念到现实中抗美援朝志愿军烈士遗骸归国纪实，这种视觉上的冲击感是单纯的动画效果营造不出来的。（见图5-6）

四　致敬历史、情感动员与国家认同建构

《那兔》作为一部爱国主义题材的网络动画片，无论是从内容的选择，还是情节的设计，都可见创作者对中国近现代史清晰的把握和深刻的理解。在内容的选择上，从抗日战争、解放战争到新中国成立、抗美援朝再到中苏破裂、两弹一星等，这些都是极具代表性的深刻影响中国历史进程的重大事件，这也给观众强烈的历史认同感，深深吸引着观众。与一般的国产动画片相比，《那年那兔那些事儿》注定是不平凡的，它有着巨大

图 5-6　虚实相接

的传播影像效果,受到了广大网友的热捧。

导演通过对这些国情不同的国家进行差异化动物化符号形象的设定,构建了动物化符号形象的多元并行叙事符号想象共同体,增强了叙事剧情的可看性与形象性。

首先,《那兔》将具体的历史拟人化,在严肃与诙谐之间找到了一个平衡,给我们中国的悠久历史与传统文化的传播指出一条新道路。《那兔》所选取的内容是中国近现代 100 多年来的奋斗史,是每个人都很熟悉又很严肃的历史,我们也观看过许许多多反映这一段历史的电视剧、电影。然而这些影视作品的传播效果是不太理想的,受观众欢迎的精品数量很少,更多的影视作品往往刻意塑造着观众所诟病的高大全式的形象塑造或是在刻板说教,这使得反映中国这一历史的影视作品陷入僵局,找不到出路。《那兔》的出现,不禁使人眼前一亮,它摒弃了刻板说教,摆脱了对人物形象高大全的塑造,采用人们容易接受的诙谐语言和呆萌形象,拉近了与观众的心理距离,消除了他们内心的刻板成见,使观众愿意认真地观看,达到了其传播效果。

其次,《那兔》符合受众心理期待,满足了观众对于画面精美与视觉震撼的追求,在这个重视视觉文化传播的时代,提出了一种新思路。新媒体技术的发展,使得视频制作和动画特技的水平越来越高,这不仅使得影视制作更具真实感和视觉冲击感,也在潜移默化地影响着观众,使他们的审美逐渐发生了改变。新媒体时代,一个视觉文化作品想要吸引观众的注意力,获得观众的好评,如果不在视觉表达效果上下足功夫，仅靠内容来取胜是不太现实了。在这个时代，创作者必须在人物形象、对白设计、配音配乐、场景特效等多方面用心思考，精心设计，满足观众的心理期待。《那兔》就是一部注重视觉文化表现的作品，它理解观众的真实需求，满足了他们的心理期待，无论是形象设计、对白设计还是配音配乐等方面都用心设计，尽量做到了最好，因此它所带来的视觉的震撼和心灵的感动都是最自然的，是观众在不经意间被激发出来的，有着很高的传播效果。

此外，《那兔》满足了当代受众碎片化的需求，通过新媒体平台使得小成本作品也能创造巨大的社会影响力，这也是小成本创作的一个新方向。新媒体时代，由于人们的时间变得碎片化，在一个固定的场所花上几个小时去观看一部影片变得有些奢侈。如今，人们更愿意随手拿出手机，打开电脑，花上几分钟去欣赏一段小视频，这样既能打发时间，又获得了自己需要的信息。《那兔》每集的时长为6—8分钟，既具备了容易被人接受的基本特征，再加上它精良的制作，加上之前的粉丝基础，使得《那兔》一经网上播出，就受到广大网友的欢迎。

在这个新媒体时代下，视觉文化正逐渐占据着文化的主导地位，对社会发展具有深远的意义。我们在感叹《那年那兔那些事儿》成功的同时，也需要认识到《那兔》的成功绝非偶然，是有着一定借鉴意义的。在这个新媒体时代，仅仅通过文字和声音的传播太显单调，传播效果也十分弱，而图片和图像的传播却受到受众的热捧与欢迎，满足了受众的期待与需求，这对我们有着启发意义。随着视觉文化在文化传播中主导地位的确立，无论是对于国家、企业还是个人来讲，都需要重视视觉文化，把握其积极有利的一面，寻找创新新思路，坚持发展新方向，从而更好地带动社会经济、政治、文化、教育等各方面的发展。

第三节　中国雅文化的情感传播与共同体建构
——解读电视文化节目《中国诗词大会》

一　中国诗词类节目的雅文化传播

近年来，随着影视全球化的加剧和新媒体的影响，电视节目市场多元化趋势明显，不仅节目类型多元化，本土化电视节目也呈现出雨后春笋般发展，电视节目是文化产业中重要的组成部分，是具有社会性、民族性以及文化差异性的精神产品。近年来，诗词类节目的兴起，可谓是以中国传统文化为基础，加以多元的节目形式从而给观众展现出具有中国特色的本土化电视节目。本书以《中国诗词大会》（见图5-7）、《中华好诗词》两档诗词类节目为例分析其节目价值、内容、形式、表述方式的本土化特征以及诗词类节目对礼乐文化共同体建构的价值。

电视节目的全球化与本土化已成为影视文化传播中不可忽视的问题，让独具中国特色的节目被观众接受，甚至可以推广至全球是增强国家文化软实力的路径，诗词类节目以传承中华传统文化为目的，节目从内容、形式、表述方式等方面表现本土化特征，突出民族文化优势，激发大众对传统文化的热爱与尊崇。

图5-7 《中国诗词大会》海报

（一）节目内容的雅化

文化本来就是以媒介的形式呈现和传播的。"歌以咏志""诗以传情"，诗词本身就是创造性地传播文化的一种载体，无论是《诗书中华》《中国诗词大会》还是《中华好诗词》都是以诗词作为节目的主要内容，加以不同的节目形式,旨在通过参赛者的比拼带动全民分享诗词之美,感受诗词之趣,中国古人云"不学诗无以言",通过对诗词的重温把观众带入到古人的智慧和情怀中,以独具中国特色的诗词为节目内容,涵养大众内心。

"电视节目的内容,是电视媒体与电视观众在相互影响、相互适应、相互制约的'互动过程'中逐渐确立和发展起来的。"① 在电视节目模仿频繁、电视节目多元化的今天,观众的选择范围更大、更有节目选择权,不乏有一些电视节目为了迎合大众口味而进行内容生产,但这种节目在传媒市场的生存周期并不长,最终不能获得大众的认可。从 2013 年 10 月《中华好诗词》在河北卫视播出到 2016 年 2 月《中国诗词大会》在央视播出,2017 年 4 月《诗书中华》在东方卫视播出,文化诗词类节目逐渐出现在大众视野范围内,并愈演愈烈,不同内容的诗词节目受到大众的一致好评。

以"赏中华诗词、寻文化基因、品生活之美"为基本宗旨的《中国诗词大会》的参赛选手小至 7 岁,大至 55 岁,都是来自各行各业热爱诗词的普通人,除了比赛中全部考察选手古诗词知识外,每位选手上台和离开时也都用一句诗词来形容自己或者表达自己,节目开始主持人和邀请的嘉宾也会献诗一句或者献诗一首来鼓舞参赛者士气或者表达此时此刻的内心情感。在《中国诗词大会》第二季第 6 场中,郦波老师用清代纳兰性德的一句诗"若似月轮终皎洁,不辞冰雪为卿热"送给董卿,送给明月;在节目中,蒙曼老师用杜秋娘《金缕衣》中的诗句"劝君莫惜金缕衣,劝君惜取少年时"来告诉大家珍惜好时光;节目中选手遗憾下场时会吟出"渭北春天树,江东日暮云"送给共同参与比赛的兄弟姐妹们,希望他们的友谊可以像"春树、暮云"那样,遥相呼应,彼此不忘;在总决赛之时也会传递着"不以成败论英雄"这样的节目理念。除此之外,节目开头会有场外众人及百人团诗词爱好者齐声朗诵诗词,当众人齐声朗诵"大江东去,浪淘尽,千古风流人物"时,诗词中的豪迈、壮志不言而喻,十分震撼,在《中国诗词大会》的节目中,其内容处处散发着诗词文化的魅力。

---

① 胡智峰:《中国电视节目生产"本土化"的战略目标与对策》,《当代电影》2001 年第 3 期。

除了节目中人人妙语连珠，专家对诗词背后的文化解读和分析也是节目的一大看点，在第二季《中国诗词大会》的决赛中，有一道题考察了文天祥的一句诗"天地英雄气，千秋尚凛然"，其中郦波老师解释道："对于我们中华民族来讲，英雄、先锋的意义尤为深刻，我们中华民族的价值传承不是鬼神崇拜，而是祖先崇拜，祖先崇拜的本质是先贤崇拜，所以华夏文明作为四大远古文明延续至今，我们的文化价值系统的传承至关重要。节目的内容传播除了可以让观众畅享在诗词的情境中，还可以让观众感受到中国文化的精神和精髓。"

（二）节目形式的雅化

中国诗词是中国人的精神礼赞。诗词类电视节目的宗旨意在传承中国诗词文化，丰富大众的精神生活，那么通过什么样的形式传递，使观众接受并得以传承便是节目应该考虑的内容。《中国诗词大会》《诗书中华》以及《中华好诗词》分别以不同的节目形式传递和诠释了中国诗词文化的精神。

《中国诗词大会》中古色古香的舞台设置，以蓝色为主调，LED屏幕上的古风动画与现代的舞台设计相结合彰显大气磅礴的视觉效果，其中，舞台背景呈现出"海上生明月"的意境，"中国诗词大会"显示在一轮明月上，给人静谧之美感。

另外，节目的LED屏幕中也多呈现出圆月、锣鼓、梅花、荷花、古代建筑等具有中国意象的象征符号，除此之外，节目中无论是镜头的运用还是后期字幕的出现，都显得雅韵十足。除了舞台设置符合节目内容定位外，节目的形式较为新颖，其中共分为三个环节，个人追逐赛、"飞花令"攻擂资格争夺赛和擂主争霸赛，其中个人追逐战中参赛选手要和百人团一同答题，百人团未答对，其面前的盾牌将被击碎，每道题击碎的盾牌数量即为挑战者的答题得分，在选手每答一题结束后，选手身后的屏幕会有"万箭齐发"的动态效果射向百人团前的盾牌，很有视觉冲击力，同时盾牌的设计也是独具中国特色，选手与百人团PK的这种赛制提高了大众的参与度，同时电视节目播出时电视观众也可通过手机摇一摇进行答题，这些节目形式的设置增强了大众的参与度，让观众参与其中，大大提升观众的乐趣，也提升了节目的互动性。

东方卫视的《诗书中华》节目以"诗礼传家""诗教家风"为主题，以家庭两人一组的形式进行对战，通过"曲水流觞"的方式从参赛家庭里随机选择一组家庭进行对战。"曲水流觞"源自王羲之的《兰亭集序》,也是我国古代民间的传统习俗,后来发展成为文人墨客诗酒唱酬的一种雅事。夏历的三月上巳日人们举行祓禊仪式之后,大家坐在河渠两旁,在上流放置酒杯,酒杯顺流而下,停在谁的面前,谁就取杯饮酒,意为除去灾祸不吉"。节目中把这种古代的仪式加以传承与创新成为现代的一种节目形式,一经播出便得到了众多观众的好评。节目中除了这种传承与创新的形式外,其家庭团队作战的形式也引起了观众的强烈关注,这种比赛方式体现了以"家庭"现"家风",强调"以文会友"的参与感,同时节目总导演王昕轶也表示:"我们背诵的第一首古诗是家人教的,而不是老师。因此,我们最早接触古诗词是来自家庭,传统文化的传承也依靠家庭。在节目中可以看到,那种只有家人之间才能领会的一个眼神、一个小动作的默契和家人之间的真情流露。"在王昕轶看来,家人通过"携手作战"的方式,用深厚的古诗文功底和彼此之间特有的默契将中华传统美好的家风、家训、家史完美诠释。

节目中通过具有中国意象的符号呈现舞台背景,通过以家庭为团队的形式设计比赛规则,通过对古代传统仪式加以传承和创新等等,以这些具有中国特色的元素来展现节目,可以使大众更易于融入诗词的意境中,让我们传统的诗词文化之美传入现实生活中从而慰藉人们的心灵。

(三) 节目表述的雅化

"电视的表述方式,包括电视的叙事方式、语言风格等。电视的表述方式必须要符合电视传播者、电视观众及与他们共处的特定时空之间的关系。所谓电视'表述方式'的'本土化',即意味着电视在叙事方式、语言风格等方面,满足民族特色、地域特色及时代特色的需要。"[1]

在诗词类节目中,每位热爱诗词的达人都致力于用诗词表情达意,阐释对诗词独具个人特色的解读,《尚书》中记载"诗言志",过去这个诗言志"实际上是载道和记事,后来,诗词更大领域留给了抒情,于是就逐渐被后世理解和解释为抒情,即抒发个人的志趣情感"[2]。在《中国诗词大会》中,无论是选手、嘉宾还是主持人在动情之处都会吟诵中华文

---

[1] 胡智峰:《中国电视节目生产"本土化"的战略目标与对策》,《当代电影》2001年第3期。

[2] 李泽厚:《华夏美学》,三联书店2012年版,第38—40页。

化中所特有的"诗词"表情达意，总冠军"00后"才女武亦姝在飞花令的对决赛中以"七月在野，八月在宇，九月在户，十月蟋蟀入我床下"诠释了"腹有诗书气自华"而惊艳全场。

来自河北省的农民大姐白茹云曾患淋巴癌，生活的困难没能将她击倒，她以"千磨万击还坚劲，任尔东西南北风"的诗句让观众感叹她朴实、乐观的生活态度，在她作答识别诗句题中，一句"此中有真意，欲辨已忘言"让康震老师颇为感慨，认为我们每个人都很需要诗，而且我们每个人对待诗里边的真意的理解都有不同，诗无达诂，对其解读没有标准答案，只要它对我们的内心有催发，能够使我们感动，能够使我们唤起对生活的全部信念，就是我们的真意。在节目内容的表述中，除了通过诗词传递情绪、传递情感、传递情怀外，还展现了普通人在现实生活中对诗词精神的践行与传承。

诗词本是"雅"文化，诗词以电视媒介的形式播出必然要符合中国观众的接收习惯和审美情趣，编导以平民化的叙事手法，融入选手故事，通过共情、共享、共鸣使得观众从中获得审美体验。在《中国诗词大会》第二季第七场中，本该比赛的帅克因为突发急性喉炎无法发声未出现在比赛现场，25岁的王轶隆作为顺位选手替补参赛，在台上王轶隆分享了自己的故事，硕士毕业于南开大学的他原本有机会留在大城市工作，但为了陪伴患有癌症的母亲，义无反顾地选择回到抚顺家乡工作，陪伴父母一起生活。答题结束在从主持人口中得知妈妈这两天又住院了，然后会在这一两天进行手术，他同样毅然的选择放弃比赛，回去陪伴母亲，节目中通过王轶隆让荧幕内外的观众看到了人间最赤诚的爱，郦波老师说最好的诗词其实就是最好的人性，最好的人生。节目中通过王轶隆的故事让人们共情、共鸣，在这位年轻人的取舍之间我们看到了孝老爱亲这种中华民族的宝贵品质，这不仅是一种知识的传播，更是一种精神的传承。

节目中通过故事化的讲述方式让观众看到一个个用诗词激励自己，跨过人生重重困难的不平凡的普通大众，他们可谓是现实生活中让我们目睹了"雄关漫道真如铁，而今迈步从头越"的豪迈与气魄，让观众从诗词中体会和感悟生活。这种故事化的表述方式打破了比赛的严肃，多了一些诗词中的温情与激荡，而这种故事化的传播方式也使节目在网络信息中传播范围更大，获得更广泛的受众群体。中国诗词类电视节目表述的"雅化"，满足了我国观众的观赏习惯与传统趣味。

二 中国诗教传统与雅文化建构

礼乐文化是中国雅文化的重要组成部分,其主要社会功能是教化人心,通过礼乐的实践培养人们的道德情操,进而维持国家秩序和社会和谐。诗教是礼乐文化的进一步延伸和发展,家、国、生活是古诗词的重要题材,这些共通的个人情感以及诗词中的哲辩思考都可以激发观众的记忆与情怀,引发情感共鸣。"共同体作为满足人类对于归属感及其合群性需求的一种途径,就是能够让个体感受到他们的生活以及相互关系是真实而实在的。"[①] 节目中用最直击人心的、最为大众熟知的诗词带人们传承礼乐文化,领会中华诗词文化的精髓。

儒家文化中倡导的"礼乐文化"既是一种社会政治理想,也是一种伦理道德原则与规范。在孔子的思想体系中,"礼"是从外部对社会各阶层的人们在行为和思想方面进行教化、约束和规范,而"乐"则与"礼"相辅相成,从内心感化,加以艺术形式诱导人们对"礼"认同,礼乐配合,以礼修身,以乐治心。"秦汉以来,乐教式微,诗教担当起乐教的功能,使礼教与诗教共同构建起规范社会行为、承传儒家学说的重要意识形态功能。"[②] 所谓"不学诗,无以言","小子何莫学夫诗,诗可以兴,可以观,可以群,可以怨。迩之事父,远之事君,多识于鸟兽草木之名",便是诗词对人的教化意义。

在孔子看来若不学诗就不能很文雅地、有教养地进行演说,不能高质量地与贵族阶级对话。诗词语言精练而整齐,给人文雅之感,同时诗词又具有音乐性给人韵律美。在《中国诗词大会》第二季的舞台上参赛选手王冬妍讲述自己看见校园里桃花盛开的美景时想到的是"桃之夭夭,灼灼其华",但是听到同学们在说"桃花都开了,好漂亮"时却打破了意境,一句"桃之夭夭,灼灼其华"穿越了时空引发共鸣。诗教除了具有认识功能、伦理功能外,还具有很重要的审美功能,通过诗词表达雅与美,在网络发达的今天人们经常使用网络流行语,所以诗词文化的传承不仅可以让年轻人学习传统文化还能提高审美素养,让雅与俗此消彼长。

---

① [英]保罗·霍普:《个人主义时代之共同体重建》,沈毅译,浙江大学出版社2010年版,第139页。

② 翁礼明:《礼乐文化与诗学话语》,巴蜀书社2007年版,第229页。

"诗词一旦经典化后,其隐喻意义也相对稳定,在特定的文化语境中用诗者和听诗者会形成某种默契,形成一种言在此而意在彼的隐喻性意义场域。"① 通过诗词中的隐喻、象征,以达成共同的文化记忆,提高语言表达和审美素养,在《中国诗词大会》中,康震老师和蒙曼老师讲述了不同时期不同诗人对"梅"这一意象的使用,陆游《卜算子·咏梅》中"零落成泥碾作尘,只有香如故",这里的梅是寒士之梅,以梅花比喻自己,毛泽东《卜算子·咏梅》中"已是悬崖百丈冰,犹有花枝俏"诗句中的梅是独具傲骨的战士之梅,无论是哪种品格的象征,都共同建构了中国诗词中"梅"的意象。

从古至今,吟诗、品诗、诵诗其目的在于赋诗,赋诗的目的在于言志,如果不能借助诗词表情达意,诗词就丧失了重要的意义,所以说学以致用是孔子诗教的根本旨归。《中国诗词大会》播出之后,很多观众为陈更写诗以表达自己对陈更的喜爱和支持,"致陈更:陈更淑雅貌清扬,内秀令仪口有章。勤勉为学力精进,泰然自若略大方。"② 节目中只有13岁的叶飞用一句"宣父未能畏后生,丈夫未可轻年少"的定场诗赢得满场掌声。百人团中65岁的王海军,平时摆摊修自行车补贴家用,热爱诗词,经常在小黑板上自己写诗,现场饱含激情的朗诵了自己写的诗"贫翁倾心踏诗波,一声召唤暖心窝,弘扬亘古诗韵梦,万众唱响国粹歌。"

除此之外,诗词文化的传承应顺应当今社会的发展,使其灵活应用在社会各个领域,《中国诗词大会》节目中的考题,如"哪个诗句是写女子接近素颜的妆容",考题根据社会热词热点进行设置,勾连古今,王立群教授在解读"有约不来过夜半"这句诗时,翻译成现代的流行语"约吗",顿时拉近了诗词与人们的距离,使诗词离我们日常生活更亲近。

从价值旨归上理解礼乐,其本质是提高人的心性修养,礼乐教化的根本目的是要将人培养成君子、士大夫、圣贤。"儒家诗教思想也是儒家礼制、礼教在文学理论领域的延伸和进一步发展,体现了礼学精神对文论话语的制约和影响。"③ 通过诗教进行文化普及,通过写诗、读诗、品诗,唤起人们对美好情感的追求,促进人格的形成。

---

① 翁礼明:《礼乐文化与诗学话语》,巴蜀书社2007年版,第244页。
② 苏蕾:《寻文化基因,品生活之美》,《广州日报》2016年3月7日。
③ 翁礼明:《礼乐文化与诗学话语》,巴蜀书社2007年版,第235页。

三 中国雅文化的和合精神与共同体建构

从审美文化理解礼乐，其本质是"中和"。"和合精神"是儒家礼乐文化的基本精神，《论语·学而》中提到"礼之用，和为贵"，倡导人们按照"礼"的规范和谐相处，"贵和"的价值取向主张宽容礼让，求大同存小异，儒家学说中"和合""中庸"的思想也是诗教中温柔敦厚理论的哲学渊源。"和合"思想不仅是中国文化的精髓，也是凝聚中国各族人民的思想号召，更是中国文化的重要价值取向。《论语》中记载"君子和而不同，小人同而不和"，《礼记·中庸》中也有"中也者，天下之大本也；和也者，天下之达道也。致中和，天地位焉，万物育焉。""和合"思想中，提倡万事万物和谐统一，共生共荣。无论是在《中国诗词大会》的舞台上还是《诗书中华》的舞台上呈现给观众的都是一种和谐、合一的精神气质。《中国诗词大会》节目中选手之间惺惺相惜，体现着"人生自是有缘，相逢未必偶然"，《诗书中华》中选手在对战的舞台上展现出"君子无所争，其争也君子"的风度。

"和合"在人与人相处中，相互相敬，和谐共处，《诗书中华》以家庭两人团队作战，彼此配合，选手中有为子抄诗的父亲，有龙凤、丹凤农民姐妹，也有为向父母表达感恩之心的早产儿左东煜，无论是哪种亲属关系，中国人历来重视"家庭"理念，倡导"家国一体"，提倡人与人和谐相处，只有家庭和谐幸福，国民和谐安定，我们国家才能稳步发展，同样，作为个人，生活在集体中，正确处理人与人之间的关系也显得尤为重要。

《中国诗词大会》第二季第 10 场有一道题目选取了清代纳兰性德的一句词"聒碎乡心梦不成，故园无此声"作为考题，其中蒙曼老师道出了她对《长相思》这首词的解读，纳兰性德作为满族人，他的故乡就在关外，可是他说现在我的故乡是哪儿，是京华，这种反认他乡为故乡恰恰说明了满族人融入了他脚下的土地，这种壮丽程度，在中国古代，这么多少数民族和汉族最终融合为中华民族，这样的伟大历程从诗词中体现出来了。在不同民族的文化交融上，"和"的审美品格就体现出来了，孔子曾说"礼之用，和为贵"就是对不同文化的兼容并蓄，最终融合为和合精神。

中华民族"和合"的文化价值取向联系着每一个华夏子孙，无论是生活在大陆的中国人还是生活在海外的华人，中国诗词传递给我们的情感都是相通的，郦波老师在采访时也说起"每次遇到海外的华人，一交流诗词立刻就看到他们的那种情感，有的热泪盈眶，有的立刻真情流露，又回到了祖先的血脉里头，所以诗词真的是塑造心灵，救赎心灵的特别的一种方式"。在人的心灵方面，儒家提倡"修身"，只有先"修身"才能齐家、治国、平天下，为此，人需要不断加强自我的内心修养，从而达到人与心灵的合一，正因为此，诗词恰恰是滋养我们心灵的一股清泉。

"世界各民族、各国家以及不同群体的美学传统与审美趣味的差异，导致了电视审美品格的差异，中国电视的美学传统与审美品格，与中国的美学传统与审美品格紧密相连。"①诗词类节目一经播出之所以能引起共鸣，就是打动了中国人从古至今代代相传的一颗"诗心"，诗词中体现的温柔敦厚、雍容大度，让人们再次感受到中华民族的传统美德，认识到礼乐文化的价值取向。把具有中国特色的节目发展下去，做出独具特色的本土化节目，将本土文化融入节目的创作中，符合中国观众的审美情趣，同时又可以把中国传统文化形成主流文化传承下去。

电视媒介作为一种赋予公共精神的文化，承担着传播主流价值观的责任，在建构共同体，促进人们幸福生活方面发挥着积极作用。在影视全球化的今天，电视要重寻中华民族的文化凝聚力，在承担传播中华民族文化外，电视媒体工作者还应创新本土化的节目内容与形式，建构民族文化共同体，创造出独具中国特色的电视节目，创立具有标志性的节目品牌，也力争让具有中国特色的电视节目走出去。

第四节　电视文化类节目的情感传播与共同体建构
——解读电视节目《朗读者》

大众传媒是塑造情感文化、传播积极情感的重要手段，《朗读者》是中央电视台推出的大型文化情感类电视节目，以文化传播与情感传播成为其主要的定位，不仅带领观众重温经典之作展现了文化的魅力，而且也形成一种情感能量和情感关怀，从而对共同体的情感价值建构发挥了重要的

---

① 胡智峰：《中国电视节目生产"本土化"的战略目标与对策》，《当代电影》2001年第3期。

作用。(见图 5-8)

图 5-8 《朗读者》海报

一 文化情感的传播与建构

文化在整个社会中扮演了核心而崇高的角色，文化是一个符号传承体系，人们使用相同的文化符号、秉承共同的文化理念、遵循共同的思维方式和行为规范、追求共同的文化理想。情感则是一种能量，它反映在我们的世界观中，情感的呈现不仅包括个体认知方面，而且包括对社会范式的正确运用，也就是说情感的呈现，既包括个人观点，也包括语言和文化规则的观点。[①]《朗读者》节目旨在实现文化感染人、鼓舞人、教育人的传导作用，作为一档文化情感类节目，它是文化餐桌上的一道美味佳肴，可以满足观众特殊的味蕾。节目中所呈现的书籍是通过精心挑选的，这些散文、诗集可以唤醒观众的情感记忆，激发观众的情感共鸣。库尔特·卢因曾提出了"把关人"概念，传播的信息要经过大众传播内部的工作人员的筛选才能同公众见面，因此优秀的把关人也决定了节目的质量，决定了文学作品的质量。

文学是文化的重要组成部分，也是文化的重要载体和有力的传播媒介，因而文学不但体现人类的精神世界，通过自己的传播，它还是人类灵

[①] [意] 史华罗：《中国历史中的情感文化》，林舒俐、谢琰、孟琢译，商务印书馆 2009 年版，第 43 页。

魂的塑造者和文明进步的推动者。《朗读者》第一季节目共有 12 期，每期都呈现了不同的主题词：遇见、陪伴、选择、礼物、第一次、眼泪、告别、勇气、家、味道、那一天、青春；第二季中所呈现的主题词则有：初心、想念、生命、纪念日、等待、路……在每期的主题中都会推荐五篇左右的经典文本。在第一季的节目中汉字叔叔理查德·西尔斯诵读刘禹锡创作的《陋室铭》是大家耳熟能详的一篇诗词，这篇不足百字的陋室铭，含而不蓄地表现了作者安贫乐道、洁身自好的高雅志趣与世事沉浮的独立人格，它向观众传递了这样一种情怀：虽居室简陋、物质匮乏，但要品德高尚、胸怀大志，自有一种超越物质的神奇力量；在第二季节目中与病魔对抗的 70 后作家阿乙朗读的是史铁生的《我与地坛》，在朗读中他与史铁生灵魂对话，并发出人生的呐喊："生命一开始就是属于死神的，它操纵在死神手里，我们要做的就是用自己的事业、自己的生活从死神那里把它夺回来。"史铁生身残志坚，其不懈的写作精神诠释了坚强的心灵，面对人生的磨难我们无法选择逃避，只有把它当作人生一笔巨大的财富，才能感悟生命的意义。文学不仅是人类的民族灵魂和文化性格的一面镜子，而且它能产生积极传播文化，塑造人类灵魂的伟大作用。正是由于一代又一代优秀文学作品的熏染，人类才在精神品格上、思想情感上变得如此崇高、坚强、丰富和优美。[①]

情感是人类集体意向的反映，通过人类行为得以表达，并将人类行为合理化。因此，情感是与特定社会的独特文化密切相关的一种社会现象，情感既由特定社会的文化所塑造，又反过来影响特定社会的文化面貌和文化进程。《朗读者》的特别之处又不单是一档推荐文学著作的节目，而是用文字抵达情感，从朗读嘉宾真挚的人生故事出发，分享爱情、亲情、友情、恩情，这些人世间共通的情感，会帮助观众理解朗诵文字背后蕴含的广度和深度。在第一季的节目中朗读者丁一舟和赖敏的感人爱情故事感动了无数的观众，赖敏患有遗传性小脑性共济失调，可以说是一种绝症，但她仍然选择积极乐观的面对生活，而丁一舟对女友的陪伴和不离不弃也让观众为之动容。他们的故事，让我们更加热爱生活，也让我们又相信爱情。生命中总有一些辛酸和苦难，生活中总有一种不满与不平，但想想这对患难夫妻，就会觉得没有什么过不去的坎儿。他们的故事也许是个例，

[①] 张炯：《文学功能与价值新探》，《甘肃社会科学》2014 年第 2 期。

但却映照了人们普遍的情感，面对生活中的各种挑战和磨难我们要以阳光的心态去迎接，要勇敢地直面生活中的幸与不幸。在第二季节目中的朗读者果爸和果妈，他们只是一对普普通通的父母，却因女儿果果突然被查出患上先天性脑血管肌瘤，使得原本幸福的三口之家遭遇沉痛的打击，他们以痛化爱，捐献果果的器官并拯救了五个曾陷入绝望的家庭，在节目中从果爸的哽咽声中可以感受到他对女儿最深沉的想念，亲情永远具有普遍性，漫漫人生道路上，亲情是最持久的动力，它是人世间最美的一种情感；香港导演许鞍华，回忆起刚入行时，曾与胡金铨、谢晋等大师有过短暂合作，并深受他们的影响，许鞍华也朗读了一篇香港诗人马若的《也斯寄来邓阿蓝和我的合照》，以此来献给那些她逝去的老朋友。没人能说清楚，友情到底是一种什么东西？或许你只有付出关爱，付出真诚才能得到的东西，它既是一种感情，也是一种收获。

二　电视传播的融合与创新

（一）人际传播与大众传播相融合

随着大众传播环境的变化和传播技术的发展，大众传播与人际传播的界限越来越模糊。没有人际传播的需求，就没有大众传播的可能，两者是相互作用，相辅相成的，一切其他类型的传播包括大众传播事实上都是围绕着人际传播、服务于人际传播，都是人际传播的延伸形式或扩展形式。[1]《朗读者》作为一档电视节目，是在有特定的组织目标和方针指导下的传播活动，节目中设置了与被邀嘉宾的谈话交流环节，设法去营造人际传播的氛围，通过对人际传播的深度挖掘来扩大大众传播的效果，不仅增强了节目的互动性，而且也拉近了与观众的距离，从而使得节目达到一个更好地传播效果。

人际传播是个人与个人之间的信息传播活动，也是由两个个体系统相互连接组成的新的信息传播系统，人际传播是一种最典型的社会传播活动，也是人与人社会关系的直接体现。[2] 当然，人际传播包含了各方面的内容，面对面的传播是人际传播中一种常见的形式，也是一种高质量的传播活动，尤其是在沟通感情方面，其效果要好于其他形式的传播。《朗读

---

[1] 李彬：《传播学引论》（增补版），新华出版社2003年版，第149页。
[2] 郭庆光：《传播学教程》（第2版），中国人民大学出版社2011年版，第71页。

者》节目抓住了时代和群众的需求,塑造文化传承的情感纽带,用真实的嘉宾故事打动受众。董卿在访谈室与被邀嘉宾的交流沟通属于面对面的传播,双方均处于同一时空中,能够直接感受到对方(如看到对方的表情、听到对方的声音),主要利用语言媒介和动作、表情、辅助语言等非语言媒介来传播信息。

面对面人际传播的双向性强,反馈及时,互动频率高,在节目中被邀嘉宾与主持人以一来一往的形式进行沟通时,此时传播者与受传者是不断地相互交换角色,每一方都可能随时根据对方的反应来把握自己的传播效果、传播内容或者是传播方法,并且也有利于观众直接了解到被访者在生活中最普通真实的一面。在第二季第五期以"等待"为主题的节目中,被邀嘉宾通过分享"等待"的故事来告诫我们等待是我们和时间之间的一场博弈,等待的不可知性也是一份考验,除非到达终点,否则没有人能够评价等待的价值,人生的意义在于因为希望,所以等待,更在于因为选择了等待所以看到了希望。当主持人董卿和演员张一山访谈交流时,通过双方的语言、表情向观众传递的是一种轻松的氛围,张一山在节目中向大家分享了他等待的故事,如何从童星蜕变成如今实力青年演员,把本来属于人际传播的个人隐私经过大众传播而放大,吸引了观众眼球。

如今我们生活在一个迅速变化的媒介环境之中,大众传播是人们获得外界信息的主要渠道,当消息来源(通常是某个组织)使用一项技术作为媒介与大规模的受众进行沟通时,大众传播就发生了。[1] 而电视媒介在信息传播的活动中影响之普遍,作用之强大。

(二)文字媒介与电子媒介相融合

人类文明先后经历了口语、文字、印刷、电子四个传播时代,受众的媒介使用与时代的发展是密不可分的。媒介是传递信息的载体,电视媒介不仅能够传播文字、声音、画面,还能够突破时间和空间上的限制,把信息即时地传到四面八方,速度之快、感染力之强、覆盖面之广,但若不经过专门录制,传播内容是稍纵即逝的,便会很快消失。而文字虽然克服了声音语言的转瞬即逝,将信息有效地保存下来,使受众获得反复接触的积累效果,但却无法给受众带来感官上的刺激。因此无论是报纸、书籍、电话还是传统广播电视,其功能都是单一的,相互之间缺少兼容与连接,而

---

[1] 段鹏:《传播学基础》,中国传媒大学出版社2013年版,第33页。

数字技术把分散发展的文字、声音、画面、影像媒介都整合到了一个有机互联的传播系统中，开创了人类传播媒介大融合时代。也就是我们现在所说的多媒体时代。

《朗读者》电视节目借助电视影像的传播也加入了经典的文学读本，例如《老人与海》《冰心散文》《朝花夕拾》《朱自清散文集》《平凡的世界》《我与地坛》《堂吉诃德》《汪国真诗集》《海燕》《红楼梦》《礼记·大学》《牡丹亭·惊梦》……每一期的受邀嘉宾都会亲自带着读本来同观众分享，书籍是知识和文明的传播，其本身就是一种传播形式，但书籍的传播受文化程度的制约，而这一部分人是我们不能忽视的受众群体。

电视媒介运用动态演示，对受众的冲击力和感染力都特别强，相比文字媒介画面感更强，它使人类文化的传承内容更加丰富，感觉更加直观，依据更加可靠。电视综艺节目中极少有涵盖文学作品、经典书籍，《朗读者》节目受到追捧的原因离不开它为观众呈现了一场文化的大餐，节目为观众推荐的文学书籍，通过诵读的形式，使观众在放松自己疲惫的身心同时，又获取了知识，开阔了视野，陶冶了情操。即便是不方便获取信息的文盲或者文化程度低的人，也可以欣赏节目并从中汲取知识、滋养心灵，提高了受众层次的多样性。

（三）语言符号与非语言符号相融合

在信息传播的过程中符号扮演着极为重要的角色，符号就是负载或传递信息的基元，表现为有意义的代码及代码系统，如声音、图形、姿态、表情等。粗略地看，符号分为两类：一类是语言符号，另一类是非语言符号。[1] 人类社会中最重要的符号系统便是语言，人际传播的核心无疑也是语言，语言符号又包括有声语言与书面语言，其中声音语言是人际传播也是自我表达的最基础的方式。语言的功能并不只是停留在传递信息内容的意义上，它还通过声调、速度、音量、节奏等传递了说话者的相关背景信息。在《朗读者》节目中，即便是面对同一本文学作品，选择的嘉宾不同，朗诵的语气、韵律、声调的高低、节奏的快慢都会引起受众不同的反应，这档节目将语言的魅力淋漓尽致地呈现给观众。"无声的文字，有声的语言"朗诵可以帮助观众感受气氛，体会情绪，而文化却可以滋养观

---

[1] 李彬：《传播学引论》（增补版），新华出版社2003年版，第105页。

众的心灵。在第二季第三期《生命》这期节目当中，演员胡歌回顾遭遇车祸后重生的12年，饱含深情地朗诵了《哈姆雷特》选段以此来感悟生命，"生存还是毁灭，这是一个值得考虑的问题"。嘉宾丰富的阅历给略显苍白的文字带来了画面和声音，铿锵有力的声音可以更完美地展现所朗诵的读本，有很强的代入感，可以更迅速地吸引观众的注意力，引起观众的共鸣，这就是声音和语言的魅力所在，将观众深度卷入了作品情境之中，于是那些遥远和晦涩的内容，仿佛瞬间变得通透了许多。（见图5-9）

图 5-9　朗读者胡歌

　　同时节目以舞台视觉的语言为辅助呈现，让观众恰如其分地感受文学的力量，字字入心，让朗诵传递感情，让文学回归生活。同时，语言又是文化的载体，每一种语言符号都蕴含着约定俗成的意义——它们都与文化有关。《朗读者》节目成功的原因不仅仅是语言的表现力尤为突出，而且节目从文学的角度出发，通过文学的力量将声音和文化紧密地联系起来。所以一档情感文化类节目单凭优美的声音和华丽的语言来取胜是远远不够的，只有注入文化和精神的力量才能赢得一席之地。

　　作为电视媒介的传播者不仅可以使用语言，而且能够运用表情、眼神、动作等多种渠道或手段来传达信息，与此同时观众也可以通过多种渠道来接收信息。爱德华·萨皮尔称非语言传播是"一种不见诸文字，没有人知道，但大家全都理解的精心设计的代码"。《朗读者》的节目中不仅囊括了有声语言、文学语言、舞台视觉语言，而且体态符号也是在传播和自我表达活动中的一种重要手段。在信息传递的过程中，单纯的语言表达是有一定限度的，而情感、态度需要通过传播者体态举止等行为方式体现出来，适当地添加一些手势、表情、眼神、动作等体态与语言有机地加以结合，就能够表达更丰富的意义。在第一季第六期"眼泪"这期节目中，演员斯琴高娃在声情并茂地朗读贾平凹的悼文《写给母亲》时，满怀对母亲的深情与追忆，有这样一段话："现在，每听到我妈叫我，我就放下笔走进那个房间。当然是房间里什么也没有，却要立上半天。"当读到走进那个房间时，下意识地指了指远处代表房间，在朗诵中配合手势、上身前倾等动作，这样的姿态的运用可以更好地强调语言，以加强语言的力量；当读到"立上半天"时便站立起来，这样动作的运用也可以加强语言的力量，正如传播学之父施拉姆所言："尽管非语言的符号不容易系统地编成准确的语言，但是大量不同的信息正是通过它们传给我们的。"[①]因此在朗读时有手势、动作等多种体态语言配合，会形成特殊的传播情境，而这种特殊的情境能够传达更丰富、更复杂的意义。

三 艺术之美的传播与表达

（一）思想之美的提升

一档有思想有内涵的电视节目要以文化为根，依托中华优秀的传统文化资源，挖掘具有本民族元素的文化特色，融入时代的元素，做出鲜活的文化节目，不仅可以扩大文化的认同度，还可以提升节目品味，给观众带来视觉和精神的双重享受。《朗读者》节目从文学的角度出发，团队整理出的优秀经典书籍，将文学和电视语言有机地结合起来，打造了一档真正的有形式有内容的高内涵节目，使节目在品位上有所提升，有思想性的节目一定能给观众带来更多美的感受，更深层次地渗透到观众的内心，引起观众心灵上的共鸣。现如今，碎片化的阅读方式开始逐渐取代深度阅读，生活步伐加快使得我们每天忙于工作，而《朗读者》节目既可以愉悦身心，同时也可以获取知识，当我们看到节目里所呈现的一部部优秀的书籍时，我们的心灵也得到了滋养，这更是一种文学价值的回归。思想是根，思想是魂，有了思想性节目才有品位和看点。

（二）情感之美的动人

狄德罗曾强调过"没有感情这个品质，任何笔调都不可能打动人

---

① ［美］威尔伯·施拉姆、威廉·波特：《传播学概论》，何道宽译，中国人民大学出版社2010年版，第98页。

心"。《朗读者》节目其思想性与情感性是共存的,文字可以传递信息、传递情感,文学之所以能够打动人心,是因为文学本身就是对共同情感的精确描述,文学在情感领域里有着巨大的传播功能。《朗读者》节目将经典的文学作品和个人的情感紧密结合,朗读嘉宾分享的情感故事与之后的朗读的文本在情感串联上完成了统一。在第一季的节目中导演徐静蕾朗读了史铁生的短篇小说《奶奶的星星》,在朗读中,激起了她对已故奶奶无限的思念之情,泪如泉涌的徐静蕾几度哽咽,也许每个人的生命里都会出现这样一个人,这样一段情,萦绕于心,难以释怀,因而才会引起观众情感上的共鸣。正如冯梦龙在《情史》中断言,情感是宇宙万物得以生生不息的推动力,情感犹如穿线的绳索,最终将宇宙万物贯穿起来。

(三) 视觉之美的盛宴

《朗读者》节目不仅是一场听觉盛宴,也是一场视觉上的盛宴。首先,节目最大的亮点是字幕的设计,大多数节目字幕都是位于屏幕正下方 1/3 处,而《朗读者》精心设计的字幕是通过书籍翻动的形式展现出来的,这是特别有创意、有诗意的一个设计。其次,说说访谈室与朗读厅,独立于观众席的相对密闭的访谈室以白色为主,白色奠定了一种宁静文雅的基调,访谈室陈列了电视、沙发、茶几、茶杯、花盆营造出相对温馨的访谈环境。而朗读厅则主要以砖红色和深蓝色为主,给人一种庄重和神秘之感,墙壁采用藏书阁的形式,还有巧妙的楼梯的设置,使得整个舞台布景的空间架构新颖而别致,给观众带来唯美的视觉盛宴。

四 文化传播与共同体建构

电视作为一种民族文化形式,一种具备"民族化"功能的大众传播媒介及公共机构,它在维系群体情感,凝聚象征力量,增进文化认同,建构民族—国家共同体中发挥着不可替代的作用。[①]《朗读者》通过电视媒介的传播以及线下在多个城市设立的"朗读亭",不仅打通了线上与线下的距离,更加强了与观众的互动,使朗读走近每个人的身边。"朗读亭"将一段60分钟的客厅文化转变为一场极具热点的全民文化活动,激起了全国性的文化参与,旨在希望各行各业的人们在步伐匆忙的日子里稍做暂

---

① 张兵娟:《全球化时代:传播、现代性与认同》,中国广播电视出版社2010年版,第2页。

停,走进"朗读亭"朗读名篇片段,用简单的方式呈现内心中最想表达的情愫,用发自心灵的声音朗读自己的人生梦想,感受文字的力量,感受文学的魅力。

一般来讲,共同体通常被描述为两种类型,一是地域性类型(如村庄、邻里、城市、社区等地域性社会组织),二是关系性类型(如种族、宗教团体、社团等社会关系与共同情感);其中,共同体的关系性类型显得愈来愈突出。斐迪南·滕尼斯给共同体下的经典定义:"共同体是拥有共同事物的特质和相同身份与特点的感觉的群体关系,是建立在自然基础上的、历史和思想积淀的联合体,是有关人员共同的本能和习惯,或思想的共同记忆,是人们对某种共同关系的心理反应,表现为直接自愿的、和睦共处的、更具有意义的一种平等互助关系。"[1]

经济的迅速发展,现代的传播手段已经极大地改变了人们的体验与意识,"电子媒介"开始跨越以"共同在场"为基础的群体认同,利用情感的纽带联系不同时空的生命,传递情感、传承精神、传播文化。《朗读者》文字背后的情感故事深深地撼动了无数观众的心,情感是人的最基本的存在方式,当与观众引起情感上的共鸣从而形成合法性的认同时,便可达成共同体情感上的建构,不仅有利于与观众的交流,更有利于情感的社会整合,形成共同的社会价值观念。涂尔干认为,同属于一个社会集团的成员之间具有共同的感情即集体性感情,集团成员间具有的这种"共同情感"越强烈,集团的团结性就越强,凝聚力就越大。[2]

电视传媒作为一种赋予公共精神的文化,在建构共同体、促进社会情感的凝聚发挥着积极作用,也可以说,共同体情感的建构就是对"道德""友善""诚信""高尚"等价值观念的共同建构。《朗读者》节目为观众分享了亲情、爱情、恩情的故事,很好地营造了一个社会的公共情感氛围,电视媒体有责任、有义务积极营造充满温暖、关怀、善心、爱心的情感空间,有了社会性情感,人们的交往行动才能转化为社会动力,因为情感的社会化功能发挥,可以使得人们的情感丰富、纯真、崇高,增强对社会的归属感、向心力和凝聚力,人类社会因情感而整合、协调地发展,从

---

[1] 李慧凤、蔡旭:《"共同体"概念的演变、应用与公民社会》,《学术月刊》2010年第6期。

[2] 郭景萍:《情感社会学》,三联书店2008年版,第61页。

一定意义上说，社会的进步也取决于人的情感的进步。情感社会学家认为，重建社会离不开情感的维度，情感是人际关系的维持者，是对宏观社会结构及其文化生成的承担者，也是一种能够分裂社会的力量。因此，情感在所有的层面，从面对面的人际交往到构成现代社会的大规模的组织系统，都是推动社会现实的关键力量。

电视是"一种强有力的整合力量，一种努力锻造某种国民意识和国民文化的国家媒介"。[①] 它将各不相同的人们同化到一种共同的公民文化中。《朗读者》通过别人的故事来照醒内心的觉悟，引起观众内心的共鸣，培养观众的共通情感，增强社会的凝聚力和向心力，在社会上建立真善美的情感氛围，塑造积极向上的国民情感素质。

[①] [美] 戴安娜·克兰：《文化社会学》，王小章、郑震译，南京大学出版社2006年版，第32页。

第六章　新媒介时代：仪式传播与共同体建构

第一节　国家公祭日仪式传播与共同体建构
——解读"南京大屠杀国家公祭仪式"

一　国家公祭日仪式的确立及发展流变

1. 国家公祭日的确立背景

《左传》云："国之大事，在祀与戎。"举行国家祭祀活动，自古以来就是中国传统文化的重要典仪，在中国历史上有着重要的地位。中国的国家祭祀文化承载着中华民族的思维模式、伦理道德、文化仪规和民俗风习等，推动着中华文化的薪火相传，促进了中华民族血脉绵延。

第二次世界大战结束后，人们常常有意无意地选择去淡忘南京大屠杀这段灾难历史，使得南京大屠杀这段民族记忆经历了长时间的沉寂。1982年，日本文部省审订通过的历史教科书将"侵略中国"的记述改为"进入"，文部省还删掉了原教材中"中国牺牲者达20万人之多"，"日军进行强奸、掠夺、放火……遭到了国际上的谴责"等段落，把南京大屠杀改为"占领南京"，这一行为激起了中国人民的愤怒与抗议。

1983年底，南京市人民政府经批准开始筹建纪念馆，并设立了"南京大屠杀"编史、建馆、立碑领导小组。1985年2月3日，邓小平到南京视察时，题写"侵华日军南京大屠杀遇难同胞纪念馆"馆名。1985年8月15日，侵华日军南京大屠杀遇难同胞纪念馆在中国抗日战争胜利40周年纪念日当天建成开放，这也是国内第一座抗战纪念馆。

多年以来，人们多是自发地举行小规模的纪念活动悼念在南京大屠杀中逝去的亲人同胞，直到1994年12月13日在侵华日军南京大屠杀遇难同胞纪念馆举行"南京各界人士悼念侵华日军南京大屠杀遇难同胞仪式"活动，南京市才第一次真正举行了大规模的悼念死难同胞的公祭活动。活动当天有来自社会各界代表数千人参加，省、市领导人发表讲话，撞和平钟，敬献花圈，放和平鸽，晚上举行烛光游行，庄重肃穆。① 这项活动虽然连续举行了20年，但这种公祭活动尚停留在江苏省和南京市的地方层面上。

20世纪90年代，林伯耀、林同春等日本华侨，陈宪中、邵子平等美国华侨，提出应当按照国际惯例，建议我国领导人也要参加每年的纪念南京大屠杀死难者活动。② 2005年3月9日，在全国政协十届三次会议上，全国政协常委、江苏省人大常委会副主任赵龙首次提交了提案，建议把每年的12月13日定为国家公祭日，并由国家领导人参与整个公祭活动。2012年3月10日，在十一届全国人大五次会议上，民革江苏省副主委、南京艺术学院院长邹建平等人大代表再次提交议案，建议应在南京大屠杀死难同胞祭日举行国家公祭活动，这一提案得到了媒体的呼应，顺应了人民的意愿和诉求。③ 2014年2月27日，中国第十二届全国人大常委会第七次会议通过决定，将每年的12月13日设立为南京大屠杀死难者国家公祭日，将地方公祭上升为国家公祭，以国家的名义进行正式的纪念与公祭。

2. 国家公祭日的现实意义

南京大屠杀死难者国家公祭日的设立，不只是为了告慰和缅怀死难同胞，对我们这些肩负历史重任的后辈人，更对中国今后的发展以及中国与世界的友好关系具有一定的现实意义。

（1）告慰逝者，激励生者

1937年12月13日，日军占领南京后，面对已经放下武器投降的中国士兵和毫无抵抗能力的南京平民百姓，对南京及附近地区进行了长达六周的抢掠、强奸甚至是惨绝人寰的大规模屠杀等，死亡人数超过30万。南京大屠杀是日军在侵华战争期间无数暴行中最突出、最有代表性的一例

---

① 经盛鸿：《"南京大屠杀死难者国家公祭日"设立的历史背景与现实意义》，《扬州大学学报》2015年第5期。

② 朱成山：《设立"国家公祭日"的由来》，《时事报告·大学生版》2014年第1期。

③ 朱成山：《国家公祭与南京大屠杀史第三次固化》，《日本侵华史研究》2015年第1卷。

之一。

设立南京大屠杀死难者国家公祭日,把对死难者的纪念上升到国家层面,就是为了告慰和缅怀那些死难同胞,激励生存者。安而不忘危,治而不忘乱,存而不忘亡。我们广大中国人民,尤其是青少年更应该了解和重视这段历史,对日本侵华战争与南京大屠杀有一个正确的认识,发愤图强,把中国建设得更加繁荣与强大。

(2) 铭记历史,以史为鉴

第二次世界大战结束以来,日本从未停止过篡改和否定南京大屠杀这一早有定论的史实。近些年来,以安倍晋三为首的右翼势力意图混淆视听,极力美化日本侵略历史,妄图否定南京大屠杀。

历史不会因时代变迁而改变,事实也不会因巧舌抵赖而消失。南京大屠杀惨案铁证如山、不容篡改。[①] 设立南京大屠杀死难者国家公祭日,有利于维护南京大屠杀的历史真相,遏制日本右翼势力篡改历史的图谋,促使日本政府与人民早日直面历史真相,推动中日两国以及两国人民关系的世代友好发展。

(3) 祈愿和平,共创未来

第二次世界大战后,美国、波兰、俄罗斯等国家纷纷设立种种类似国家公祭日的纪念日,在缅怀死难者的同时,对历史进行全面而深刻的反思。中国设立南京大屠杀死难者国家公祭日,符合国际惯例,顺应了人类文明发展主流趋势,符合普世价值。

设立南京大屠杀死难者国家公祭日,不仅悼念与缅怀死难同胞,更向世界宣示了中国人民牢记历史、不忘过去,珍爱和平、开创未来的坚定立场。中国是世界和平的坚决倡导者和有力捍卫者,中国人民将坚定不移维护人类和平与发展的崇高事业,为建设一个持久和平、共同繁荣的世界不懈努力。[②]

二 国家公祭日仪式传播的特征

詹姆斯·凯瑞以仪式作为传播的隐喻,目的在于提醒我们,传播不

---

① 习近平:《在南京大屠杀死难者国家公祭仪式上的讲话》,《时代青年(视点)》2014年第12期。

② 同上。

只是单纯地传递信息，还具有仪式的社会维系功能，传播不应该出于操控的目的，而应该维护社会团结。① 传播仪式观的提出弥补了传播传递观的不足，拓宽了传播学的研究领域，为传播活动的研究提供了一种崭新视角。

仪式传播在宏观上将传播研究从效果层面上升到文化层面；在微观上则将符号的意义与社会文化相联系，通过符号的释义，分析出传播的文化意义。② 在传播与社会互动视角下，注重研究传播对秩序的建构与信仰的共享，有助于人们共同信仰的塑造与共同体的形成。

传播仪式观的核心是将人们以团体或共同体的形式聚集在一起的神圣典礼，而南京大屠杀死难者国家公祭日正是通过国家公祭仪式、电视媒介的现场直播与网上公祭等形式将人们聚集起来进行传播，以实现历史文化的认同传承与国家共同体的维系建构。

2014年12月13日，我国首个南京大屠杀死难者国家公祭仪式在南京市侵华日军南京大屠杀遇难同胞纪念馆举行，共有包括抗战老战士、南京大屠杀幸存者、遇难者遗属代表以及南京市社会各界人士在内的10000人到现场参加公祭仪式。公祭日当天，许多观众通过电视、互联网和手机等媒介形式参与到国家公祭仪式中去，通过对国家公祭仪式进行全方位的现场直播与仪式化呈现，让观众即使不在场也能亲眼见证这一媒介事件。本章就以2014年、2015年和2016年三年的南京大屠杀死难者国家公祭日为研究对象，从公祭活动的仪式化、媒介参与的仪式化和象征符号的仪式化三个方面进行论述，以解读南京大屠杀死难者国家公祭日是如何进行仪式呈现与国家共同体的建构。

（一）公祭活动的仪式化

1. 国家公祭日的仪式化传播

国家公祭日的设立是为了缅怀逝者、牢记历史、珍爱和平。通过国家最高级别的公祭仪式进行国家公祭，使国家公祭活动富于隆重的仪式感，有利于塑造和展现民众的爱国情感、集体记忆与历史意识。

南京大屠杀死难者国家公祭仪式作为国家公祭日最核心、规格最高的

---

① 刘建明：《"仪式"视角下的传播研究——一种强效果论及其反思》，《新闻与传播评论》，2012年。

② 谌湘闽：《詹姆斯·W. 凯瑞传播仪式观研究》，硕士学位论文，中南大学，2013年。

公祭活动，吸引着无数国人屏息驻足观看，而国家公祭现场的环境设置使这种仪式感得以强化。整个国家公祭现场由黑白灰三种颜色构成，黑色的灾难之墙上用白色黑体书写着"南京大屠杀死难者国家公祭仪式"的主会标，282面蓝底白字的国家公祭幡环绕着广场四周的黑色围墙，地面上铺满了灰色碎石，营造着一种庄严而肃穆的氛围。国家公祭广场的正中间，共和国的旗帜以降半旗的形式表达着对死难同胞与革命烈士的崇高敬意与缅怀之情。

在现场参加国家公祭仪式的10000名群众按照12纵列和13横列的方式被分成若干个方阵，习近平等党和国家的领导人、抗战老战士、南京大屠杀幸存者、遇难者遗属代表、国际友好人士代表等站立在群众方阵前方，所有人都身着深色衣服，左胸前佩戴白花，表达着对死难同胞的深深悼念。

国家公祭仪式作为国家级的祭祀活动，其仪式展演过程也是仪式传播的集中体现，每年国家公祭仪式固定的仪式展演过程如下：

（1）奏唱《中华人民共和国国歌》
（2）向南京大屠杀死难者默哀
（3）向南京大屠杀死难者敬献花圈
（4）国家领导人发表讲话
（5）青少年代表宣读《和平宣言》
（6）撞响"和平大钟"，放飞和平鸽
（7）参观侵华日军南京大屠杀遇难同胞纪念馆史料陈列厅[①]

这些公祭程序的仪式化展现，唤起了民众对那段惨痛历史的共同记忆，有助于强化人们的集体记忆与情感共鸣。仪式发生在情境上共同在场的条件下。[②] 这些共同在场的仪式传播，展现出国家对死难同胞的悼念、对侵略者的憎恨以及对和平的捍卫。人们在这样的仪式洗礼之下，凝聚成一个在国家认同、民族认同、历史认同上更加牢固的共同体。

2. 地方公祭活动的仪式化传播

早在设立南京大屠杀死难者国家公祭日之前，江苏省和南京市就自发

[①] 王山峰：《南京大屠杀的仪式叙事与社会记忆》，《日本侵华史研究》2015年第4卷。
[②] [美]兰德尔·柯林斯：《互动仪式链》，林聚任、王鹏、宋丽君译，商务印书馆2009年版，第56页。

组织一些地方性的公祭活动，国家公祭日的设立，使得这些地方公祭活动也成为国家公祭日祭祀活动的重要组成部分。其中仪式传播价值最高的公祭活动当属世界和平法会和烛光祭活动。世界和平法会在每年国家公祭日的下午3点于南京大屠杀遇难同胞纪念馆举行，该祭祀活动最早举行于2003年。在2014年的12月13日，有来自中、日、韩三国的150名僧人和250多名信众参与，按照佛教仪式悼念死难同胞。宗教仪式的举行，定期地加深了个体与群体之间的情感，使之更加亲密与和谐。[①] 宗教的传播离不开仪式，因而通过宗教的形式超荐逝者亡魂，抚慰生者人心，祈愿世界和平，就具有更强的仪式传播价值。

南京大屠杀死难者守灵暨烛光祭活动在每年国家公祭日的晚上6点于遇难同胞纪念馆祭场举行，每年的12月13日都会有来自南京市的青少年学生、南京大屠杀幸存者、抗战老兵、僧侣和国际友人等为南京大屠杀死难同胞守灵祈祷。该祭祀活动源于2009年，是国家公祭日的重要公祭活动之一。祭场内的烛光陆续点亮，僧侣们的诵经声不绝于耳，人们手托红烛，低头默哀，祭奠逝者、祈愿和平。

每年的国家公祭日，除了会在南京市举行悼念活动外，在全国抗战主题纪念馆和部分城市也会同步举办纪念活动。在2016年的国家公祭日当天，由中国纪念馆专业委员会牵头，在北京的中国抗日战争纪念馆、沈阳的"九一八"历史博物馆、哈尔滨的"731"遗址、信阳的鄂豫皖革命纪念馆、上海淞沪抗战纪念馆、延安革命纪念馆等地进行多城联动公祭，悼念死难同胞与革命先烈。

此外，新华网还组织北京、上海、沈阳、长春、长沙、昆明、重庆、西安等地分站开展线下公祭活动，这些全国多地的线下公祭活动扩大了国家公祭日的传播范围，让更多人有机会亲身参与到公祭活动。

3. 网上公祭活动的仪式化传播

国家公祭网（见图6-1）正式上线于2014年7月6日，由新华社与南京市委宣传部、侵华日军南京大屠杀遇难同胞纪念馆三方共同筹办建立，是国家官方的在线公祭网站，截至2016年12月在线祭奠人数已逾1500万人。设立这样一个虚拟的网上公祭空间为人们提供了"不在场的

[①] 刘路、陈晓华：《传播学视野下的宗教仪式与媒介利用》，《宗教学研究》2009年第2期。

在场"之可能，让人们随时可以通过虚拟的在线祭祀仪式缅怀逝者，寄托哀思，表达爱国情感。国家公祭网在 2016 年 12 月 2 日改版上线，改版后的网站首页将站内所有内容划分为新闻资讯馆、在线史料馆与在线公祭三个入口。网站首页滚动播放着"国行公祭，祀我国伤；兽行暴虐，共御外侮；昭昭前史，惕惕后人；永矢弗谖，祈愿和平"的文字与图像，以这种形式展现出国家和人民对逝者的悼念、历史的铭记与和平的祈愿，强化了作为在线公祭网站的仪式效果。

图 6-1 国家公祭网新版网页

国家公祭网的在线公祭功能被设置在网站首页最醒目的中间位置，使网站的在线公祭核心价值得以提升。国家公祭网的在线公祭仪式以国家公祭仪式为参考，将在线公祭设置为点烛祭奠、献花寄托哀愁、敲响和平大钟醒世以及为和平祈愿四个步骤。这使得曾经坐在电视机前被动接受祭礼仪式直播画面的观众，无论身在何处，都能化身成为媒介事件的参与者，[1] 人们通过虚拟的在线公祭，亲身参与着"点烛""献花""敲钟"等仪式行为，为人们爱国情感的表达提供了条件，对人们集体记忆的重塑与国家认同的提升有着重要意义。

---

[1] 张兵娟、王闯：《新媒体环境下祭礼仪式的转型与国家共同体建构》，《新闻爱好者》2017 年第 1 期。

（二）媒介参与强化仪式氛围

1. 电视的直播报道

媒介事件都是经过提前策划、宣布和广告宣传的。[①] 电视媒体通过其强大的议程设置功能，在首个南京大屠杀死难者国家公祭日到来之前，通过频繁地播出和南京大屠杀有关的新闻报道、纪录片与影视作品等，"邀请"观众参与到国家公祭日的直播报道中去，营造着一种凝聚人们情感与认同的仪式传播氛围。

媒介事件是"一种特殊的电视事件"，它不同于一般的电视节目、电视新闻，具有重大性。[②] 在国家公祭日当天，中央电视台以及各地卫视都对国家公祭仪式进行了电视直播，广大电视观众通过电视仪式参与到这一神圣的仪式中去。"媒介事件已经把仪式场地从广场和体育场转换到了起居室"，[③] 观众虽然没有亲临公祭仪式现场，但电视直播让人们觉得仿佛置身其中，观众们的情感与态度也会随着国家公祭仪式的进行得到确认与强化，而这种电视仪式就像一种无形的纽带将观众紧密团结在一起，克服了彼此的离散与分裂。

除了对国家公祭仪式的现场直播，中央电视台新闻频道和南京电视台还推出了特别节目。中央电视台在 2014 年国家公祭日当天利用三个直播时段的将近五个小时进行特别报道，而南京电视台更是推出了长达 15 小时的特别节目《勿忘国耻 圆梦中华》。他们在直播报道中都讲述了侵华日军南京大屠杀的深重罪孽、大屠杀幸存者见证者的证言、国家公祭日设立与意义以及记录南京大屠杀历史真相的图像和影像资料等，电视媒体通过这样的议程设置功能与媒介仪式效果，能在一定程度上唤起观众们的历史认同与民族认同，增强中华民族的凝聚力和向心力。

2. 互联网的直播互动

与电视直播相比，互联网除了能够实现信息的即时推送，还能与受众进行良好的交流互动，有利于实现不同群体间人们的情感和态度达成一

[①] ［美］丹尼尔·戴扬、伊莱休·卡茨：《媒介事件：历史的现场直播》，麻争旗译，北京广播学院出版社 2000 年版，第 7 页。

[②] 张兵娟：《媒介仪式与文化传播——文化人类学视域中的电视研究》，《现代传播》2007 年第 6 期。

[③] ［美］丹尼尔·戴扬、伊莱休·卡茨：《媒介事件：历史的现场直播》，麻争旗译，北京广播学院出版社 2000 年版，第 245 页。

致，团结不同社会群体，形成共同体。在这个共同体中，人们通过仪式化的传播互动来抒发情感、表达观点、寻求认同，以维持社会的和谐与稳定。

每年国家公祭日前后，各大新闻网站都会给予这一媒介事件极大的关注，网站通过即时更新最新信息，让受众全面了解这一事件的展演过程。在众多新闻网站中，龙虎网十分重视对国家公祭日的直播报道与仪式互动。

龙虎网是南京市重点新闻门户网站，作为江苏省内最具影响力的新闻综合网站之一，它在每年的国家公祭日前后都会推出国家公祭日的专题报道。在龙虎网的专题页面上，设置着公祭资讯、公祭知识、公祭史料、相关人物、历史专题和全球网祭等六大板块，每个板块又下设不同栏目，在提供每日最新信息的同时，满足了受众的多样化需求。在每年的国家公祭日期间，龙虎网都会对国家公祭日进行全天全景超长时间的图文滚动直播，为观众集中全面地呈现最新信息。

在 2016 年的国家公祭日，龙虎网推出了全媒体直播，通过记者在国家公祭仪式现场及其他丛葬地的视频直播报道，为观众带来更直观的现场报道。此外，龙虎网还推出了"国家公祭·记忆之盒"记忆展示活动，并设置了记忆之盒、巨型二维码、VR 场景三个模块。首先通过记忆之盒等形式将南京大屠杀幸存者图片、视频元素拼装在一起，构成一个记忆元素的集合体，然后将这些"记忆之盒"拼装成一个巨型二维码，这样人们通过扫码就可以进入以全景、航拍的方式所呈现的南京 17 处大屠杀遇难者丛葬地现场。在国家公祭日期间，"记忆之盒"走进南京高校以及遇难者丛葬地，让更多人有机会参与到纪念活动中，而这种线上线下、仪式互动的活动形式有助于人们集体记忆的重塑。

网络社交已成为网民交往的主流形态，绝大部分网民都在网络社会充当着社交角色，[①] 而 QQ、微信、微博等网络社交媒体的广泛使用为人们参与国家公祭日提供了条件。在国家公祭日当天，亲身参与到国家公祭活动的人们利用网络社交媒体发布信息，表达自己的心情与感受。这样人们虽然不在活动现场，也可以通过 QQ、微信、微博等网络社交媒体间接参

---

① 蒋建国：《网络社交媒体的角色展演、交往报酬与社会规范》，《南京社会科学》2015 年第 8 期。

与到活动中去,用点赞、转发与评论等形式展现自己的情感与认同。

截至2016年的南京大屠杀死难者国家公祭日,新浪微博上以"国家公祭日"为话题的阅读量已经累计超过27亿次,讨论135万次,可见网络社交媒体已经成为人们参与国家公祭日的重要方式之一,而网络社交媒体的广泛使用也有利于扩大媒介事件的传播范围,提升媒介事件的社会影响力。

(三) 象征符号凸显仪式效果

象征符号的重要作用在于"使不能直接被感觉到的信仰、观念、价值、情感和精神气质变得可见、可听、可触摸"[①]。南京大屠杀死难者国家公祭日作为一个举世瞩目的媒介事件,在它的整个传播过程中也蕴含着许多象征符号,这些符号的呈现使事件的传播凸显着仪式传播效果,使人们产生情感上的共鸣,增强了彼此间的认同感。我国的人类学家瞿明安在对象征符号进行划分时,将象征符号分为物化象征符号、行为象征符号、感觉象征符号、自然象征符号、社会象征符号和虚拟象征符号等六种主要类型。[②] 本节就结合国家公祭日,着重分析一下在国家公祭活动中具有代表性的物化象征符号、行为象征符号、感觉象征符号和社会象征符号的呈现与仪式传播特征。

1. 物化象征符号的呈现

物化象征符号包括建筑、器物、服饰等人工制造并被赋予一定历史文化意义的各种物质形态,如国家公祭仪式中的国旗、标志碑、遇难同胞名单墙、和平大钟、国家公祭鼎等象征符号。(见图6-2)

国旗是最能代表国家的象征符号,在国家公祭日当天为死难者降半旗,显示出国家对逝者的高度崇敬。广场两侧分别是刻有"1937.12.13—1938.1"的十字形标志碑和遇难同胞名单墙。标志碑上的时间永久定格着中国历史上那段最耻辱、最黑暗的六周,警示着人们历史永远不能被忘记,要铭记历史,勿忘国耻。遇难同胞名单墙以灰色为背景,用黑色镌刻着已知的遇难同胞的名字,这些名字不仅表达着对逝去同胞的怀念,更是对侵略者的深深控诉。

---

① [英]维克多·特纳:《象征之林》,赵玉燕、欧阳敏、徐洪峰译,商务印书馆2006年版,第19页。

② 瞿明安:《象征人类学视野中象征的构成要素》,《贵州社会科学》2013年第8期。

图 6-2 国家公祭鼎

在国家公祭日当天,国家主席习近平、南京大屠杀幸存者代表夏淑琴和少先队员代表阮泽宇为国家公祭鼎揭幕。鼎在中国传统中是国家重器,是国家政权的象征,也是祭祀时重要的祭器和礼器,用鼎来纪念这一重大历史事件,突出祭祀主题,体现国家礼仪,营造庄重氛围。而仪式最后敲响和平大钟是在警醒世人停止战争与杀戮,珍视和平与安宁。

2. 感觉象征符号的呈现

感觉象征符号包括色彩、数字、口语、文字符号等语言和非语言的信息传递方式。这些符号无论是语言符号还是非语言符号,无不带有浓郁的象征意义,透露出中华民族特有的文化气息,可以再次激活和强化我们的记忆。[1]

在国家公祭仪式中,人们对色彩的感知是最直观的,公祭现场的黑白灰三色营造了一种庄严肃穆的氛围。黑色的围墙与灾难之墙,白色的文字与胸花,灰色的碎石与雕塑,这样的色彩选择预示着这里曾经毫无生命的迹象,给人们带来一种沉重的情绪氛围。

数字符号在国家公祭仪式中的运用随处可见,最醒目的是刻有"1937.12.13—1938.1"的标志碑和镌刻着"300000"的灾难之墙,他们永久定格着同胞的遇难时间与人数,是对历史的永久见证。(见图6-3)在国家公祭仪式中,象征着南京大屠杀中30万遇难同胞的数字"3"被

---

[1] 张兵娟:《记忆的仪式:黄帝故里拜祖大典的传播意义与价值》,《郑州大学学报》(哲学社会科学版)2012年第4期。

多次呈现，如撞响3次和平大钟，放飞3000羽和平鸽等，这些数字符号的仪式化运用，强化着人们对历史的认知与记忆。

图6-3 灾难墙

口语和文字符号在国家公祭仪式中有两次集中的展现，分别是国家领导人发表的讲话和南京市青少年宣读的《和平宣言》。在2014年的首个国家公祭仪式上，国家主席习近平在十五分钟的讲话中，强调了南京大屠杀的历史真相、控诉了日本侵略者的罪行、重申历史真相不容篡改、呼唤世界携手共创和平。国家主席作为国家的核心领导人，他的讲话代表着国家的意志和全国各族人民的共同愿望，增强了人们的国家认同，维系了国家的政治秩序。《和平宣言》采用诗经体，四字一句，两句一节，采用韵文体，将悲壮的历史追溯与庄严的和平祈愿都浓缩在240字中，更加符合国家公祭的主题。"三十余万，生灵涂炭，炼狱六周，哀哉国殇"，"前事不忘，后事之师，殷忧启圣，多难兴邦"，"大道之行，天下为公，大德曰生，和气致祥"，这些文字符号由青少年们诵读，是对逝去同胞的缅怀，更饱含着对世界和平的祈愿。

3. 社会象征符号的呈现

社会象征符号包括制度、等级、职业、角色等社会结构和社会关系等,是仪式权威性和有序性的体现。① 在 2014 年的首个国家公祭日,习近平等党和国家领导人出席国家公祭仪式,向南京大屠杀死难者默哀,为国家公祭鼎揭幕并发表重要讲话,展现着国家公祭日的重要地位。

以国之名义举行国家公祭,那么每个在公祭现场参与国家公祭仪式的人也都是社会象征符号的呈现。参加抗日战争的老战士、老同志代表和南京大屠杀幸存者代表及遇难同胞亲属代表的出席体现着国家和人民永远不会忘记那段历史,对侵略者犯下的罪行铭记在心,此外还有 1000 名来自江苏各界的群众代表也参与其中。国家公祭仪式的规模之大、人员范围之广,使国家公祭仪式不再只是一场简单的仪式展演,它通过无形的纽带将所有在场和不在场的观众联系在一起,唤起人们的集体记忆,使国家公祭日的存在不只是一场仪式或一个符号,而是永远铭刻在心中的国家记忆。

三 国家公祭日的仪式传播与共同体建构

法国著名人类学者涂尔干指出:"仪式首先是社会群体定期重新巩固自身的手段。当人们感到他们团结了起来,他们就会集合在一起,并逐渐意识到了他们的道德统一体,这种团结部分是因为血缘纽带,但更主要的是因为他们结成了利益和传统的共同体"。② 国家公祭日的设立提供了一个"机械的团结"时刻,将人们聚合在一起,通过共同情感、信仰与价值观念的体验与交流,增强了共同体的"有机团结"。因此,国家公祭日的仪式传播,在一定程度上实现了对人们集体记忆重塑与国家认同强化的仪式传播价值。

(一) 重塑集体记忆

集体记忆不是一个既定的概念,而是一个社会建构的观念。③ 人们参与社会互动获得集体记忆,并通过集体社会行为拾回与重组这些记忆,加强集体成员之间的联系与团结。但集体记忆会随着时间的推移、群体成员

---

① 李华君、窦聪颖、滕姗姗:《抗战胜利 70 周年阅兵仪式的象征符号、阈限和国家认同建构》,《新闻大学》2016 年第 2 期。

② [法] 爱弥尔·涂尔干:《宗教生活的基本形式》,渠东、汲喆译,上海人民出版社 2000 年版,第 507 页。

③ [法] 莫里斯·哈布瓦赫:《论集体记忆》,毕然、郭金华译,上海人民出版社 2002 年版,第 39 页。

的离散与群体代际交流的记忆阻隔而被逐渐遗忘,因而设立国家公祭日,就是要通过仪式化的定期纪念来重塑集体记忆。

1. 再现集体记忆

记忆依赖于作为文化现象的象征工具(如语言、文字)来传递,记忆永远是一种在语言和文字包装之下的文化表征。[①] 南京大屠杀作为中国近代最屈辱最黑暗的历史,人们为了永远铭记这段历史记忆,利用语言、文字、图片、视频等各种文化形式保存着这段惨痛的集体记忆,而在国家公祭日当天对这段历史进行仪式化地展演,再现历史记忆,是重塑集体记忆的重要途径。

新闻报道是再现集体记忆的主要途径。通过新闻报道,历史议题不断以事实面目浮现,过去的经验被召唤出来成为人们共同分享的历史意向,形成社会认同的基础和建构自己集体身份的凭证。[②] 在国家公祭日前后,报纸、电台、电视台等新闻媒体都加大了对国家公祭日的报道力度,通过设立报刊专栏、新闻报道专题策划与电视直播特别节目等形式,讲述南京大屠杀的历史真相,唤醒人们的历史记忆。此外,新闻媒体还利用微信、微博等网络社交媒体与观众进行互动,通过发布互动话题、推送订阅文章等方式为人们营造了一个"集体想象"空间,有效地凝聚了社会不同群体间人们的集体记忆。

纪录片和电影的影像传播对于集体记忆的再现更直观也更具震撼效果。在每年的国家公祭日前后,中央电视台科教频道和江苏广播电视总台都会制作播出有关南京大屠杀题材的纪录片,如 2014 年的《1937·南京记忆》(见图 6-4)、2015 年的《外国人眼中的南京大屠杀》、2016 年的《幸存者——见证南京 1937》等。这些影片都以南京大屠杀为故事背景,从历史的真相、外国人的援助、大屠杀的幸存者等不同角度进行讲述,再现了南京大屠杀的集体记忆。作为一种呈现过去与召唤记忆的方式,纪录片握有历史性的权威,因为它们试图"记录"真实世界的某些特征,并

---

① 王明珂:《华夏边缘:历史记忆与族群认同》,台北允晨文化公司 1997 年版,第 51 页。
② 夏春祥:《媒介记忆与新闻仪式——二二八事件新闻的文本分析(1947—2000)》,博士学位论文,台湾政治大学,2000 年。

且可以为核实或证明某一个事件或观点提供无可辩驳的"证据"。① 当模糊的历史记忆通过声音与影像的重新组合呈现在观众面前时,他们的记忆会被慢慢唤醒,人们的集体记忆也会被重塑。

图 6-4　1937《南京记忆》海报

2. 强化集体记忆

集体记忆既可以看作是对过去的一种累积性的建构,也可以看作是对过去的一种穿插式的建构。② 集体记忆往往会因为时间的流逝与记忆的代际阻隔而变得模糊不清甚至被人遗忘,因而对集体记忆的再造是实现集体记忆重塑的又一重要途径。

集体记忆的再造是为了保存过去的社会记忆而通过新的符号表征对集体记忆的重构与呈现。在国家公祭日当天,人们通过现场或电视直播的方式参与到国家公祭仪式,亲眼见证国家公祭仪式,而国家公祭仪式本身就是对集体记忆的再造。国家公祭仪式中的向死难者默哀鸣警笛、敬献花圈、宣读《和平宣言》、撞响和平大钟、放飞和平鸽以及国家领导人的讲话,无一不是对集体记忆的再造,是通过新的象征符号与仪式呈现,重塑与巩固人们心中的集体记忆。

在国家公祭仪式现场,许多象征符号也是对集体记忆的再造,如:侵

---

① ［英］大卫·麦克奎恩:《理解电视:电视节目类型的概念与变迁》,苗棣、赵长军、李黎丹译,华夏出版社 2003 年版,第 114 页。
② ［法］莫里斯·哈布瓦赫:《论集体记忆》,毕然、郭金华译,上海人民出版社 2002 年版,第 53 页。

华日军南京大屠杀遇难同胞纪念馆、国家公祭鼎、遇难同胞名单墙、标志碑、和平大钟以及广场内的雕塑等。(见图6-5)

图 6-5 南京大屠杀遇难同胞纪念馆前雕塑

这些象征符号并不是在过去的集体记忆中就存在着的,而是被现在的人们创造出来用于纪录和保存南京大屠杀这一历史记忆的。通过这种仪式化的符号再造将过去的集体记忆用新的象征符号呈现出来,重塑与建构年轻一代的集体记忆,培养他们的历史意识与爱国意识。

(二) 增进国家认同

国家认同就是个体对于主权国家的一种身份认同,本质上是政治客体对权力主体的信任及政治体政治价值的信仰。[①] 国家认同有利于维护国家的稳定与社会的和谐,是维系国家存在与发展的重要纽带。国家公祭日以国之名义设立,用国家的最高仪式去悼念与缅怀死难同胞,展现着国家的意志与政治价值,对于塑造国家形象、维护政治秩序有重要作用。

1. 塑造国家形象

政治仪式常常通过符号的表达、规范活动的操演来传递政治价值。中国以国家的名义依法设立南京大屠杀死难者国家公祭日,不仅表明了中国

[①] 王月:《民族共同记忆的塑造与国家认同的建构》,硕士学位论文,东南大学,2015年。

政府的态度立场，也是对国家形象的塑造。国家认同的建构是一个目的性行为，群体和国家要使其成员认同、尊重和自愿服从它，重要的途径就是运用象征策略不断建构和演示有关群体和国家的"神话"。① 举行国家公祭仪式，为死难同胞降半旗，铸造国家公祭鼎，国家用这些最高规格的仪式祭祀死难同胞，不只是对逝者的悼念与缅怀，更向世界展现着中国人民的精神面貌与内在凝聚力，塑造国家形象。国家领导人在国家公祭活动中的仪式"表演"，如为死难同胞默哀、发表公祭日讲话等，体现出对国家公祭日的足够重视，提升了国家公祭日的影响效果。而国家公祭的仪式化呈现在唤醒人们历史记忆，提升国家认同感与归属感的同时，也向世界宣示着中国政府坚定不移维护人类和平与发展的决心，塑造了中国政府在世界范围内的良好形象。

2. 维护政治秩序

国家认同有利于促进政治体的统一和社会秩序的和谐，具体表现就是个体对国家的凝聚力和向心力。国家公祭日将不同群体的人们凝聚在一起，通过国家公祭活动的仪式展演强化他们的国家认同感。国家公祭仪式展现着一个国家的政治秩序，无论从仪式设定还是被邀请参与仪式的人来看，都是强化国家认同的重要手段。

仪式本身就是秩序的外在表现形式，仪式及仪式唤起的记忆是政治权力构建的重要工具。② 在国家公祭仪式中，奏唱国歌、向死难者默哀、向死难者敬献花圈等仪式表达着国家与人民对死难同胞与革命先烈的深深缅怀与敬意，不仅唤起了人们的历史意识与民族意识，更是对国家政治秩序的有力维护。

南京大屠杀死难者国家公祭日以国之名义设立，那么国家公祭仪式就一定会对参与者的身份和资格进行严格而仔细的筛选。国家公祭仪式每年都会有党和国家领导人出席参加，其中国家主席习近平亲自出席参加了2014年的首个国家公祭仪式。国家公祭仪式还会邀请抗战老兵、南京大屠杀的幸存者及遇难同胞亲属、港澳台同胞、为中国抗战胜利做出贡献的国际友人参加国家公祭仪式，体现了国家公祭仪式的最高规格与最高礼仪。这有利于整合社会不同群体，增强人们对国家的认同意识，进而维护

---

① 王月：《民族共同记化的塑造与国家认同的建构》，硕士学位论文，东南大学，2015年。
② 同上。

国家政治秩序的稳定。

3. 唤醒共同体意识

符号是意义的载体与表现形态，通过符号表达情感、传达意义更有利于唤醒人们的认同意识。每年国家公祭日期间，观众通过公祭现场、电视直播、网络社交媒体会看到许多与国家公祭日相关的象征符号，这些符号可能是一个雕塑、一个人或是一个仪式，而这些符号都是对情感的展现、记忆的重塑和认同的强化。

在国家公祭仪式现场，无论是南京大屠杀遇难同胞标志碑、遇难同胞名单墙，还是"古城的灾难"雕塑群，都是对南京大屠杀的历史见证，通过对这些象征符号的呈现，强化了人们的集体记忆。而国家公祭仪式中向死难同胞默哀、敬献花圈、宣读《和平宣言》、撞响和平大钟等公祭仪式让人们有机会亲身参与到一场仪式洗礼，为人们情感的宣泄与认同的表达提供了有效途径。

在国家公祭日的仪式传播过程中，除了公祭现场的象征符号呈现，新闻媒体和网络社交媒体在传播过程中也可以巧妙地运用象征符号。电视媒体、新闻网站在直播报道中有选择、有目的地记录下与国家公祭日有关的象征符号，如遇难同胞标志碑、灾难之墙上的数字"300000"、南京大屠杀幸存者、仪式现场人们集体默哀的画面等，利用文字、图片、视频等不同形式间的组合呈现，唤起人们的历史记忆，重塑集体记忆，进而唤醒人们的国家认同意识。

人们在微博、微信等网络社交媒体上撰写与国家公祭日有关的文字内容时，会搭配一些现场图片或视频，而这些文字、图片与视频也是对国家公祭日的符号记忆呈现。人们通过浏览、撰写、评论、转发等仪式行为参与国家公祭日，而他们对国家的认同意识也在这个仪式过程中被慢慢唤醒。因此，对于政府和新闻媒体来说，在国家公祭活动和新闻直播报道中巧妙地使用这些象征符号，比起毫无感情的说教来说，更有利于唤醒人们的认同意识，进而推动国家共同体的稳定团结。

仪式传播不同于传播的"传递观"，仪式传播往往将人们以团体或共同体的形式聚集起来，传承文化、强化共同信仰、维系政治秩序，建构和维系一个有秩序、有意义、能够用来支配和容纳人类行为的认同的空间。由于仪式传播对于巩固集体记忆、凝聚文化认同、维系政治秩序有着重要的传播价值，因而重视仪式传播的研究与运用，对于国家共同体的建构有着重要意义。

南京大屠杀死难者国家公祭日是以国之名义依法设立的悼念与缅怀死难同胞的纪念日。作为一个重大的媒介事件，国家公祭日的传播过程也是一种仪式化的展演过程。无论是参与国家公祭仪式还是收看电视等媒介报道，观众都像是被"邀请"参与一场仪式一样，被一种无形的纽带连接在一起。国家公祭日的设立，为人们提供了一个"机械的团结"时刻，通过共同情感、信仰与价值观念的体验与交流，增强了共同体的"有机团结"，实现了对人们集体记忆的重塑与国家认同的强化。

不过，仪式传播虽然有着强大的社会整合与共同体团结效果，但是过分注重仪式本身，夸大仪式传播的社会效果而忽视受众在这个过程中的反应的话，将会使仪式传播的价值效果大打折扣。在国家公祭日的仪式传播过程中，受众的关注度、参与度与互动程度如果不高，就会限制国家公祭日的传播与发展。因此，在国家公祭日的仪式传播过程中，既要加强各种新闻媒介的议程设置功能，注重国家公祭日仪式传播过程中的内容创新与形式创新，又要唤醒人们的认同意识，加强对国家共同体的认同建构。

第二节　中国孝礼文化的仪式传播与共同体建构
——解读央视 2016 年《最美孝心少年》

孝是中华民族优秀传统文化，央视通过《最美孝心少年》颁奖晚会的举办，弘扬了这一优秀传统文化。一方面通过最美孝心少年的鲜活事迹，展现了如亲亲为仁，善事父母、孝老爱亲，报本反始等孝文化的内涵；另一方面，在节目设置中通过主持人的设置、音乐歌舞的渲染、颁奖嘉宾的选择上也表现了对传统孝文化的重视。颁奖晚会通过对孝文化的弘扬，在道德教育、家庭和睦、社会和谐等方面对社会产生了深远的影响。（见图 6-6）

央视 2016 年推出的大型公益活动"寻找最美孝心少年"颁奖晚会不仅给人们带来愉快的审美享受，与此同时，也在央视的平台上通过孝心少年的事迹将中国传统孝文化进行了广泛的传播。除了引起了社会各界的强烈反响，更将传统孝文化根植在观众内心，对传播优秀传统文化起着重要作用。

图 6-6 《最美孝心少年》剧照

一 中国孝礼文化的起源与发展

"孝"最早出现在甲骨文中。《说文解字》中就有对孝的解释:"善事父母者,从老省、从子、子承老也。"证明孝的内涵之一就是善事父母。孝道文化最早是起源于生殖崇拜和祖先崇拜,经过历史的发展,孝道文化开始表现为"善事父母"的内涵。这一时期主要集中在西周时期,表现为"亲亲为仁"的特征,带有浓厚的情感色彩。

到了春秋战国时期,儒家孔子立足于人的心理情感的道德义务,把"孝"伦理化。儒家以人本主义的思想,秉持实践精神,把人的情感、观念、仪式消融在以血缘为基础的现实世界中,满足人日常的伦理心理,提出以孝道为本位"仁"的价值观。儒家提出孝是符合人伦情感的道德义务,其表现不仅是能养,更重要的是敬亲;提出孝的教化作用,提出孝是仁之本,把孝消融在人的性格之中,从奉行孝道来达到泛爱众的目的;延续孝与政治的联系,提出"君君、臣臣、父父、子子"等。极大地丰富了孝的内涵,将孝文化渗入到社会生活的方方面面。

二 "最美孝心少年"体现的孝文化

2016年央视大型公益活动《寻找最美孝心少年》共选出十位最美孝心少年,他们分别是:悉心照料93岁奶奶和患病哥哥的田应志;坚持多年带着年幼弟弟妹妹上学的余虽;独自照顾奶奶日常生活的任芳芳;增肥捐髓救母的李佳；给渐冻症舅舅带去温暖和希望的周蕊；为精神分裂母亲唱歌进入《音乐大师梦》的向小康；和继母共同撑起六口之家的坚强女孩迟凯琳；跑遍深山为爷爷采药的"小大人"张钊；替父母分忧照顾年迈外婆的姜沅昊；捐髓救父的曹胤鹏。这些最美孝心少年表现的孝心有以下几点。

（一）亲亲为仁，善事父母

"传统孝文化的核心内涵是家庭伦理，孝首先倡导的就是孝敬、奉养自己的父母。"[①] 然而孝道要求我们对父母不只是"能养"，更重要的是"色难"。就是说对待父母不能只是赡养，更要对父母诚心诚意、和颜悦色。

正如苗族姑娘向小康所做的那样，她不仅照顾自己患有间歇性精神分裂症的母亲，为家里分忧，而且在精神上也鼓励母亲。喜爱唱歌的她带着对母亲的爱，去参加了歌唱比赛，最终进入《音乐大师课》，能够带着自己的孝心歌唱。向小康用歌唱鼓励着自己母亲，也正是这份孝心成为了向小康源源不断的力量。

同样捐髓救父的曹胤鹏，八岁的他展现了不同于他年龄的坚强与担当本来是老师父母眼里名副其实的"混世魔王"，却在为白血病父亲捐献骨髓的事情上表现得异常懂事。为了给爸爸捐骨髓，曹胤鹏抽过很多次血，本来特别怕疼得他从来都不哭，还安慰自己的妈妈说不疼。曹胤鹏还说："给爸爸捐骨髓没有什么了不起的，我是爸爸妈妈生的，爸爸对我那么好，现在他病了，我一定要救他。"曹胤鹏对父母的孝心，正是亲亲为仁的体现。

还有为母亲捐献骨髓的李佳所展现的更是她对母亲热烈的爱，她最让人感动之处在于身为女孩，不惜增肥 20 斤来救母，这种为了母亲而付出的精神让我们看到了李佳的伟大。

这些都是子女为了父母的付出，展示了人伦亲情的力量，体现了亲亲为仁，善事父母的内涵。

（二）孝老爱亲，宽大和谐

《孟子》中说："老吾老以及人之老，幼吾幼以及人之幼。"这就是孝的另一种内涵，即在孝敬自己长辈时，也要把这份孝心推及对其他没有血

[①] 计志宏：《中国传统孝文化的内涵特征及社会功能》，《前沿》2010 年第 10 期。

缘关系的老人身上；爱护比自己小的亲人时，也要爱护其他比自己小的人。此处的孝扩展到除父母外的其他亲人，甚至是其他没有血缘关系的人身上，表现为一种无私的爱。

悉心照料93岁奶奶、年少的妹妹和患小儿麻痹症哥哥的田应志承担了父母应尽的义务，奉养老人是孝道的体现，田应志默默承担着责任；失去母亲，小小年纪带着年幼弟弟妹妹上学的余虽也同样尽力帮家里承担一些责任；独自操持家务、照顾奶奶的任芳芳用爱诠释着"孝老爱亲"的意义，她在寒风中为奶奶洗衣做饭，在夏天用扇子为奶奶驱走炎热，家庭条件困难的她也曾徒步走三小时的路去帮奶奶买药。这些事迹都体现着对自己亲人的爱，也是孝的体现。而将这份爱从自己的亲人推广到其他人身上，也由这样一位最美孝心少年做到了。

2009年，迟凯琳的父母出了车祸，母亲去世，父亲残疾。不久之后爷爷小脑萎缩而瘫痪，奶奶也查出了膀胱癌，支撑家庭的重担就落在了小小年纪的迟凯琳身上。在一家人在面临冰雪的时刻，继母来到了凯琳的家里，为这个六口之家带来了一些笑容。凯琳以宽广的胸襟接受了继母，并与继母产生了深厚的感情，主动为继母承担家务、洗衣服、照看弟弟等。凯琳不仅为家庭承担了责任，同时她与继母之间深厚的感情更是她孝心的体现。

(三) 报本反始，精神传承

"正如人们已经注意到的，在中国文化传统中，'报本反始'是一个深具儒家特色的观念。它所表达的是一种受恩思报、得功思源的感恩戴德之情。"[1]《礼记·郊特牲》："唯社，丘乘共粢盛，所以报本反始也。"这里的回报是一种爱，是情感的自然流露，更是一种情感的传承、精神的传承。

出生在军人家庭的姜沅昊一直照顾着自己患有帕金森症的外婆，本来放弃钢琴的他偶然发现外婆喜爱听他弹琴，为了外婆，他又重新弹起了钢琴。这种孝心不仅是沅昊出自内心的爱，更是他作为军人后代所继承到的精神力量。

还有一直照顾渐冻症舅舅，为舅舅带来希望的周蕊。在舅舅生病前，是舅舅教她打篮球，给予她温暖与力量，舅舅生病后她继承了舅舅的精

---

[1] 李翔海：《从"孝"看礼乐文明的现代意义》，《中国儒学》2014年第9辑。

神,回报舅舅、鼓励舅舅,让舅舅怀着再次打篮球的希望而乐观的生活。这不仅是一种乐观的生活态度的传承,更是热爱生活的精神的传承。

跑遍深山为爷爷采药的张钊,虽然生活艰苦,可他依然保持乐观向上的精神,自强自立,这不仅是他对爷爷的孝心体现,更是儒家文化中自强不息的精神的体现。

三 "最美孝心少年"的仪式传播元素

传播学家丹尼尔·戴扬及伊莱休·卡茨认为,"媒介仪式"是指"那些宣称具有历史意义的,宣扬和解的、颂扬进取精神的以及以崇敬的态度制作、播出的电视节目"。① "寻找最美孝心少年"颁奖典礼作为盛大的媒介仪式,通过主持人、音乐歌舞表演、颁奖嘉宾等这些具体的节目元素,向观众传达"孝亲"观念,传播优秀价值。

(一) 主持人

仪式的举行大都需要有主持人来作为引导者,向观众传递信息,并主持节目顺利进行。"寻找最美孝心少年"颁奖典礼的主持人是白岩松和欧阳夏丹,两人有着较强的职业素养,也有浓郁的人文情怀。白岩松更多展现的是他活跃气氛的能力与他的幽默睿智。如白岩松在与李佳交谈时,就展现了他的睿智。李佳的父母虽然是因特殊情况暂时离异,但二人的感情依然很好,李佳常说自己有种当"电灯泡"的尴尬。李佳上台领奖时,白岩松在台上问李佳当"电灯泡"的感觉怎么样,一下使李佳放松了下来,活跃了气氛。而欧阳夏丹相比白岩松而言,更侧重的是与获奖少年们进行更深一层的沟通。通过与获奖者简洁的对话,提炼出更加深刻的道理。

主持人的作用是非常重要的,在"寻找最美孝心少年"颁奖典礼中,两位主持人各司其职,不仅活跃了气氛引导典礼顺利进行,更重要的是他们用话语传递信息,用情绪感染观众,并把这次颁奖典礼的核心精神"孝"传递给大众。

(二) 音乐、歌舞与朗诵

仪式的进行离不开歌舞和音乐,而歌舞和音乐不仅丰富了仪式内容,

---

① [美] 丹尼尔·戴扬、伊莱休·卡茨:《媒介事件——历史的现场直播》,麻争旗译,北京广播学院出版2000年版,第40页。

更重要的是音乐在仪式中起到的渲染氛围、调动情感的作用。在"最美孝心少年"颁奖典礼中，一共有两个歌舞类节目《妈妈的怀抱》《众里寻你》，一个朗诵类节目《孝心的轮回》和一个音乐剧节目《孝心少年》。

《妈妈的怀抱》《众里寻你》一首一尾的在典礼中呈现，烘托了孝亲主题，渲染了典礼的气氛。但最具特色的节目则是根据"全国中学生孝心主题作品征集"活动中获奖作品改编而成的节目：音乐剧《孝心少年》和由著名朗诵艺术家张筠英朗诵的《孝心的轮回》。两个节目朴素动人的反应了孝心少年的故事，向观众传递了孝文化在年轻孩子们心中的深深根植的现象，起到了很好的传播作用。

（三）颁奖嘉宾

"寻找最美孝心少年"颁奖典礼邀请了航天英雄杨利伟、著名表演艺术家吕中、著名作家任卫新、深受广大观众喜爱的主持人李修平、鞠萍、刘纯燕，以及往届"最美孝心少年"获奖者作为颁奖嘉宾。颁奖嘉宾是社会各界的著名人士，他们来颁奖显示了各界人士对弘扬孝文化的颁奖典礼的重视；同时这些嘉宾也为最美孝心少年们起到榜样的作用，节目组通过颁奖的形式，激励年轻学子向优秀人士及"最美孝心少年"获奖者学习，把"孝"的精神文化传承下去。

四 "最美孝心少年"中孝文化的传播价值

"寻找最美孝心少年"颁奖典礼不仅成功地使孝文化广泛传播，也在社会产生了巨大影响。让观众接受了一次心灵洗礼的同时，也将孝的观念植根观众内心，进而对整个社会产生深远的影响。总结来说，孝文化的社会影响主要有以下几个方面。

（一）道德教化

孝的社会影响首先表现在道德教育上。通过孝文化的浸润使青少年把仁爱之心推己及人，从而拥有豁达的内心，达到厚德载物的境界。而通过"最美孝心少年"的评选活动，向社会推出了十位孝心榜样，来引导青少年学习他们的行为。

"夫孝，德之本也，教之所由生也。"孝是德之本，推行孝道观念能够教育民众。这就是传播孝文化的理论基础。如《论语》中所说："其为人也孝悌，而好犯上者，鲜矣。不好犯上，而好作乱者，未之有也。"孝悌是为人处世的基础，通过道德的教化，使民心向善，从而洁净心灵，不做恶事。这符合中国传统道德观念,更为人所接受。

更进一步讲,"夫孝,始于事亲,中于事君,终于立身"。成为君子,进而修身,齐家,治国,平天下。那么奉行孝道则成为中国人情感与责任的起点,成为奋发努力的不竭精神动力,深入到民族的集体无意识中。

(二)和睦家庭

孝的另一个社会影响就是对个体家庭的和谐起着重要作用。《孟子》中说:"天下之本在国,国之本在家。"家庭是国家的基础,奉行孝道对家庭和睦具有重要意义。孝道观念的推行加强了父母与子女之间情感的维系,从而建立起一个父慈子孝的个体家庭。这正符合中国人传统观念里对"家和万事兴"的追求。

(三)和谐社会

孝悌的意义不仅在于个人的教化,而且是要通过个人的情感认同为基础,把家庭、社会的利益建立在个体之上,使个人利益与集体利益相一致,尊重集体利益,希望建立一个"老吾老以及人之老,幼吾幼以及人之幼"[①] 的社会氛围,从而达到稳定社会的作用。

孝文化是中华民族的优秀传统文化,几千年来,它对我们文化的传承起着重要作用。"寻找最美孝心少年"颁奖典礼是面向以中学生为主的全国观众的大型公益类节目。他不仅弘扬了中国传统孝文化,更使孝文化得到更好的继承和发扬。

首先,通过"最美孝心少年"颁奖典礼的举办,弘扬了优秀的传统孝文化,使青少年对孝文化有了更深的认识,感受到传播孝文化的重要性;其次,为青少年树立了道德标杆,通过节目使青少年认识到孝文化的形式,使青少年能够更好地继承传统孝文化;最后使孝文化得到更好的发扬,年轻人是祖国的未来,是国家的建设者。通过对孝文化的学习和继承,能更好地把自身打造为更加优秀的青年人,为孝文化的发扬贡献自己的力量。

第三节 央视"春晚"的仪式传播与共同体建构
——解读 2017 年央视春晚

中央电视台春节联欢晚会是在每年农历除夕播放的,由中央电视台举

[①] 孟子:《孟子》,万丽华、蓝旭译注,中华书局 2015 年版,第 9 页。

办的大型综艺晚会。自春晚诞生以来,看春晚已经逐渐成为中华儿女的一个春节民俗。(见图6-7)

图6-7 2017年春节联欢晚会

《礼记·乐记》中有"是故先王之制礼乐,人为之节;衰麻哭泣,所以节丧纪也;钟鼓干戚,所以和安乐也;昏姻冠笄,所以别男女也;射乡食飨,所以正交接也"①,以及"故天子之为乐也,以赏诸侯之有德者也。德盛而教尊,五谷时熟,然后赏之以乐"② 之说,分别讲的是天子制乐来调和民性,在婚丧嫁娶、人际交往、封赏有德之士、庆祝取得收获等具有特殊性质的日子里来使用,而这样的行为已经俨然成为一种传统的习俗延续到今天。中国在历史的长河中淘沙取金,传承中华民族传统文化,去芜存精的延续习俗。春节作为一个延续了4000多年的中华民族传统佳节,除了贴春联、放鞭炮、吃年夜饭这些庆祝活动,春晚成为一个"认同的空间",也是建构共同体的最佳载体。

1983年春节联欢晚会第一次走入人们的视线,在经历了30多年的发展之后,如今已经成为收视率最高、受众范围最广、举办规模最大的综艺性晚会。作为春节文化在现代社会的发展产物,春晚承载着从改革开放初期至今的文化记忆、社会变迁、及民族情怀。越来越丰富多样的节目形

---

① 杨天宇:《礼记译注》(下),上海古籍出版社2004年版,第470页。
② 同上书,第480页。

式、先进化的技术手段都使得春晚在逐渐被人们认识和接受，在2014年被确定为国家项目，规格得到提升的同时，也明确了中央电视台春节联欢晚会的国家性质。春节联欢晚会在庆祝佳节的相聚之乐、表达祝福、展望美好、弘扬中国传统文化的同时，也展示了时代的面貌、倡导高级的道德风尚，并具有相当的政治社会化功能。虽然近年来人们对央视春晚的评价贬大于褒，但是其收视率仍然居高不下。不仅仅是因为央视春晚是一个具有习俗色彩的社会集体活动，还因为他与国家政治密切的联系。所以我们在对待央视春晚的态度上，应该更加辩证和客观，既要看到春晚的不足，也要看出春晚背后所投射的艺术特性、文化美感及春晚对中国社会群众精神文化生活上的影响与作用。

一 "神人以和"普天同庆

"诗言志，歌永言，声依永，律和声，八音克谐，无相夺伦，神人以和。"这句话出自《尚书·尧典》。《尚书》是中国研究三代以前、之后政治发展进程的重要经典，《尧典》是其首篇，其内容主要涉及所谓尧时期的政治体制、政治思想以及社会制度等方面。这句话的大致意思是说诗歌吟唱都是用来表达思想与感情的，音调与音律达到相互协和，神与人听了也感到和谐。《礼记·乐记》中，也有着对乐的本质精辟的观点。"乐者，音之所由生也，其本在人心感于物也。""凡音之起，由人心生也。人心之动，物使之然也。感于物而动，故形于声。""凡音者，生人心者也，情动于中，故形于声：声成文，谓之音。"[①] 情感来自于外界对人的影响，人由于情感变化发出声音，声音组成乐，乐就是一种对于人类情感的体现。这些观点都认为音乐是一种表达感情的艺术。随着时代发展到今天，抒发情感、表达观点虽然不仅仅再只拘泥于"音乐"一种单一的艺术形式，而是以包括音乐在内的多种艺术形式进行自我表达，但音乐始终是占据着不可撼动的重要地位。

春节联欢晚会作为一个面向全球华人的综艺性晚会，发达的科学技术在春晚舞台的应用也越来越广泛，因此也衍生了许多复杂而多样的节目形式与绚丽的舞美效果。尽管如此，歌舞类节目仍然是春晚的"重头戏"。春晚用不同的歌曲来唤起观众不同的情感，从而达到情感上的共鸣，将观

---

① 杨天宇：《礼记译注》（下），上海古籍出版社2004年版，第467页。

众带入新年的气氛与情绪之中。1999年春晚舞台上的《常回家看看》就唱出了人们心底最柔软的情感,引起了许多观众的共鸣,成为老少传唱的具有时代烙印的歌曲;2006年,一首一家三口对答式的蒙古族小曲《吉祥三宝》从春晚舞台上火遍了大街小巷,别致的曲调和清新的韵律让人耳目一新,表现出一家人幸福洋溢的氛围;今年春晚中香港明星李克勤、蔡卓妍演唱老歌《太阳出来喜洋洋》歌颂人们热爱劳动的憨厚,朴实的精神风貌;由歌手吕继宏,张也演唱的老歌《看山看水看中国》展望祖国美好未来,同圆幸福小康梦,带给观众全新的视听享受。其次,春晚为了达到与观众情感上的交流,带给观众试听上的享受,采用了许多方法来增加歌舞类节目的丰富性。歌曲种类上,以主旋律歌曲为主导的种类发生了改变,90年代后开始加入许多风格化的流行歌曲,展现地方特色与民族文化,充满着生活气息,满足了人们对新鲜事物的追求及日渐提高的审美水平;节目形式上,不同于在早前的晚会中歌曲节目和舞蹈节目各自独立存在,容易造成审美疲劳的较为单一的节目形式,在歌曲类节目加入了舞蹈元素以串烧形式出现,调动了晚会的气氛;在舞台美术上,利用高科技技术,在舞台的布景、灯光、效果、道具上融合创新,加入LED灯光及显示屏的运用,出演者的化妆与服装更加精致,强化了舞台美感和节目效果。

  央视春晚不光用歌舞类节目与观众互通感情,语言类节目和戏曲类节目也给观众带去了欢笑与享受。近些年来的语言类节目推陈出新,相声小品涉及的范围越来越广,题材也越来越贴近大众生活,有些还对社会话题进行探讨,惹人发笑的同时也注重对人们的启发,有深度的内容引人深思。戏曲作为中国典型的传统戏剧艺术也在春晚舞台上大放光彩,在现境失落的情势下也在寻求自我突破,以达到戏曲文化更好的传承与传播。这些多种多样的节目形式也从一定程度上加强了春晚的仪式感,可以从这些节目中探寻春节文化及春晚现象的丰富内涵的同时,弘扬中国的传统文化和优良的社会风气。

二 "家国一体"天下大同

  家,是由人组成的社会生活单位。在社会生活中的每个人,几乎都有一个自己的家。尽管家庭的形式可能不尽相同,但它不受民族、信仰和国家不同的限制,家庭存在于社会生活中每一处。同时,家庭作为人们活动的主要场所,家人之间共同生活的长时间经历使家人之间产生深厚的信任、习惯与情感,进而一个家庭成为一个团体。这样的家庭就不仅仅是一个供人居住的场所,而升级为一个富有情感的团体,他给人以肉体上的休憩和放松、精神上的依托与归属,让人们在紧张复杂的社会生活关系中能够脱离出来,回到简单轻松的家庭关系。相比较与其他国家,中国人对家庭关系和情感更加的依赖和重视,家庭观念更加的根深蒂固。

在中国,人们对社会生活的完整性和成功与否,都离不开"成家立业"四个字的评判标准,"成家"的重要性先于"立业"。家庭第一的观念对于中国传统社会具有非常重要的影响,人们对家庭的重视和家庭成员之间的凝聚力,作用于家庭关系的稳定性,从而使传统社会更加和谐有序,为国家快速发展提供一个良好的大环境。《礼记·大学》中这样论到人与家、家与国的关系:"古之欲明明德于天下者,先治其国;欲治其国者,先齐其家;欲齐其家者,先修其身;欲修其身者,先正其心;欲正其心者,先诚其意;欲诚其意者,先致其知,致知在格物。物格而后知至,知至而后意诚,意诚而后心正,心正而后身修,身修而后家齐,家齐而后国治,国治而后天下平。"[①] 意思是人将"治天下"作为人生目标,实现目标的顺序便是"先修身、后齐家、再治国",个人的修养决定家庭经营的好坏,家庭的和谐决定了国家治理的好坏,个人、家庭、与国家的关系密不可分。

在中国的传统社会中,"国"与"家"的关系始终是息息相关的。"家"是"国"的基础,"国"是"家"的延伸;"家"是"国"的缩影,"国"是"家"的放大;家是最小国,国是千万家。家庭观念和关系的延伸,可以展现社会观念与结构,进而可以表现一个国家的面貌。这种"家国"意识是经过中国传统社会许多年的沉淀而来的,它充斥在社会生活的方方面面,从不同的角度映射着社会、国家的立场。春晚作为突破地域限制的,中国家庭共同进行的一种集体狂欢,也是一个"国家在场"的仪式。人们对春节庆祝的仪式感,从过去的满足于"贴春联""放鞭炮""吃年夜饭"的互动,到今天似乎也必须加上"看春晚"这一项。春晚不仅使五湖四海的中国人感受到传统佳节的喜庆,也让观众们体味到自己小家庭的温暖,还让全球的华人感受着国家这个大的家庭给中华儿女带

---

① 杨天宇:《礼记译注》(下),上海古籍出版社2004年版,第800页。

来的归属感和自豪感。站在国家的角度来看，社会需要春晚这样具有广泛受众群体的媒体平台来唤起人们的集体意识，增强民族凝聚力和认同感，从而宣传国家意识形态，促进国家的和谐发展；从家的立场看，在进行春节传统民俗活动时，春晚在全家团聚守岁的过程中带来了乐趣，活跃了氛围，被普遍接受也是情理之中。

春节联欢晚会是中国最高规格的综艺性晚会，是中国传统节日晚会的代表。这类节目不仅要做好欢庆节日、娱乐大众的工作，作为电视节目，还要起到对广大受众进行引导和教育的作用，做到潜移默化地提升人们的道德水平和思想境界，同时完成审美娱乐与传教的功用。快速繁忙的社会发展使疲倦的人们在休息时都寻求一种精神上的抚慰，一种来自于生活的归属感，这就使得观众更倾向于能使自身产生共鸣、更贴近生活经历的家庭伦理情感类的节目。所以，春晚的许多节目都通过建构"家"的意象来唤起人们共有的家庭意识，再通过隐喻等修辞，将人对"家"的情感过渡到"国"上。在音乐、舞蹈、相声、小品、戏曲等节目形式上，都是不同程度的国家意识形态宣传。在今年春晚中，成龙演唱的歌曲《国家》这样唱道："都说国很大 其实一个家""有了强的国，才有富的家""我爱我的国，我爱我的家"。这个节目便是期望通过歌曲的教化，实现人们由对"家"的私人情感，向对"国"的集体情感的延伸转变，从而使国家认同有了传统的支持和自然的基础。

三 "乐以观政""情深而文明"

"治世之音安以乐，其政和；乱世之音怨以怒，其政乖；亡国之音哀以思，其民困；声音之道，与政通矣。"①《礼记·乐记》认为"乐政相通"。这段话大意是：治世的音乐安闲欢快显示政治的和顺；动乱之世的音乐曲调怨恨愤怒显示当时政治的乖悖；亡国的音乐悲哀忧愁显示人民正在遭受苦难。每个时代的音乐与当时的政治总是息息相关的。通过乐的表现，可以看到政治的观念。孟子在先秦时期就认识到"仁言，不如仁声之入人深也"；荀子对此也持"夫乐之入人也深，其化人也速"的看法。通过情感真挚的"乐"比通过"言"更能触人心底，"乐"可以深入人心，教化人的效果更快，更容易根治政治观念，达到"心悦诚服"的效

---

① 杨天宇：《礼记译注》（下），上海古籍出版社2004年版，第468页。

果。"乐以观政"放在春晚这里的意思，大概可以理解为从春晚的形式、节目编排、节目内容中对当下社会生活以及社会主义观念的表达与呈现。现实生活与音乐紧密相连，从音乐中可以看出现实生活的缩影，能曲折地反映出社会生活及观念的特点。

"年年岁岁花相似，岁岁年年人不同"，对于央视的春晚来说，这句话也同样适用。今年的春晚由歌舞节目《美丽中国年》开场，由2016年大火的电视剧《欢乐颂》中的五位主演和人气组合TFBOYS的三个小成员表演，表演者囊括了70后、80后、90后、00后四代，也因此吸引了更多年龄层次的关注。

由当红演员胡歌、王凯表演的歌曲节目《在此刻》、人气偶像陈伟霆（中国香港）、鹿晗演唱的《爱你一万年》都是今年春晚为了贴合年轻人群的需求，做出的与时俱进的变化。这些明星都是比较"正能量"的人。在湖南、浙江、江苏、北京、东方等各大卫视台的强势崛起情况下，央视春晚要想继续守住收视率，便通过其全国影响力，尤其是政治影响力，来延揽明星，并逐渐收住90后、00后的观众。电视作为具有承载意识形态功能的媒体之一，在进行意识形态的宣传方面具有日常性、随意性和形象性的特点。电视是一种普及率很高的传媒载体，在人们抱着娱乐性的目的随意观看电视的时候，电视节目就可以通过形象的画面与声音，无形中把知识和思想传递给观众。所以作为党和国家的喉舌，电视媒体必然要响应国家政策，承担起传递国家意识形态的责任与职能。而央视春晚作为典型的传统节日晚会，也在许多方面对大众进行细微的和隐蔽的影响，用艺术节目这种娱乐形式向观众灌输观点和思想，使观众在无意识中接受意识形态的教育。

春晚透露出的社会主义观念还体现在春晚主题选择和出现的集体意象上。

"团结""喜悦""祥和"是春晚一贯的主题风格，其主题不仅要与春节欢喜和谐的节日气氛相协调，还要将当时的社会生活背景考虑进去。央视春晚的节目选排需要经过层层筛选与修改，做出决策的中央电视台、广电总局和中宣部都是国家机构，代表着国家的权利。这样经过筛选、审查与打磨的节目，一定是符合社会核心价值观的。而每年的春晚都会将这一年国家在各方面取得的成就、国家政策和社会热点话题经过筛选，以一种新的方式呈现给观众。今年的春晚，就把"家庭和谐"作为了一个重要的主题。习近平主席在 2016 年 12 月 12 日全国文明家庭表彰大会上的讲话强调:"我们要重视家庭文明建设,努力使千千万万个家庭成为国家发展、民族进步、社会和谐的重要基点,成为人们梦想起航的地方。要动员社会各界广泛参与家庭文明建设,推动形成爱国爱家、相亲相爱、向上向善、共建共享的社会主义家庭文明新风尚。"① 他还说道:"家风是社会风气的重要组成部分。广大家庭都要弘扬优良家风,以千千万万家庭的好家风支撑起全社会的好风气。特别是各级领导干部要带头抓好家风。"②

今年春晚语言类节目中《大城小爱》《老伴》《姥姥》《真情永驻》《一个女婿半个儿》皆是从不同方面表现家庭理念,都回归爱,回归家庭,回归作为一个人最本真最基础的一面。国家需要保守稳定的家庭秩序和伦理,用以抵抗因经济发展人口流动带来的传统家庭结构瓦解的问题。只有小家好了,这个国家才能好;只有家风正了,社会的风气才能正;社会风气正了,每个家才能越来越好,形成良性循环。

不光如此,今年春晚的节目中还提到了雾霾、人与自然和谐共处等相关的环境问题;西部开发、一带一路、职业平等观等经济问题;注重道德建设、增强法律意识等政治问题;孝敬、奉献、尊重等文化精神;人口老龄化、离婚问题、相亲、电信诈骗等社会民生现象。在语言类节目中,更是出现了"颜值""暖男""洪荒之力"这些年轻化的流行语,这样贴近生化的表达,在给节目带来娱乐效果的同时,也获得了年轻的观众群更多的认同感。春晚这种社会责任和使命,是其他综艺节目不可触及和取缔的。

央视春晚每年都会有具有特殊身份的人物出现,他们代表的是一个集体而不是个人,是一类带有象征意味的意向。通常他们代表的是正义的国家形象或具备正确的政治倾向和价值观念的人群。比如象征国家主权与国防实力的军人;象征国力强盛和国民素质的运动员;象征民族团结的少数民族;象征祖国统一的港澳台同胞等。今年春晚的节目也不例外,由中国人民解放军三军仪仗队担任合唱的节目《当那一天来临》,就是因为刚刚

---

① 习近平:《在会见第一届全国文明家庭代表时的讲话》,《人民日报》2016 年 12 月 26 日。

② 《动员社会各界广泛参与家庭文明建设 推动形成社会主义家庭文明新风尚》,《人民日报》2016 年 12 月 13 日。

过去的 2016 年，是纪念红军长征胜利 80 周年，而这首歌唱出了我们的民族记忆和民族自豪感。（见图 6-8）

图 6-8　《当那一天来临》

里约奥运会中夺得铜牌的游泳运动员傅园慧参与表演了小品《信任》，给观众带来了欢笑；由少数民族表演的小品《天山情》取材于真实故事，老实的汉族会计，热情的维吾尔族姑娘，表达了友善与和谐，真情感人，展现了各民族群众"像石榴籽一样紧紧抱在一起"的美好情谊；由中国香港男演员成龙和少数民族大学生代表共同演唱的歌曲《国家》，旋律深情壮阔，唤起了中华儿女的爱国之情。作为国家官媒的央视，当然不能落后或不能忽略。这些带有象征意义的群体的出现，都在向国内外展示着国家的强大与太平、国力的强盛、民族的团结与稳定、祖国领土的统一不可分割，带有十足的象征意味。

改革开放的三十几年来，春晚以自己独特的方式展示了中国社会方方面面的改革与变迁，陪伴着几代人的成长，给中华儿女带来了欢快，努力建构了属于中华民族的集体记忆。春晚通过艺术节目，构筑国家共同体意识，成为了面向全球展示中国实力的一面窗户，成为了宣扬和传承中国传统文化的一个平台，也成为了凝聚中华民族的一条纽带。虽然如今春晚的收视有走下坡的趋势，但由于传统文化和社会政治的影响，它还会继续存在下去。只是如果想留住春晚的观众与口碑，在围绕贴合政策的宏大叙事主题编排节目的同时，也要注意春晚的观念输出与观众需求上的平衡。

第四节　中华文明的仪式传播与共同体建构
——解读大型电视文博节目《国家宝藏》

近年来，以《朗读者》《中国诗词大会》《如果国宝会说话》为代表的电视原创文化类节目遍地开花，唤醒了国人对传统文化的关注和热爱，增强了国人传承和弘扬优秀文化的意识。2017年大型文博探索节目《国家宝藏》可谓是原创类文化节目的一匹黑马，综艺圈的一股清流，自开播以来便受到了观众的一致好评。（见图6-9）

图 6-9　国家宝藏

《国家宝藏》是在故宫600年之际，故宫博物院联合上海博物馆、南京博物院、湖南省博物馆、河南博物院、陕西历史博物馆、湖北省博物馆、浙江省博物馆、辽宁省博物馆八大国家级重点博物馆，以国宝为主体举办的一次盛大特展。每集一家博物馆，每个博物馆推荐三件镇馆之宝，交予民众甄选。每件宝藏都拥有自己的明星"国宝守护人"，他们倾情讲述"大国重器"们的前世今生，解读中华文化的基因密码。

《国家宝藏》立足文物谈文化，以受众易于理解和接受的表达方式演绎着"有故事的文化"和"有文化的故事"，让文化瑰宝不再冰冷，真正做到了"让文物活起来"。

一 激活历史文物，凸显文明特色

《国家宝藏》节目共九期，每期讲述同一个博物馆推选的三件国宝的前世今生，共有 27 件"大国重器"参与甄选。《国家宝藏》的制片人、总导演于蕾说："我们这次把纪录片和综艺两种创作手法融合应用，属于全新创制的'记录式综艺'，它以文化的内核，综艺的外壳、纪录的气质，创造一种全新的表达。"①

（一）国宝：作为"记忆之场"的媒介

记忆之场即记忆的场所或场域，它包括博物馆、收藏品、节日、古迹等，法国历史学家艾皮尔·诺拉认为，记忆之场是"实在的、象征性的和功能性的场所"②。以此观之，《国家宝藏》中九大博物馆可看作是一个记忆之场，所展演的国宝便可作为记忆之场的媒介。从延续上古血脉的商代皿天全方罍到传承中华文脉的先秦石鼓；从史前 9000 年前的贾湖骨笛到新石器时代的玉琮；从古丝绸之路文明共荣的缩影的葡萄花鸟纹银香囊到吹响华夏正音的曾侯乙编钟；从展现华夏英姿的商代妇好鸮尊到彰显华夏正礼的西周大克鼎……作为我们久远记忆的历史媒介，国宝不仅是历史时代的载体符号，更是中华文明的遗存和见证。

以第三期节目"集荆楚文化大成——湖北博物馆"为例，曾侯乙编钟是湖北博物馆推选的国家宝藏之一，被中外专家、学者誉为"稀世珍宝"，是我国迄今发现的先秦编钟里规模最大、数量最多、铸造最精、音乐性能最好、保存最为完整的一套编钟，它的出土也改写了世界音乐史。节目通过曾侯亿用礼乐感召楚惠王，在乱世保曾国安宁的前世演绎，以及谭军、武汉音乐学院青年编钟乐队守护华夏正音的今生故事，向观众讲述了曾侯亿编钟惊艳世人的音乐"神器"，以及中华儿女传承礼乐文化的使命与担当。历史是文明的轨迹，文物是历史最好的见证，守护历史、守护国宝，就是在见证和守护数千年文明发展的遗存，也是对中华文明的传承和延续。

扬·阿斯曼认为，文化记忆是"包含某特定时代、特定社会所特有

---

① 具体见网址：[EB/OL]. http://ent.news.cn/201708/23//c_1121526649.htm.
② [法] 皮埃尔·诺拉：《记忆之场：法国国民意识的文化社会史》，黄艳红等译，南京大学出版社 2015 年版，第 20 页。

的、可以反复使用的文本系统、意象系统、仪式系统",① 由此不难看出,"文化记忆是建立在过去历史中某个特定的事件上,通过一些可供回忆附着的象征物而凝结成了文本系统、意象系统和仪式系统"。因此,文化记忆是靠文化符号来传承的。

文物从来都不是尘封的古董,它作为一个记忆之场的媒介,集聚了一个时代的特征。国宝作为记忆的载体容器,具有空间的媒介特质,穿越历史、见证历史、同时也激活历史见证未来,从而使得"记忆"得以储存、共享和再生。根据加拿大传播学者哈德罗·伊尼斯的"传播偏向论",国宝具有时间偏向,它承载的厚重历史和意义在时间维度上更为持久。与此同时,记忆具有被遗忘的风险,而通过《国家宝藏》这样具有创新意义的展演活动,使得国宝"活"了起来,记忆得以传播与共享。

(二) 国宝:华夏文明的表征

英国哲学家、社会人类学家厄内斯特·盖尔纳(Ernest Gelner)说:"民族是人的信念、忠诚和团结的产物"。中华民族的文化博大精深、包罗万象,在上下五千年的历史长河中形成了民族独有的特质。国宝作为文物,承载着民族的过往,它的诞生和流传皆源于文化而又反哺于文化,作为一种器物媒介,不仅仅为今天的人们所欣赏和收藏,更是华夏民族文明的表征。

第一,礼乐之治。礼乐是华夏文明的显著标志,在中国社会,"礼乐"包括两个层面的含义:一是现实层面,它被视为赋予社会文明秩序的手段;二是在理想层面,礼乐因其艺术特征而代表着社会的文明和雅化,成为美好社会的象征,故《礼记·乐记》曰:"诗,言其志也;歌,咏其声也。舞,动其容也。三者本于心,然后乐气从之。是故情深而文明,气盛而化神,和顺积中,而英华发外,唯乐不可以为伪。""乐者,天地之和也;礼者,天地之序也。"从中可以看出,文明的社会秩序要遵循"礼"的约束,和谐有序才能奏响盛世乐章。《国家宝藏》所展演的27件国宝中,有相当一部分是古代的礼器或乐器。如良渚玉琮、妇好鸮尊、皿方罍、大克鼎、云纹铜禁、曾侯乙编钟。这八件藏品都是古代贵族在举行祭祀、宴飨、征伐及丧葬等礼仪活动中使用的器物,是古代礼乐制

---

① [德]简·奥斯曼:《集体记忆与文化身份》,陶东风、周宪译,社会科学文献出版社 2011年版,第10页。

度的象征。周灭商后，西周统治者为巩固自己的统治，建立了分封制、井田制、宗法制、礼乐制四大制度。其中礼乐制度用以规范贵族的身份和地位，明确了贵族的权利与义务，要求贵族在衣、食、住、行各方面规范自己的行为。随着社会的发展与演进，礼乐制度慢慢延伸至民间，由礼乐所引申出的等级、身份、伦常等观念逐渐深入人心，内化为社会整体的一部分，也铸就了中华文明礼乐和谐有序的精神特质。

第二，制度之重。如果说礼乐是统治者划分国家权力的标准，那典章和制度就是管理社会的重要工具，凸显着一个时代治国理政的特色。27件藏品中的商鞅方升、云梦睡虎地秦简、杜虎符（见图6-10）等三件藏

图 6-10 杜虎符

品反映了中国古代各种成熟的典章和制度，是国家权力对社会进行管理的真实写照。商鞅方升是秦孝公时期商鞅变法的重要产物，象征着国家通过改革而达到强兵富国；云梦睡虎地秦简主要记录了秦朝统一前后的法律制度和行政文书，是国家对社会进行管理的具体表现；杜虎符则是调用军队的重要信物，是国家对军队的掌控方式。这些国宝每一件都堪称是治国之重器，由此可知一个政权的具体运转与治国特色。

第三，大同追求。费孝通曾说过："各美其美，美人之美，美美与共，天下大同。"在《国家宝藏》中《千里江山图》这件国宝便体现着这种对"美美与共，天下大同"的追求。《千里江山图》立足于传统，展现一幅美妙的江南山水图。纵观全卷，景色壮丽，疆域辽阔，上留天空，下布水口，山峦高低起伏与纵横铺陈有机结合，高远、深远、平远交相呼应。贴近画面仔细观看，山川树木、坡岗汀

渚、亭台楼榭、屋宇庭院、桥梁舟车、人物牲畜，应有尽有。人物虽微小如豆粒，却形象毕肖，千姿百态。山间有住宅、园林、书院、寺观、旅馆、酒店，路上有运货的、访友的、赶驴的、骑马的、徒步的、歇脚的、观景的……水中有渔船、货船、客船、渡船、游船，船上有摇橹的、撑篙的、插杆的、撒网的、扳罾的、闲坐的、过渡的……"一步一景，咫尺有千里之趣"，人民安居乐业，气氛和平安详，描绘了陶渊明笔下"土地平旷，屋舍俨然，有良田美池桑竹之属"的世外桃源般的大同盛世。

第四，辉煌工艺。辛追T形帛画、葡萄花鸟纹银香囊、长沙窑青釉褐彩诗文执壶、朱克柔·缂丝莲塘乳鸭图、各种釉彩大瓶等多件藏品则是代表了我国古代高超的手工业水平。手工业的发展受到经济发展、科技进步以及审美观念等多重因素的影响。经济的发展会引发社会分工，为手工业的发展提供了重要的先决条件；科技进步为手工业的发展提供了技术上的支持；审美观念则影响了手工业产品最终的表现形态，这是一个文明发展到一定的程度时才会出现的景象。而当一种文明发展到了一定的高度，它就有了与外来文化交流的自信，也具有接受外来文化的包容态度，这种文化的交流会反应在手工业产品上。葡萄花鸟纹银香囊、长沙窑青釉褐诗文执壶、朱克柔·缂丝莲塘乳鸭图都是中国古代文化对外来文化兼容并包的产物。

综上所述，《国家宝藏》从一个社会运转与文明发展的四个维度向我们展现了中华文明之灿烂，凸显着中华民族之特色。

二 讲述中国记忆，传承历史文脉

历史既是一种文化传统也是一种记忆，"作为一种记忆，历史使先民的经验、事迹与思想存活于今，它充当着不同时代的纽带"。每种文化都会形成一种"凝聚性结构"，历史记忆作为一种"凝聚性结构"，对于中华民族的向心力、归属感起着重要的促进作用。[①] 毫无疑问，《国家宝藏》是以博物馆的文化底蕴为依托，用文物衔接历史与当下，用生动的历史小话剧和纪实故事讲述27件国宝的前世今生，历史的演绎、记忆的讲述、

---

① ［德］扬·阿斯曼：《文化记忆：早期高级文化中的文字、回忆和政治身份》，金寿福、黄晓晨译，北京大学出版社2015年版，第6页。

历史文脉的传承、层层递进,唤醒了观众心中关于中华民族共同的文化记忆。

(一) 前世传奇——讲述"中国记忆"

不同的个人和文化通过语言、图像和重复的仪式等方式进行交际,从而互动地建立起他们的记忆。个人和文化两者都需要借助外部的存储媒介和文化实践来组织他们的记忆。① 用舞台剧演绎国宝的"前世传奇",给人营造出身临其境之感,是《国家宝藏》的特色之一。

如在第五期对于国宝《辛追T形帛画》的前世传奇的演绎中,雷佳用"最中国的声音"演绎"最中国的音乐剧",用一首《仙才叹》吟出辛追夫人的离散悲苦,以及2000年前的"永生之梦"。雷佳扮演的辛追一开嗓,将辛追夫人所思之人、所念之世深情道来,不仅是辛追,听者皆入其境。一首《帛画魂》根据T形帛画的内容将其分为:天国之美、人世之欢、炼狱之苦,将辛追经历生离死别后对命与缘仍留恋与热爱的心境表达得淋漓尽致。同时帛画中描绘的抽象内容,通过舞台上的一幕音乐剧的演绎,讲述了一段久远的中国记忆,具有极强的代入感和真实感。

每种媒介都会打开一个通往文化记忆的特有通道,文物作为一种媒介,将中华民族的记忆保存了下来,其中文物中的文字便是记忆存储的最佳方式之一。首期节目中的石鼓堪称"中华第一古物",是汉字演进历史的活化石。"石鼓之文,文字鼻祖",文字是根,能记录历史,汉字是中国人的魂魄,一笔一画将千千万万的中华儿女凝聚在一起。"欲亡其国,必先灭其史,余灭其族,必先毁其文化"。石鼓承载着华夏自先秦时期所奠定的文化内涵,更记录着中华文明的博大精深,保存下来的石鼓文更是我们民族信仰的象征。② 正如梁家辉在扮演司马池时所说"很多都说我们华夏民族没有信仰,可其实我们的信仰就是自己的文字和历史,如果我们这点信仰都糊涂,我们何以为人呢?"通过演员对于国宝前世故事的演绎,文物的内涵得以丰富,同时使得记忆得以再生、更新和建构。

(二) 今生故事——传承"历史文脉"

《国家宝藏》以纪实的方式、故事化的表达形式讲述国宝的"今生故

---

① [德] 阿莱达·阿斯曼:《回忆空间:文化记忆的形式和变迁》,潘璐译,北京大学出版社2016年版,第12页。
② 《国家宝藏成"网红",唤醒全民共享记忆》,《人民网》2018年1月12日。

事",每件国宝背后都是一个当代纪实故事,守护与传承是"今生故事"的两大主题。

从节目的内容看,今生故事讲述者身份不一,但守护之心一致。他们中有历时四年潜心研究《千里江山图》"青绿之色千年不败"之谜的中央美术学院教师,有一家五代都在故宫供职的"故宫世家",有为了赎回皿天全方罍而不遗余力的文物爱好者……他们讲述着悠久灿烂的华夏文明,用一份坚守与守护诠释着每个中华儿女传承历史文脉的责任与担当。其中最令我们感动的是河南博物院推荐的云纹铜禁中"失腊法"的传承创新。

云纹铜禁于2500年前由"失腊法"制成。其制造工艺繁复精湛,是古代中国人酒文化中自我约束的一件证物,也是一代霸主楚庄王大国梦的一个缩影。节目在讲述云纹铜禁的今生故事时,重点突出了古代技艺的传承与创新,讲述了制造飞机发动机涡轮叶片的熔模铸造法,其实是由古老的"失腊法"演进而来。流变的是时间,不变的是技艺。跨越2500年,云纹铜禁与飞机发动机涡轮叶片紧密相连,他们都是国人探索求知、传承创新的见证者,也终将成就强国制造梦。[①]《国家宝藏》通过国宝的"前世传奇"与"今生故事",讲述着属于中国人的记忆,传承着中华民族的历史文脉。

三 凝聚情感共识,促进认同建构

"人类的独特特征之一就是在形成社会纽带和建构复杂社会时对情感的依赖。"[②]《国家宝藏》通过对作为文化符号的文物和文物故事的操演,凝聚了人们共同的情感,引发了观众对本民族文化价值的认同。

(一) 以情感为律动,凝聚共识

1. 国宝之美拨动情感之弦

《国家宝藏》通过高科技舞台多维度展现国宝,让观众全方位欣赏着国宝的形与色之美。在舞台设计方面,节目组采用了高精准度的LED开合车台、360度全息幻影成像系统,将三维画面悬浮在半空中成像,让观众可以在完全没有约束的情况下尽情观看3D幻影立体特效。同时运用天

[①]《河南博物院,三大国宝穿越千年》,《凤凰网财经》2017年12月19日。
[②] [美] 乔纳森·特纳、简·斯戴兹:《情感社会学》,上海人民出版社2007年版,第7页。

轨调装移动设备，9条轨道和9个冰屏柱共同协作，兼中国风的韵味和现代舞美技术进行了完美的融合，多维度展现了国宝之美。比如，滚动的千里江山图、悬空的越王勾践剑和各种釉彩大瓶、靖康之耻燃烧的战火，还有灵动的火凤凰等，观众可细致入微审视国宝的每一寸花纹，亦可观看国宝的全貌风采，在微观与宏观之间多维度欣赏国宝之美，时时拨动着观众情感之弦。

2. 剧场表演激发情感共鸣

文物是我们民族的共享记忆，饱含着中华民族最初的美、感动和信仰。其中的美、感动和信仰便是我们最真实的情感表达。比如在《国家宝藏》第一期就引爆话题的乾隆皇帝，在王凯的演绎下，将众人嘲之贬之的"农家乐审美"诠释出了"鼎盛王朝就该海纳百川"的崭新意义；秦海璐化身金陵绣娘，始终守护着大报恩寺琉璃塔拱门，一句"你一天不回来，我等你一天，你一年不回来，我等你一年"，演绎了一段感人肺腑的爱情；何炅则幽默生动地表现出了千年前长沙窑窑厂小老板所具有的先进营销思维与民族自豪感，并用方言骄傲地喊出"长沙窑，大唐造"的口号……这些国宝的传奇故事，在舞台上鲜活了起来，让观众或是激昂，或是泪目，或是会心一笑。观众在屏幕外感受着明星对国宝的那份内心悸动，体验着明星对于国宝背后故事的探寻，进而实现了观众与国宝的一次次情感互动，激发起观众内心的情感，进而产生共鸣。

3. 互动参与凝聚情感共识

对于多数人来说，文博物件是相对陌生的，而《国家宝藏》让观众熟悉的影视明星担当国宝守护人，这在一定程度上触发了他们观看节目的动机。如云梦睡虎地秦简的明星守护者撒贝宁，不仅因为他是主持的《今日说法》和秦简都与法律有关，还因为这件文物出土在湖北，而撒贝宁恰好是湖北人，共通的"法律初心"，共通的荆楚文脉，将明星守护人与观众的情感紧紧连接到了一起。

在新媒体环境下，受众主体性增强，互动性和参与性成为了最大的特点。微博、微信以及视频客户端都为观众提供了话语表达的平台，受众在观看节目同时能够实现与节目、其他观众的双向互动，成为年轻人的一种文化特征。《国家宝藏》作为一档年轻的节目，立足于央视官方媒体的优势，将电视与新媒体充分融合，使观众在收看电视节目的同时，还可以利用微博、微信为自己喜爱的国宝投票，通过弹幕实时发表自己的感想与意见,这种双向联动式传播极大地增强了观众的参与感和对节目的黏合度,在和国宝的相见、相识、相知中形成情感共识。

(二)仪式传播,增进认同建构

"认同"是指确认归属,指个体或群体辨识自己的特色,确定自己属于哪一种类属的活动,表达个体或群体的归属性,是一种文化—心理归属。①

1. 树立文化自信,激发民族自豪感

"以宝示国,以藏泯怀;以文鉴国,以物衍家;以史为鉴,以心爱国"是《国家宝藏》的初心,其中所展现的文化自信增强了中华民族的归属感和认同感。例如001号讲解员张国立的开场白"我们是一档年轻的节目,我们有多年轻呢,也就是上下五千年"。再者是对九大博物馆的介绍也处处彰显着民族文化的自信:"即将迎接紫禁城第六百个春秋的故宫博物院,包罗中国古代艺术万象的上海博物馆,见证华夏文明多源头格局的历史艺术博物馆湖南省博物馆,华夏之中上古文明开源之地河南博物院,以周秦汉唐四朝文明定鼎天下的陕西历史博物馆,集荆楚文化大成的湖北省博物馆等。"国家级博物馆背后代表着民族国家认同,传递着中华民族古往今来的文化记忆,通过"文物"唤起大家对于国家的归属感、民族自豪感和认同感。

2. 通过仪式操演,建构"认同空间"

一般来说,仪式都具备两个特征:形式主义和操演作用。每一个文物的前世传奇都有该国宝守护人进行现场操演,这表现出了强烈的"形式主义"特征,主要凸显文物这个媒介符号。例如演员刘涛化身"妇好",在祭祀台的庄严大气,在古战场时的英勇善战都通过小小的话剧舞台表现得淋漓尽致,在演员的仪式操演中既凸显了"妇好鸮尊"这个文物符号,也让妇好这个女英雄的形象塑造了起来。仪式"不但彰显了一个民族的精神风貌,为群体提供了一个认同的空间,同时也成为动员一切社会力量,用以建构民族文化认同和文化身份的重要象征资源和文化资源"。《国家宝藏》每期都会有固定的"前世今生"的叙事模式和操演设置,这种规则化的设置强化了文物承载的历史记忆,再加上以舞台灯光、布景以及音乐渲染等,为观众营造出文化特有的仪式感的空间,在这个空间中,观众的情感得到激发,认同得以建构。

---

① 肖滨:《两种公民身份与国家认同的双元结构》,《武汉大学学报》2010年第1期。

3. 宣读铿锵誓言，守护历史价值

"仪式传播并不是为了传递信息，而是为了传递一种特定的情感，是对'想象共同体'建构。"[①] 守护国宝，是一个人的承诺，也是一个民族的希望；守护历史，是一代人的担当，更是世代子孙的信仰。每个国宝守护人来到现场，都要先将国宝守护人印信放入现场环形高台的中央，传达出强烈的仪式感。宣读誓词这一仪式环节的设置无疑将节目的仪式感推向了高潮，其中充满使命感的守护誓词：贾湖骨笛：守护历史，守护华夏初音；曾侯乙编钟：守护历史，守护华夏正音；大克鼎：守护历史，守护华夏正礼……句句铿锵有力，字字掷地有声，守护国宝，守护历史价值。（见图6-11）仪式本身即是人类一种充分、卓越的文化交流行为。通过

图 6-11 守护人宣读誓言

这种庄严的宣誓的仪式，人们传递情感、共享价值、确认秩序、强化认同。在对盛大的媒介仪式的集体性参与中，那种"我们"是一个"想象的共同体"的认同性经验不断地生产出来，成为一种集体历史记忆的重现，为国家通过媒介强化认同提供了一个合理途径。

《国家宝藏》不仅是对文物的展览、文化的展现、中国记忆的建构，

---

① 张兵娟：《全球化时代：传播、现代性与认同》，中国广播电视出版社2010年版，第75页。

更唤起了大众对文物保护、文明守护的重视。节目在展示和传承祖先的成就和荣耀的同时，极大地激发了我们的民族自豪感和文化自信心，更加坚定了我们振兴中华、实现中华民族伟大复兴中国梦的信心和决心。作为文化自信之源，腾飞的中国亟须建构"中国记忆"，强化民族认同，进而促进文化认同建构。形塑历史远方的"中国记忆"，传承文化血脉，我们身为中华儿女责无旁贷、任重而道远！

结　　语

自工业革命以来，给人类社会带来最大震撼力的事物，可以说，是新媒介。用一个不恰当的比喻：如果说，工业革命的标志成果之一是创造了"在轮子上奔驰的人类"的话，那么，可以说，信息革命的标志性成果之一是创造了"在新媒介上腾飞的人类"！[1] 新媒介今天如此深刻、广泛地影响着人类的社会与生活，而且数字化的魔盒还在不断变换出令人意想不到的"新新媒介"，这使得新媒介成了一股强大的支配性力量，其表现在以下方面。

首先，新媒介成为人类精神交往的信息平台，构建了媒介化社会的精神纽带。在媒介化社会里，媒介大大扩展了人们的交流范围，既可以实现私人空间的信息流动，也可以参与公共信息的生产和公共意见的表达。

其次，新媒介成为社会系统运行的整合机制，建构了媒介化社会的共同体机制。互联网和"新媒介"最重要的特征是其创建社群的方式。"创建社群的办法是利用互联网的4种讯息，分别是：双向传播（使人觉得参与了传播）；容易获取或传播信息（提供对话的媒介以及共享的信息和知识，在此基础上构建共同的认知结构）；继续学习（使人能一道成长）；组合（把借助"新媒介"交流的人结合在一起）。"[2]

再次，新媒介是价值观念的建构者，建构了媒介化社会的价值体系。在社会大众传媒手段高速发展的今天，传媒对社会的方方面面的影响日益深化，传媒已经成为社会生活不可或缺的一个社会子系统，已经和人的社会属性内化为一体，影响了人的社会属性的形成。

当然这种称之为"软利器"的信息媒介既有社会凝聚力作用，也有

---

[1] ［加拿大］罗伯特·洛根：《理解新媒介——延伸麦克卢汉》，何道宽译，复旦大学出版社2010年版，第1页。

[2] 同上书，第48页。

社会离心力功能。尤其是中国及世界均处在大变革、大调整时期，世界多极化、文化多样化持续推进，科学技术革命迅猛发展带来全球的不确定性。此时，习近平主席提出"构建人类命运共同体"思想正是回应了世界当下矛盾冲突和发展道路的中国方案和中国智慧。什么是人类命运共同体？习近平这样明确定义，"人类命运共同体，顾名思义，就是每个民族、每个国家的前途命运都紧紧联系在一起，应该风雨同舟，荣辱与共，努力把我们生于斯、长于斯的这个星球建成一个和谐的大家庭，把世界各国人民对美好生活的向往变成现实"。①

共同体意味着"与自己人安全地生活在一起"。正如鲍曼所直白地揭示的那样，"我们怀念共同体是因为我们怀念安全感。安全感是幸福生活的至关重要的品质，但是我们栖息的这个世界几乎不可能提供这种安全感，甚至更不愿意作出许诺。……不安全感影响到我们每个人，因为我们都陷入了一个取消控制、灵活多变、充满竞争和普遍存在着不确定性的流动的、不可预料的世界"。② 所以，共同体在今天的流行，可以被看作人们对于因全球化而产生并加剧的团结和归属危机的一种回应。

正是这个原因，共同体和共同体主义不可能消失，因为"任何民族国家的发展都必须建立在增进共同体文化和道德再生与其成员的政治动员和独立自主的相互关系基础之上"③。人们必须用祖先、宗教、语言、历史、价值、习俗和体制来界定自己。不仅使用政治来促进他们的利益，而且还用它来界定自己的认同。

的确，对"共同体"的追寻——寻找认同与故乡，是人类本然的宿命。从血缘共同体、地缘共同体到社会共同体、国家共同体，从宗教共同体、精神共同体到政治共同体、技术共同体、人类命运共同体，无论时代怎样发展，社会怎样变化，人类任何共同体的建构都离不开传播，美国著名实用主义哲学家杜威认为：在共同（commom）、社区（community）和传播（communi-cation）这三个词之间，有一种比字面更重要的联系。人

---

① 习近平：《在中国共产党与世界政党高层对话上的主旨讲话》，《人民日报》2017年12月2日。
② ［英］齐格蒙特·鲍曼：《共同体：在一个不确定的世界中寻找安全》，欧阳景根译，江苏人民出版社2003年版，第179页。
③ ［英］安东尼·D. 史密斯：《全球化时代的民族与民族主义》，龚维斌、良警宇译，中央编译出版社2002年版，第14页。

们由于拥有共同的事物生活在一个社区里；传播即是他们借以拥有共同事物的方法。他们必须共有的事物包括——目标、信仰、渴望、知识——一种共同的理解——就像社会学家说的想法一致。这种东西不可能像依靠身体做相互传递，也不可能像人们分吃一块馅饼，把它切成小块来分享……共识需要传播。①

传播的政治学已经和空间及地域的政治学交汇在一起；有关传播的问题也是关于共同体的本质与范围的问题②。伴随媒介技术日新月异地发展，我们已处在一个"新媒介时代"。"新媒介时代"为人类文明的创新提供了新的动力，一方面促进了"地球村"及"想象共同体"的形成，另一方面也促使媒介生态发生巨变、传播面临深刻转型，共同体的建构更为复杂艰难。因此探讨新媒介时代，传播转型对于共同体建构的重要性，以及新媒介时代各种媒介的交汇融合在促使文化共同体、情感共同体、记忆共同体、政治共同体等建构的路径、内容及方法仍然是我们今后继续努力的目标和方向。

---

① [美]詹姆斯·W.凯瑞：《作为文化的传播》，丁末译，华夏出版社2005年版，第11页。
② [英]戴维·莫利：《电视、受众与文化研究》，史安斌主译，新华出版社2005年版，第320页。

参考文献

［德］斐迪南·滕尼斯：《共同体与社会——纯粹社会学的基本概念》，林荣远译，北京大学出版社2010年版。

［英］保罗·霍普：《个人主义时代之共同体重建》，沈毅译，浙江大学出版社2010年版。

［英］齐格蒙特·鲍曼：《共同体：在一个不确定的世界中寻找安全》，欧阳景根译，江苏人民出版社2003年版。

李洁：《传播技术建构共同体？——从英尼斯到麦克卢汉》，暨南大学出版社2009年版。

［美］威廉·麦克尼尔：《西方的兴起：人类共同体史》，孙岳等译，中信出版社2015年版。

［加拿大］戴安娜·布赖登、［加拿大］威廉·科尔曼编：《反思共同体：多学科视角与全球语境》，严海波等译，社会科学文献出版社2011年版。

李义天主编：《共同体与政治团结》，社会科学文献出版社2011年版。

［美］尼尔·波斯曼：《技术垄断：文化向技术投降》，何道宽译，北京大学出版社2007年版。

［美］伊丽莎白·爱森斯坦：《作为变革动因的印刷机：早期近代欧洲的传播与文化变革》，何道宽译，北京大学出版社2010年版。

［美］林文刚：《媒介环境学：思想沿革与多维视野》，何道宽译，北京大学出版社2007年版。

［法］雷吉斯·德布雷：《普通媒介学教程》，陈卫星、王杨译，清华大学出版社2014年版。

［法］雷吉斯·德布雷：《媒介学引论》，刘文玲译，中国传媒大学出版社2014年版。

[法]加布里埃尔·塔尔德著,特里·N.克拉克编:《传播与社会影响》,何道宽译,中国人民大学出版社2005年版。

[法]加布里埃尔·塔尔德著,埃尔希·克鲁斯·帕森斯:《模仿律》,何道宽译,中国人民大学出版社2008年版。

[美]约瑟夫·斯特劳巴哈、罗伯特·拉罗斯:《今日媒介:信息时代的传播媒介》,熊澄宇等译,清华大学出版社2002年版。

肖锋等:《媒介融合与叙事修辞》,中国传媒大学出版社2012年版。

[德]弗兰克·施德玛赫:《网络至死:如何在喧嚣的互联网时代重获我们的创造力和思维力》,邱袁炜译,龙门书局出版社2011年版。

[美]保罗·莱文森:《人类历程回放:媒介进化论》,邬建中译,西南师范大学出版社2017年版。

[英]斯各特·拉什:《信息批判》,杨德睿译,北京大学出版社2009年版。

[新西兰]艾伦·贝尔(Allan Bell)、[澳大利亚]彼得·加勒特(Peter Garrett)编:《媒介话语的进路》,徐桂权译,中国人民大学出版社2016年版。

王淑华:《互联网的公共性》,社会科学文献出版社2014年版。

[美]约翰·希利·布朗、保罗·杜奎德:《信息的社会层面》,王铁生、葛立成译,商务印书馆2003年版。

[美]马克·波斯特:《第二媒介时代》,范静哗译,南京大学出版社2000年版。

[美]劳伦斯·格罗斯伯格:《媒介建构:流行文化中的大众媒介》,祁林译,南京大学出版社2014年版。

[加拿大]罗伯特·洛根:《理解新媒介——延伸麦克卢汉》,何道宽译,复旦大学出版社2010年版。

[丹麦]施蒂格·夏瓦:《文化与社会的媒介化》,刘君等译,复旦大学出版社2018年版。

后　　记

本书为郑州大学"新媒体公共传播"重点项目"新媒体公共传播与文化建构"的结项成果。（项目编号 XMTGGBJSZ03）在此期间，我的研究生刘佳静、路畅、陈文婧、王闯、王州、夏语檬、刘慧莹、苏安宁、聂静、刘停停、张欢、李萌等均参与了该项目的研究与写作，呈现在这本书里的许多内容都有他们的汗水和辛劳，对此向他们表示诚挚的谢意！此外，该项目的多篇研究成果也陆续发在《中国广播电视学刊》《现代传播》《中国电视》《新闻爱好者》《郑州大学学报》等杂志上，在此也对上述杂志编辑的支持和帮助表示由衷的感谢！

最后，还要真诚感谢为这本书付出巨大辛劳的责编任明老师，没有他的努力支持和帮助，就没有这本书的问世。

可以说，目前人文学科研究早已结束"单兵作战"时代，进入一个协同合作、跨学科研究阶段，但如何建立起一个真正的"学术共同体"，如何教学相长，共同学习进步，如何走一条自主创新、有中国特色的人文学科研究之路，这些仍将是我继续努力探索的方向。

张兵娟